国家级职业教育规划教材
全国高等职业院校会计专业教材

会计信息系统应用

王新惠　主编

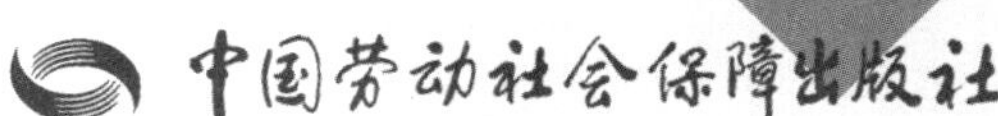

简　介

本书紧扣职业教育的特点和要求，结合高等职业院校会计专业的教学实际进行编写，以用友 U8 系统为例，对会计信息系统的操作和应用进行了较全面的介绍，主要内容包括财务管理系统和供应链管理系统两部分。其中，财务管理系统包括企业建账、企业财务管理基础信息设置、总账初始设置、日常账务处理、出纳管理、薪资管理、固定资产管理，供应链管理系统包括供应链管理初始化、采购管理、销售管理、库存和存货管理、期末处理。本书内容选取以“适度够用”为原则，力求实用，突出技能培养，语言简洁明了，文字通俗易懂。本书配有电子课件，可通过技工教育网（http://jg.class.com.cn）在相应的书目下载。

本书由王新惠任主编，王韬、李金营任副主编，胡慧娟、任付成、张维维参加编写，刘海涛任主审。

图书在版编目（CIP）数据

会计信息系统应用/王新惠主编. --北京：中国劳动社会保障出版社，2023
全国高等职业院校会计专业教材
ISBN 978－7－5167－5941－7

Ⅰ.①会…　Ⅱ.①王…　Ⅲ.①会计信息－财务管理系统－高等职业教育－教材
Ⅳ.①F232

中国国家版本馆 CIP 数据核字（2023）第 189854 号

中国劳动社会保障出版社出版发行
（北京市惠新东街 1 号　邮政编码：100029）
*
北京市白帆印务有限公司印刷装订　　新华书店经销
787 毫米×1092 毫米　16 开本　20.75 印张　411 千字
2023 年 11 月第 1 版　　2023 年 11 月第 1 次印刷
定价：49.00 元

营销中心电话：400-606-6496
出版社网址：http://www.class.com.cn
http://jg.class.com.cn

前言

近年来，随着我国经济和社会发展，会计准则及相关法规发生了一定的调整和变化，社会对会计人员的知识水平和职业能力水平提出了更高的要求。为适应这些变化，培养更加符合市场需求的会计人才，我们组织了一批教学经验丰富、实践能力强的一线教师和行业、企业专家，基于会计、出纳、审计等工作岗位的要求，在充分调研的基础上，编写了这套全国高等职业院校会计专业教材。

本套教材主要有以下几个特点：

第一，理实结合，先进实用。教材本着学以致用的原则，紧贴会计专业最新的培养目标和教学实际，并参考会计、审计等相关职业资格的要求安排教材的结构和内容，将理论知识与操作技能有机融合，突出对学生实际操作能力的培养，使教材具有较强的实用性、针对性和先进性。部分教材采取了任务驱动的编写思路，按照以能力培养为主线、相关知识为支撑的模式安排教学内容，做到“理论学习有载体，技能训练有实体”。

第二，表现力丰富。本套教材设置了“案例解析”“知识窗”等栏目，增加教材的趣味性和可读性，激发学生的学习兴趣。同时，尽可能多地以图表代替冗长的文字叙述，使教材更加生动直观，易于学习。在版式设计上，本套教材采用双色排版，使教材中的单据、凭证与会计工作实务保持一致，便于开展教学。

第三，配套资源完善。本套教材同步开发了配套的电子课件及习题册，电子课件及习题册答案可登录技工教育网（http://jg. class. com. cn）搜索下载。部分教材针对教学重点和难点制作了演示视频等多媒体素材，学生扫描二维码即可在线观看或收听相应内容。

本套教材的编写得到了有关省市人力资源社会保障部门及一批高等职业院校的大力支持，教材的编审人员做了大量的工作，在此，我们表示衷心的感谢！同时，恳切希望广大读者对教材提出宝贵的意见和建议。

人力资源社会保障部教材办公室

目 录

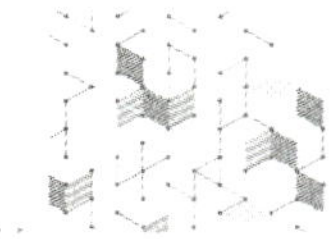

模块一

财务管理系统

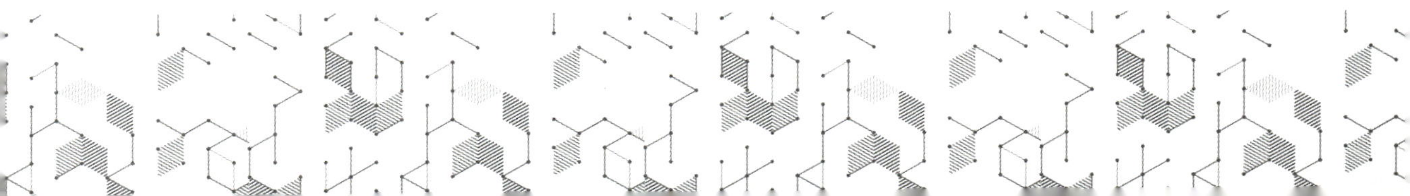

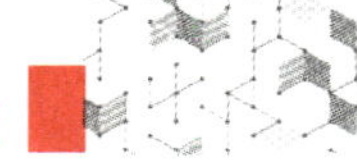

【背景资料】

一、企业概况

山东新锐科技有限公司是一家集计算机研发、制造、销售、服务于一体的现代化企业。该公司主营台式计算机，包括商务 9250 系列、商务 9550 系列及商务 9850 系列，在业内具有一定知名度，产品畅销国内外。该公司为一般纳税人。

二、企业基本信息

企业名称：山东新锐科技有限公司（简称新锐公司）

企业法定代表人：孙西晨

注册资金：10 000 万元

企业注册地址：淄博市张店区金晶大道 9999 号

企业经营范围：电子产品

企业注册登记日期：2020-03-01

注册登记地点：山东省淄博市工商行政管理局

统一社会信用代码（税号）：110118125130998

办公地址：淄博市张店区金晶大道 9999 号

邮政编码：255000

电话：0533-2345678

开户银行：中国工商银行淄博市和平路支行

开户银行账号：683627392724

三、组织结构

山东新锐科技有限公司机构设置如下图所示：

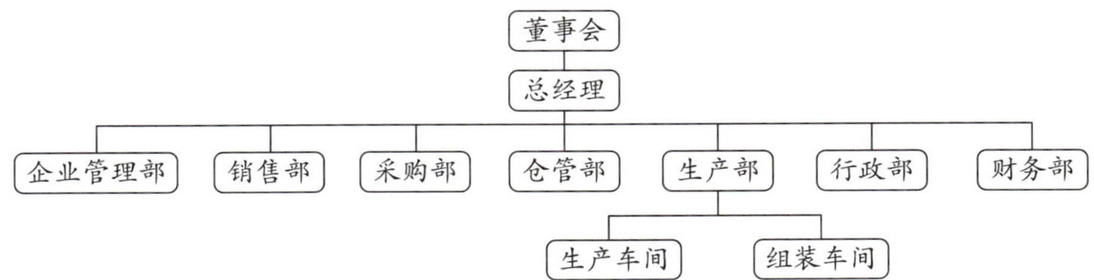

为实现高效的企业管理，山东新锐科技有限公司于 2020 年 4 月 1 日引入用友财务软件，建立会计信息系统，实现企业的信息化管理。首先要做的就是在系统中建立本企业的账簿体系，并设置岗位分工。

项目一　企业建账

工作流程图

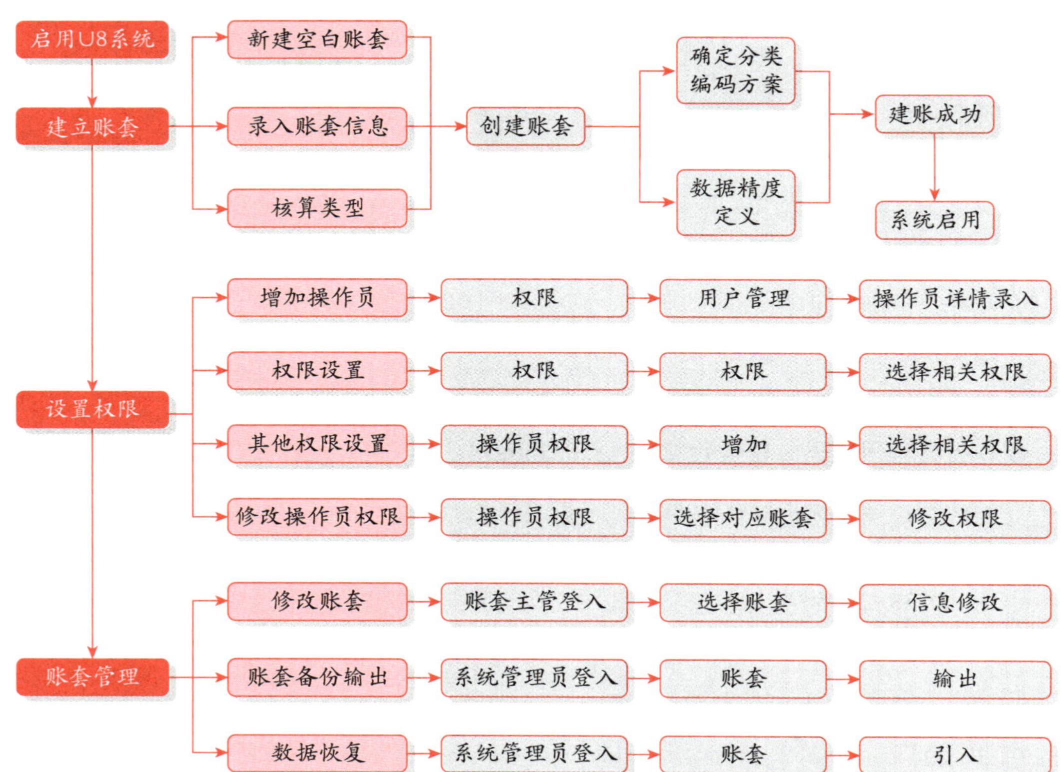

任务一 建立账套

【学习目标】

1. 能在 U8 系统中建立账套。
2. 能理解账套的内涵，明确账套的作用。
3. 能明确系统管理员和账套主管的权限和作用。
4. 能理解系统管理的功能并正确使用。
5. 能利用账套建立企业财务核算基本信息构架。
6. 能适应信息化的变革，养成独立使用会计软件的能力。

【任务导入】

山东新锐科技有限公司是一家新成立的科技公司，具有独立法人资格，按一般纳税人税务核算，具有进行会计独立核算的能力。为进一步完善会计核算系统，该公司于 2020 年 4 月 1 日引入用友财务软件，实现企业的信息化管理。

【任务实施】

一、系统注册

按照给定的企业信息，进入用友 U8 系统，以系统管理员（admin）身份完成系统的注册工作。

1. 启动系统管理功能

依次单击“菜单”“所有程序”“系统服务”“系统管理”选项，进入用友 U8“系统管理”窗口，如图 1-1-1 所示。

2. 以系统管理员（admin）身份注册系统管理

知识链接

系统管理员（admin）负责整个系统的安全运行和数据维护，可以进行账套的建立、引入和输出，设置操作员和权限，监控系统运行过程及清除异常任务等。

账套主管属于操作员，负责所辖账套的修改、账套内系统的启用、为该账套内的操作员分配权限及年度账的管理等，在所辖账套内级别最高，拥有所辖账套所有模块的操作权限。

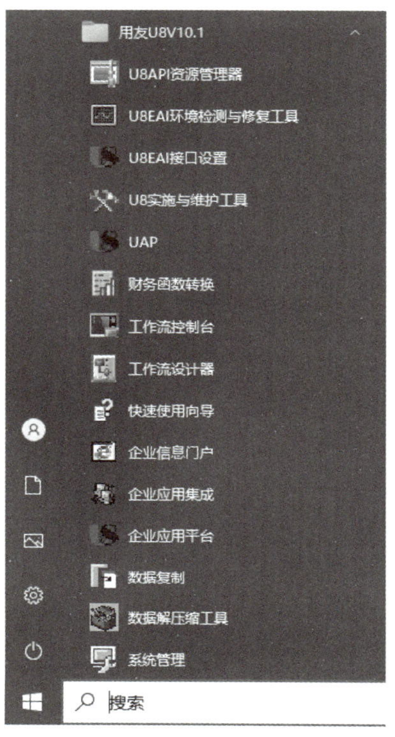

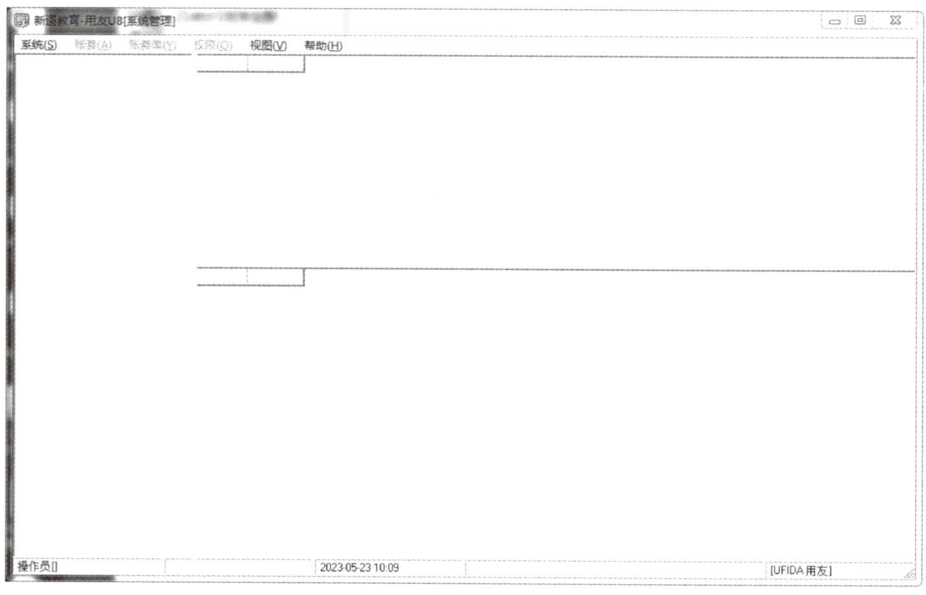

图 1-1-1　启动并进入用友 U8“系统管理”窗口

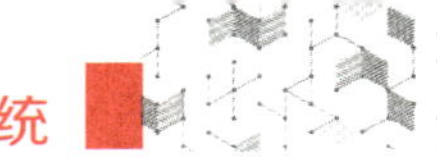

（1）执行“系统”“注册”命令，打开“登录”对话框。

（2）系统中预先设定了一个系统管理员（admin），系统管理员初始密码为空，在“账套”选项中选择“(default)”，如图 1-1-2 所示。

图 1-1-2　在“登录”对话框中进行操作

二、增加用户

按照新锐公司给定的员工信息，在 U8 系统中增加用户信息，完成员工所属部门和所属角色的设置，用户信息表见表 1-1-1。

表 1-1-1　用户信息表

编号	姓名	口令	所属部门
1101	张想	1	财务部
1102	周池	2	财务部
1103	赵照	3	财务部
1104	向春	4	销售部
1105	章曼	5	采购部
1106	谢训	6	仓管部

1. 以系统管理员的身份登录并执行“权限”“用户”命令，打开“用户管理”对话框。

2. 单击“增加”按钮，打开“操作员详细情况”对话框，如图 1-1-3 所示。
3. 按照企业信息依次填写。
4. 单击“增加”按钮，依次设置其他操作员。设置完成后单击“取消”按钮退出。

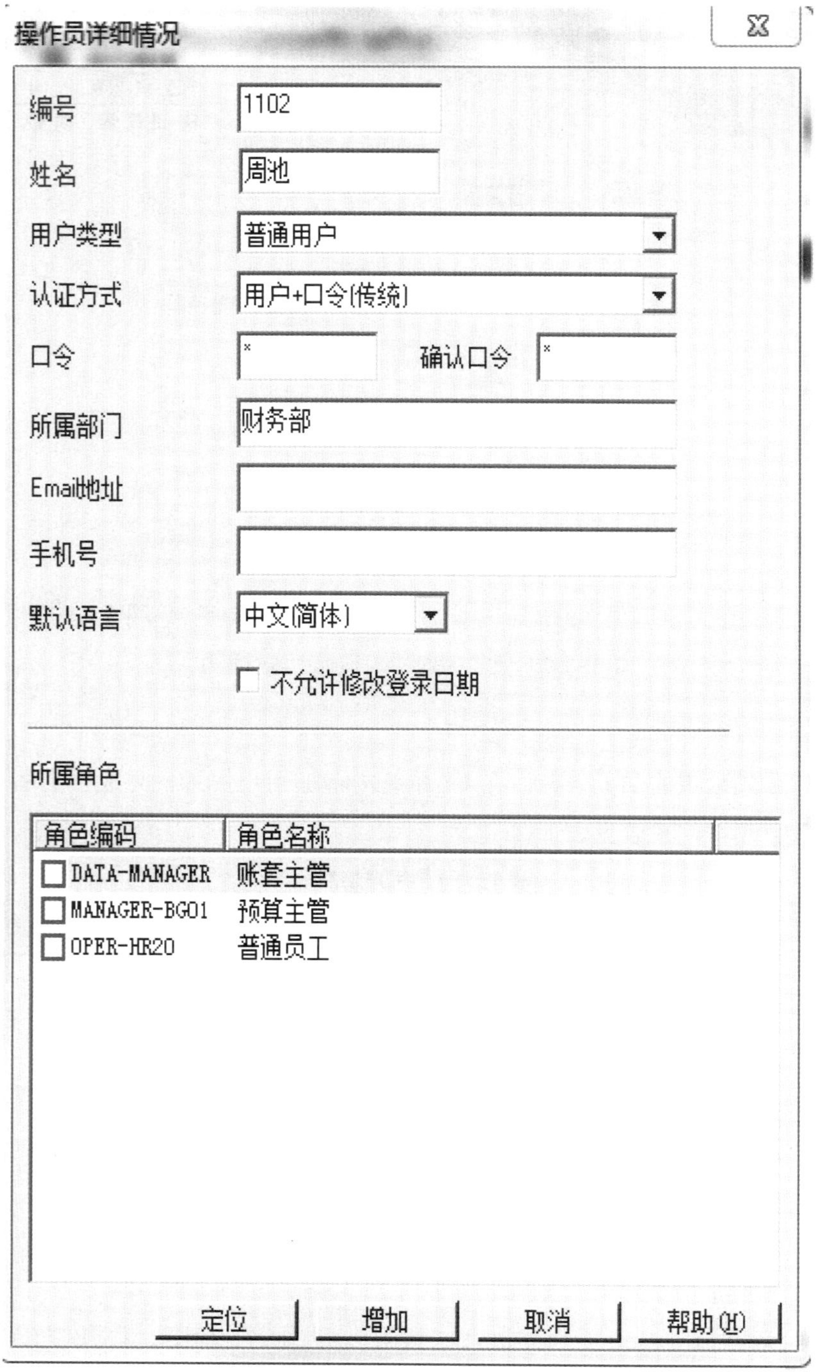

操作员详细情况

编号 1102
姓名 周池
用户类型 普通用户
认证方式 用户+口令(传统)
口令 * 确认口令 *
所属部门 财务部
Email地址
手机号
默认语言 中文(简体)
不允许修改登录日期

所属角色

角色编码	角色名称
DATA-MANAGER	账套主管
MANAGER-BG01	预算主管
OPER-HR20	普通员工

定位 增加 取消 帮助(H)

图 1-1-3 增加操作员

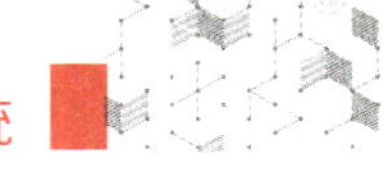

三、建立企业账套

以系统管理员身份注册进入“系统管理”窗口，依据企业基本信息，完成建立账套、完善企业信息、确定核算类型、完成分类编码和完善数据精度等工作。

企业账套信息如下：

1. 账套信息

账套号为001，账套名称为山东新锐科技有限公司，采用默认账套路径，启用会计期为2020年4月。

2. 单位信息

单位名称为山东新锐科技有限公司，单位简称为新锐，单位地址为淄博市张店区金晶大道9999号，法人代表为孙西晨，联系电话为0533－2345678，税号为110118125130998。

3. 核算类型

本币代码为RMB；本币名称为人民币；企业类型为工业，使用2007年新会计制度科目；账套主管为张想；基础信息为对存货、客户和供应商进行分类，有外币核算。

4. 分类编码方案

会计科目编码级次为4-2-2-2，客户编码级次为2-2，存货分类编码级次为2-2-3，供应商分类编码级次为2-3-2，其余均为默认。

5. 数据精度

存货数量小数位数、存货体积小数位数、存货重量小数位数、单价小数位数、开票单价小数位数、件数小数位数、换算率小数位数、税率小数位数均为2。

6. 系统启用

总账、出纳管理、销售管理、采购管理、存货核算、库存管理、应收款管理、应付款管理、固定资产、薪资管理。

另外，需要注意的是：只有系统管理员可以建立企业账套，建账过程要在建账向导引导下完成。

1. 新建账套

以系统管理员身份注册进入“系统管理”窗口，依次单击“账套”“建立”选项，打开“创建账套”“建账方式”对话框。选择“新建空白账套”，单击“下一步”按钮，打开“创建账套”“账套信息”对话框。依次填写账套信息。录入完成后，如图1-1-4所示。

2. 录入单位信息

单击“下一步”按钮，打开“创建账套”“单位信息”对话框。依次录入单位信息，如图1-1-5所示。

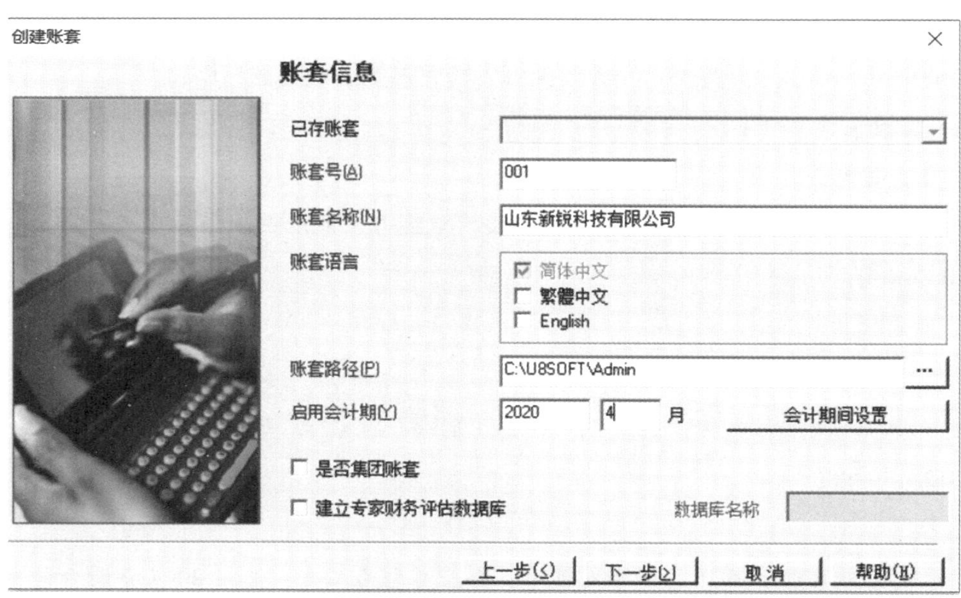

图 1-1-4 新建账套

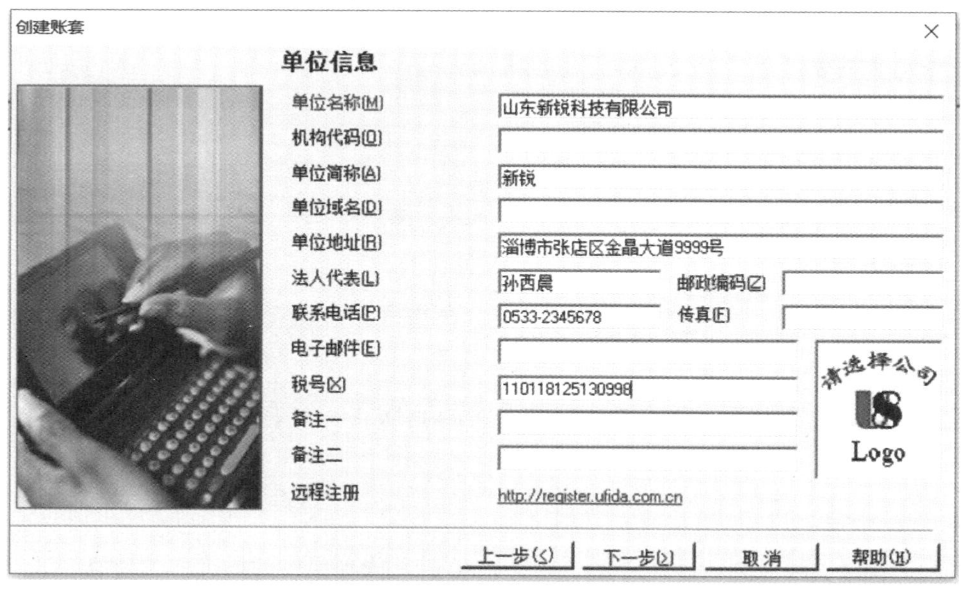

图 1-1-5 录入单位信息

3. 录入核算类型

单击“下一步”按钮，打开“创建账套”“核算类型”对话框。录入完成后，如图 1-1-6 所示。

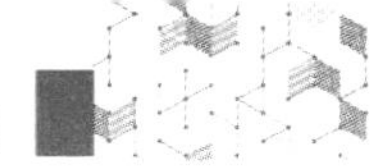

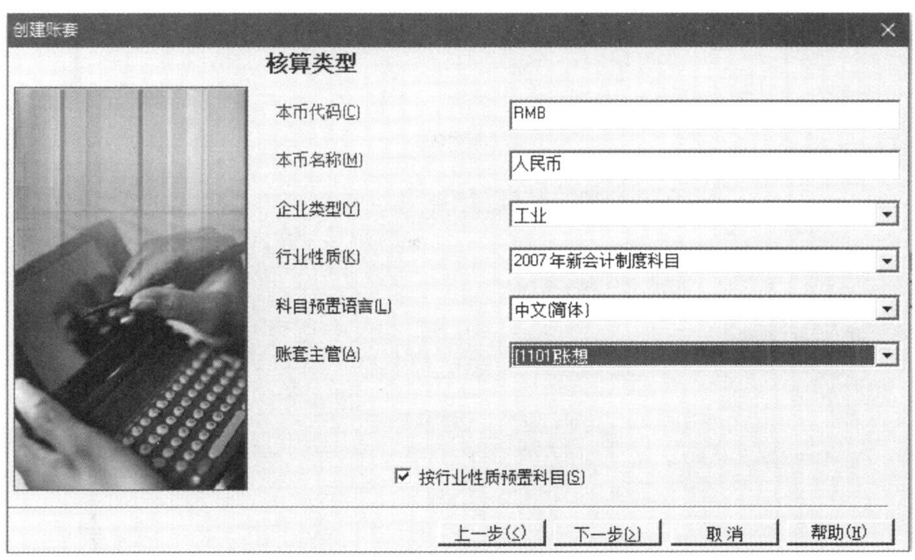

图 1-1-6 录入核算类型

4. 确定基础信息

单击“下一步”按钮，打开“创建账套”“基础信息”对话框。选中“存货是否分类”“客户是否分类”“供应商是否分类”和“有无外币核算”四个复选框，如图 1-1-7 所示。

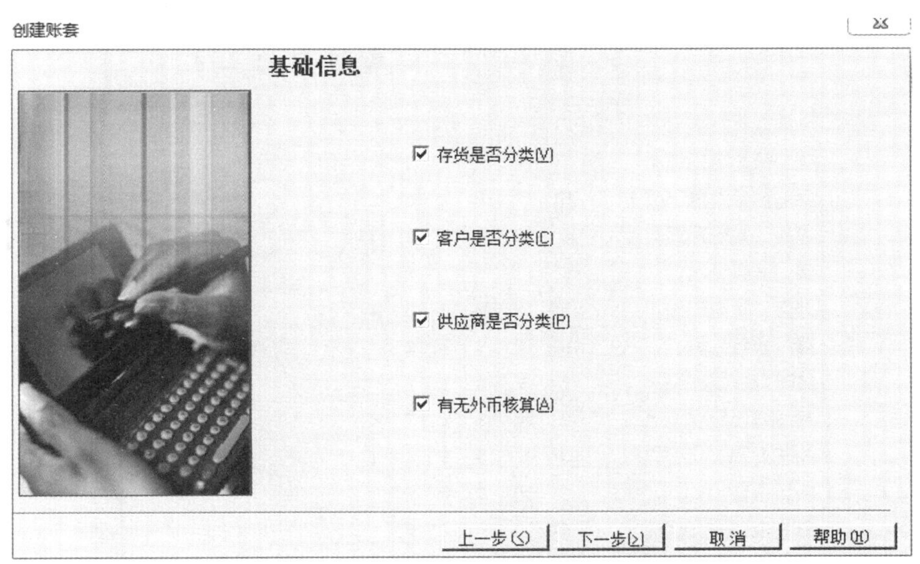

图 1-1-7 确定基础信息

5. 创建账套

单击“下一步”按钮，打开“创建账套”“开始”对话框。单击“完成”按钮，弹出系统提示，如图 1-1-8 所示。单击“是”按钮，稍后打开“编码方案”对话框。

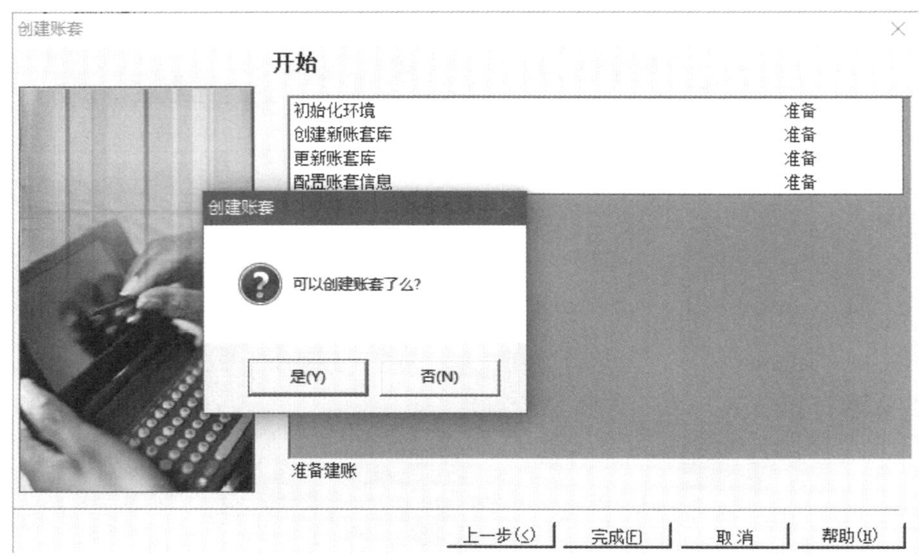

图 1-1-8 创建账套

6. 确定分类编码方案

按照企业编码规则要求，修改系统默认值，如图 1-1-9 所示。

编码方案

项目	最大级数	最大长度	单级最大长度	第1级	第2级	第3级	第4级	第5级	第6级	第7级	第8级	第9级
科目编码级次	13	40	9		2	2	2					
客户分类编码级次	5	12	9	2	2							
供应商分类编码级次	5	12	9	2	3	2						
存货分类编码级次	8	12	9	2	2	3						
部门编码级次	9	12	9	1	2							
地区分类编码级次	5	12	9	2	3	4						
费用项目分类	5	12	9	1	2							
结算方式编码级次	2	3	3	1	2							
货位编码级次	8	20	9	2	3	4						
收发类别编码级次	3	5	5	1	1	1						
项目设备	8	30	9	2	2							
责任中心分类档案	5	30	9	2	2							
项目要素分类档案	6	30	9	2	2							
客户权限组级次	5	12	9	2	3	4						

确定(O) 取消(C) 帮助(F)

图 1-1-9 确定分类编码方案

7. 数据精度定义

单击“确定”按钮，系统显示“正在更新单据模板，请稍等”信息提示。

8. 完成建账

完成单据模板更新后，系统弹出建账成功信息提示，如图 1-1-10 所示。单击“否”按钮，系统弹出“请进入企业应用平台进行业务操作!”信息提示框，单击“确定”按钮。

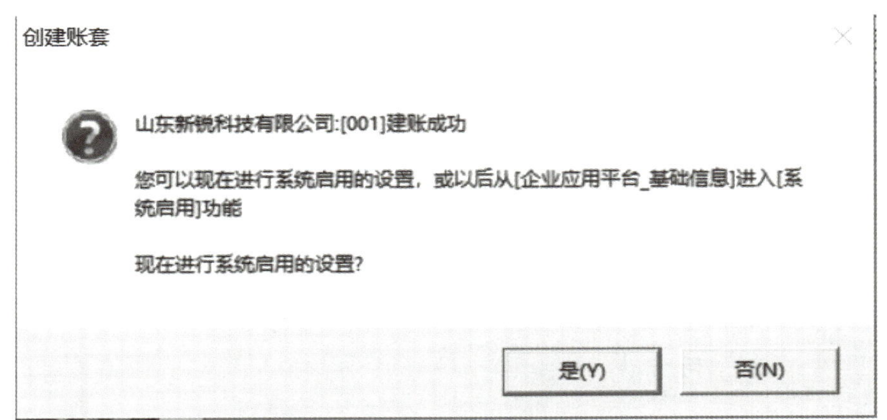

图 1-1-10　完成建账

知识链接

1. 账套

每一个独立核算的企业都有一套完整的账簿体系，如各类总账、明细账、日记账、辅助账等，而把这一整套账簿体系建立在计算机系统中就称为一个账套。一个企业可以建立一个账套，也可以为其每一个独立核算的下级单位分别建立账套。U8 系统中最多可以建立 999 个账套。

2. 系统管理

U8 系统中包含很多子系统，如总账系统、工资系统、固定资产系统等。为了对这些子系统进行统一的操作管理和数据维护，U8 系统提供了一个公共平台——系统管理。

系统管理的主要功能包括账套管理（账套的建立、修改、删除、输出和引入）、年度账管理（年度账的建立、引入、输出，年度数据结转和清空）、系统操作员和操作权限管理、系统运行过程监控及异常任务清除和系统启用。

四、系统启用

按照操作步骤，完成系统启用。

1. 单击图 1-1-10 中的“是”按钮，进入“系统启用”的设置对话框。

2. 启用总账、应收款管理、应付款管理、固定资产等系统，启用时间为“2020-04-01”，如图 1-1-11 所示。

3. 单击“退出”，完成账套建立。

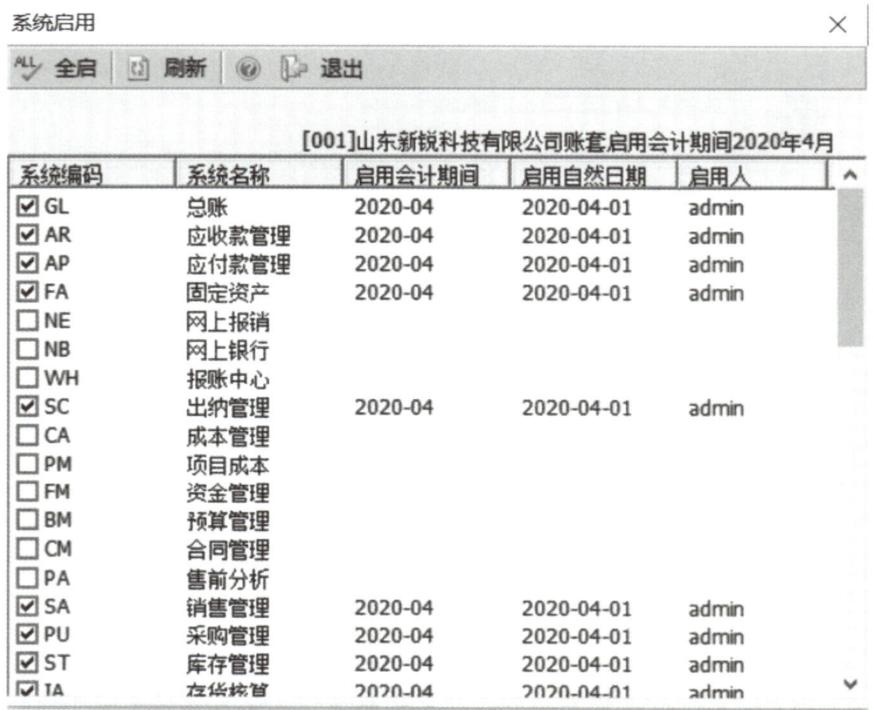

系统启用

全启　刷新　退出

[001]山东新锐科技有限公司账套启用会计期间2020年4月

系统编码	系统名称	启用会计期间	启用自然日期	启用人
☑ GL	总账	2020-04	2020-04-01	admin
☑ AR	应收款管理	2020-04	2020-04-01	admin
☑ AP	应付款管理	2020-04	2020-04-01	admin
☑ FA	固定资产	2020-04	2020-04-01	admin
☐ NE	网上报销			
☐ NB	网上银行			
☐ WH	报账中心			
☑ SC	出纳管理	2020-04	2020-04-01	admin
☐ CA	成本管理			
☐ PM	项目成本			
☐ FM	资金管理			
☐ BM	预算管理			
☐ CM	合同管理			
☐ PA	售前分析			
☑ SA	销售管理	2020-04	2020-04-01	admin
☑ PU	采购管理	2020-04	2020-04-01	admin
☑ ST	库存管理	2020-04	2020-04-01	admin
☑ IA	存货核算	2020-04	2020-04-01	admin

图 1-1-11　系统启用

知识链接

U8 系统包含若干子系统（模块），企业可以根据自身需要选购或启用某些模块，只有启用的模块才可以登录进行操作。

系统启用有两种方法，一种是在企业建账完成后立即启用，另一种是在建账结束后由账套主管在系统管理中启用。

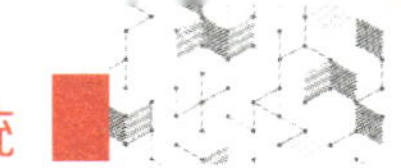

任务二　设置权限

【学习目标】

1. 能设置操作员权限。
2. 能明确会计工作中角色的分工。
3. 能进行操作员权限的增加和修改。
4. 能理解信息系统中的操作员与现实工作中的会计人员之间的对应关系。
5. 能养成责任意识，遵守会计职业道德。

【任务导入】

新锐公司建立账套后，需要为会计人员和相关工作人员赋予一定的权限，便于日后顺利开展工作。设置权限也能使员工之间相互监督，明确各自的工作范围和工作职责，保证会计工作的严谨性。

【任务实施】

一、操作员权限设置

按照公司人员分工，在 U8 系统中完成相关的操作员权限设置工作。新锐公司员工的分工见表 1-1-2。

表 1-1-2　用户权限表

编号	姓名	岗位	权限
1101	张想	账套主管	具有系统所有模块的全部权限
1102	周池	出纳	具有“总账—凭证—出纳签字”及“总账—出纳”权限
1103	赵照	会计	具有“基本信息、财务会计—总账、财务会计—应收款管理、财务会计—应付款管理、财务会计—固定资产、财务会计—UFO报表、人力资源—薪资管理”的全部权限
1104	向春	销售员	具有“基本信息、财务会计—应收款管理、供应链—销售管理、供应链—库存管理、供应链—存货核算”的全部权限
1105	章曼	采购员	具有“基本信息、财务会计—应付款管理、供应链—采购管理、供应链—库存管理、供应链—存货核算”的全部权限

续表

编号	姓名	岗位	权限
1106	谢训	仓管员	具有"基本信息、供应链—库存管理、供应链—存货核算"的操作权限

知识链接

随着经济的发展和用户要求的提高，权限管理必须向更细、更深的方向发展。用友U8系统可以实现三个层次的权限管理：

第一，功能级权限管理，该管理提供划分更为细致的功能级权限管理功能，包括各功能模块相关业务的查看和分配权限。

第二，数据级权限管理，该管理通过两个方面进行控制，一个是字段级权限控制，另一个是记录级权限控制。

第三，金额级权限管理，该管理主要用于完善内部金额控制，对具体金额数量划分级别，对不同岗位和职位的操作员进行金额级别控制，限制他们制单时可以使用的金额数量，不涉及内部系统控制的不在管理范围内。

功能权限在"系统管理"的"权限分配"中设置，数据权限和金额权限在"企业门户""系统服务""数据权限"中进行分配。数据权限和金额权限必须在系统管理的功能权限分配之后才能进行设置。

1. 查看张想是否是001账套的账套主管

（1）依次单击系统管理两层"权限""权限"选项，打开"操作员权限"窗口。

（2）在"账套主管"右边的下拉列表框中选中"［001］山东新锐科技有限公司"账套。

（3）在左侧的操作员列表中，选中"1101 张想"，查看账套主管复选框是否为选中状态。

2. 为操作员周池赋权

（1）在"操作员权限"窗口中，选中"1102 周池"，单击"修改"按钮。

（2）在右侧窗口中，选中"财务会计"中的"总账"，单击"总账"前的"+"标记，依次展开"总账"，选中"凭证"中的"出纳签字"和"出纳"前的复选框，如图1-1-12所示。

（3）单击"保存"按钮返回。

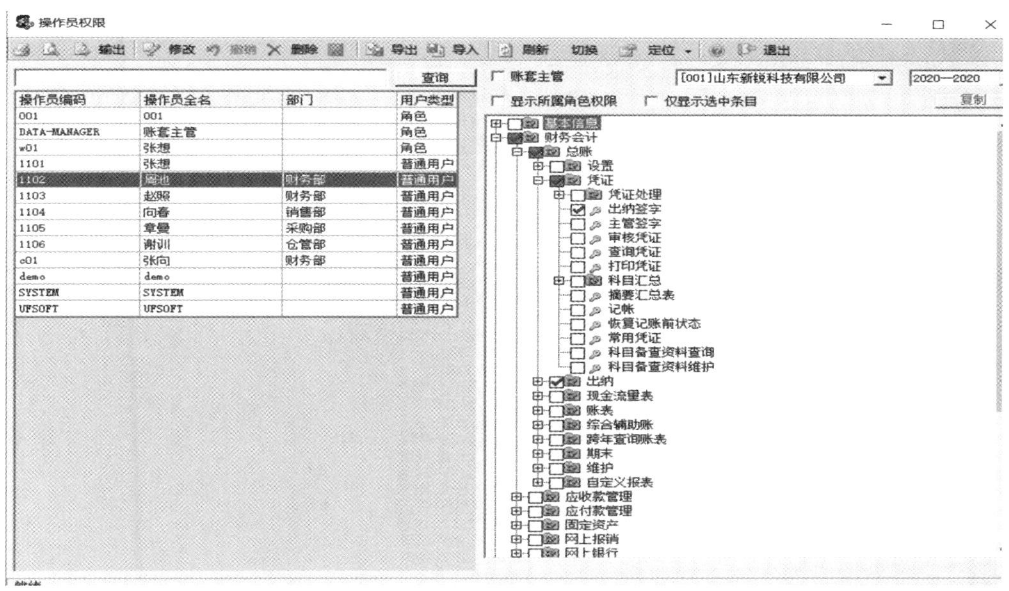

图 1-1-12　为操作员周池赋权

以同样的方式为“1103 赵照”“1104 向春”“1105 章曼”和“1106 谢训”赋权，如图 1-1-13 至图 1-1-16 所示。

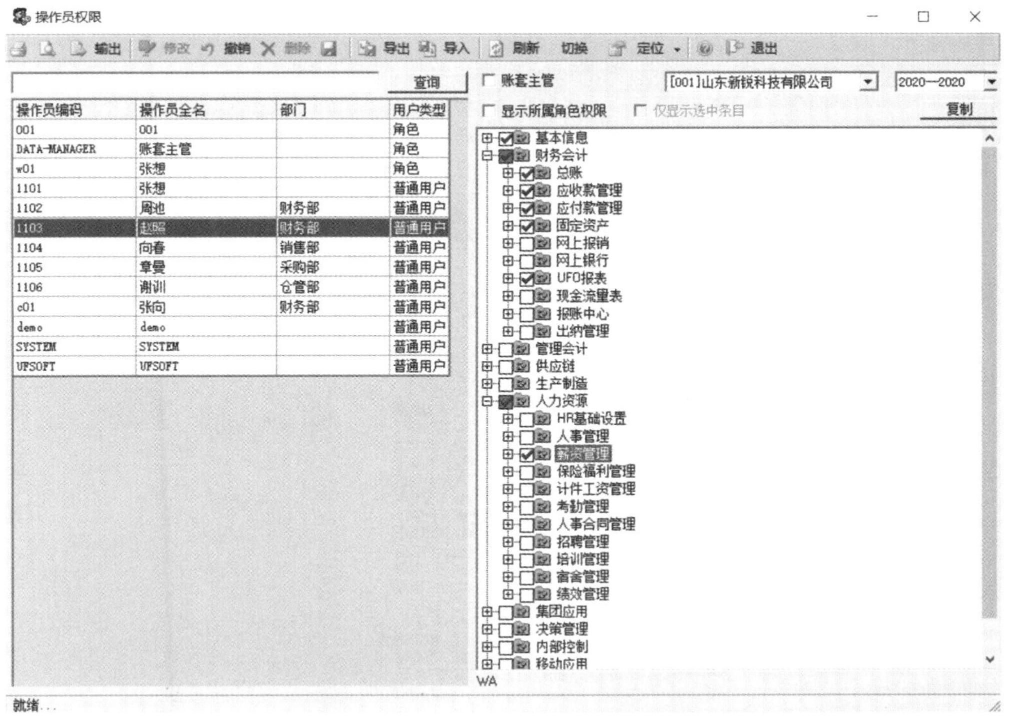

图 1-1-13　为操作员赵照赋权

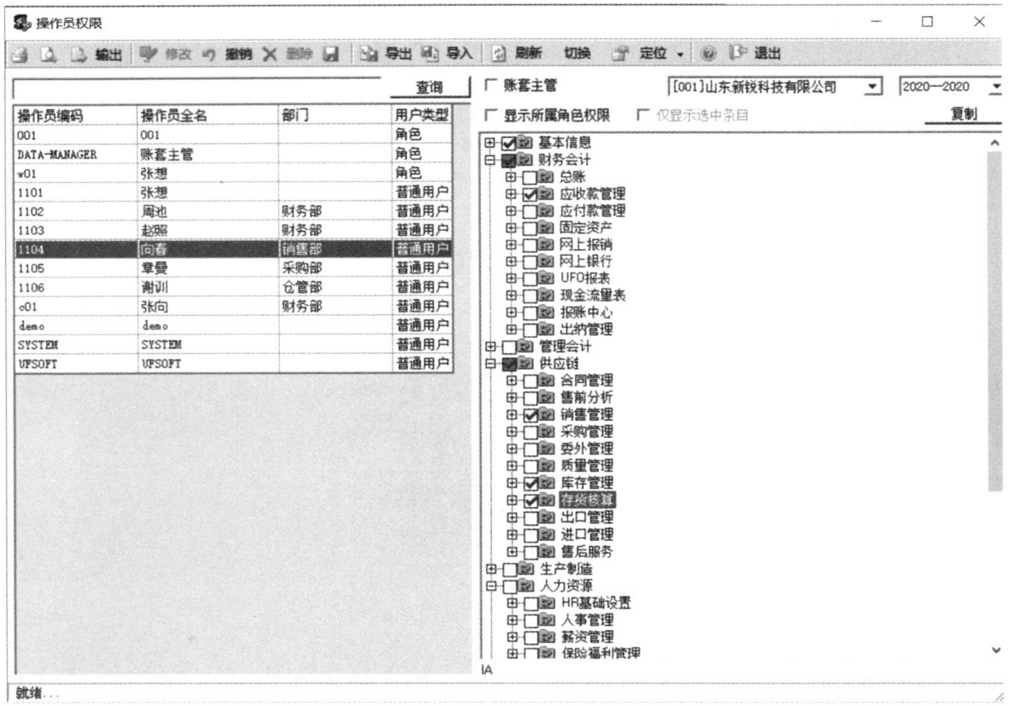

图 1-1-14　为操作员向春赋权

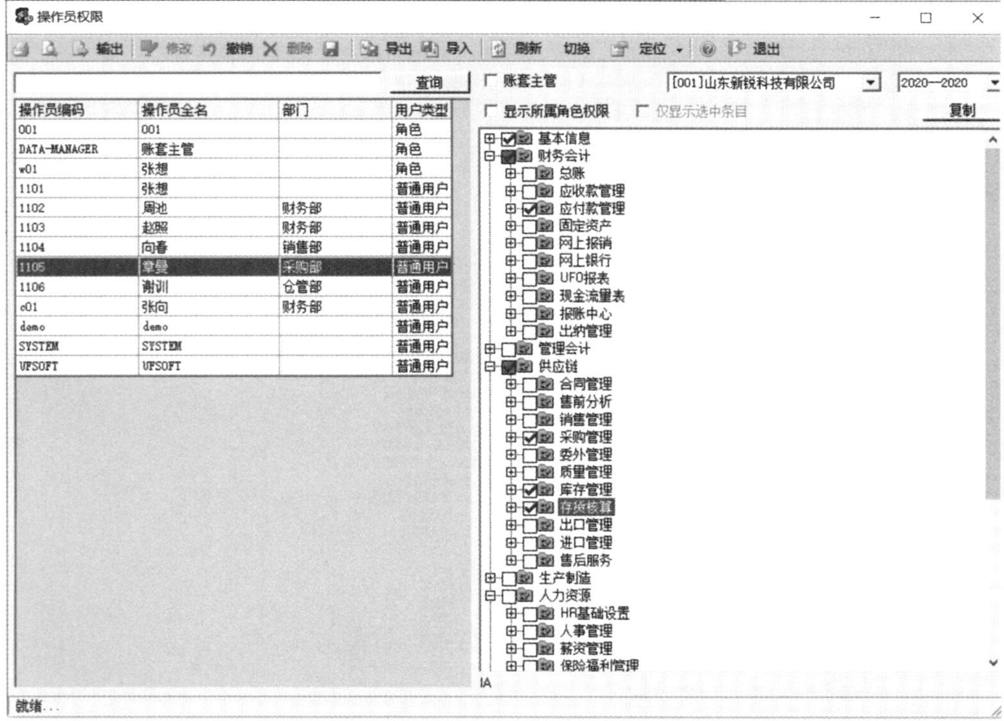

图 1-1-15　为操作员章曼赋权

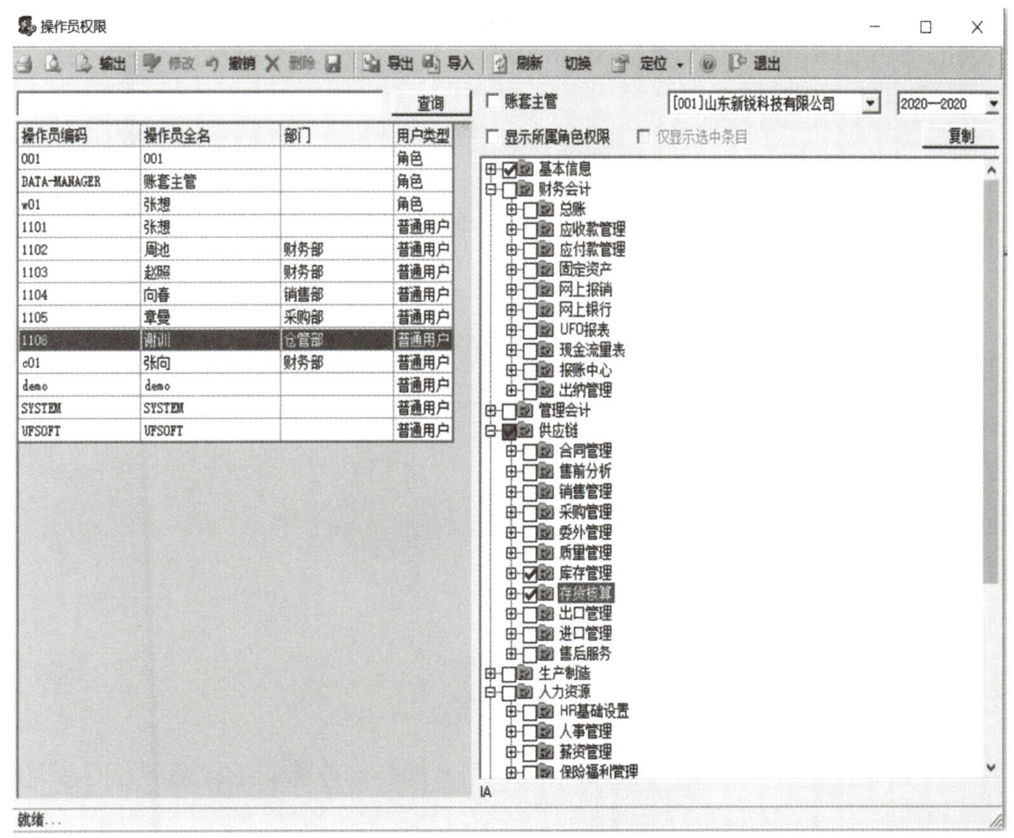

图 1-1-16　为操作员谢训赋权

知识链接

角色分工管理

角色是指在企业管理中拥有某一类职能的组织，这个角色组织可以是实际的部门，可以是由拥有同一类职能的人构成的虚拟组织。设置角色后，可以定义角色的权限，在进行业务操作时，该角色将具备其相应的权限。此功能的好处是明确分工，方便控制操作员权限，可以依据职能统一进行权限的划分。本功能在“系统管理”主页面进行相应的操作，可以进行账套中角色的增加、删除、修改等维护工作。

二、修改操作员权限

在完成赋权后，发现有一名财务部会计赵照（1103）赋权有误，需在 U8 系统修改，并按其权限为其赋权。

1. 打开“操作员权限”窗口，选中“1103 赵照”，单击“修改”按钮。

2. 在右侧窗口中，单击“财务会计”中“总账”前的“+”标记，依次展开“总账”，选中“出纳管理”前的复选框。

3. 单击“保存”按钮返回。

任务三 账套管理

【学习目标】

1. 能修改账套。
2. 能区分账套备份和账套库备份。
3. 能进行账套备份。
4. 能进行数据恢复。
5. 能养成严谨的工作态度。

【任务导入】

新锐公司账套已建立完成，但在日常工作中发现公司简称使用起来不方便，现按照总经理的要求，完成账套修改、账套备份与输出以及数据的恢复工作。

【任务实施】

一、账套修改

将账套中的简称“新锐”改成“山东新锐”。

1. 以账套主管“1101 张想”的身份登录

（1）执行“系统”“注册”命令，打开“登录”对话框。

（2）录入操作员“1101”（张想），密码为 1，单击“账套”栏的下三角按钮，选择“[001]（default）山东新锐科技有限公司”，单击“登录”按钮，以账套主管身份登录系统管理，如图 1-1-17 所示。

2. 修改账套

（1）单击“账套”“修改”选项，打开“修改账套”对话框。单击“下一步”按钮，找到“单位信息”对话框。修改“单位简称”为“山东新锐”。单击“完成”按钮，系统弹出提示。

（2）单击“是”按钮，修改成功。

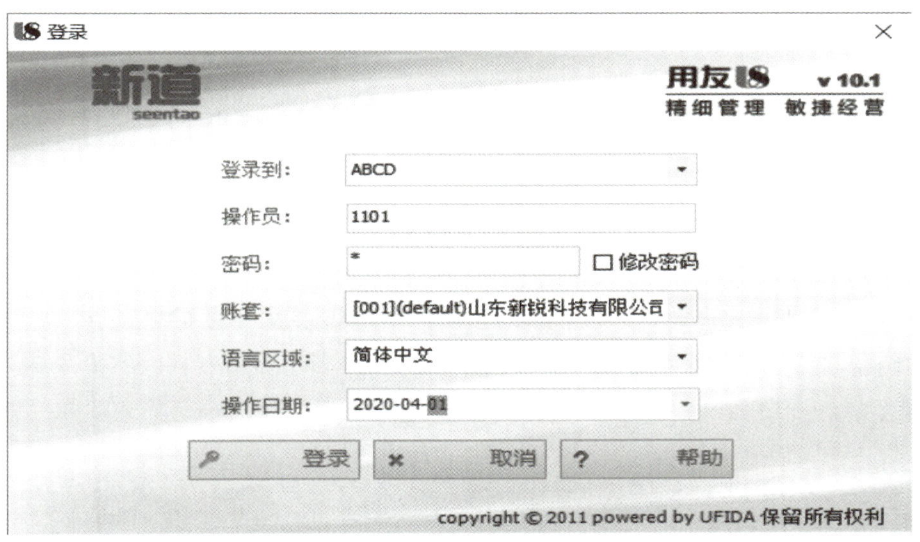

图 1-1-17 在“登录”对话框中进行操作

知识链接

账套和账套库的区别

1. 账套库的上一级是账套，一个或多个账套库组成账套，一个账套库含有一年或多年使用数据。一个账套对应一个经营实体或核算单位，账套中的某个账套库对应这个经营实体某年度区间内的业务数据。例如：某单位建立账套“001 正式账套”后在 2019 年使用，然后在 2020 年的期初建立 2020 账套库后使用，则“001 正式账套”具有两个账套库，即“001 正式账套 2019 年”和“001 正式账套 2020 年”；如果希望连续使用，也可以不建新库，直接录入 2020 年数据，则“001 正式账套”具有一个账套库，即“001 正式账套 2019—2020 年”。

2. 拥有多个核算单位的客户可以拥有多个账套（最多可拥有 999 个账套）。

账套和账套库两层结构的好处如下：一是便于企业的管理，如便于企业进行账套上报和跨年度区间的数据管理结构调整等；二是方便数据备份输出和引入；三是可以减轻数据的负担，提高数据的应用效率。

二、账套备份与输出

为了保证数据的完整性、连续性、安全性，操作员需要在使用系统前先完成账套的备份与输出。按照企业要求，将账套备份到“D:\ 山东新锐有限公司\ 1-1 企业建账”文件夹中，并查看“D:\ 山东新锐有限公司\ 1-1 企业建账”文件夹中的账套备份文件，保证账套备份信息完整。

备份输出账套步骤：

1. 在 D 盘中新建“山东新锐有限公司”文件夹，再在“山东新锐有限公司”文件夹中新建“1-1 企业建账”文件夹。

2. 系统管理员在“系统管理”窗口依次单击“账套”“输出”选项，打开“账套输出”对话框。

3. 单击“账套号”栏的下三角按钮，选择“［001］山东新锐科技有限公司”，在“输出文件位置”列表框中选择“D：\ 山东新锐有限公司 \ 1－1 企业建账 \”，如图 1-1-18 所示。

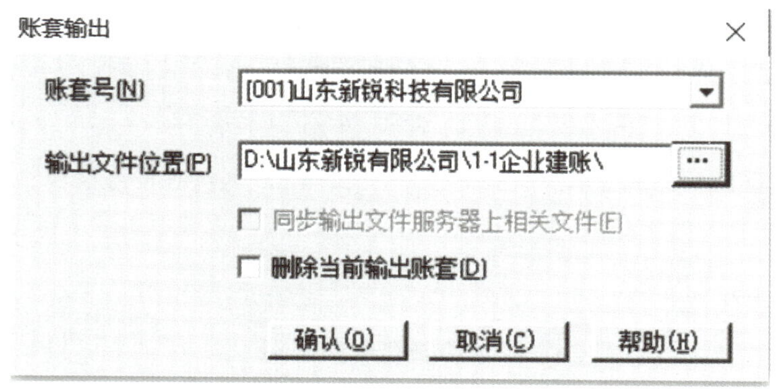

图 1-1-18　备份账套

账套备份与账套库备份

账套备份是指将所选的账套数据进行备份输出。对于系统管理员而言，定时将单位数据备份并存储到不同的介质上（如光盘、网盘等），对保护数据安全是非常重要的。如果由于不可预知的原因（如地震、火灾、计算机病毒、误操作等）造成数据损坏或丢失，单位需要对数据进行恢复，此时备份数据就可以将单位的损失降到最小。对于异地管理的单位，此种方法还可以解决审计和数据汇总的问题，具体应根据单位实际情况加以应用。

账套库备份和账套备份的作用相同，账套库的备份方式有利于有多个异地单位的客户及时集中管理。例如：某单位总部在北京，其上海分部每月需要将最新的数据传

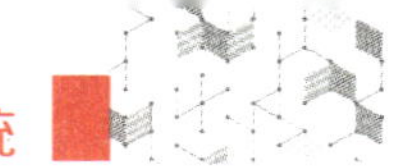

输到北京。此时第一次只需上海分部将账套备份，然后传输到北京进行恢复备份，以后再需要传输数据时，只需要将账套库进行备份然后恢复备份即可。这种方式的好处是传输的数据量小，便于提高传输效率和降低费用。

无论是使用账套备份、账套库备份或设置备份计划输出，其目的只有一个，将目标数据进行输出备份。

三种方式的备份方法和备份内容是有一定区别的，具体见表1-1-3。

表1-1-3　三种方式的备份方法和备份内容

内容/类别	账套备份	账套库备份	设置备份计划		
			设置账套备份计划	设置账套库备份计划	设置账套库增量备份计划
范围	一次只能备份一个账套的数据	一次只能备份一个账套中的一个账套库的数据	一次可以备份多个账套的数据	一次可以备份多个账套的多个账套库	一次可以备份多个账套的多个账套库的增量变化
自动备份定时输出功能	无	无	有	有	有

三、数据恢复

在下次使用U8系统记账时，为了使用账套数据，必须先完成账套数据的引入和恢复工作。

1. 账套引入

（1）系统管理员在“系统管理”窗口依次单击“账套”“引入”选项，打开“请选择账套备份文件”对话框。

（2）选择“D:\山东新锐有限公司\1-1企业建账\UfErpAct. Lst”文件。

（3）单击“确定”按钮，系统弹出“请选择账套引入的目录”信息提示框。

2. 已存账套的恢复

（1）单击“确定”按钮，打开“请选择账套引入的目录”对话框，弹出系统提示“此操作将覆盖［001］账套当前的信息，继续吗?”

（2）单击“是”按钮，系统自动进行引入账套的工作。

（3）完成后，弹出系统提示“账套［001］引入成功!”单击“确定”按钮返回。

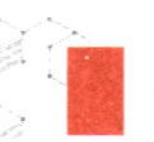

项目实训

一、建立账套

1. 账套信息

账套号为002，账套名称为上海天丽服饰有限公司，采用默认账套路径，启用会计期为2021年1月。

2. 单位信息

单位名称为上海天丽服饰有限公司，单位简称为上海天丽，单位地址为上海市浦东区东昌路1999号，法人代表为张伟，联系电话为021－87655432，税号为123458125138888。

3. 核算类型

本币代码为RMB；本币名称为人民币；企业类型为工业，使用2007年新会计制度科目；账套主管为秦雯；基础信息为对存货、客户和供应商进行分类，有外币核算。

4. 分类编码方案

会计科目编码级次为4-2-2-2，客户编码级次为2-2，存货分类编码级次为2-2-3，供应商分类编码级次为2-3-2，其余均为默认。

5. 数据精度

存货数量小数位数、存货体积小数位数、存货重量小数位数、单价小数位数、开票单价小数位数、件数小数位数、换算率小数位数、税率小数位数均为2。

6. 系统启用

总账、出纳管理、销售管理、采购管理、存货核算、库存管理、应收款管理、应付款管理、固定资产、薪资管理。

二、设置操作员权限

操作员权限见表1-1-4。

表1-1-4　操作员权限

编号	姓名	岗位	权限
5501	秦雯	账套主管	具有系统所有模块的操作权限
5502	乔恩	出纳	具有“总账—凭证—出纳签字”及“总账—出纳”的操作权限
5503	秦荣	会计	具有“基本信息、总账、UFO报表、应收款管理、应付款管理、薪资管理、固定资产”的操作权限

续表

编号	姓名	岗位	权限
5504	曲阳	销售员	具有“基本信息、销售管理、库存管理、应收款管理、存货核算”的操作权限
5505	秦天	采购员	具有“基本信息、采购管理、库存管理、应付款管理、存货核算”的操作权限
5506	李青浦	仓管员	具有“基本信息、库存管理、存货核算”的操作权限

三、账套管理

1. 将账套备份到“D:\ 上海天丽服饰有限公司\ 1-1 企业建账”文件夹中。
2. 查看“D:\ 上海天丽服饰有限公司\ 1-1 企业建账”中的账套备份文件。
3. 将备份账套引入 U8 系统。

思考与练习

1. 如果备份账套的命令没有激活，应如何处理？
2. 备份的账套文件无法引入的原因可能有哪些？
3. 引入的账套文件数据不对的原因可能有哪些？
4. 登录系统时无法显示账套，应如何处理？
5. 启用系统时，系统提示无法连接数据库，应如何处理？

项目二　企业财务管理基础信息设置

工作流程图

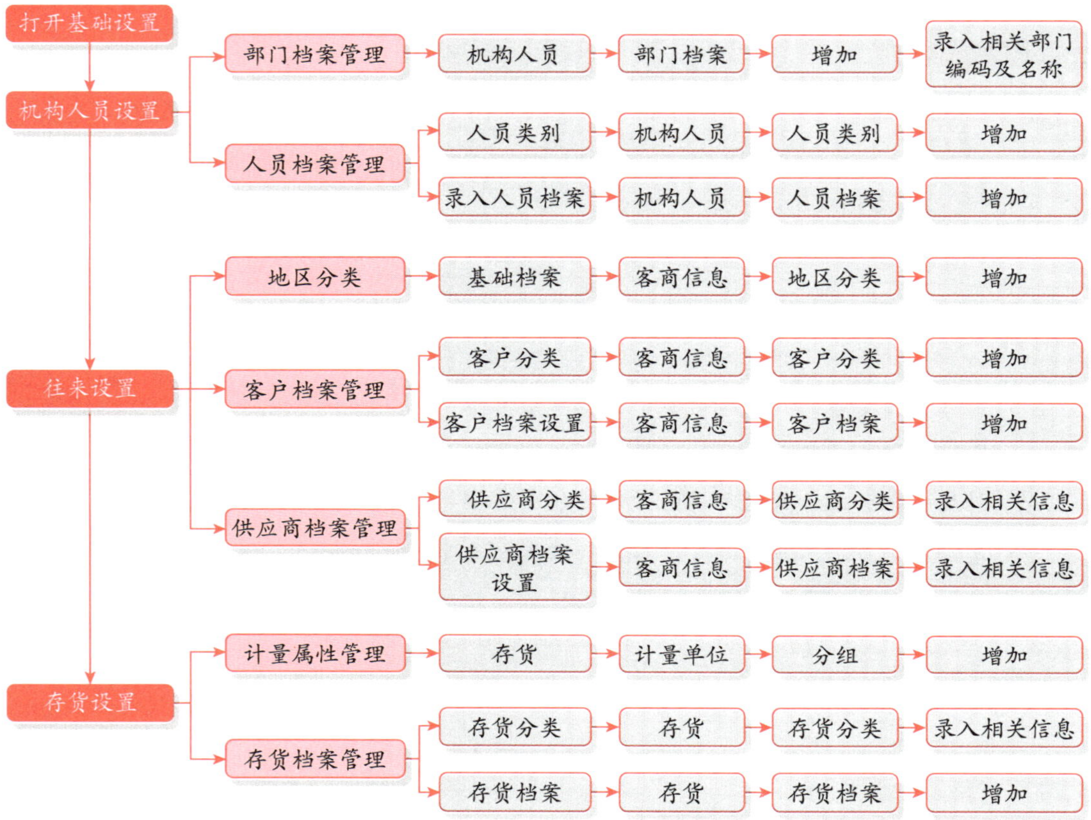

- 打开基础设置
- 机构人员设置
  - 部门档案管理 → 机构人员 → 部门档案 → 增加 → 录入相关部门编码及名称
  - 人员档案管理
    - 人员类别 → 机构人员 → 人员类别 → 增加
    - 录入人员档案 → 机构人员 → 人员档案 → 增加
- 往来设置
  - 地区分类 → 基础档案 → 客商信息 → 地区分类 → 增加
  - 客户档案管理
    - 客户分类 → 客商信息 → 客户分类 → 增加
    - 客户档案设置 → 客商信息 → 客户档案 → 增加
  - 供应商档案管理
    - 供应商分类 → 客商信息 → 供应商分类 → 录入相关信息
    - 供应商档案设置 → 客商信息 → 供应商档案 → 录入相关信息
- 存货设置
  - 计量属性管理 → 存货 → 计量单位 → 分组 → 增加
  - 存货档案管理
    - 存货分类 → 存货 → 存货分类 → 录入相关信息
    - 存货档案 → 存货 → 存货档案 → 增加

知识链接

进行企业财务管理基础信息设置，首先需要登录“企业应用平台”。

“企业应用平台”是U8系统的集成应用平台，是用户登录U8系统的唯一入口，是用户进行基本信息管理、基本档案管理、个人参数设置和修改、单据和档案设置的唯一路径。

“企业应用平台”分为系统服务、基础设置和业务工作三个功能组。系统服务功能组主要为系统安全、正常运行提供服务，基础设置功能组主要用于设置U8系统各子系统公用的基本信息、基础档案和单据，业务工作功能组中集成了登录用户在U8系统操作权限中的所有功能模块。

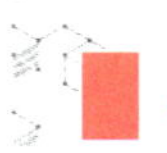

任务一 机构人员设置

【学习目标】

1. 能进行部门档案录入和人员档案录入。
2. 能理解部门档案管理和人员档案管理的意义。
3. 能明确部门分工和企业的人员编制方法。
4. 能养成严谨、细致的工作态度。

【任务导入】

新锐公司在利用 U8 系统进行会计业务处理之前，需要将组织机构构架和人员配置安排好，便于日常工作管理和人员工资发放等工作的顺利开展。这就需要进行部门档案设置和人员档案设置，并做好日常维护和管理，随时根据机构变化和人员变化进行调整。

【任务实施】

一、部门档案管理

新锐公司的部门档案见表 1-2-1，按照要求完成部门档案的设置工作。

表 1-2-1 部门档案

部门编码	部门名称
1	行政部
2	财务部
3	销售部
4	采购部
5	生产部
6	仓管部

1. 设置部门档案

（1）在“基础设置”选项卡中，依次单击“基础档案”“机构人员”“部门档案”选项，进入“部门档案”对话框。

（2）单击“增加”按钮，录入部门编码“1”和部门名称“行政部”。

（3）单击“保存”按钮，完成设置，如图 1-2-1 所示。

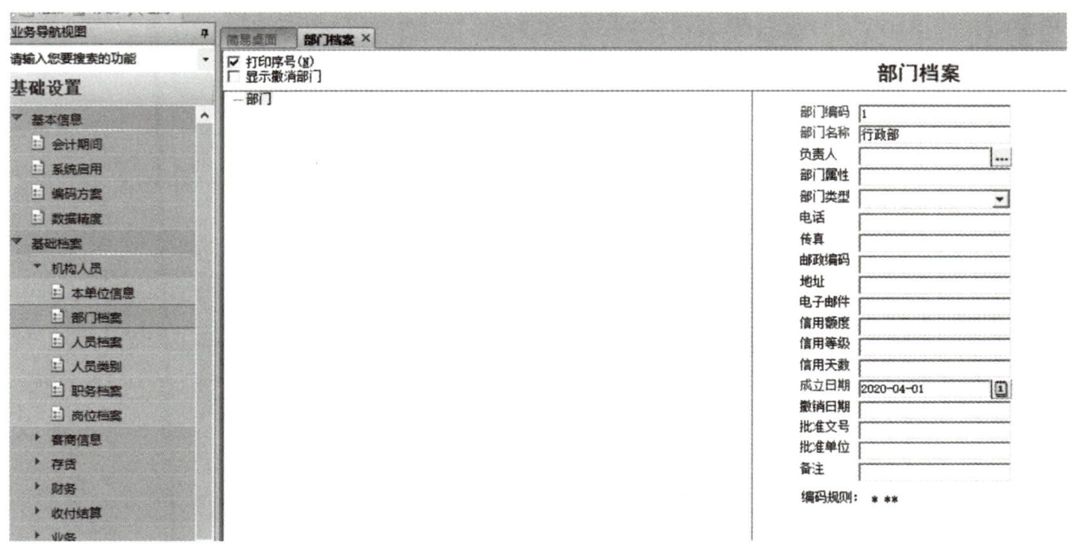

图 1-2-1 设置部门档案

2. 完成部门档案录入

参照上述方法，依次录入其他部门档案。

知识链接

部门档案录入说明

1. 部门编码：符合编码级次原则，必须录入，必须唯一。部门档案中的“部门编码”不允许与工作中心档案的“工作中心编码”重复。

2. 部门名称：必须录入，部门名称可以重复命名。

3. 负责人、电话、地址、备注：部门的辅助信息可以为空，其中地址长度为 255 字符、127 个汉字。

4. 部门属性：包括车间、采购部门、销售部门等，可以为空。

5. 信用信息：包括信用额度、信用等级、信用天数，指该部门对本部门负责的客户的信用额度和最大信用天数，可以不填。如果在“销售管理系统—销售选项—信用控制页签”中选择“是否有部门信用控制”，则需要在这里录入相应信息。

6. 成立日期：指部门的成立时间，默认为当前登录时间。

7. 撤销日期：指部门的撤销时间。

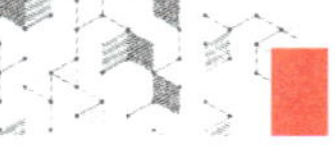

8. 批准文号：指部门成立或撤销所依据的文件号，可录入任意字符。

9. 批准单位：指部门成立或撤销所依据的文件的发出单位或批准单位，可录入任意字符。

10. 传真：指部门的传真号码。

11. 邮政编码：指部门所在地或通信的邮政编码。

12. 电子邮件：指部门所使用的有效的电子邮件地址。

二、人员档案管理

进行人员档案管理时，首先要设置人员类别，新增人员类别为管理人员、销售人员、生产人员。人员类别设置完成后，按照要求完成新锐公司的人员分配。人员档案信息见表 1-2-2。

表 1-2-2 人员档案信息

人员编码	人员姓名	性别	部门名称	雇佣状态	人员类别	银行及银行账号	是否业务员
101	孙西晨	男	行政部	在职	管理人员	中国银行 6228480220332019001	是
201	张想	男	财务部	在职	管理人员	中国银行 6228480220332019002	否
202	周池	男	财务部	在职	管理人员	中国银行 6228480220332019003	否
203	赵照	女	财务部	在职	管理人员	中国银行 6228480220332019004	否
301	向春	女	销售部	在职	销售人员	中国银行 6228480220332019005	是
401	章曼	女	采购部	在职	管理人员	中国银行 6228480220332019006	是
501	曾宝	男	生产部	在职	生产人员	中国银行 6228480220332019007	否
502	鲍本本	男	生产部	在职	生产人员	中国银行 6228480220332019008	否
503	年生	男	生产部	在职	生产人员	中国银行 6228480220332019009	否
601	谢训	男	仓管部	在职	生产人员	中国银行 6228480220332019010	否

1. 设置人员类别

（1）在“基础设置”选项卡中，单击“基础档案”“机构人员”“人员类别”选项，进入“人员类别”窗口。

（2）单击“增加”按钮，打开“增加档案项”对话框，录入档案编码“104”、档案

名称“管理人员”，如图 1-2-2 所示，单击“确定”按钮。

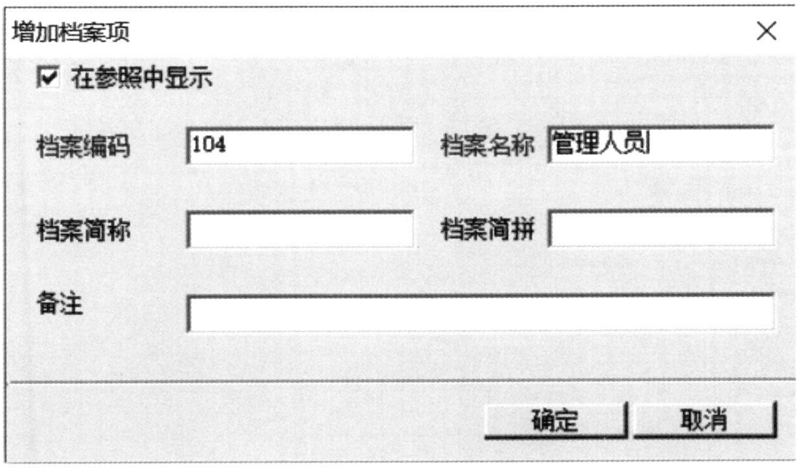

增加档案项

☑ 在参照中显示

档案编码 104　档案名称 管理人员

档案简称　档案简拼

备注

确定　取消

图 1-2-2　设置人员类别

（3）以同样的方式增加销售人员和生产人员。

2. 录入人员档案

（1）在“基础设置”选项卡中，单击“基础档案”“机构人员”“人员档案”选项，进入“人员列表”窗口，如图 1-2-3 所示。

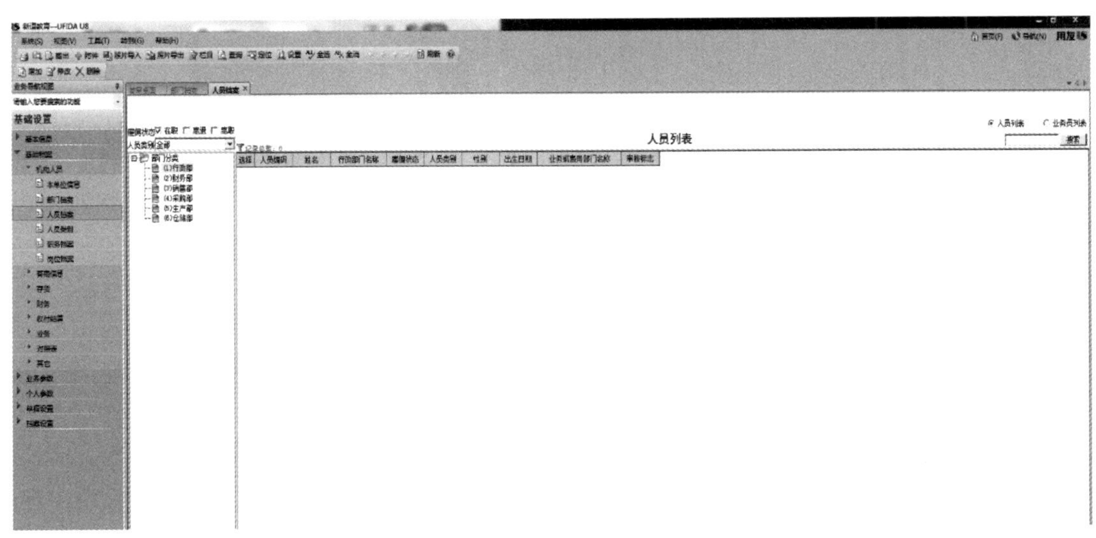

图 1-2-3　“人员列表”窗口

（2）单击左侧窗口中“部门分类”下的“行政部”。单击“增加”按钮，录入人员信息，单击“保存”按钮，如图 1-2-4 所示。

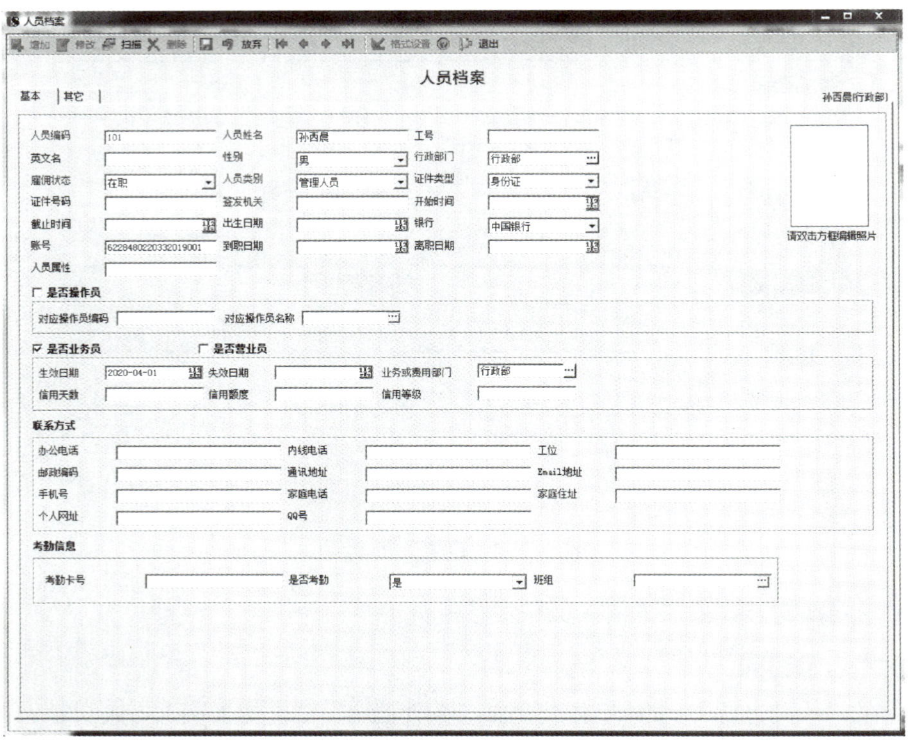

图 1-2-4　录入人员档案

（3）参照上述方法，依次录入其他人员档案。

知识链接

人员档案录入说明

1. 人员编号：必须录入，必须唯一。

2. 人员名称：必须录入，可以重复。

3. 性别：必须录入。

4. 行政部门名称：录入该职员所属的行政部门，参照部门档案。

5. 人员类别：必须录入，参照人员类别档案，如果“人事信息管理”未启用，则可随时修改，否则不能修改。

6. 银行：指人员工资账户所属银行，参照银行档案。

7. 账号：指人员工资账户的账号。

8. 照片：指定人员的照片，不能大于 100 kB。

9. 是否业务员：指此人员是否可操作 U8 系统其他的业务产品，如总账、库存等。

10. 是否操作员：指此人员是否可操作U8系统产品，可以将本人作为操作员，也可与已有的操作员做对应关系。

11. 电子邮箱地址和手机号：职员的辅助联系信息。

12. 信用信息：包括信用额度、信用等级、信用天数，指该职员对所负责的客户的信用额度和最大信用天数，可以为空。如果要在“销售管理系统—销售选项—信用控制页签”中选择“是否有业务员信用控制”，则需要在这里对销售部门从事业务的职员或需要进行信用管理的职员录入信用权限。

13. 生效日期：作为业务员时可操作业务产品的日期，默认为建立人员时的登录日期，可修改。

14. 失效日期：已经做业务的业务员不能被删除，当他不再做业务时，取消其使用业务功能的权利；已注销的业务员可以取消注销日期。

15. 业务及费用归属部门：指此人员作为业务员时所属的业务部门，或当他不是业务员但其费用需要归集时所设置的业务部门，参照部门档案，只能录入末级部门。

16. 家庭地址：可输可不输，可录入任意值。

17. 通信地址：可输可不输，可录入任意值。

18. 邮政编码：可输可不输，可录入任意值。

19. 内线电话：可输可不输，可录入任意值。

20. QQ号：可输可不输，可录入任意值。

21. 个人网址：可输可不输，可录入任意值。

22. 任职信息：指人员在本部门或其他部门的正职或兼职信息。

（1）职务：指人员在本部门或其他部门的正职或兼职的职务。

（2）岗位：指人员在本部门或其他部门的正职或兼职的岗位。

（3）部门：指人员正职或兼职所在的部门。

（4）上级主管：指人员在本部门或其他部门的正职或兼职的上级主管。

（5）任职开始日期：指人员在本部门或其他部门的正职或兼职开始上任的日期。

（6）任职结束日期：指人员在本部门或其他部门的正职或兼职结束任职的日期。

（7）是否兼职：选择“否”，指所任职务和岗位为正职，否则为兼职；任职信息的记录中只能有一条记录选择为“否”，即只能有一条正职信息。

知识链接

人员档案录入注意事项

1. 操作员编码不能修改，操作员名称可随时修改。

2. 如果本人作为操作员，则同时保存到操作员表中；同时保存到操作员表中的操作员密码默认为操作员编码。

3. 业务员的生效日期和失效日期与他的到岗日期、任职日期、离职日期等不做关联控制。

4. 如果新增的人员关联为已存在的操作员时，则将该人员的所属行政部门、Email 地址、手机号带入操作员档案中。

5. 当 HR 不启用时，增加或删除人员会向薪资管理发出通知，增加保存或删除人员时调用薪资管理提供的服务。

6. 修改账套时如果修改了单位域名，系统会提示：单位域名已改，是否同步修改人员档案的 Email 账号？如果选择“是”，则应同时将人员档案中与原单位域名匹配的 Email 账号修改为与新单位域名匹配的 Email 账号；选择“否”，则不修改。

7. 所有新增用户都属于“普通用户”角色。

任务二 往来设置

【学习目标】

1. 能完成地区、客户和供应商的分类。
2. 能理解地区分类、客户分类和供应商分类的意义。
3. 能设置客户档案和供应商档案。
4. 能理解做好客户档案和供应商档案日常维护管理的意义。
5. 能具备一定的比较分析能力和逻辑思维能力。

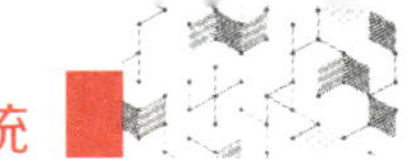

【任务导入】

新锐公司的业务范围比较广，涉及华北、华东和华中三个地区，客户分为批发、零售、代销和专柜四类，供应商分为原料和成品两类，为了保证日常业务的顺利开展，避免会计业务记账混乱，现需要完善公司财务信息系统里的相关档案信息并进行合理的分类和管理。请根据新锐公司提供的档案材料完成相关信息的录入和管理。

【任务实施】

一、地区分类

按照新锐公司提供的信息完成地区分类，见表 1-2-3。

表 1-2-3　地区分类信息

分类编码	分类名称
01	华北地区
02	华东地区
03	华中地区

地区分类设置的步骤：

1. 在“基础设置”选项卡中，依次单击“基础档案”“客商信息”“地区分类”选项，进入“地区分类”窗口。

2. 单击“增加”按钮，录入地区分类信息，单击“保存”按钮，如图 1-2-5 所示。

3. 参照上述方法，依次录入其他的地区分类。

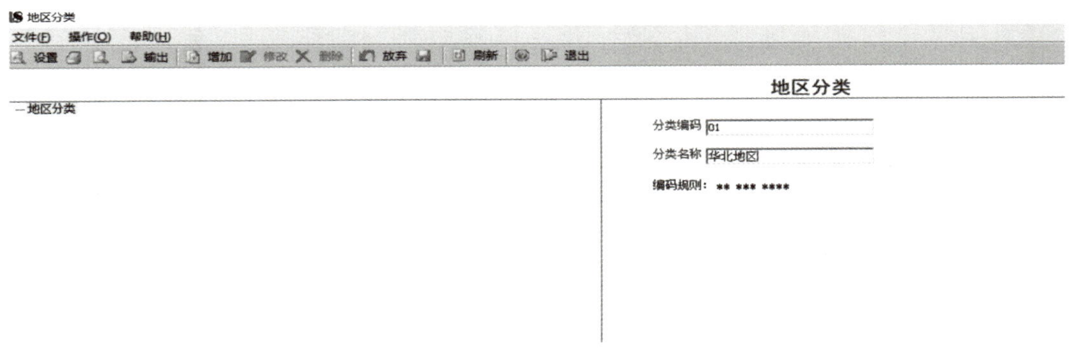

图 1-2-5　设置地区分类

知识链接

1. 地区分类

企业可以根据自身管理要求对客户、供应商的所属地区进行相应的分类，建立地区分类体系，以便对业务数据进行统计、分析。使用 U8 系统中的采购管理、销售管理、库存管理和应收应付款管理系统都需要设置地区分类。

地区分类最多有五级，企业可以根据实际需要进行分类，可以按区、省、市进行分类，也可以按省、市、县进行分类。

注意：在对“地区分类”信息进行录入时，“类别编码”中的“地区分类编码”必须唯一，不允许重复，并要注意区分大小写。“分类名称”可以是汉字或英文字母，必须唯一，不允许重复，不能不填。

2. 行业分类

企业可以依据自身管理要求对客户的所属行业进行相应的分类，建立行业分类体系，以便按行业对业务数据进行统计分析。行业分类最多可以设置五级。

说明事项：“类别编码”是系统识别不同行业的唯一标志，所以编码必须唯一，不能重复。“类别名称”可以是汉字或英文字母，但同样不能为空，不能重复。

二、客户档案管理

按照新锐公司提供的信息完成客户分类及档案分类，客户分类及客户档案见表 1-2-4 和表 1-2-5。

表 1-2-4　客户分类

分类编码	分类名称
01	批发
02	代销

表 1-2-5　客户档案

客户编码	客户名称	所属区域	所属分类	税号	地址	电话	分管部门	专管业务员
001	江西庐陵家电有限公司（简称：江西庐陵）	02	01	154879655245178895	江西省南昌市××路 78 号	0791-68546988	销售部	向春
002	河南大华电器有限公司（简称：河南大华）	03	01	985524693478932310	河南省郑州市××路 45 号	0371-67845688	销售部	向春

续表

客户编码	客户名称	所属区域	所属分类	税号	地址	电话	分管部门	专管业务员
003	上海东郡商贸有限公司（简称：上海东郡）	02	02	578669412558465432	上海市黄浦区××路 87 号	021-68765433	销售部	向春
004	安徽飞鸽家电有限公司（简称：安徽飞鸽）	02	01	032516947781526488	安徽省合肥市××路 88 号	0551-68765441	销售部	向春
005	湖北宇想商贸有限公司（简称：湖北宇想）	03	02	011218479965455268	湖北省武汉市××路 25 号	027-64598211	销售部	向春

1. 客户分类设置

（1）在“基础设置”选项卡中，依次单击“基础档案”“客商信息”“客户分类”选项，进入“客户分类”窗口。

（2）单击“增加”按钮，录入客户分类信息，如图 1-2-6 所示，单击“保存”按钮。

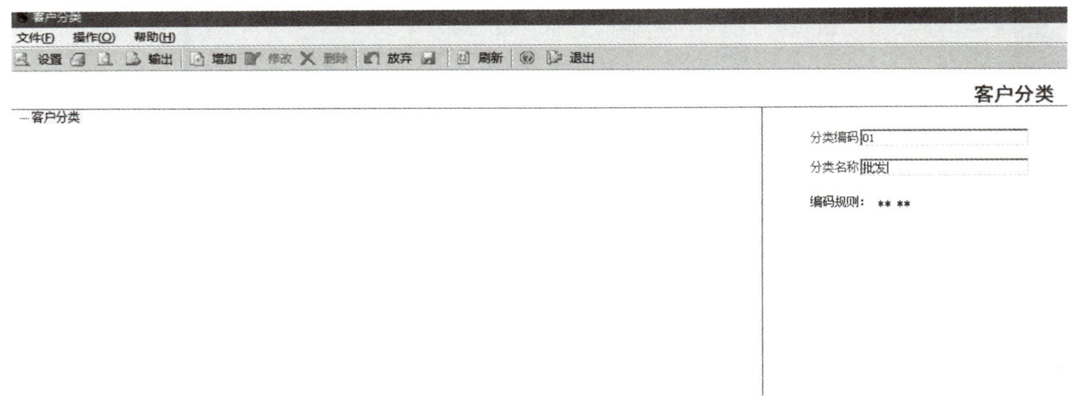

图 1-2-6 设置客户分类

（3）参照上述方法，依次录入其他的客户分类。

2. 客户档案设置

（1）在“基础设置”选项卡中，依次单击“基础档案”“客商信息”“客户档案”选项，打开“客户档案”对话框。

（2）单击“增加”按钮，打开“增加客户档案”对话框。对话框中共包括 4 个选项卡，即“基本”“联系”“信用”和“其他”，用于记录客户不同的属性。

（3）在“基本”选项卡中，录入“客户编码”“客户名称”“客户简称”“所属分类”“税号”等信息，如图 1-2-7 所示。

（4）单击“保存”按钮。

（5）参照上述方法，依次录入其他的客户档案。

简易桌面　客户档案　增加客户档案 ×

客户编码 1　　客户名称 江西庐陵家电有限公司

基本　联系　信用　其他

客户编码	001	客户名称	江西庐陵家电有限公司
客户简称	江西庐陵	助记码	
所属地区	02 - 华东地区	所属分类	01 - 批发
客户总公司		所属行业	
对应供应商		客户级别	
币种	人民币	法人	
☑ 国内		税号	154879655245178895
☐ 国外		☐ 服务	

图 1-2-7　设置客户档案

知识链接

客户档案管理主要用于设置往来客户的档案信息，以便于对客户资料进行管理，对业务数据进行录入、统计、分析。如果在建立账套时选择了客户分类，则必须在设置完成客户分类档案的情况下才能编辑客户档案。

1. “基本”选项卡中，蓝字名称的项目为必填项。

2. 登记“信用”选项卡时应注意：

（1）应收余额、最后交易日期、最后交易金额、最后收款日期、最后收款金额这五个条件项，是单击“客户档案”页面上的“信用”按钮，在“应收系统”中计算相关数据并显示的。

（2）应收余额、最后交易日期、最后交易金额、最后收款日期、最后收款金额在基础档案中只可查看，不允许修改，单击“客户档案”页面上的“信用”按钮，系统可自动维护。

3. 如果系统提供的档案内容不能满足单位的需要，可在自定义项录入其他档案信息。

三、供应商档案管理

按照新锐公司提供的信息完成供应商分类及档案分类，供应商分类及档案见表 1-2-6 和表 1-2-7。

表 1-2-6　供应商分类

分类编码	分类名称
01	原料供应商
02	成品供应商

表 1-2-7　供应商档案

供应商编号	供应商名称	所属地区	所属分类	税号	开户银行与账号	地址	电话	专管业务员	税率
1	江苏南江电器有限公司（简称：江苏南江）	02	02	671101055598464852	中国银行 63017819927845123695	江苏省南京市××路18号	025-83514100	章曼	13%
2	湖南大成电器有限公司（简称：湖南大成）	03	02	457896321547867583	中国银行 65247891458265471235	湖南省衡阳市××路1号	0734-6100051	章曼	13%
3	河北天华贸易有限公司（简称：河北天华）	01	01	745625489951272657	中国银行 64758124588894123744	河北省石家庄市××路22号	0311-62301877	章曼	13%
4	上海大坤贸易有限公司（简称：上海大坤）	02	01	647889255641231012	中国银行 67452214899352674885	上海市浦东新区××路6号	021-52002320	章曼	13%

知识链接

供应商档案管理设置意义

供应商档案管理包括供应商档案基本页、联系页、信用页、其他页、自定义项、医药页和银行页 7 个项目。供应商档案管理主要用于设置往来供应商的档案信息，以

便于对供应商资料管理和业务数据进行录入、统计、分析。如果在建立账套时选择了供应商分类，则必须在设置完成供应商分类档案后才能编辑供应商档案。

建立供应商档案主要是为企业的采购管理、库存管理、应付账款管理服务的。在填制采购入库单、采购发票，进行采购结算、应付款结算，以及有关供货单位统计时都会用到供货单位档案，因此必须先设立供应商档案，以便减少工作差错。在录入单据时，如果单据上的供货单位不在供应商档案中，则必须在此建立该供应商的档案。

1. 供应商分类设置

（1）在“基础设置”选项卡中，依次单击“基础档案”“客商信息”“供应商分类”选项，打开“供应商分类”对话框。

（2）根据企业信息，依次录入“分类编码”和“分类名称”，如图 1-2-8 所示。

（3）单击“保存”按钮。以此方法依次录入其他的供应商分类信息。

图 1-2-8　设置供应商分类

2. 供应商档案设置

（1）在“基础设置”选项卡中，依次单击“基础档案”“客商信息”“供应商档案”选项，打开“增加供应商档案”对话框，如图 1-2-9 所示。

（2）根据企业信息，依次录入“供应商编码”和“供应商名称”等，如图 1-2-10 所示。

（3）单击“保存”按钮。

（4）参照上述方法，依次录入其他的供应商档案信息。

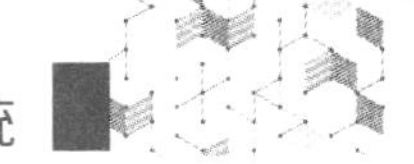

简易桌面 | 供应商档案 | 增加供应商档案 ×

供应商编码　　供应商名称

基本 | 联系 | 信用 | 其他 |

字段	值	字段	值
供应商编码		供应商名称	
供应商简称		助记码	
所属地区		所属分类	01 - 原料供应商
供应商总公司		员工人数	
对应客户		所属行业	
税号		币种	人民币
开户银行		注册资金	
法人		银行账号	
税率%		所属银行	

☑ 采购　☐ 委外

☐ 服务　☐ 国外

图 1-2-9　增加供应商档案

供应商编码 1　　供应商名称 江苏南江电器有限公司

基本 | 联系 | 信用 | 其他 |

字段	值	字段	值
供应商编码	1	供应商名称	江苏南江电器有限公司
供应商简称	江苏南江	助记码	
所属地区	02 - 华东地区	所属分类	02 - 成品供应商
供应商总公司		员工人数	
对应客户		所属行业	
税号	671101055598464852	币种	人民币
开户银行	中国银行	注册资金	
法人		银行账号	63017819927845123695
税率%	13.00	所属银行	

☑ 采购　☐ 委外

☐ 服务　☐ 国外

图 1-2-10　设置供应商档案

任务三 存货设置

【学习目标】

1. 能掌握计量属性的管理方法。
2. 能掌握存货的分类方法和管理方法。
3. 能准确录入计量单位、存货信息。
4. 能修改和完善计量单位和存货信息。
5. 能养成认真、细致的工作态度。

【任务导入】

新锐公司主要从事计算机产品的制造和销售，为了保证会计记账的完整性和连续性，需要将公司存货相关信息录入 U8 系统。

【任务实施】

一、计量属性管理

根据表 1-2-8 和表 1-2-9 完成计量属性的设置。

表 1-2-8 计量单位组

计量单位组编码	计量单位组名称	计量单位组类别
01	基本计量单位	无换算率

表 1-2-9 计量单位

计量单位编码	计量单位名称	计量单位组编码
01	块	01
02	条	01
03	台	01
04	个	01
05	根	01
06	次	01

1. 在企业应用平台的“基础设置”中，依次单击“基础档案”“存货”“计量单位”选项，打开“计量单位”对话框。

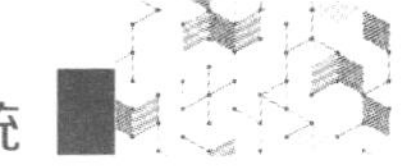

2. 单击“分组”按钮，打开“计量单位组”对话框。

3. 单击“增加”按钮，录入计量单位组编码“01”和计量单位组名称“基本计量单位”，单击“计量单位组类别”栏的下三角按钮，选择“无换算率”，如图 1-2-11 所示。

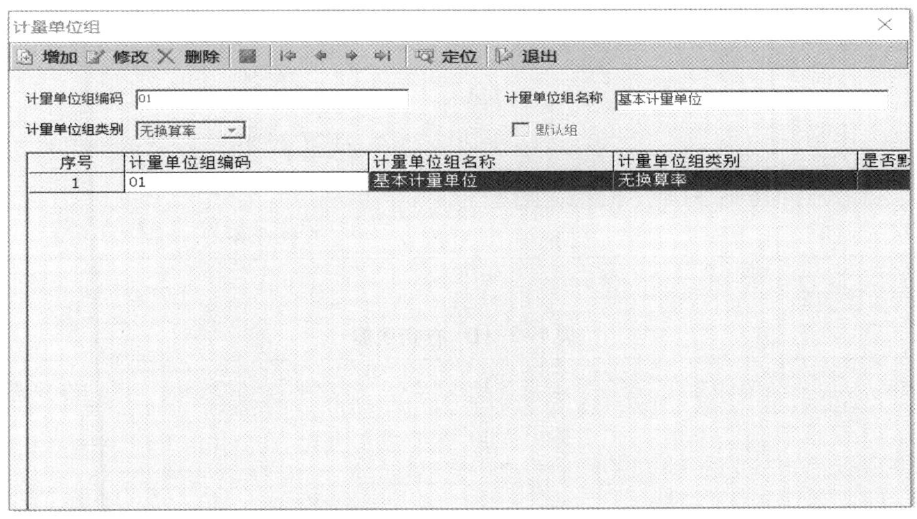

图 1-2-11　设置计量属性

4. 单击“保存”按钮，再单击“退出”按钮退出。

5. 单击“单位”按钮，打开“计量单位”对话框。

6. 单击“增加”按钮，录入计量单位相关信息，如图 1-2-12 所示。

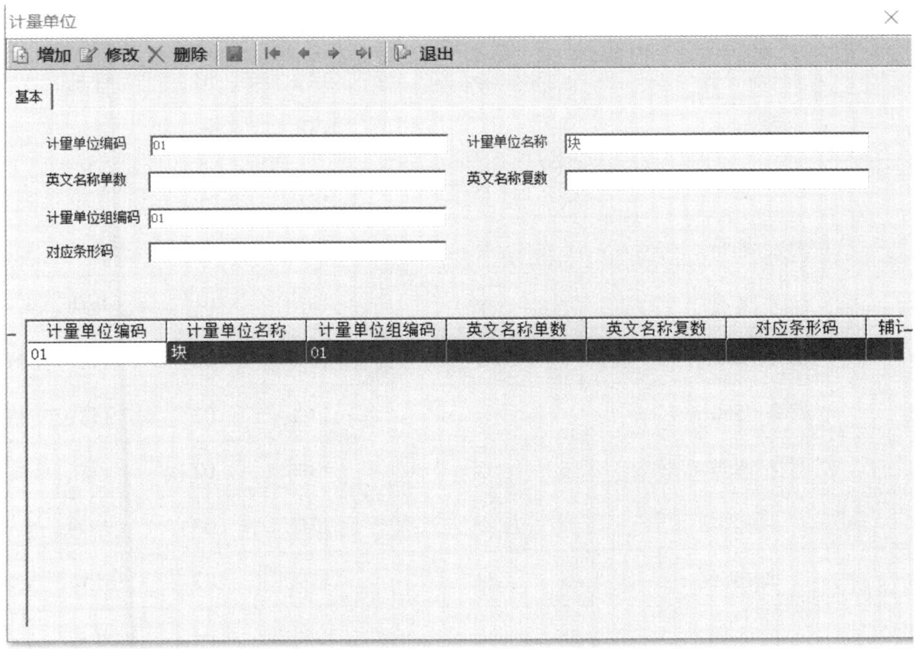

图 1-2-12　增加计量单位

二、存货档案管理

根据表 1-2-10 和表 1-2-11 完成存货分类和存货档案的设置。

表 1-2-10　存货分类

存货分类编码	存货分类名称
01	原材料
02	产成品
03	周转材料
04	应税劳务

表 1-2-11　存货档案

存货编码	存货名称	主计量单位组/单位	税率	存货分类	存货属性
0101	主板	块	13%	01	外购、生产耗用
0102	CPU（i7-9250）	块	13%	01	外购、生产耗用
0103	CPU（i7-9550）	块	13%	01	外购、生产耗用
0104	CPU（i7-9850）	块	13%	01	外购、生产耗用
0105	内存条（8G）	条	13%	01	外购、生产耗用
0106	内存条（16G）	条	13%	01	外购、生产耗用
0107	硬盘	块	13%	01	外购、生产耗用
0108	显示器	台	13%	01	外购、生产耗用
0109	键盘	个	13%	01	外购、生产耗用
0110	鼠标	个	13%	01	外购、生产耗用
0111	机箱	个	13%	01	外购、生产耗用
0112	电源	个	13%	01	外购、生产耗用
0201	商务 9250 系列	台	13%	02	内销、外销、自制
0202	商务 9550 系列	台	13%	02	内销、外销、自制
0203	商务 9850 系列	台	13%	02	内销、外销、自制
0301	包装箱	个	13%	03	外购、生产耗用
0302	捆扎线	根	13%	03	外购、生产耗用
0401	运费	次	9%	04	外购、应税劳务

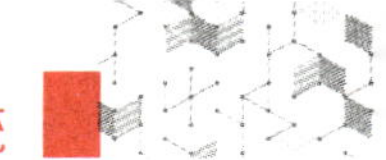

知识链接

1. 存货分类

企业可以根据自身要求对存货进行分类管理，以便于业务数据统计和分析。存货分类最多可分 8 级，编码总长不能超过 30 位，每级级长可自由定义。存货分类用于设置存货分类编码、名称及所属经济分类。

2. 计量单位组和计量单位

计量单位组分无换算、浮动换算、固定换算三种类别。每个计量单位组中有一个主计量单位和多个辅助计量单位，可以设置主辅计量单位之间的换算率，还可以设置采购、销售、库存和成本系统所默认的计量单位。先增加计量单位组，再增加组下的具体计量单位内容。

计量单位设置前必须先增加计量单位组，然后再在该组下增加具体的计量单位内容。计量单位内容可以增加或修改。

3. 存货档案

存货档案主要用于设置企业在生产经营中使用的各种存货信息，以便于对这些存货进行资料管理、实物管理和业务数据统计、分析。存货档案管理主要完成对存货目录的设立和管理，随同发货单或发票一起开具的应税劳务等也应设置在存货档案中。

1. 存货分类设置

（1）在“基础设置”选项卡中，依次单击“基础档案”“存货”“存货分类”选项，打开“存货分类”对话框。

（2）依次录入“分类编码”和“分类名称”信息内容，如图 1-2-13 所示。

（3）单击“保存”按钮。以此方法依次录入其他的存货分类信息。

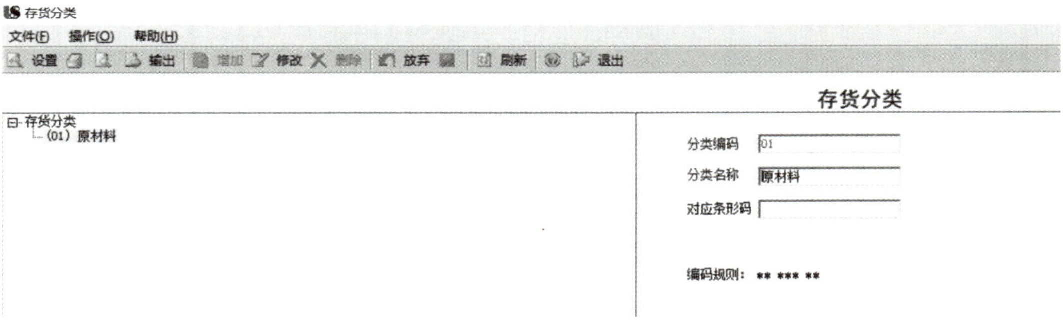

图 1-2-13　设置存货分类

2. 存货档案设置

（1）在企业应用平台的“基础设置”中，依次单击“基础档案”“存货”“存货档案”选项，进入“存货档案”对话框。

（2）单击“增加”按钮，打开“增加存货档案”对话框。在“基本”选项卡中录入各项信息，如图 1-2-14 所示，单击“保存”按钮。

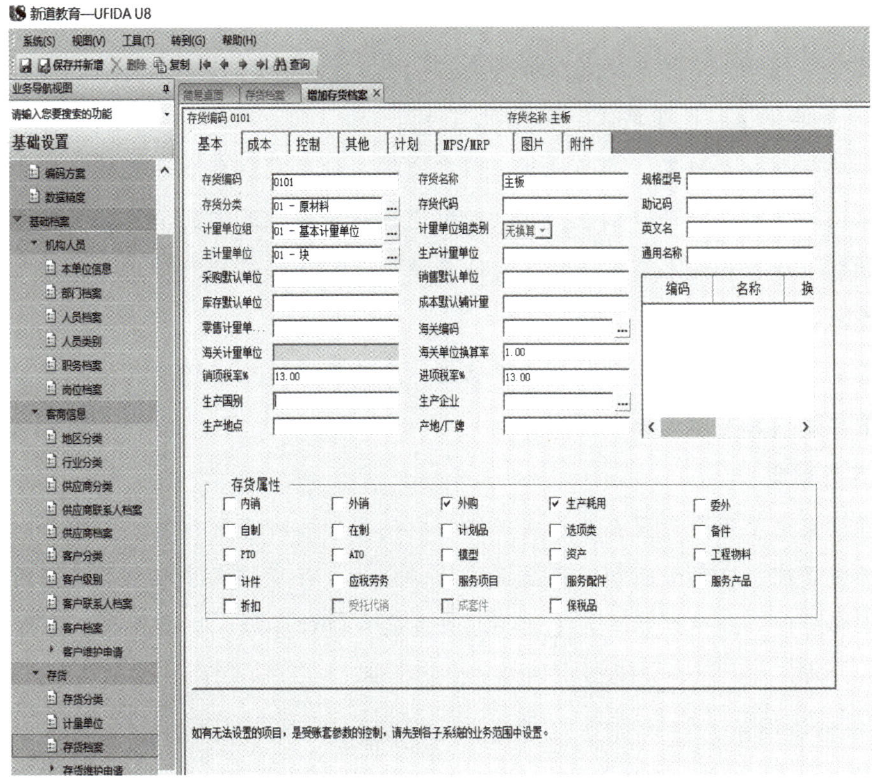

图 1-2-14　设置存货档案

项目实训

一、机构人员设置

1. 设置部门档案（见表 1-2-12）

表 1-2-12　部门档案

部门编码	部门名称
1	行政部

续表

部门编码	部门名称
2	财务部
3	采购部
4	销售部
5	仓管部
6	生产部

2. 设置人员类别及录入人员档案（见表 1-2-13）

表 1-2-13　人员类别及档案

人员编码	人员姓名	性别	部门名称	雇佣状态	人员类别	银行及银行账号	是否业务员
1001	张伟	男	行政部	在职	管理人员	交通银行 6226274120332020001	是
2001	秦雯	女	财务部	在职	管理人员	交通银行 6226274120332020002	否
2002	乔恩	女	财务部	在职	管理人员	交通银行 6226274120332020003	否
2003	秦荣	男	财务部	在职	管理人员	交通银行 6226274120332020004	否
3001	秦天	女	采购部	在职	管理人员	交通银行 6226274120332020005	是
4001	曲阳	女	销售部	在职	销售人员	交通银行 6226274120332020006	是
5001	李青浦	男	仓管部	在职	管理人员	交通银行 6226274120332020007	否
6001	王强	男	生产部	在职	生产人员	交通银行 6226274120332020008	否
6002	王伟	男	生产部	在职	生产人员	交通银行 6226274120332020009	否
6003	王瑞	男	生产部	在职	生产人员	交通银行 6226274120332020010	否

3. 地区分类设置（见表 1-2-14）

表 1-2-14　地区分类

分类编码	分类名称
01	华北地区
02	华东地区
03	华中地区

4. 客户分类设置（见表 1-2-15）

表 1-2-15　客户分类

分类编码	分类名称
01	批发
02	零售
03	代销
04	专柜

5. 客户档案设置（见表 1-2-16）

表 1-2-16　客户档案

客户编码	客户名称	所属地区	所属分类	税号	开户银行与账号	地址	电话	分管部门	专管业务员
1	江西盘龙商贸有限公司（简称：江西盘龙）	02	02	756249655245189410	交通银行江西省分行 62262474851226997946	江西省南昌市××路 1 号	0791-68465911	销售部	曲阳
2	河南普门商贸有限公司（简称：河南普门）	03	01	648524693478996013	交通银行河南省分行 62262298565264184613	河南省郑州市××路 2 号	0371-685413222	销售部	曲阳
3	上海跑酷商贸有限公司（简称：上海跑酷）	02	02	496319412558498013	交通银行上海黄浦支行 62262495427126539753	上海市黄浦区××路 3 号	021-67465211	销售部	曲阳
4	安徽普宁商贸有限公司（简称：安徽普宁）	02	01	048756947781532160	交通银行安徽省分行 62262936458883679142	安徽省合肥市××路 4 号	0551-66485312	销售部	曲阳
5	湖北平湖商贸有限公司（简称：湖北平湖）	03	01	041808479965402471	交通银行湖北省分行 62262976428741588524	湖北省武汉市××路 5 号	027-69785433	销售部	曲阳

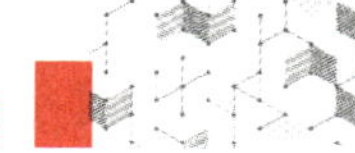

6. 供应商分类设置（见表 1-2-17）

表 1-2-17　供应商分类

分类编码	分类名称
01	原料供应商
02	成品供应商

7. 供应商档案设置（见表 1-2-18）

表 1-2-18　供应商档案

供应商编号	供应商名称	所属地区	税号	开户银行与账号	地址	电话	税率
1	江苏米娜服饰织造有限公司（简称：江苏米娜）	02	601231074520361020	交通银行江苏省分行 6226281997012412000	江苏省南京市玄武区××路 11 号	025-67456410	13%
2	湖南萌宝服饰辅料有限公司（简称：湖南萌宝）	03	301026312362060000	交通银行湖南省分行 62262891462010413650	湖南省长沙市××路 12 号	0731-69541005	13%
3	河北曼城服饰辅料有限公司（简称：河北曼城）	01	300205423960173332	交通银行河北省分行 62262124510362145203	河北省石家庄市××路 13 号	0311-61623187	13%
4	上海梦想服饰织造有限公司（简称：上海梦想）	02	903009269032035552	交通银行上海浦东分行 62262214885201600320	上海市浦东新区××路 16 号	021-67412023	13%

8. 计量属性设置（见表 1-2-19 和表 1-2-20）

表 1-2-19　计量单位组

计量单位组编码	计量单位组名称	计量单位组类别
01	基本计量单位	无换算率

表 1-2-20 计量单位

计量单位编码	计量单位名称	计量单位组编码
01	件	01
02	条	01
03	个	01
04	匹	01
05	米	01
06	次	01

9. 存货分类设置（见表 1-2-21）

表 1-2-21 存货分类

存货分类编码	存货分类名称
01	原材料
02	产成品
03	周转材料
04	应税劳务

10. 存货档案设置（见表 1-2-22）

表 1-2-22 存货档案

存货编码	存货名称	主计量单位组/单位	税率	存货分类	存货属性
0101	棉布	匹	13%	01	外购、生产耗用
0102	麻布	匹	13%	01	外购、生产耗用
0103	丝绸	匹	13%	01	外购、生产耗用
0104	纱料	匹	13%	01	外购、生产耗用
0105	拉链	条	13%	01	外购、生产耗用
0106	纽扣	个	13%	01	外购、生产耗用
0107	棉线	米	13%	01	外购、生产耗用
0108	涤纶布	匹	13%	01	外购、生产耗用
0109	尼龙线	米	13%	01	外购、生产耗用
0201	运动裤	件	13%	02	内销、外销、自制

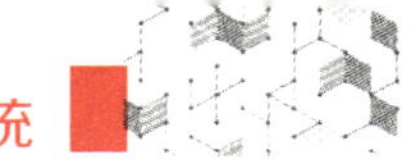

续表

存货编码	存货名称	主计量单位组/单位	税率	存货分类	存货属性
0202	连衣裙	件	13%	02	内销、外销、自制
0203	衬衣	件	13%	02	内销、外销、自制
0301	包装袋	个	13%	03	外购、生产耗用
0302	衣架	个	13%	03	外购、生产耗用
0401	运费	次	9%	04	外购、应税劳务

思考与练习

1. 操作员无法登录企业应用平台的原因可能有哪几种?

2. 录入列表式基础档案时无法退出，应如何处理?

3. 无法建立客户分类、供应商分类和存货分类，无法进行外币设置，应如何处理?

4. 已建立了部门档案、人员档案、供应商档案、客户档案、存货档案，但相关档案无法调用，可能的原因是什么?

项目三　总账初始设置

工作流程图

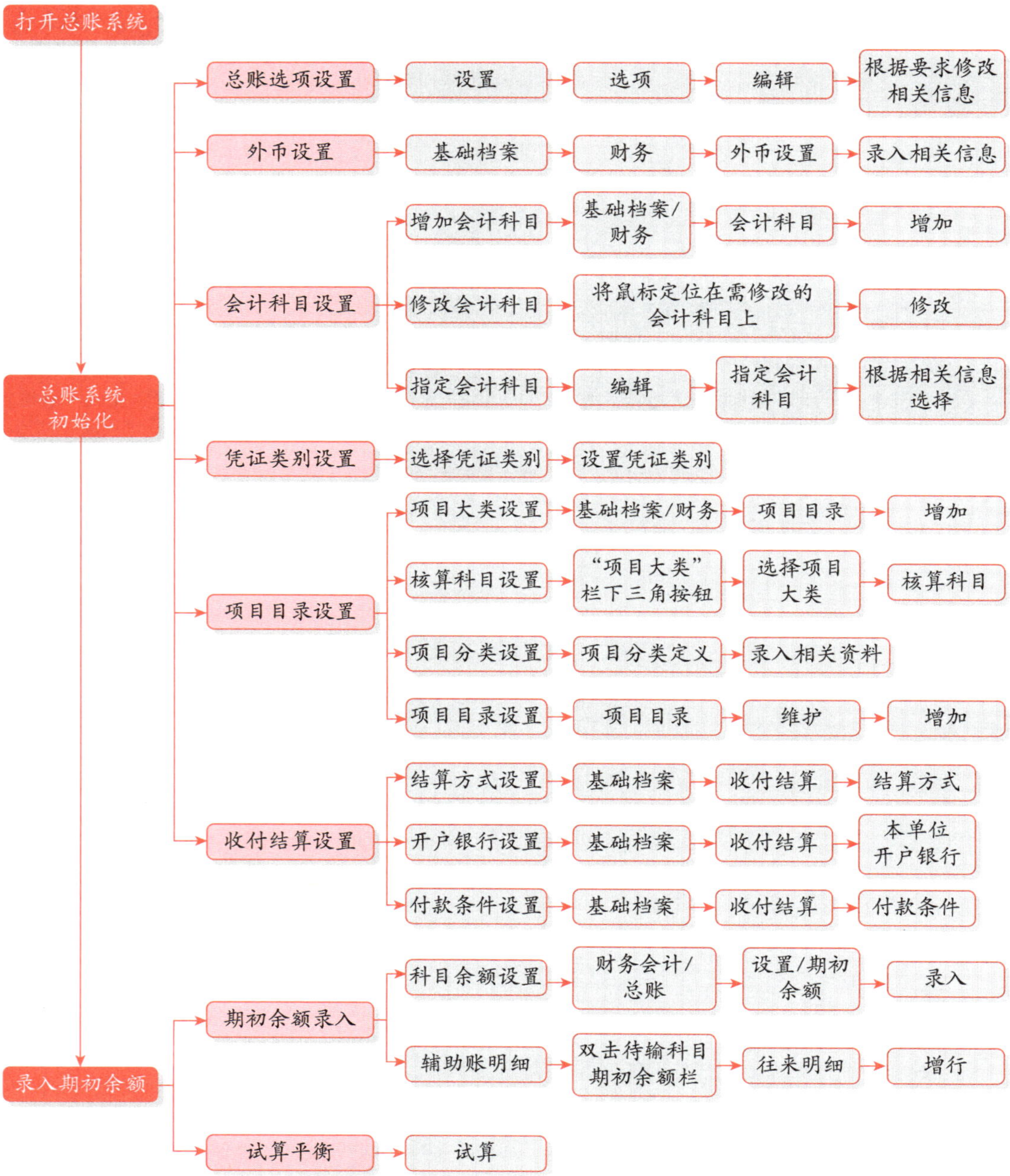

- 打开总账系统
- 总账系统初始化
  - 总账选项设置 → 设置 → 选项 → 编辑 → 根据要求修改相关信息
  - 外币设置 → 基础档案 → 财务 → 外币设置 → 录入相关信息
  - 会计科目设置
    - 增加会计科目 → 基础档案/财务 → 会计科目 → 增加
    - 修改会计科目 → 将鼠标定位在需修改的会计科目上 → 修改
    - 指定会计科目 → 编辑 → 指定会计科目 → 根据相关信息选择
  - 凭证类别设置 → 选择凭证类别 → 设置凭证类别
  - 项目目录设置
    - 项目大类设置 → 基础档案/财务 → 项目目录 → 增加
    - 核算科目设置 → "项目大类"栏下三角按钮 → 选择项目大类 → 核算科目
    - 项目分类设置 → 项目分类定义 → 录入相关资料
    - 项目目录设置 → 项目目录 → 维护 → 增加
  - 收付结算设置
    - 结算方式设置 → 基础档案 → 收付结算 → 结算方式
    - 开户银行设置 → 基础档案 → 收付结算 → 本单位开户银行
    - 付款条件设置 → 基础档案 → 收付结算 → 付款条件
- 录入期初余额
  - 期初余额录入
    - 科目余额设置 → 财务会计/总账 → 设置/期初余额 → 录入
    - 辅助账明细 → 双击待输科目期初余额栏 → 往来明细 → 增行
  - 试算平衡 → 试算

任务一　总账系统初始化

【学习目标】

1. 能独立完成总账系统的初始设置。

2. 能使用总账选项设置、外币设置、会计科目设置、凭证类别设置、收付结算设置的相关功能。

3. 能独立增加或减少会计科目，学会修改会计科目中的相关内容。

4. 能明确凭证设置的类别和限制科目，理解项目的分类方式。

5. 能灵活运用收付结算方式。

6. 能养成独立、严谨的工作态度。

【任务导入】

新锐公司在利用财务软件进行会计核算前，要对公司的总账系统进行初始化设置，保证在日常经济业务处理中会计核算科目准确、凭证类别使用正确、外币核算准确、收付结算方式正确等。现就新锐公司提出的总账设置要求，请在 U8 系统中完成相关操作。

【任务实施】

一、总账选项设置

总账选项设置要求如下：制单序时控制，不进行支票控制，不允许修改、作废他人填制的凭证，可以使用应收受控科目、应付受控科目、存货受控科目，出纳凭证必须由出纳签字。

知识链接

总账选项设置功能介绍

系统在建立新的账套后由于具体情况需要或业务变更，可能会发生一些账套信息与核算内容不符的情况，可以通过选项设置功能对凭证选项、账簿选项、凭证打印、预算控制、权限选项、会计日历、其他选项和自定义项核算八部分内容的操作控制选项进行调整和查看。

1. 打开总账选项卡

（1）在企业应用平台的“业务工作”中，依次单击“财务会计”和“总账”选项，打开总账系统。

（2）在总账系统中，单击“设置”和“选项”选项，打开“选项”对话框。

（3）单击“编辑”按钮，进入修改状态。

2. 设置总账选项

（1）在“凭证”选项卡中，按要求进行相应的设置，如图 1-3-1 所示。

图 1-3-1　设置总账选项

（2）在“制单控制”选项卡中选中“制单序时控制”，不选择“支票控制”，选中“可以使用应收、受控科目”“可以使用应付受控科目”和“可以使用存货受控科目”，在“权限”选项卡中选中“出纳凭证必须由出纳签字”复选框，取消选中“允许修改、作废他人填制的凭证”复选框。

（3）单击“确定”按钮保存并返回。

二、外币设置

外币及汇率设置要求如下：币符为 $，币名为美元，固定汇率为 1∶6.69。

1. 在企业应用平台的“基础设置”中，单击“基础档案”“财务”“外币设置”选项，打开“外币设置”对话框。

2. 录入币符“ $ ”、币名“美元”，其他项目默认，单击“确认”按钮。

3. 录入“2020.04”月份的记账汇率 6.69，按回车键确认，如图 1-3-2 所示。

4. 单击“退出”按钮，完成外币设置。

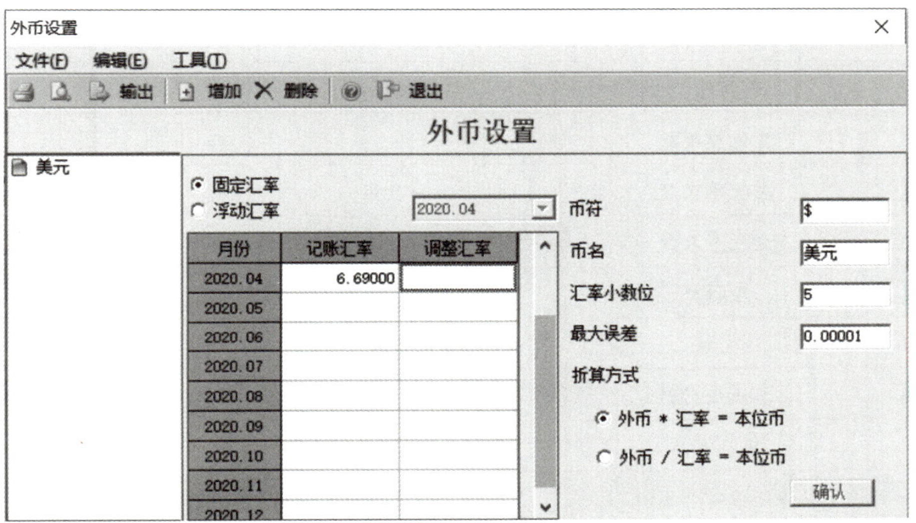

图 1-3-2 外币设置

知识链接

外币设置功能介绍

外币设置在“选项—其他选项”中进行设置，当单位涉及外币业务需要进行外币核算时，则应选择相应的汇率方式——固定汇率或浮动汇率。“固定汇率”即在制单时，一个月只按一个固定的汇率折算本位币金额；“浮动汇率”即在制单时，按当日汇率折算本位币金额。

三、会计科目设置

会计科目设置要求如下：

一是增加表 1-3-1 中“备注”一列中标注为“新增”的会计科目。

表 1-3-1　会计科目表

科目编码	科目名称	辅助核算	方向	币别计量	备注
1001	库存现金	日记账	借		
1002	银行存款		借		
100201	工行存款	日记账/银行账	借		新增
100202	中行存款	日记账/银行账 外币核算	借	美元	新增
1121	应收票据	客户往来	借		修改
1122	应收账款	客户往来	借		修改
1123	预付账款	供应商往来	借		修改
1221	其他应收款		借		
122101	应收单位款	客户往来	借		新增
122102	应收个人款	个人往来	借		新增
1403	原材料		借		
140301	主板	数量核算（块）	借		新增
140302	其他原材料		借		新增
1405	库存商品	数量核算（台）	借		修改
1901	待处理财产损溢		借		
190101	待处理流动资产损溢		借		新增
190102	待处理固定资产损溢		借		新增
2201	应付票据	供应商往来	贷		修改
2202	应付账款	供应商往来	贷		修改
220201	货款	供应商往来	贷		新增
220202	暂估货款	供应商往来	贷		新增
2203	预收账款	客户往来	贷		修改
2211	应付职工薪酬		贷		
221101	应付职工工资		贷		新增
221102	应付职工福利费		贷		新增
221103	应付社会保险费		贷		新增
221104	应付住房公积金		贷		新增
221105	应付工会经费		贷		新增
221106	应付教育经费		贷		新增

续表

科目编码	科目名称	辅助核算	方向	币别计量	备注
221107	非货币性福利		贷		新增
221108	其他应付职工薪酬		贷		新增
2221	应交税费		贷		
222101	应交增值税		贷		新增
22210101	进项税额		贷		新增
22210102	销项税额		贷		新增
22210103	转出未交增值税		贷		新增
22210104	进项税额转出		贷		新增
222102	未交增值税		贷		新增
222103	应交消费税		贷		新增
222104	应交资源税		贷		新增
222105	应交所得税		贷		新增
222106	应交土地增值税		贷		新增
222107	应交城市维护建设税		贷		新增
222108	应交房产税		贷		新增
222109	应交个人所得税		贷		新增
222110	教育费附加		贷		新增
4101	盈余公积		贷		
410101	法定盈余公积		贷		新增
410102	任意盈余公积		贷		新增
4104	利润分配		贷		
410401	提取法定盈余公积		贷		新增
410402	提取任意盈余公积		贷		新增
410403	应付利润		贷		新增
410404	未分配利润		贷		新增
5001	生产成本	项目核算	借		修改
500101	直接材料	项目核算	借		新增
500102	直接人工	项目核算	借		新增
500103	制造费用	项目核算	借		新增

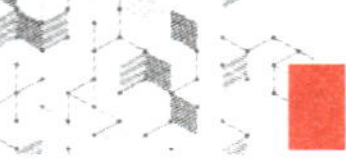

续表

科目编码	科目名称	辅助核算	方向	币别计量	备注
5101	制造费用		借		
510101	工资		借		新增
510102	折旧费		借		新增
6403	税金及附加		借		修改
6601	销售费用		借		
660101	广告费		借		新增
660102	业务招待费		借		新增
660103	员工工资		借		新增
660104	折旧费		借		新增
6602	管理费用		借		
660201	员工工资		借		新增
660202	业务招待费		借		新增
660203	办公费		借		新增
660204	差旅费		借		新增
660205	水电费		借		新增
660206	折旧费		借		新增
6603	财务费用		借		
660301	利息费用		借		新增
660302	手续费用		借		新增
660303	现金折扣		借		新增
660304	贴现息		借		新增

二是修改表 1-3-1 中“备注”一列中标注为“修改”的会计科目。

三是将“库存现金 1001”科目指定为现金总账科目；将“银行存款 1002”科目指定为银行总账科目。

1. 增加会计科目

（1）在企业应用平台的“基础设置”中，依次单击“基础档案”“财务”“会计科目”选项，进入“会计科目”窗口。

（2）单击“增加”按钮，打开“新增会计科目”对话框，如图 1-3-3 所示。

（3）按表 1-3-1 录入备注栏标注为“新增”的会计科目，单击“确定”按钮保存。

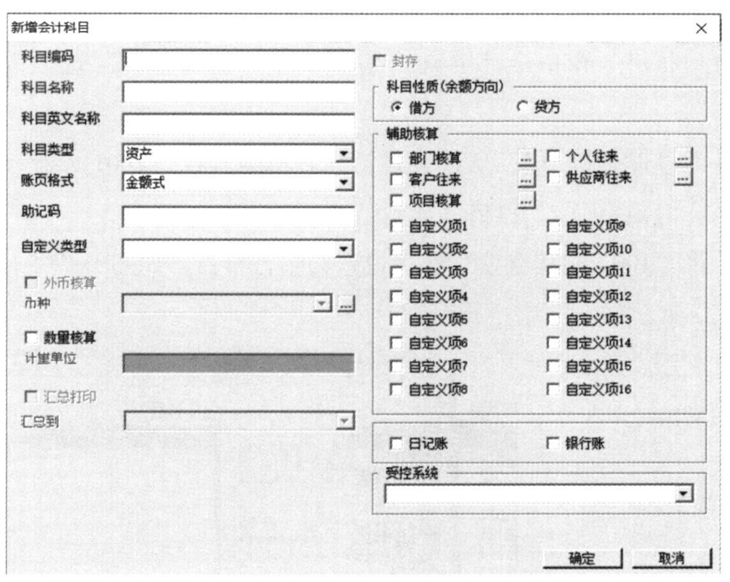

图 1-3-3　“新增会计科目”对话框

2. 修改会计科目

（1）在“会计科目”窗口中，将鼠标定位在“库存现金”科目，单击“修改”按钮，打开“会计科目修改”对话框。

（2）单击“修改”按钮，选中“日记账”复选框，如图 1-3-4 所示。单击“确定”按钮。

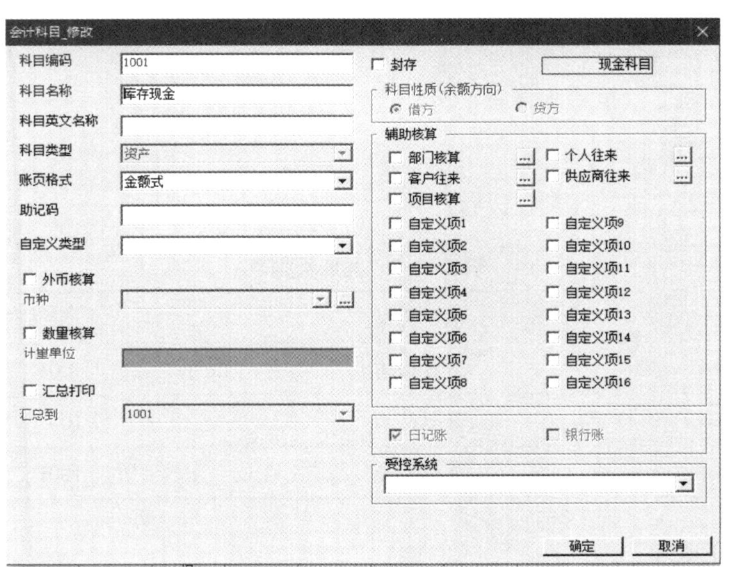

图 1-3-4　修改会计科目

（3）对会计科目表备注栏中所有标注为“修改”的科目进行修改。

3. 指定会计科目

（1）在“会计科目”窗口中，单点“编辑”和“指定科目”选项，打开“指定科目”对话框。

（2）单击选中“现金科目”，从待选科目列表框中选择“1001 库存现金”科目，单击“>”按钮，将“库存现金”科目添加到已选科目列表中。

（3）同理，将“1002 银行存款”科目设置为银行科目，如图 1-3-5 所示。

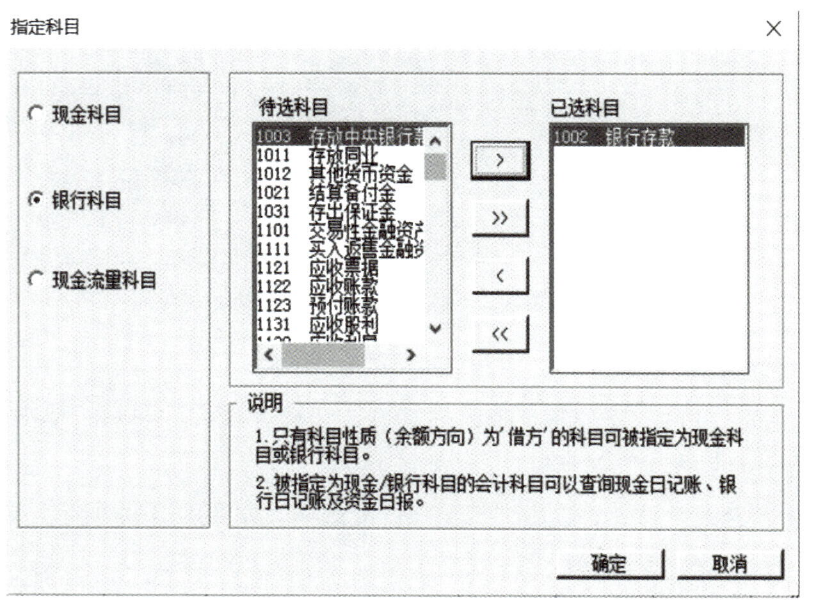

图 1-3-5　指定会计科目

（4）单击“确定”按钮，保存。

四、凭证类别设置

按照表 1-3-2 完成凭证类别设置。

表 1-3-2　凭证类别表

凭证类别	限制类型	限制科目
收款凭证	借方必有	1001、1002
付款凭证	贷方必有	1001、1002
转账凭证	凭证必无	1001、1002

1. 选择凭证类别

依次单击“基础设置”“基础档案”“财务”“凭证类别”选项，进入“凭证类别预置”对话框，选择“收款凭证、付款凭证、转账凭证”分类方式，如图 1-3-6 所示。

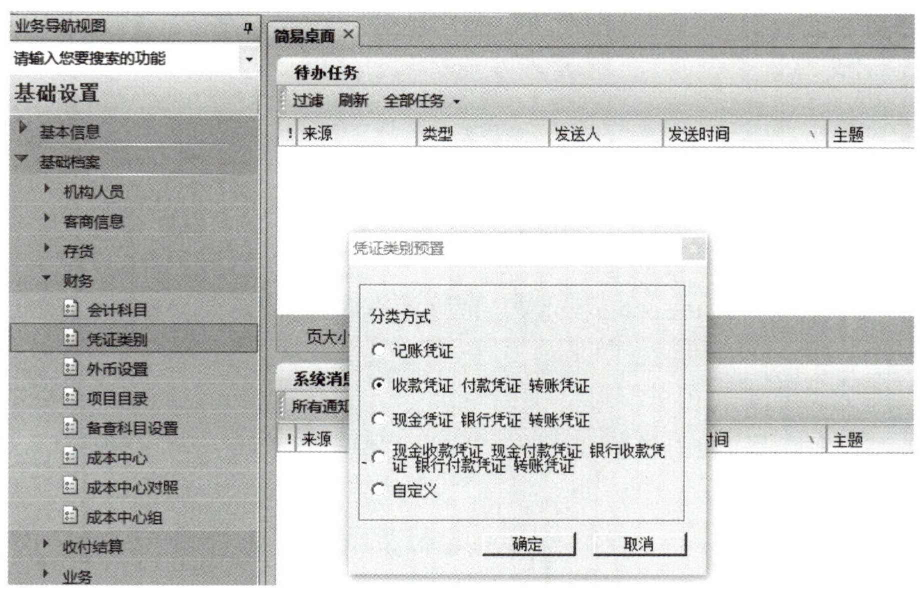

图 1-3-6　选择凭证类别

2. 设置凭证类别

（1）单击“确定”，在“收款凭证”对应“限制类型”对话框下单击下拉箭头，选择“借方必有”，在“限制科目”对话框下单击“参照”按钮，依次选择“资产”“库存现金”“资产”“银行存款”“工行存款”“中行存款”，完成“收款凭证”类别设置。

（2）依次完成“付款凭证”和“转账凭证”的类别设置，如图 1-3-7 所示，单击“退出”按钮。

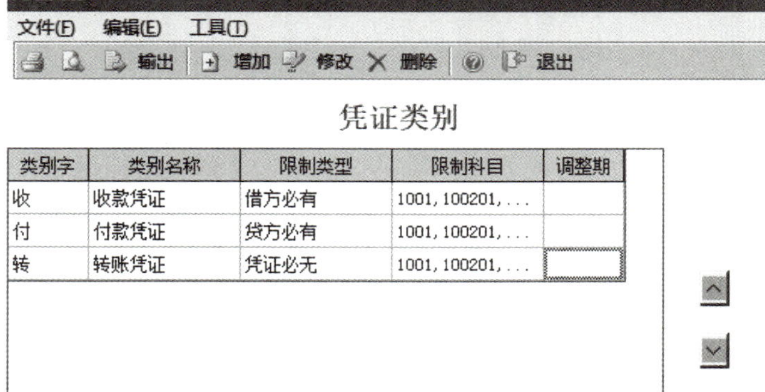

类别字	类别名称	限制类型	限制科目	调整期
收	收款凭证	借方必有	1001, 100201, ...	
付	付款凭证	贷方必有	1001, 100201, ...	
转	转账凭证	凭证必无	1001, 100201, ...	

图 1-3-7　设置凭证类别

五、项目目录设置

按照表 1-3-3 要求，完成项目目录设置。

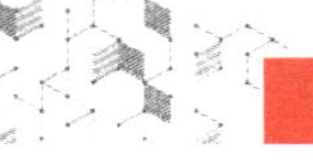

表 1-3-3　项目目录

项目大类	名称
定义项目级次	一级 1、二级 1、三级 1
核算科目	5001 生产成本、500101 直接材料、500102 直接人工、500103 制造费用
项目分类	1 台式计算机、2 便携式计算机
项目目录	101 商务 9250 系列、102 商务 9550 系列、103 商务 9850 系列

1. 项目大类设置

（1）在企业应用平台的“基础设置”中，依次单击“基础档案”“财务”“项目目录”选项，打开“项目档案”对话框。

（2）单击“增加”按钮，打开“项目大类定义_增加”对话框。

（3）录入新项目大类名称为“产品”，选择新增项目大类的属性为“普通项目”，如图 1-3-8 所示。

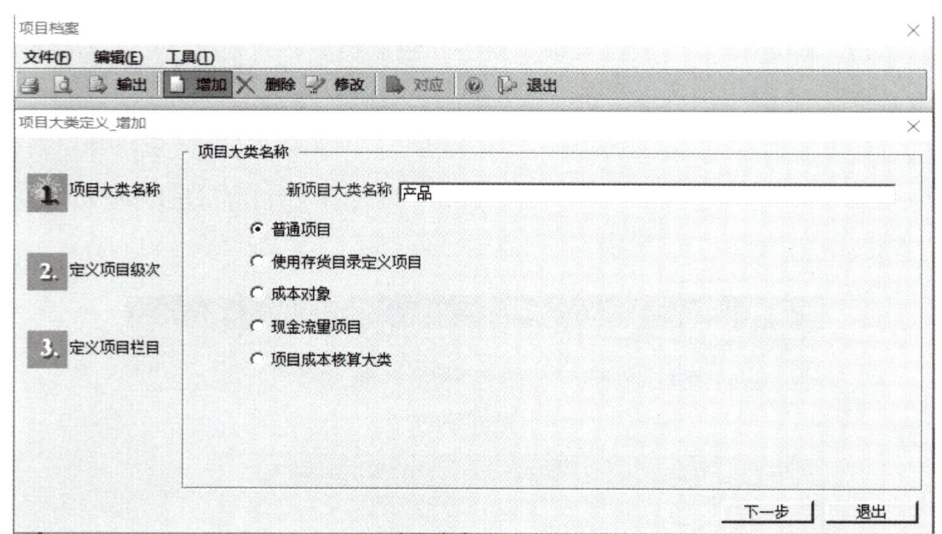

图 1-3-8　设置项目大类

（4）单击“下一步”按钮，打开“定义项目级次”对话框，设定项目级次：一级 1、二级 1、三级 1，如图 1-3-9 所示。

（5）单击“下一步”按钮，打开“定义项目栏目”对话框，取系统默认值，不做修改。

（6）单击“完成”按钮，返回“项目档案”对话框。

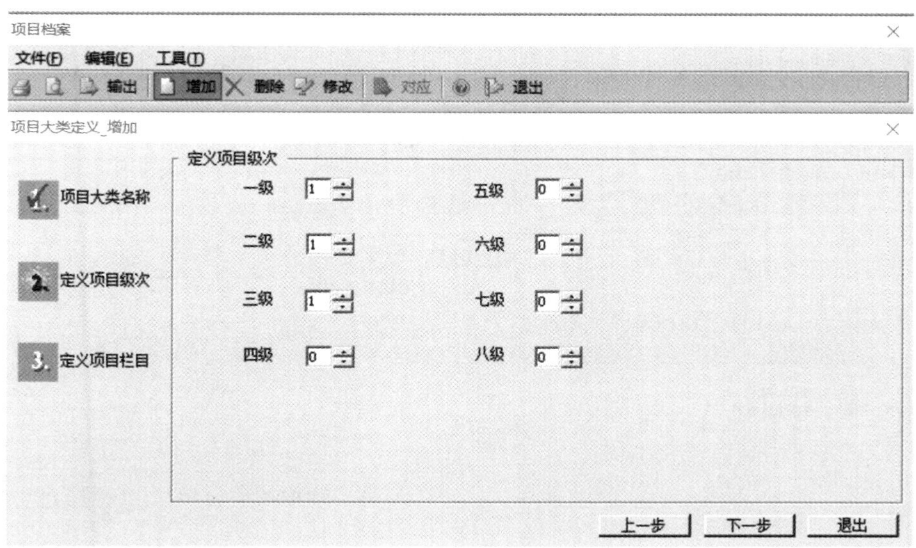

图 1-3-9　设置项目级次

2. 核算科目设置

（1）单击“项目大类”栏的下三角按钮，选择“产品”项目大类。

（2）单击“核算科目”选项卡，单击“»”按钮将全部待选科目选择为按“产品”项目大类核算的科目，如图 1-3-10 所示。

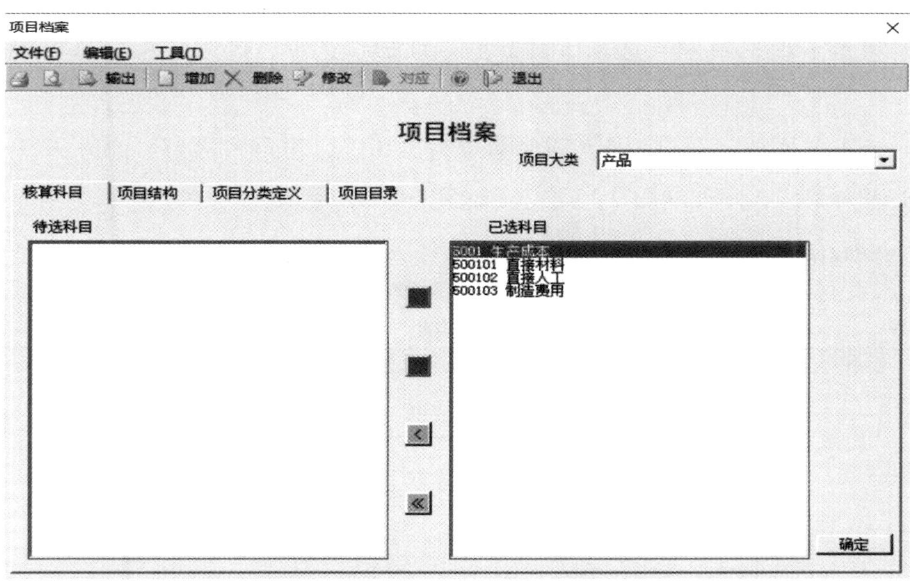

图 1-3-10　设置核算科目

（3）单击“确定”按钮保存。

3. 项目分类设置

（1）单击“项目分类定义”选项卡。

（2）录入分类编码为“1”，分类名称为“台式计算机”，单击“确定”按钮。

（3）以此方法依次录入其他项目，如图 1-3-11 所示。

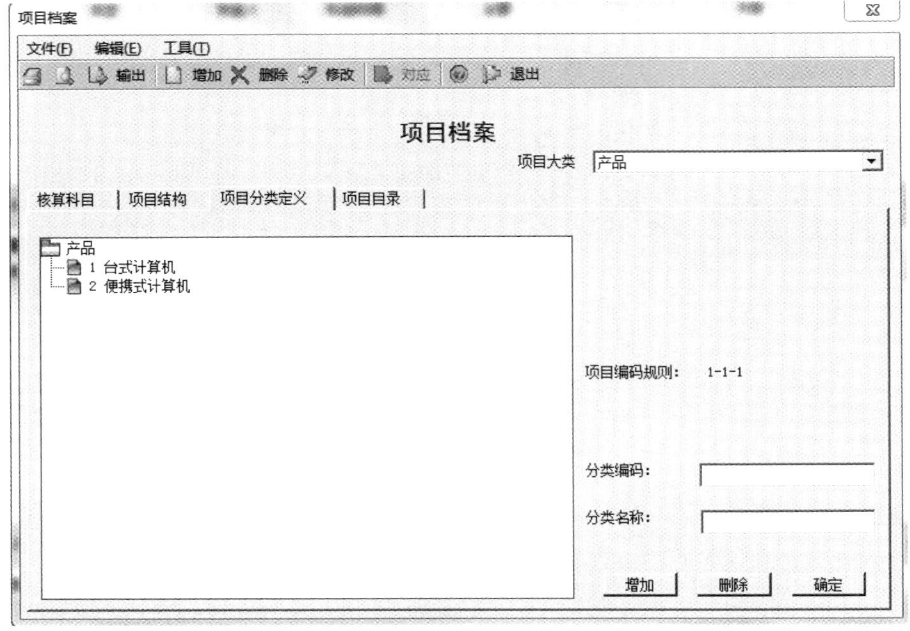

图 1-3-11　设置项目分类

4. 项目目录设置

（1）单击“项目目录”选项卡，单击“维护”选项，进入“项目目录维护”对话框。

（2）单击“增加”选项，录入项目编号为“101”，项目名称为“商务 9250 系列”，所属分类码为“1”，同理增加其他项目，如图 1-3-12 所示。

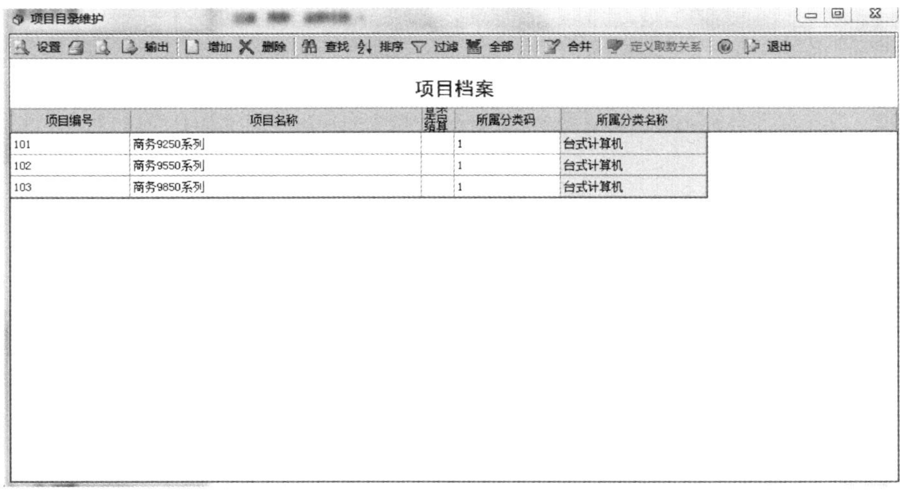

图 1-3-12　设置项目目录

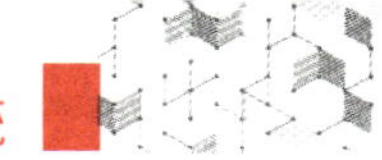

六、收付结算设置

1. 结算方式设置

结算方式见表 1-3-4。

表 1-3-4　结算方式

编码	名称	是否票据管理
1	委托收款	否
2	商业汇票	否
3	网银转账	否
4	现金结算	否
5	票据结算	否
501	支票	否
502	银行汇票	否
6	汇兑	否
7	其他	否

（1）在“基础设置”选项卡中，依次单击“基础档案”“收付结算”“结算方式”选项，打开“结算方式”对话框。

（2）单击“增加”按钮，按资料输入各项信息，如图 1-3-13 所示，单击“保存”按钮。

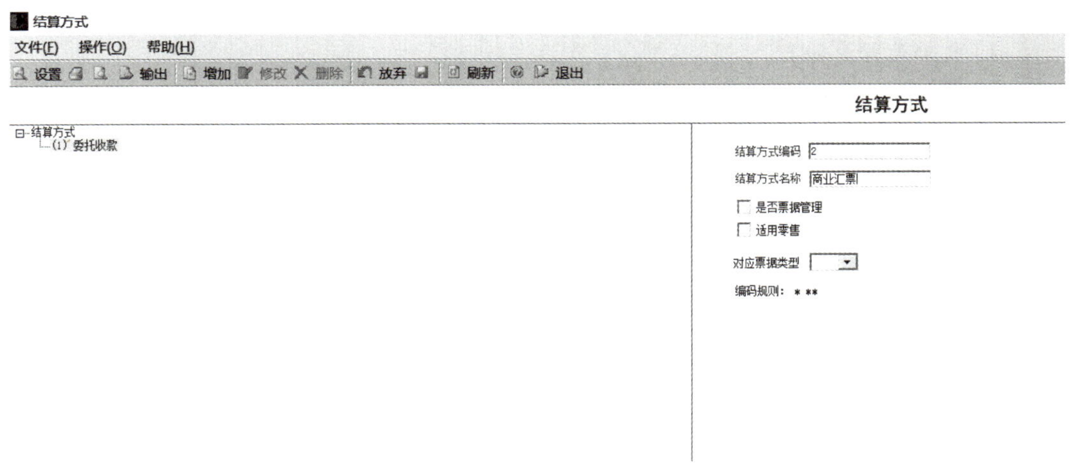

图 1-3-13　设置结算方式

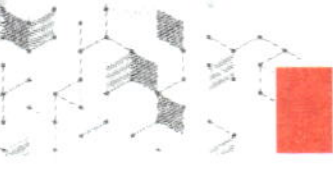

知识链接

收付结算功能介绍

1. 结算方式

该功能用来建立和管理用户在经营活动中所涉及的结算方式，如现金结算、支票结算等。结算方式最多可以分为2级。结算方式一旦被引用，便不能进行修改和删除操作。

2. 付款条件

付款条件也叫现金折扣，是指企业为了鼓励客户偿还贷款而允诺在一定期限内给予的规定的折扣优待。这种折扣条件通常可表示为5/10，2/20，n/30。它的意思是客户在10天内偿还贷款，可得到5%的折扣，只付原价的95%的货款；在20天内偿还贷款，可得到2%的折扣，只要付原价的98%的货款；在30天内偿还贷款，则须按照全额支付货款；在30天以后偿还贷款，则不仅要按全额支付贷款，还可能要支付延期付款利息或违约金。付款条件将主要在采购订单、销售订单、采购结算、销售结算、客户目录、供应商目录中引用。系统最多同时支持4个时间段的折扣。

3. 银行档案

银行档案用于设置企业所用的各银行总行的名称和编码，用于工资、HR、网上报销、网上银行等系统。用户可以根据业务需要方便地增加、修改、删除、查询、打印银行档案。

4. 本单位开户银行

此功能用于维护及查询使用单位的开户银行信息。开户银行一旦被引用，便不能进行修改和删除操作。U8系统支持多个开户行及账号。

5. 利率设置

利率设置主要完成设置各种账户、贷款在各时间段所用的不同的利率。

6. 结息日定义

结息日定义用于设置企业一年中各种业务的结息周期及相应的结息日。

2. 开户银行设置

编码为01，开户银行为中国工商银行淄博市和平路支行，账号为683627392724；币种为人民币。

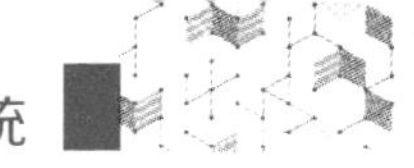

设置开户银行的步骤：

（1）在企业应用平台的“基础设置”中，依次单击“基础档案”“收付结算”“本单位开户银行”选项，进入“增加本单位开户银行”对话框。

（2）按资料录入信息，如图 1-3-14 所示。

增加本单位开户银行

退出

编码	01	银行账号	683627392724
账户名称		开户日期	
币种	人民币	暂封	
开户银行	中国工商银行淄博市和平路支行	所属银行编码	01 - 中国工商银行
客户编号		机构号	
联行号		开户银行地址	
省/自治区		市/县	
签约标志	⊙ 检查收付款账号		○ 只检查付款账号

图 1-3-14　设置开户银行

3. 付款条件设置

编码为 01；内容为 2/10，1/20，n/30。

设置付款条件的步骤：

（1）在企业应用平台的“基础设置”中，依次单击“基础档案”“收付结算”“付款条件”选项，进入“付款条件”对话框。

（2）按资料录入信息，如图 1-3-15 所示。

付款条件

序号	付款条件编码	付款条件名称	信用天数	优惠天数1	优惠率1	优惠天数2	优惠率2	优惠天数3	优惠率3	优惠天数4	优惠率4
1	01	2/10,1/20,n/30	30	10	2.0000	20	1.0000	0	0.0000	0	0.0000

图 1-3-15　设置付款条件

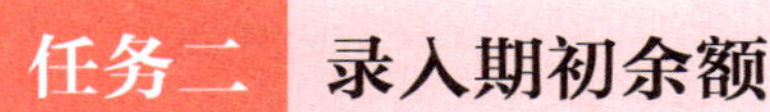

任务二 录入期初余额

【学习目标】

1. 能学会期初数据的录入方法。
2. 能独立完成期初数据的录入。
3. 能学会试算平衡的方法。
4. 能养成认真、严谨、细致的工作态度。

【任务导入】

为了保证会计工作的连续性，新锐公司需要在 U8 系统中将三月的期末余额引入四月，连续记账，并进行试算平衡，保证会计核算的准确性和完整性。现需根据公司提供的有关数据，在 U8 系统中完成相关操作。

【任务实施】

一、期初余额录入

按照表 1-3-5 至表 1-3-10 的要求，完成各项期初余额的录入工作。

表 1-3-5 会计科目期初余额

科目代码	科目名称	方向	累计借方	累计贷方	期初余额
1001	库存现金	借			9 600
1002	银行存款	借			2 512 600
100201	工行存款	借			2 245 000
100202	中行存款	借			267 600（美元：40 000）
1121	应收票据	借			560 480
1122	应收账款	借			220 350
1221	其他应收款	借			6 500
122102	应收个人款	借			6 500
1403	原材料	借			90 000
140301	主板	借			30 000（数量：30 块）
140302	其他材料	借			60 000
1405	库存商品	借			844 000
1601	固定资产	借			668 000

续表

科目代码	科目名称	方向	累计借方	累计贷方	期初余额
1602	累计折旧	贷			106 776
2001	短期借款	贷			300 000
2202	应付账款	贷			14 000
220201	货款	贷			
220202	暂估货款	贷			14 000
4001	实收资本	贷			5 000 000
4104	利润分配	贷			860 206
410404	未利润分配	贷			860 206
5001	生产成本	借			1 369 452
500101	直接材料	借			731 000
500102	直接人工	借			230 000
500103	制造费用	借			408 452

表 1-3-6　应收票据累计

票据日期	凭证号	客户	业务员	摘要	方向	存货名称	数量	单价	金额	税额	价税合计
3 月 12 日	转-1	河南大华	向春	销售商品	借	商务 9250 系列	80	6 200	496 000	64 480	560 480

表 1-3-7　其他应收款期初余额

日期	凭证号	部门	个人	摘要	方向	期初余额
03 月 18 日	付-1	行政部	孙西晨	出差借款	借	6 500

表 1-3-8　生产成本期初余额

科目	项目名称			合计
	商务 9250 系列	商务 9550 系列	商务 9850 系列	
500101 直接材料	331 000	200 000	200 000	731 000
500102 直接人工	80 000	80 000	70 000	230 000
500103 制造费用	136 300	136 152	136 000	408 452

表 1-3-9　应收账款期初余额

日期	凭证号	客户	摘要	方向	期初余额
03 月 31 日	转-2	江西庐陵	销售商品	借	220 350

表 1-3-10　应付账款期初余额

日期	凭证号	客户	业务员	摘要	方向	期初余额
3 月 24 日	转-3	湖南大成	章曼	应付暂估	贷	14 000

1. 科目余额设置

（1）在工作业务系统中，依次单击“财务会计”“总账”“设置”和“期初余额”选项，进入“期初余额录入”对话框，如图 1-3-16 所示。

期初余额录入

设置 输出 开账 结转 方向 刷新 试算 查找 对账 清零 退出

期初余额

期初：2020年04月

科目名称	方向	币别/计量	年初余额	累计借方	累计贷方	期初余额
库存现金	借		9,600.00			9,600.00
银行存款	借		2,512,600.00			2,512,600.00
工行存款	借		2,245,000.00			2,245,000.00
中行存款	借		267,600.00			267,600.00
	借	美元	40,000.00			40,000.00
存放中央银行款项	借					
存放同业	借					
其他货币资金	借					
结算备付金	借					
存出保证金	借					
交易性金融资产	借					

图 1-3-16　设置科目余额

（2）底色为白色的单元格为末级科目，期初余额直接录入，如库存现金、银行存款/工行存款等，上级科目的余额自动汇总计算。

2. 辅助账明细设置

（1）双击应收账款科目“期初余额”栏，进入“辅助期初余额”对话框。

（2）单击“往来明细”按钮，进入“期初往来明细”对话框。

（3）单击“增行”按钮，按资料录入应收账款往来明细，如图 1-3-17 所示。

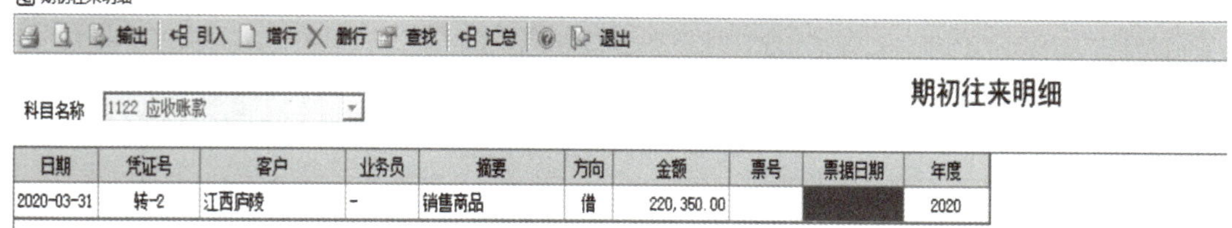
期初往来明细

输出 引入 增行 删行 查找 汇总 退出

期初往来明细

科目名称 1122 应收账款

日期	凭证号	客户	业务员	摘要	方向	金额	票号	票据日期	年度
2020-03-31	转-2	江西庐陵	-	销售商品	借	220,350.00			2020

图 1-3-17　设置辅助账明细

（4）单击“汇总”按钮，系统自动汇总并弹出“完成了往来明细到辅助期初表的汇总!”信息提示框，单击“确定”按钮。

（5）单击“退出”按钮，返回到“辅助期初余额”对话框。

（6）单击“退出”按钮，返回到“期初余额录入”对话框，应收账款科目余额已自动生成，同理录入其他应收款科目、应收票据、生产成本科目期初余额。

二、试算平衡

按要求对新锐公司提供的各项期初数据进行试算平衡。

1. 录入完所有科目余额后，单击“试算”按钮，打开“期初试算平衡表”对话框，如图 1-3-18 所示。

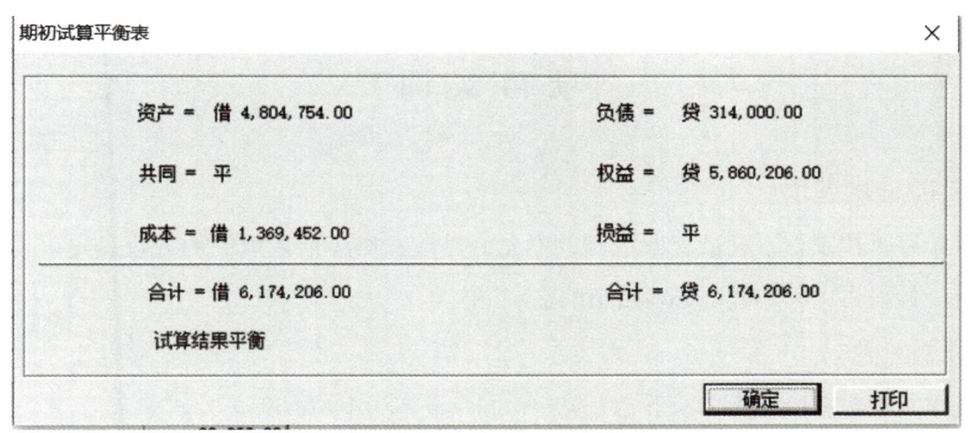
期初试算平衡表

资产 = 借 4,804,754.00　负债 = 贷 314,000.00
共同 = 平　权益 = 贷 5,860,206.00
成本 = 借 1,369,452.00　损益 = 平
合计 = 借 6,174,206.00　合计 = 贷 6,174,206.00
试算结果平衡

确定　打印

图 1-3-18　试算平衡

2. 若期初余额不平衡，则修改期初余额；若期初余额试算平衡，则单击“确定”按钮。

知识链接

期初数据

期初数据是指期初已存在的账户余额是由上期结转至本期的金额，或是上期期末余额调整后的金额。

期初余额是指期初已存在的账户余额。期初余额以上期期末余额为基础，反映了以前期间的交易和上期采用的会计政策的结果。通常，期初余额是上期账户结转至本期账户的余额，在数额上与相应账户的上期期末余额相等。但是，由于受上期期后事项、会计政策变更、前期会计差错更正等因素的影响，上期期末余额结转至本期时，有时需经过调整或重新表述。

企业账套建立之后，需要在系统中建立各账户的初始数据，才能接续手工业务处理进程。各账户余额数据的准备与总账启用的会计期间相关。如果某账户余额在借方，则年初余额+本年累计借方发生额-本年累计贷方发生额=期末余额；如果某账户余额在贷方，则年初余额+本年累计贷方发生额-本年累计借方发生额=期末余额。因此，一般只需要向计算机录入其中三个数据，另外一个可以根据上述关系自动计算。

项目实训

一、设置总账选项

制单序时控制，不进行支票控制，不允许修改、作废他人填制的凭证，可以使用其他系统受控科目，出纳凭证必须由出纳签字。

二、设置外币

外币及汇率：币符为 $\$$，币名为美元，固定汇率为 1∶6.69。

三、会计科目设置

1. 增加会计科目

增加表 1-3-11 中“备注”一列中标注为“新增”的会计科目。

表 1-3-11　会计科目表

科目编码	科目名称	辅助核算	方向	币别计量	备注
1001	库存现金	日记账	借		
1002	银行存款		借		
100201	工行存款	日记账/银行账	借		新增
100202	中行存款	日记账/银行账 外币核算	借	美元	新增
1121	应收票据	客户往来	借		修改
1122	应收账款	客户往来	借		修改
1123	预付账款	供应商往来	借		修改
1221	其他应收款		借		
122101	应收单位款	客户往来	借		新增
122102	应收个人款	个人往来	借		新增
1403	原材料		借		
140301	棉布	数量核算（匹）	借		新增
140302	其他原材料		借		新增
1901	待处理财产损溢		借		
190101	待处理流动资产损溢		借		新增
190102	待处理固定资产损溢		借		新增
2201	应付票据	供应商往来	贷		修改
2202	应付账款	供应商往来	贷		修改
220201	货款	供应商往来	贷		新增

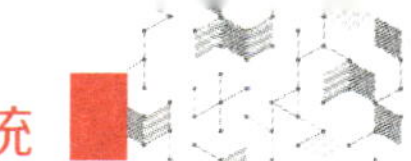

续表

科目编码	科目名称	辅助核算	方向	币别计量	备注
220202	暂估货款	供应商往来	贷		新增
2203	预收账款	客户往来	贷		修改
2211	应付职工薪酬		贷		
221101	应付职工工资		贷		新增
221102	应付职工福利费		贷		新增
221103	应付社会保险费		贷		新增
221104	应付住房公积金		贷		新增
221105	应付工会经费		贷		新增
221106	应付教育经费		贷		新增
221107	非货币性福利		贷		新增
221108	其他应付职工薪酬		贷		新增
2221	应交税费		贷		
222101	应交增值税		贷		新增
22210101	进项税额		贷		新增
22210102	销项税额		贷		新增
22210103	转出未交增值税		贷		新增
22210104	进项税额转出		贷		新增
222102	未交增值税		贷		新增
222103	应交消费税		贷		新增
222104	应交资源税		贷		新增
222105	应交所得税		贷		新增
222106	应交土地增值税		贷		新增
222107	应交城市维护建设税		贷		新增
222108	应交房产税		贷		新增
222109	应交个人所得税		贷		新增
222110	教育费附加		贷		新增
4101	盈余公积		贷		
410101	法定盈余公积		贷		新增
410102	任意盈余公积		贷		新增
4104	利润分配		贷		
410401	提取法定盈余公积		贷		新增
410402	提取任意盈余公积		贷		新增
410403	应付利润		贷		新增

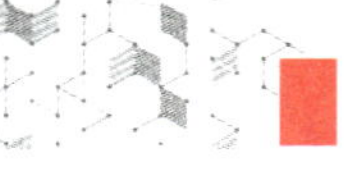

续表

科目编码	科目名称	辅助核算	方向	币别计量	备注
410404	未分配利润		贷		新增
5001	生产成本	项目核算	借		修改
500101	直接材料	项目核算	借		新增
500102	直接人工	项目核算	借		新增
500103	制造费用	项目核算	借		新增
5101	制造费用		借		
510101	工资		借		新增
510102	折旧费		借		新增
6403	税金及附加		借		修改
6601	销售费用		借		
660101	广告费		借		新增
660102	业务招待费		借		新增
660103	员工工资		借		新增
660104	折旧费		借		新增
6602	管理费用		借		
660201	员工工资		借		新增
660202	业务招待费		借		新增
660203	办公费		借		新增
660204	差旅费		借		新增
660205	水电费		借		新增
660206	折旧费		借		新增
6603	财务费用		借		
660301	利息费用		借		新增
660302	手续费用		借		新增
660303	现金折扣		借		新增
660304	贴现息		借		新增

2. 修改会计科目

修改表 1-3-11 中“备注”一列中标注为“修改”的会计科目。

3. 指定会计科目

将“库存现金 1001”科目指定为现金总账科目，将“银行存款 1002”科目指定为银行总账科目，将“库存现金 1001”“工行存款 100201”“中行存款 100202”科目指定为现金流量科目。

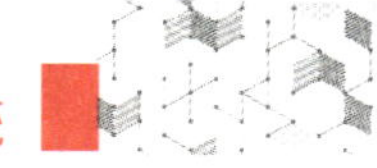

4. 凭证类别设置（见表 1-3-12）

表 1-3-12　凭证类别

凭证类别	限制类型	限制科目
收款凭证	借方必有	1001、1002
付款凭证	贷方必有	1001、1002
转账凭证	凭证必无	1001、1002

四、设置项目目录（见表 1-3-13）

表 1-3-13　项目目录

项目大类	名称
定义项目级次	一级 1、二级 1、三级 1
核算科目	5001 生产成本、500101 直接材料、500102 直接人工、500103 制造费用
项目分类	1 自制、2 外购
项目目录	101 衬衣、102 连衣裙、103 运动裤

五、收付结算设置

1. 结算方式设置（见表 1-3-14）

表 1-3-14　结算方式

编码	名称	是否票据管理
1	委托收款	否
2	商业汇票	否
3	网银转账	否
4	现金结算	否
5	票据结算	否
501	支票	否
502	银行汇票	否
6	汇兑	否
7	其他	否

2. 本单位开户银行设置

编码为 01，开户银行为中国银行上海市分行澳门路支行，账号为 674128872652，币种为人民币。

3. 付款条件设置

编码为01；内容为2/10，1/20，n/30。

六、录入期初余额

1. 设置科目余额（见表1-3-15）

表1-3-15　科目余额

科目代码	科目名称	方向	累计借方	累计贷方	期初余额
1001	库存现金	借			19 600
1002	银行存款	借			2 502 600
100201	工行存款	借			2 235 000
100202	中行存款	借			267 600（美元：40 000）
1121	应收票据	借			135 600
1122	应收账款	借			220 350
1221	其他应收款	借			1 500
122102	应收个人款	借			1 500
1403	原材料	借			90 000
140301	棉布	借			30 000（数量：30 匹）
140302	其他原材料	借			60 000
1405	库存商品	借			842 000
1601	固定资产	借			668 000
1602	累计折旧	贷			106 776
2001	短期借款	贷			300 000
2202	应付账款	贷			7 000
220201	货款	贷			
220202	暂估货款	贷			7 000
4001	实收资本	贷			5 000 000
4104	利润分配	贷			435 326
410404	未利润分配	贷			435 326
5001	生产成本	借			1 369 452
500101	直接材料	借			731 000
500102	直接人工	借			230 000
500103	制造费用	借			408 452

2. 设置辅助账明细（见表 1-3-16 至表 1-3-19）

表 1-3-16 应收票据

票据日期	客户	部门名称	摘要	方向	存货名称	数量	单价	金额	税额	价税合计
2020 年 12 月 10 日	安徽普宁	销售部	销售商品	借	运动裤	1 000	120	120 000	15 600	135 600

表 1-3-17 其他应收款

日期	部门	个人	摘要	方向	期初余额
2020 年 12 月 26 日	行政部	张伟	出差借款	借	500

表 1-3-18 生产成本

科目	项目名称			合计
	运动裤	连衣裙	衬衣	
500101 直接材料	331 000	200 000	200 000	731 000
500102 直接人工	80 000	80 000	70 000	230 000
500103 制造费用	136 300	136 152	136 000	408 452

表 1-3-19 应收账款

日期	客户	摘要	方向	期初余额
2020 年 12 月 10 日	江西盘龙	应收账款	借	220 350

3. 试算平衡

按照本项目提供的各项期初数据进行试算平衡。

思考与练习

1. 录入余额数据后试算不平衡、对账不平的原因有哪些？
2. 填制凭证时系统提示未设置凭证类别，该如何解决？
3. 简述付款条件“2/10，1/20，n/30”的含义。
4. 在项目目录设置时，如果核算项目未出现，应如何解决？
5. 试算平衡时应依托什么原则？

项目四　日常账务处理

工作流程图

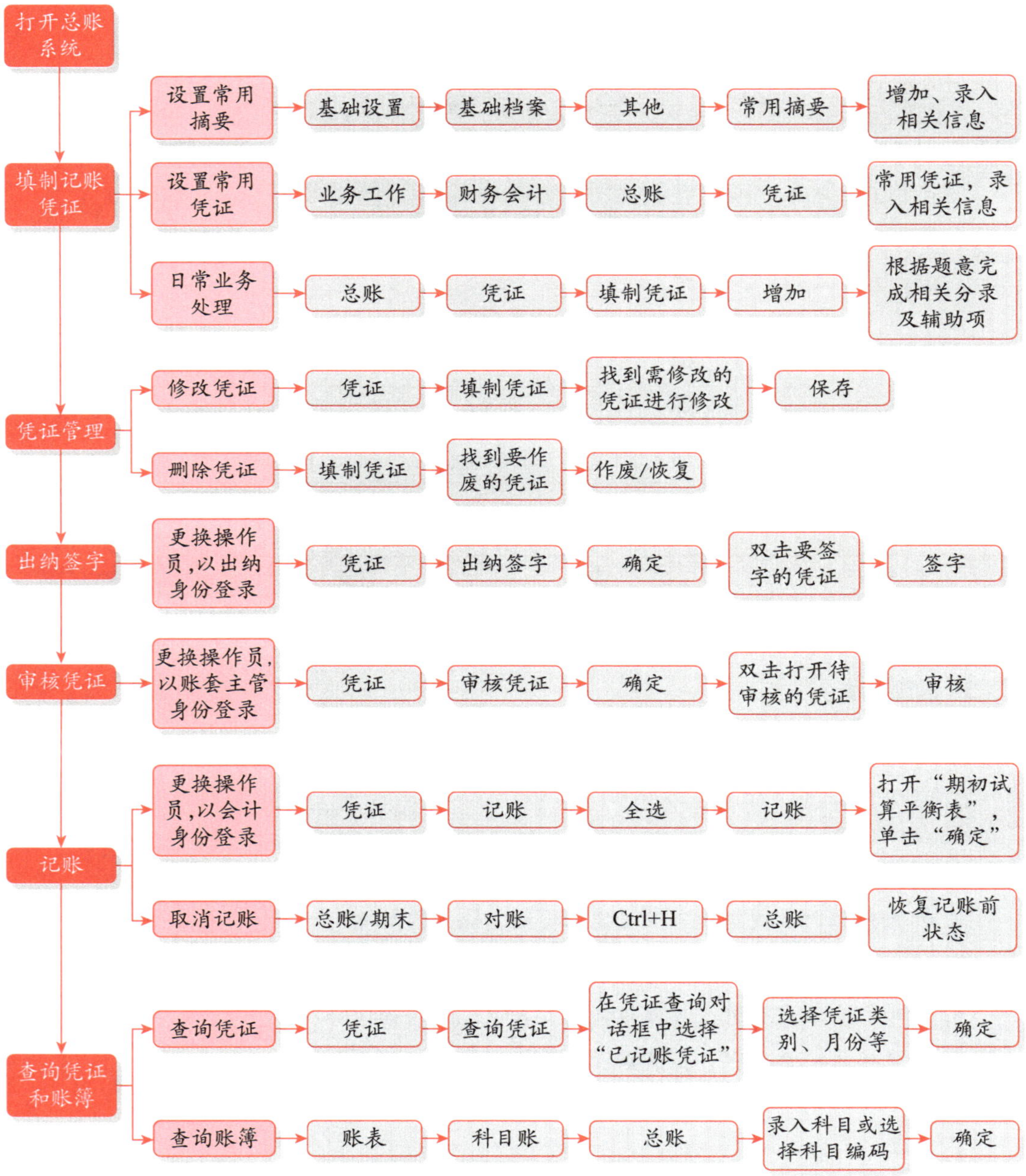

- 打开总账系统
- 填制记账凭证
  - 设置常用摘要 → 基础设置 → 基础档案 → 其他 → 常用摘要 → 增加、录入相关信息
  - 设置常用凭证 → 业务工作 → 财务会计 → 总账 → 凭证 → 常用凭证，录入相关信息
  - 日常业务处理 → 总账 → 凭证 → 填制凭证 → 增加 → 根据题意完成相关分录及辅助项
- 凭证管理
  - 修改凭证 → 凭证 → 填制凭证 → 找到需修改的凭证进行修改 → 保存
  - 删除凭证 → 填制凭证 → 找到要作废的凭证 → 作废/恢复
- 出纳签字 → 更换操作员,以出纳身份登录 → 凭证 → 出纳签字 → 确定 → 双击要签字的凭证 → 签字
- 审核凭证 → 更换操作员,以账套主管身份登录 → 凭证 → 审核凭证 → 确定 → 双击打开待审核的凭证 → 审核
- 记账
  - 更换操作员,以会计身份登录 → 凭证 → 记账 → 全选 → 记账 → 打开“期初试算平衡表”，单击“确定”
  - 取消记账 → 总账/期末 → 对账 → Ctrl+H → 总账 → 恢复记账前状态
- 查询凭证和账簿
  - 查询凭证 → 凭证 → 查询凭证 → 在凭证查询对话框中选择“已记账凭证” → 选择凭证类别、月份等 → 确定
  - 查询账簿 → 账表 → 科目账 → 总账 → 录入科目或选择科目编码 → 确定

任务一　填制记账凭证

【学习目标】

1. 能设置常用摘要。
2. 能设置常用凭证。
3. 能根据原始凭证，在 U8 系统中增加记账凭证，并完成相应记账凭证的填制、审核和辅助核算等工作。
4. 能根据单位的日常业务，独立完成相应的记账工作。
5. 能养成严谨的工作态度。

【任务导入】

新锐公司刚刚成立不久，需要在 U8 系统中提前设置经常发生的会计业务，便于提高会计凭证的编制效率，进而提高整个会计工作的效率。现需要对常用摘要和常用凭证进行设置，按照要求完成相关操作。

【任务实施】

一、常用摘要设置

按照表 1-4-1 提供的资料完成常用摘要设置。

表 1-4-1　常用摘要设置

摘要编码	摘要内容	相关科目
1	购置办公用品	
2	职工出差借款	

1. 在企业应用平台的“基础设置”中，单击“基础档案”“其他”“常用摘要”选项，打开“常用摘要”对话框。

2. 单击“增加”按钮，按表 1-4-1 录入常用摘要，如图 1-4-1 所示。

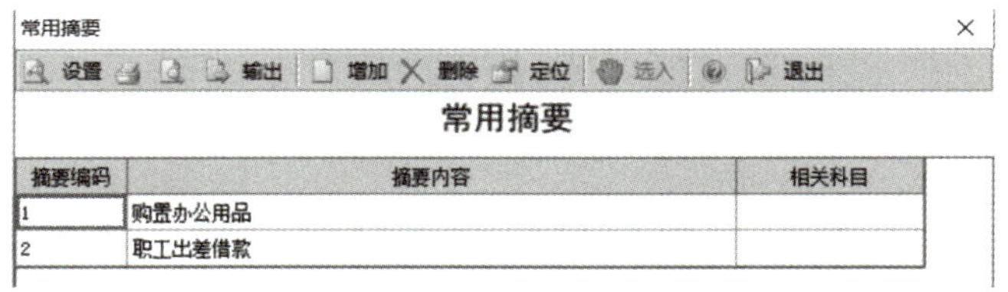

图 1-4-1　设置常用摘要

二、常用凭证设置

按照表 1-4-2 提供的资料完成常用凭证设置。

表 1-4-2　常用凭证设置

编码	摘要	科目名称
01	从工行提取现金	1001
	从工行提取现金	100201（结算方式：501 支票）

1. 依次单击“业务工作”“财务会计”“总账”“凭证”“常用凭证”选项，打开“常用凭证”对话框。

2. 单击“增加”按钮，录入编码“01”，录入说明“从工行提取现金”，单击“凭证类别”栏的下三角按钮，选择“付款凭证”。

3. 单击“详细”按钮，进入“常用凭证”下的“付款凭证”对话框。

4. 单击“增分”按钮，在“科目名称”栏录入“1001”；再单击“增分”按钮，在第 2 行“科目名称”栏录入“100201”；选择结算方式“501 支票”，如图 1-4-2 所示。

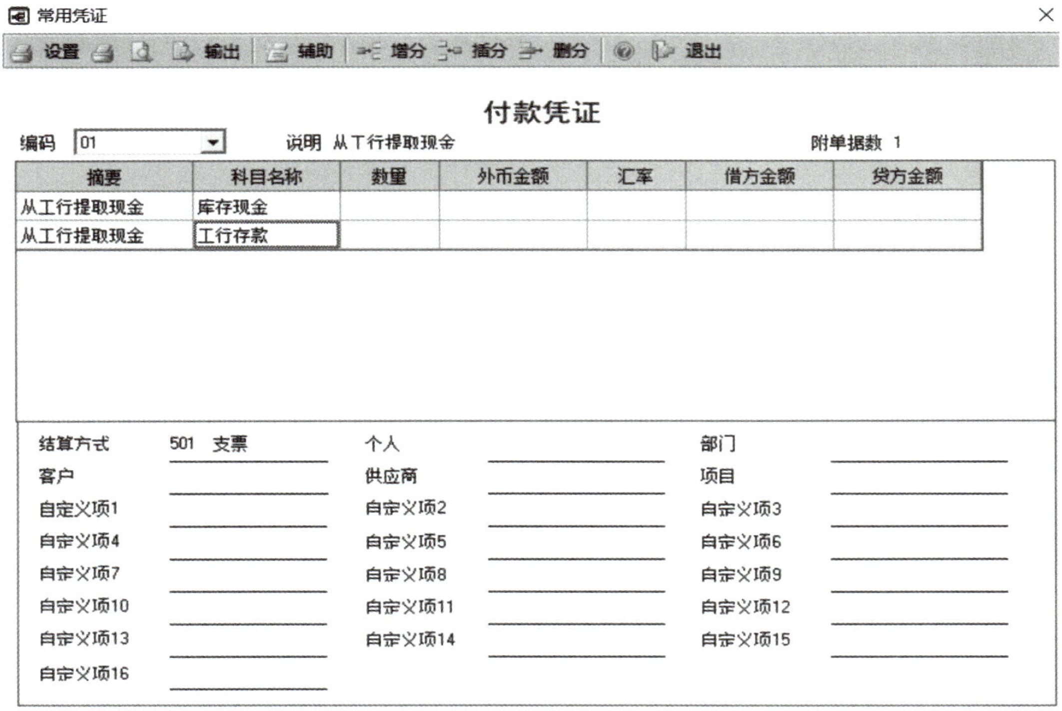

常用凭证
设置 输出 辅助 增分 插分 删分 退出

付款凭证

编码 01　说明 从工行提取现金　附单据数 1

摘要	科目名称	数量	外币金额	汇率	借方金额	贷方金额
从工行提取现金	库存现金					
从工行提取现金	工行存款					

结算方式 501 支票　个人　部门
客户　供应商　项目
自定义项1　自定义项2　自定义项3
自定义项4　自定义项5　自定义项6
自定义项7　自定义项8　自定义项9
自定义项10　自定义项11　自定义项12
自定义项13　自定义项14　自定义项15
自定义项16

图 1-4-2　设置常用凭证

5. 单击“退出”按钮退出。

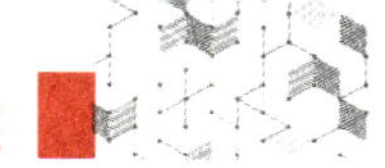

知识链接

常用凭证功能介绍

会计在日常填制凭证的过程中，经常会发现许多凭证完全相同或部分相同，如果将这些常用的凭证存储起来，在填制会计凭证时可随时调用，必将大大提高业务处理的效率。相应的功能按钮主要有增加、删除、选入、详细。需要注意的是：编号和凭证类别必须录入，编号不能重复，不能只定义凭证主要信息，不定义凭证分录内容；只有具有常用凭证控制权限的操作员才能操作。在调用常用凭证时，如果不修改而直接保存凭证，此时由被调用的常用凭证生成的凭证不受任何权限的控制。

三、增加凭证

根据新锐公司提供的原始单据在U8系统中完成凭证的增加工作。

知识链接

凭证的分类

凭证可以分为两大类：原始凭证和记账凭证。原始凭证又称单据，是在经济业务事项发生或者完成时填写的，用来证明经济业务事项已经发生或者完成，以明确经济责任并用作记账原始依据的一种凭证，它是进行会计核算的重要资料。记账凭证是指会计人员根据审核无误的原始凭证及有关资料，按照经济业务事项的内容和性质加以归类，并确定会计分录，作为登记会计账簿依据的会计凭证。

在整个会计核算过程中，会计凭证是第一个关口，如果使用的凭证是虚假的或不合法的，那么整个会计核算就不可能是真实的。

1. 在企业应用平台的“业务工作”中，单击“总账”“凭证”“填制凭证”选项，打开“填制凭证”对话框。

2. 单击“增加”按钮或者按F5键，系统自动增加一张空白收款凭证。

3. 单击凭证类别的“参照”按钮，选择“收款凭证”，按回车键，凭证号0001自动产生。

4. 按照资料录入凭证内容，如图1-4-3所示。

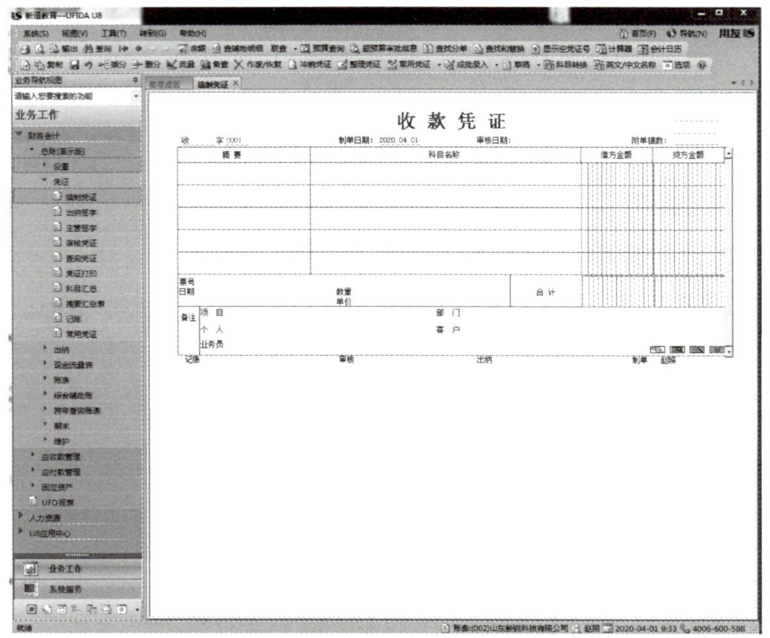

图 1-4-3　填制凭证

知识链接

记账凭证主要项目

1. 凭证类别

在填制记账凭证时，可以直接选择所需要的凭证类别。如果凭证类别已提前规定了限制类型，则要按照限制类型的要求填制，否则系统会给出错误的提示。例如：设置凭证类别时选择了“收款凭证、付款凭证、转账凭证”三种类型的凭证，且设置了收款凭证的类型为“借方必有”，科目为“1001、1002”，若发生“销售产品，货款未收”的业务，借方应记“应收账款”科目，贷方应记“主营业务收入”科目，若用户误选了收款凭证类别为“收款凭证”，在保存填制的凭证时，系统会提示“不满足借方必有条件”。

2. 凭证编号

凭证编号分为“系统编号”和“手工编号”两种方式，选择“系统编号”方式，凭证将根据类别按月自动顺序编号，选择“人工编号”方式，需要手工录入凭证号，但应注意凭证号的连续性、唯一性。

3. 凭证日期

凭证日期一般由系统自动生成，产生方式有两种：一是在填制凭证时，日期一般自动取登录系统时的业务日期；二是在选择“制单序时控制”的情况下，凭证日期大于等于该类凭证最后一张凭证日期，但不超过机内系统日期。

4. 附单据数

附单据数是指该记账凭证所附的原始单据的张数。记账凭证打印出来后，应将相应的原始凭证粘贴其后，记录好原始凭证总张数。

5. 摘要

摘要主要记录经济业务的概括内容。计算机记账时是以记录行为单位，每行记录都要有摘要，不同记录行的摘要可以相同也可以不同，每行摘要将随相应的会计科目在明细账、日记账中出现。摘要可以直接录入，如果定义了常用摘要，也可以调用常用摘要。

6. 会计科目

在 U8 系统中填制记账凭证时，要求会计科目必须是末级科目，可以以“科目编码、科目名称、科目助记码”的方式录入。

7. 金额

金额可以是正数或负数（即红字），但不能为零。凭证金额应符合“有借必有贷，借贷必相等”的要求，否则将不能保存。

另外，如果设置了常用凭证，可以在填制凭证时直接调用常用凭证，从而提高凭证录入的速度和规范性。

知识链接

制作红字冲销凭证的方法

在录入凭证时，单击“冲销凭证”按钮制作红字冲销凭证。录入要冲销凭证的所在月份、凭证类别和凭证号，系统自动制作一张红字冲销凭证，本功能的作用是自动冲销某张已记账的凭证。

四、辅助核算

按照要求完成辅助核算的设置。

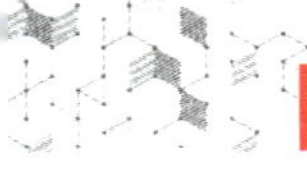

1. 在填制凭证过程中，录入带有“辅助核算”的科目后，弹出“辅助项”对话框，如图 1-4-4 所示。

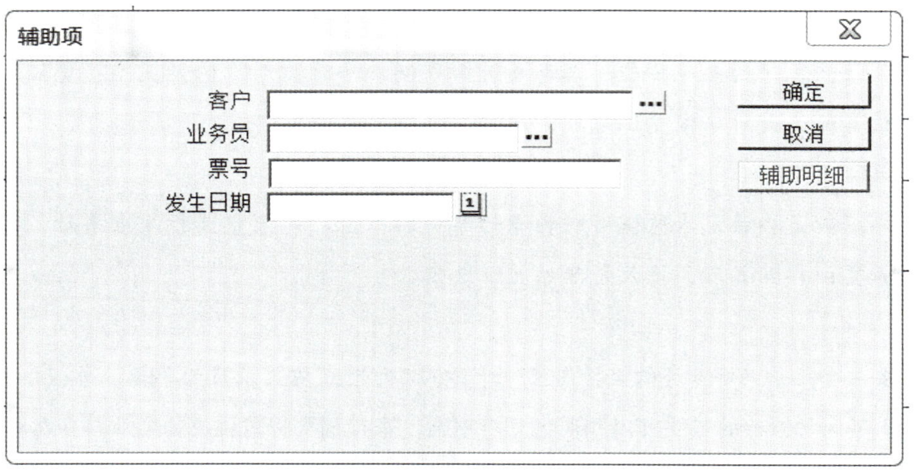

图 1-4-4　辅助核算

2. 录入辅助项信息，确认无误后单击“确定”按钮。

知识链接

修改辅助信息的方法

双击所要修改的项，系统将显示辅助信息录入窗口，就可以进行修改了。需要注意的是：

1. 如果会计科目设置了科目属性或定义了自定义项，则根据屏幕提示或通过参照功能录入。

2. 如果该科目要进行数量核算，则屏幕提示用户录入“数量”和“单价”，系统自动计算出金额。

3. 如果该科目要进行外币核算，系统自动将凭证格式改为外币式。如果系统有其他辅助核算，则先录入其他辅助核算后，再录入外币信息。

4. 金额由系统根据折算公式自动计算，如果账套选项中没有设置数据的小数位，系统自动四舍五入取整。

5. 折算公式在“基础信息”的“外币设置”中定义。一般单位使用外币×汇率=本币的公式折算本币金额，也有些单位采用外币÷汇率=本币的公式折算本币金额。

6. 若科目在“会计科目”中被指定为银行科目或设置了“银行账”的属性，那么，屏幕将提示用户录入“结算方式”“票号”及“发生日期”。

7. 对于要使用“支票登记簿”功能的用户，若希望在制单时也可进行支票登记，则应在“选项”中设置“支票控制”选项。那么在制单时，如果所输的结算方式应使用支票登记簿，在录入支票号后，系统则会自动勾销支票登记簿中未报销的支票，并将制单日期作为报销日期。因此，领用支票时，最好在支票登记簿中登记，以便系统能自动勾销未报的支票。

录入科目辅助明细的方法

1. 此功能只有在第一次录入凭证时有效。

2. 已在“选项”中定义为辅助核算的自定义项控制必录入，否则可有选择地录入。

3. 如果组成分录的科目有辅助核算属性，则系统提示要录入辅助明细内容。

4. 单击“辅助明细”按钮，录入辅助明细。

例如，设置应收账款科目有客户核算属性，那么在录入分录时，要求录入客户辅助项，如客户名称、业务员、票号和业务发生日期，这里的业务发生日期将为以后的客户账龄分析提供依据。

五、日常业务处理

根据以下业务内容，完成相应的记账凭证填制工作。

提示：以“1103”会计赵照的身份重新注册，进入总账系统。

4 月 2 日，财务部周池从工行提取现金 6 000 元作为备用金使用（现金支票号：78964521），附原始单据 1 张。

4 月 5 日，收到美国利多公司投资款 40 000 美元，汇率为 1∶6.69（转账支票号为 85674325），附原始单据 2 张。

4 月 9 日，采购部章曼采购主板 100 块，单价 300 元，材料直接入库，货款以银行存款支付（转账支票号：96541112），适用税率 13%，附原始单据 3 张。

4 月 12 日，销售部向春销售给上海东郡商务 9850 系列台式机 80 台，每台 7 000 元，货款未收，发票号为 36528479，适用税率 13%，附原始单据 1 张。

4 月 15 日，行政部购买办公用品 850 元，以现金支付，附原始单据 1 张。

4 月 22 日，行政部孙西晨报销差旅费 6 500 元，其中火车票 1 090 元，计算可抵扣增值税为 1 090/(1+9%)×9%＝90 元，附原始单据 1 张。

4 月 26 日，收到上月销售给江西庐陵的货款 220 350 元，转账支票号为 98714520，附原始单据 1 张。

4 月 28 日，生产部门领用主板 100 块，每块 300 元，用于生产商务 9550 系列台式机，附原始单据 1 张。

4 月 30 日，结转商务 9850 系列台式机销售成本，数量 80 台，成本每台 5 500 元，附原始单据 1 张。

1. 提取现金业务

（1）在企业应用平台的“业务工作”中，单击“总账”“凭证”“填制凭证”选项，进入“填制凭证”对话框。

（2）单击“常用凭证”“调用常用凭证”选项。

（3）在付款凭证中修改凭证制单日期为“2020. 04. 02”，附单据数为“1”。

（4）在金额栏内录入库存现金借方金额“6 000”，银行存款/工行存款贷方金额“6 000”。

（5）在辅助项对话框中，录入支票号“78964521”。

（6）单击“保存”按钮，系统弹出“凭证已成功保存!”信息提示框，如图 1-4-5 所示，单击“确定”按钮返回。

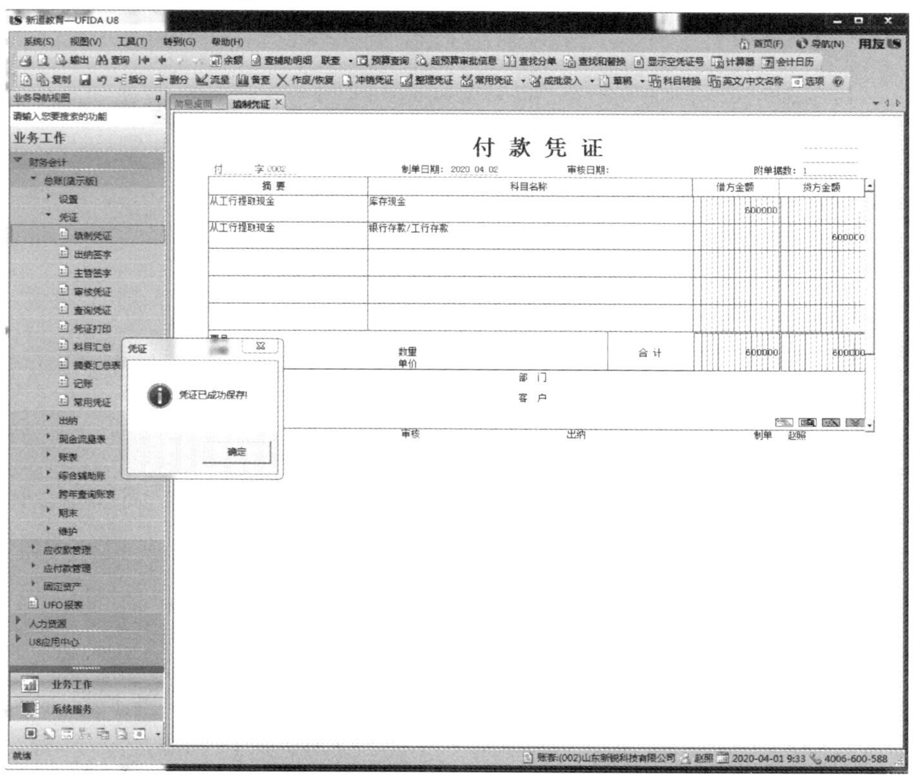

图 1-4-5　填制凭证

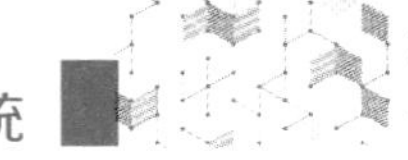

2. 收到投资款业务

（1）在企业应用平台的“业务工作”中，依次单击“总账”“凭证”“填制凭证”选项，进入“填制凭证”对话框。

（2）单击“增加”按钮或者按 F5 键，系统自动增加一张空白收款凭证。

（3）单击凭证类别的“参照”按钮，选择“收款凭证”。按回车键，生成空白收款凭证。

（4）修改凭证制单日期为“2020. 04. 05”。

（5）录入附单据数“2”。

（6）在摘要栏直接录入摘要“收到投资款”。按回车键，或单击“科目名称”栏的“参照”按钮（或按 F2 键），选择“资产”类科目“100202 银行存款/中行存款”，在辅助项对话框中选择“501 支票”，录入支票号“85674325”，录入外币借方金额“4 000”。

（7）按回车键，系统自动复制上一行的摘要，可以修改。录入科目名称“实收资本”，贷方金额“26 760”。

（8）单击“保存”按钮，系统弹出“凭证已成功保存!”信息提示框，如图 1-4-6 所示，单击“确定”按钮返回。

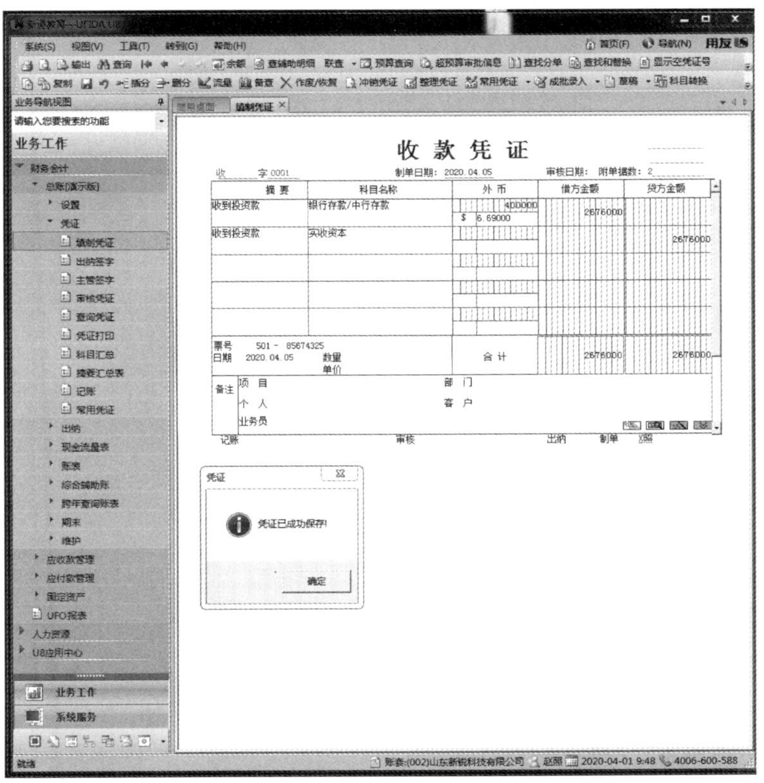

图 1-4-6　填制凭证

3. 采购材料业务

（1）在企业应用平台的“业务工作”中，单击“总账”“凭证”“填制凭证”选项，进入“填制凭证”对话框。

（2）单击“增加”按钮或者按 F5 键，系统自动增加一张空白付款凭证。

（3）单击凭证类别的“参照”按钮，选择“付款凭证”。按回车键，生成空白凭证。

（4）修改凭证制单日期为“2020. 04. 09”。

（5）录入附单据数“3”。

（6）在摘要栏直接录入摘要“采购主板”。按回车键，或单击“科目名称”栏的“参照”按钮（或按 F2 键），选择“资产”类科目“140301 原材料/主板”，在辅助项核算中，录入数量“100”和单价“300”。

（7）按回车键，系统自动复制上一行的摘要，可以修改。录入科目名称“22210101 应交税费-应交增值税（进项税额）”，录入借方金额“3 900”。

（8）按回车键，系统自动复制上一行的摘要，可以修改。录入科目名称“100201 银行存款-工行存款”，在辅助项中选择“501 支票”，录入支票号“96541112”，录入贷方金额“33 900”。

（9）单击“保存”按钮，系统弹出“凭证已成功保存!”信息提示框，如图 1-4-7 所示，单击“确定”按钮返回。

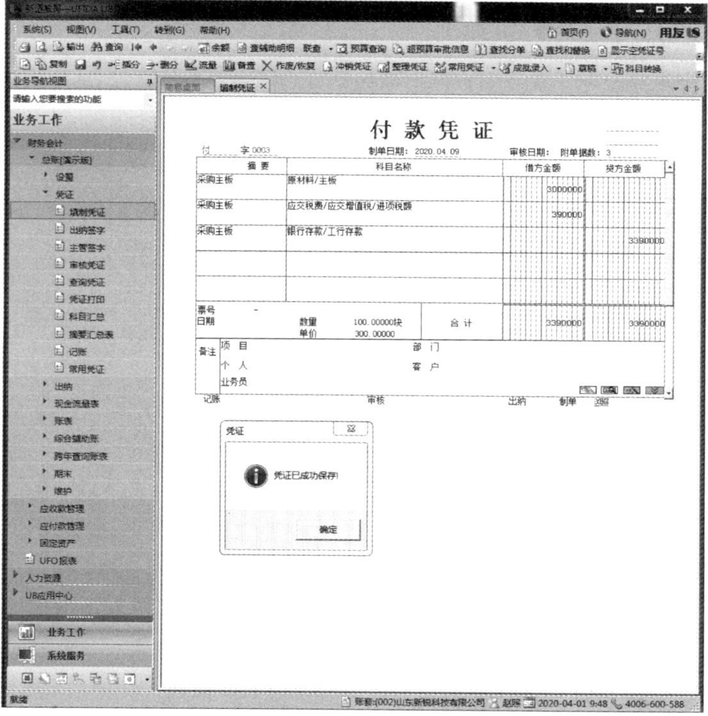

图 1-4-7　填制凭证

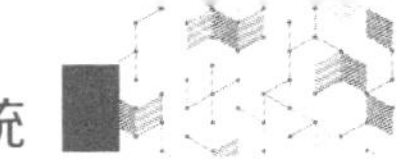

4. 销售商品业务

（1）在企业应用平台的“业务工作”中，依次单击“总账”“凭证”“填制凭证”选项，进入“填制凭证”对话框。

（2）单击“增加”按钮或者按 F5 键，系统自动增加一张空白凭证。

（3）单击凭证类别的“参照”按钮，选择“转账凭证”。按回车键，自动产生空白转账凭证。

（4）修改凭证制单日期为“2020. 04. 12”。

（5）录入附单据数“1”。

（6）在摘要栏直接录入摘要“销售商品，货款未收”。按回车键，或单击“科目名称”栏的“参照”按钮（或按 F2 键），选择“资产”类科目“1122 应收账款”，在辅助项中，选择客户“上海东郡”，录入发票号“36528479”，单击“确定”按钮，在借方金额中录入“632 800”。

（7）按回车键，系统自动复制上一行的摘要，可以修改。选择“损益”类科目“6001 主营业务收入”，录入贷方金额“560 000”。

（8）按回车键，系统自动复制上一行的摘要，可以修改。选择“负债”类科目“22210102 应交税费-应交增值税（销项税额）”，录入贷方金额“72 800”。

（9）单击“保存”按钮，系统弹出“凭证已成功保存!”信息提示框，如图 1-4-8 所示，单击“确定”按钮返回。

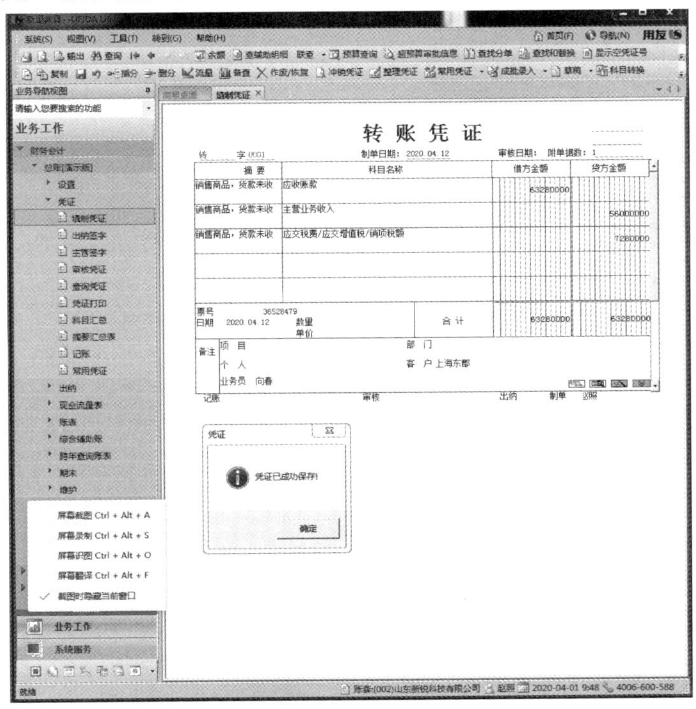

图 1-4-8　填制凭证

5. 购买办公用品业务

（1）在企业应用平台的“业务工作”中，单击“总账”“凭证”“填制凭证”选项，进入“填制凭证”对话框。

（2）单击“增加”按钮或者按 F5 键，系统自动增加一张空白收款凭证。

（3）单击凭证类别的“参照”按钮，选择“付款凭证”。按回车键，自动产生空白付款凭证。

（4）修改凭证制单日期为“2020. 04. 15”。

（5）录入附单据数“1”。

（6）在摘要栏直接录入摘要“购买办公用品”。按回车键，或单击“科目名称”栏的“参照”按钮（或按 F2 键），选择“损益”类科目“660203 管理费用-办公费”，录入借方金额“850”。

（7）按回车键，系统自动复制上一行的摘要，可以修改。录入贷方科目名称“1001 库存现金”，录入贷方金额“850”。

（8）单击“保存”按钮，系统弹出“凭证已成功保存!”信息提示框，如图 1-4-9 所示，单击“确定”按钮返回。

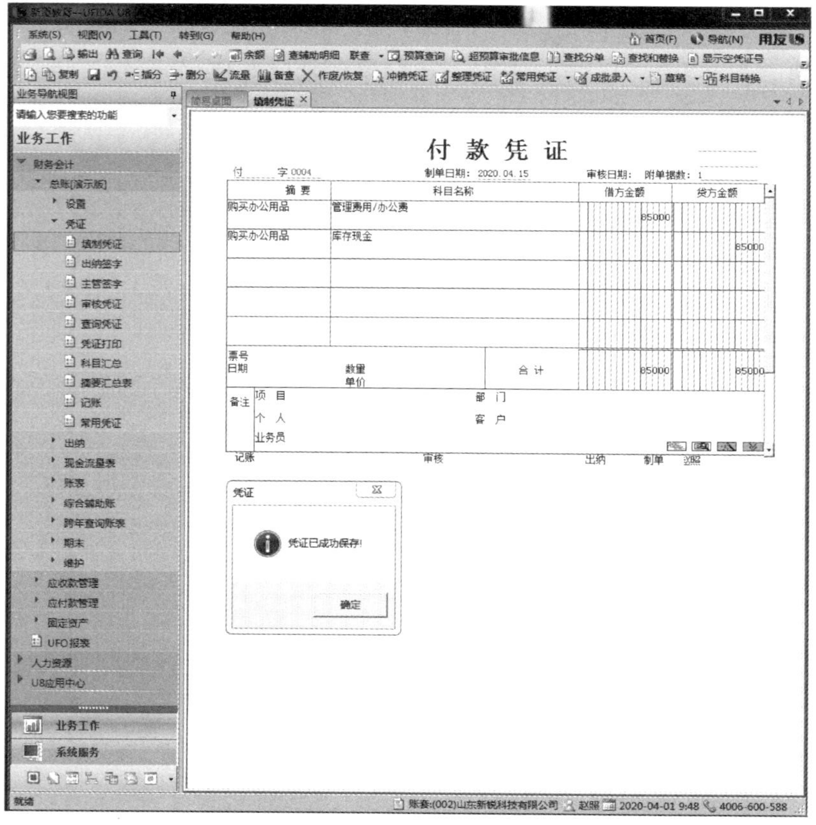

图 1-4-9　填制凭证

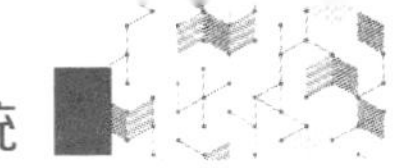

6. 报销差旅费业务

（1）在企业应用平台的“业务工作”中，单击“总账”“凭证”“填制凭证”选项，进入“填制凭证”对话框。

（2）单击“增加”按钮或者按 F5 键，系统自动增加一张空白凭证。

（3）单击凭证类别的“参照”按钮，选择“转账凭证”。按回车键，自动产生一张空白转账凭证。

（4）修改凭证制单日期为“2020. 04. 22”。

（5）录入附单据数“1”。

（6）在摘要栏直接录入摘要“报销差旅费”。按回车键，或单击“科目名称”栏的“参照”按钮（或按 F2 键），选择“损益”类科目“660204 管理费用-差旅费”，录入借方金额“6 410”。

（7）按回车键，系统自动复制上一行的摘要，可以修改。录入科目名称“22210101 应交税费-应交增值税（进项税额）”，录入借方金额“90”。

（8）按回车键，系统自动复制上一行的摘要，可以修改。录入科目名称“122102 其他应收款-应收个人款”，在辅助项对话框中，选择部门“行政部”，个人“孙西晨”，录入贷方金额“6 500”。

（9）单击“保存”按钮，系统弹出“凭证已成功保存!”信息提示框，如图 1-4-10 所示，单击“确定”按钮返回。

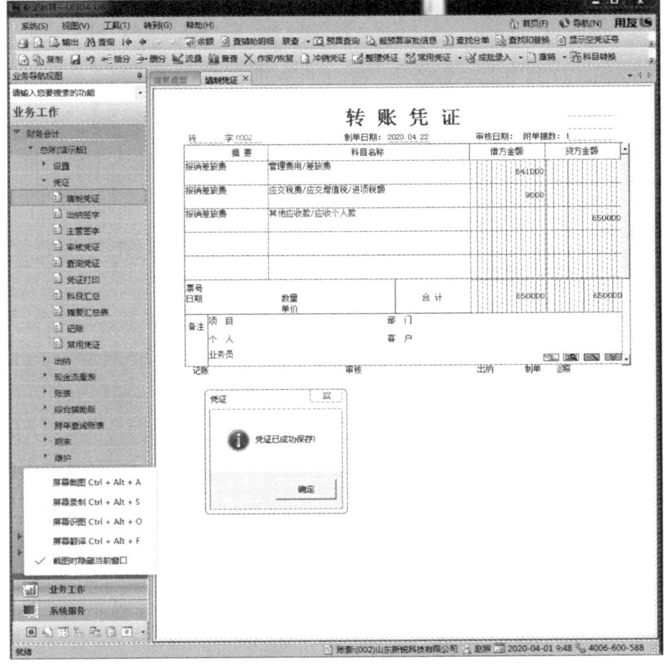

图 1-4-10　填制凭证

7. 收到上月货款业务

（1）在企业应用平台的“业务工作”中，单击“总账”“凭证”“填制凭证”选项，进入“填制凭证”对话框。

（2）单击“增加”按钮或者按F5键，系统自动增加一张空白收款凭证。

（3）单击凭证类别的“参照”按钮，选择“收款凭证”。按回车键，自动产生空白收款凭证。

（4）修改凭证制单日期为“2020. 04. 26”。

（5）录入附单据数“1”。

（6）在摘要栏直接录入摘要“收到上月货款”。按回车键，或单击“科目名称”栏的“参照”按钮（或按F2键），选择“资产”类科目“100201 银行存款-工行存款”，在辅助项中选择“501 支票”，录入支票号“98714520”，录入借方金额“220 350”。

（7）按回车键，系统自动复制上一行的摘要，可以修改。录入科目名称，选择“资产”类科目“1122 应收账款”，在辅助项中，选择客户“江西庐陵”，单击“确定”，录入贷方金额“220 350”。

（8）单击“保存”按钮，系统弹出“凭证已成功保存！”信息提示框，如图1-4-11所示，单击“确定”按钮返回。

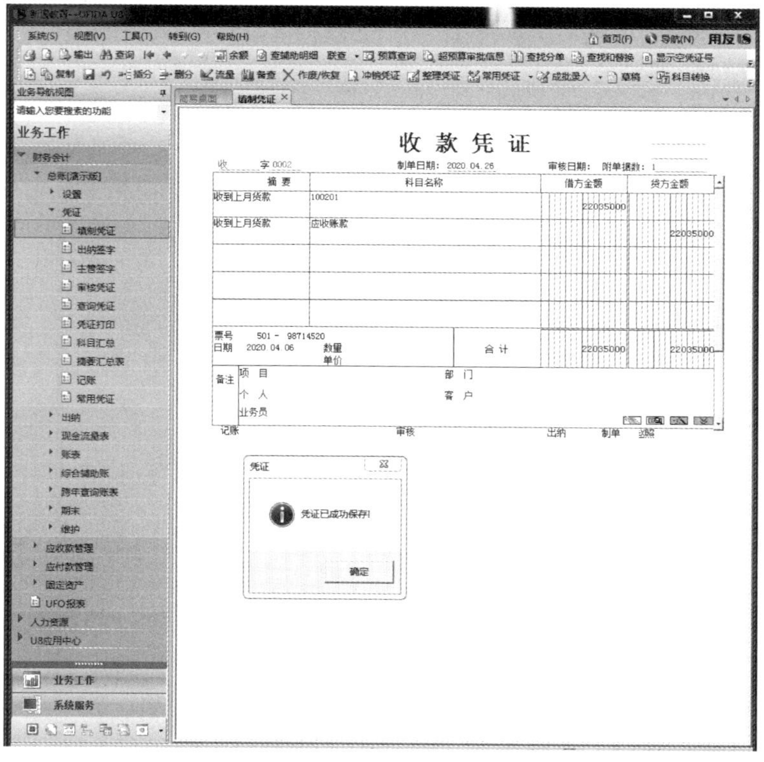

图1-4-11　填制凭证

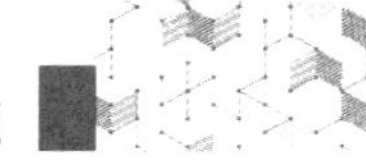

8. 领用材料业务

（1）在企业应用平台的“业务工作”中，单击“总账”“凭证”“填制凭证”选项，进入“填制凭证”对话框。

（2）单击“增加”按钮或者按 F5 键，系统自动增加一张空白收款凭证。

（3）单击凭证类别的“参照”按钮，选择“转账凭证”。按回车键，自动产生空白转账凭证。

（4）修改凭证制单日期为“2020. 04. 28”。

（5）录入附单据数“1”。

（6）在摘要栏直接录入摘要“领用主板”。按回车键，或单击“科目名称”栏的“参照”按钮（或按 F2 键），选择“成本”类科目“500101 生产成本-直接材料”，在辅助项中，选择项目名称“商务 9550 系列”，单击“确定”按钮，录入借方金额“30 000”。

（7）按回车键，系统自动复制上一行的摘要，可以修改。录入科目名称“140301 原材料-主板”，在辅助项中录入数量“100”、单价“300”，单击“确定”按钮。

（8）单击“保存”按钮，系统弹出“凭证已成功保存！”信息提示框，如图 1-4-12 所示，单击“确定”按钮返回。

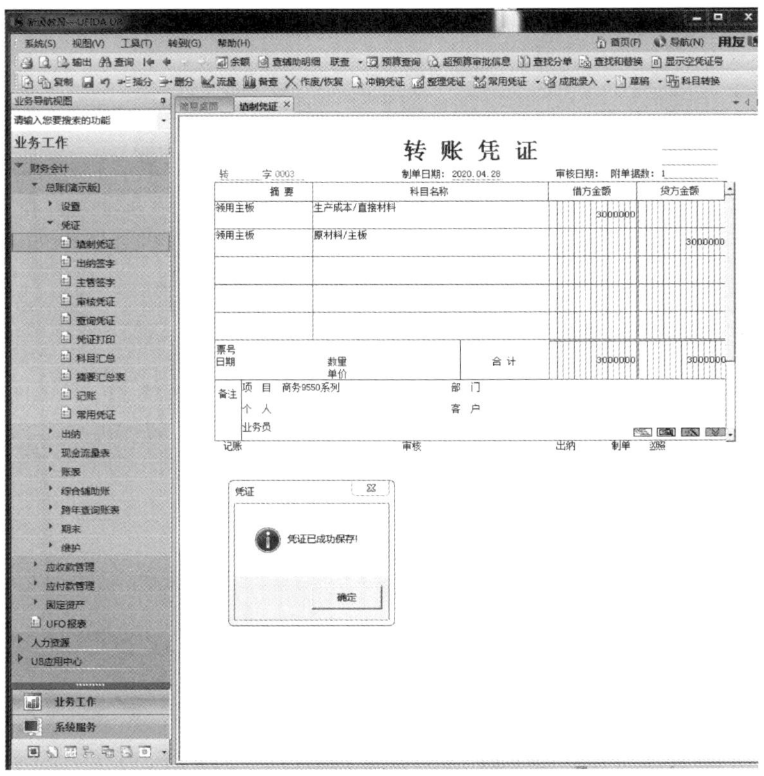

图 1-4-12 填制凭证

9. 结转销售成本业务

（1）在企业应用平台的“业务工作”中，单击“总账”“凭证”“填制凭证”选项，进入“填制凭证”对话框。

（2）单击“增加”按钮或者按 F5 键，系统自动增加一张空白收款凭证。

（3）单击凭证类别的“参照”按钮，选择“转账凭证”，按回车键，自动产生空白转账凭证。

（4）修改凭证制单日期为“2020. 04. 30”。

（5）录入附单据数“1”。

（6）在摘要栏直接录入摘要“结转销售成本”。按回车键，或单击“科目名称”栏的“参照”按钮（或按 F2 键），选择“损益”类科目“6401 主营业务成本”，录入借方金额“440 000”。

（7）按回车键，系统自动复制上一行的摘要，可以修改。录入“科目名称”，选择“资产”类科目“1405 库存商品”，在辅助项中录入数量“80”、单价“5 500”。

（8）单击“保存”按钮，系统弹出“凭证已成功保存!”信息提示框，如图 1-4-13 所示，单击“确定”按钮返回。

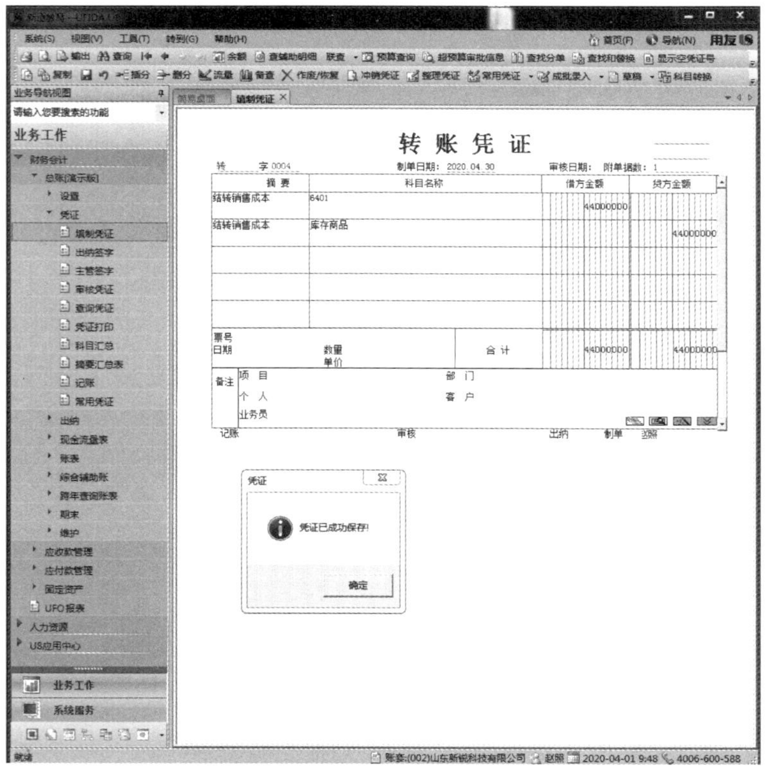

图 1-4-13　填制凭证

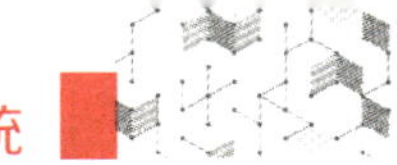

任务二　凭证管理

【学习目标】

1. 能修改记账凭证。
2. 能作废和恢复记账凭证。
3. 能养成独立思考、认真研究和纠错的能力。

【任务导入】

会计人员在录入记账凭证时发现有凭证内容记录错误，按照公司要求，完成错误凭证的更正并删除错误凭证。

【任务实施】

一、修改凭证

根据错误凭证完成凭证的修改工作。

2020 年 4 月 16 日，以现金支付广告费 8 000 元，附原始单据 2 张。会计赵照做凭证时误将“销售费用”记作“管理费用”，现需进行修改。

1. 单击“凭证”“填制凭证”选项，进入“填制凭证”对话框。
2. 单击[按钮图标]按钮，找到要修改的凭证，如图 1-4-14 所示。

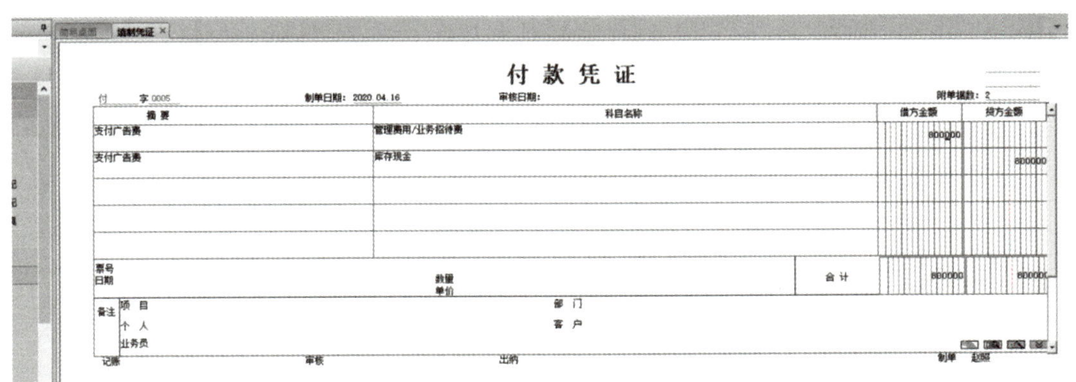

图 1-4-14　查找凭证

3. 将“管理费用/业务招待费”修改成“销售费用/广告费”，如图 1-4-15 所示。

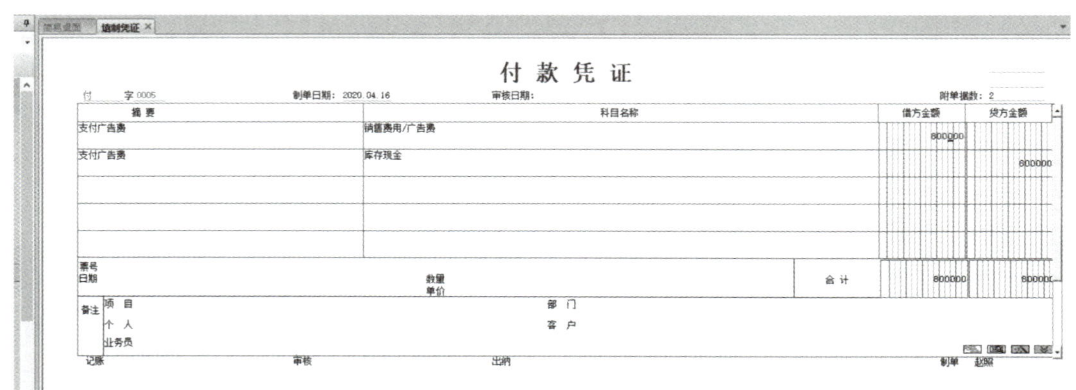

图 1-4-15　修改凭证

二、删除凭证

根据要求完成凭证的删除。将“2020 年 04 月 16 日，以现金支付广告费用 8 000 元”的凭证作废。

1. 在“填制凭证”对话框中，先查询到要作废的凭证。

2. 单击“作废/恢复”按钮。凭证的左上角显示“作废”字样，表示该凭证已作废，如图 1-4-16 所示。

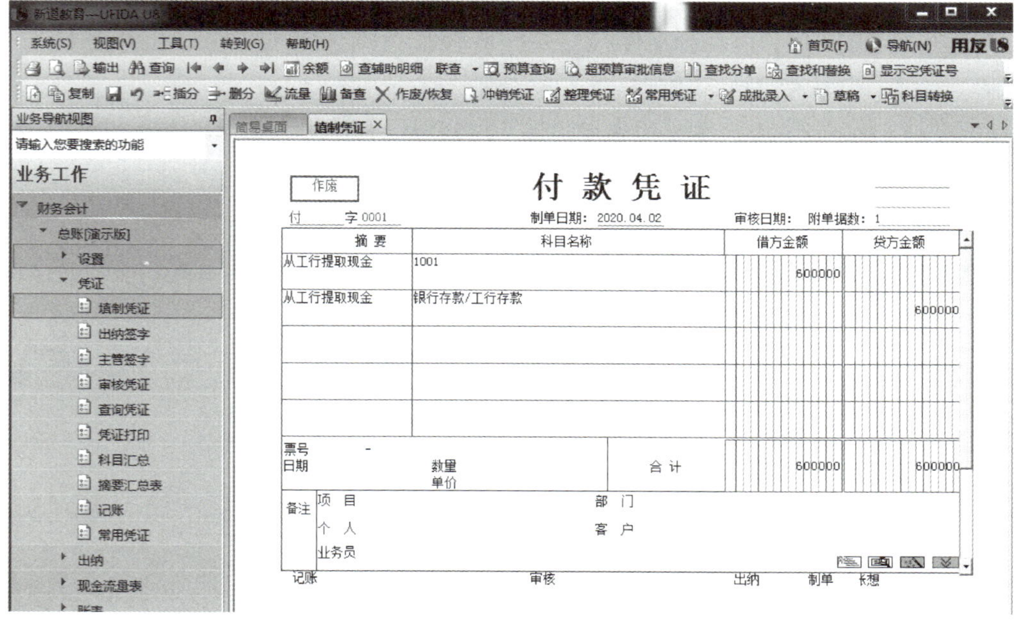

图 1-4-16　作废凭证

任务三　出纳签字

【学习目标】

1. 能更换操作员。
2. 能独立完成出纳签字。
3. 能养成责任意识和担当意识。

【任务导入】

为保证会计工作的严谨性，会计人员必须分工明确、责任明确、相互监督。现有一张凭证关乎新锐公司资金的使用，需要出纳人员赵照签字确认并进行相应的会计处理，请按照公司要求在 U8 系统中完成相应的操作。

知识链接

出纳凭证的管理

出纳凭证涉及企业现金的收入与支出，应加强管理。出纳人员可通过出纳签字功能对制单员填制的带有现金银行科目的凭证进行检查核对，主要核对出纳凭证中出纳科目的金额是否正确，审查认为错误或有异议的凭证，应交与填制人员修改后再核对。

在进行出纳凭证签字时，需要注意的是：

1. 凭证合并状态可以进行出纳签字，但不能填补结算方式和票号。
2. 已签字的凭证不能被修改、删除，只能先取消签字后才能进行修改、删除。
3. 取消签字只能由出纳自己进行。
4. 单位可根据实际需要决定是否要对出纳凭证进行出纳签字管理，若不需要此功能，可在“选项”中取消“出纳凭证必须经由出纳签字”的设置。
5. 单位可以依据实际需要加入“出纳签字后方可执行领导签字”和“主管签字以后不可以取消审核和出纳签字”的控制，在“选项”中完成。

【任务实施】

一、更换操作员

以出纳“1102 周池”的身份对凭证进行相应处理。

1. 在企业应用平台页面中，单击“重注册”选项，打开“登录”对话框。

2. 以“1102”的身份注册，再进入总账系统，如图 1-4-17 所示。

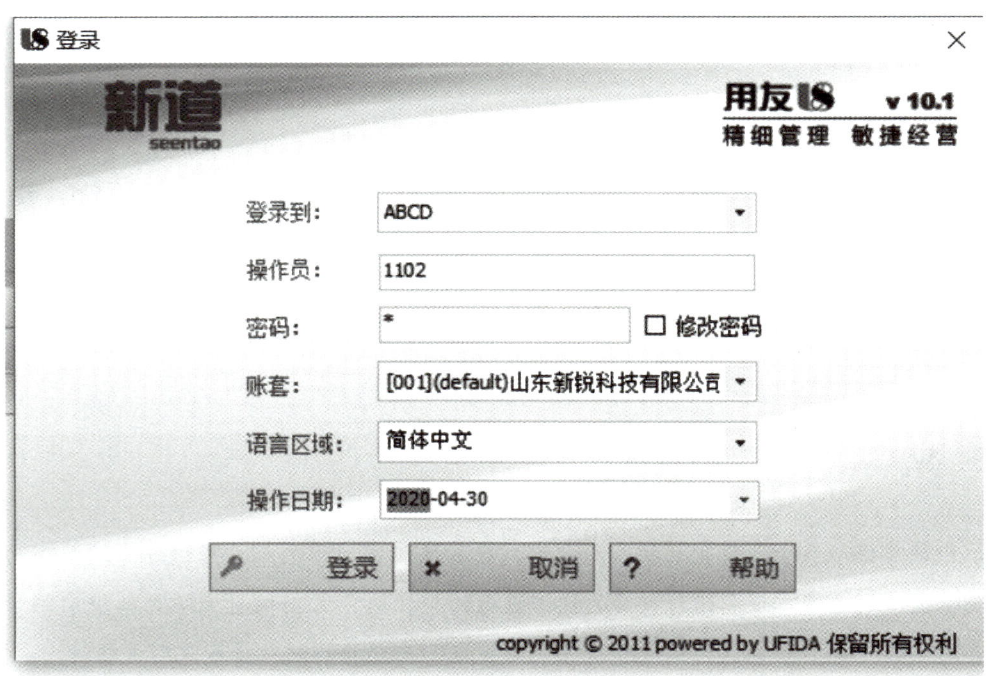

图 1-4-17　登录系统

二、出纳签字

按照公司要求，由出纳周池对出纳凭证进行出纳签字。

1. 依次单击“凭证”“出纳签字”选项，打开“出纳签字”查询条件对话框，如图 1-4-18 所示。

2. 单击“确定”按钮，进入“出纳签字列表”页面。

3. 双击某一要签字的凭证，进入“出纳签字”的签字页面。

4. 单击“签字”按钮，凭证底部的“出纳”处自动签上出纳姓名，如图 1-4-19 所示。

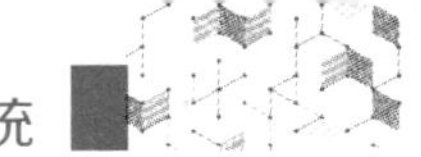

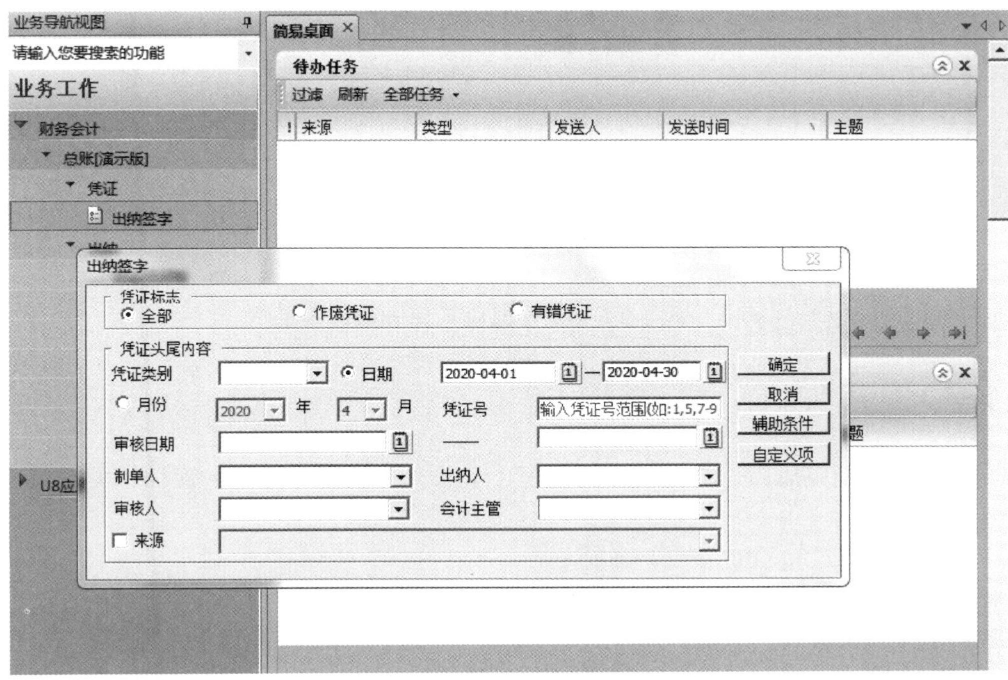

图 1-4-18　出纳签字

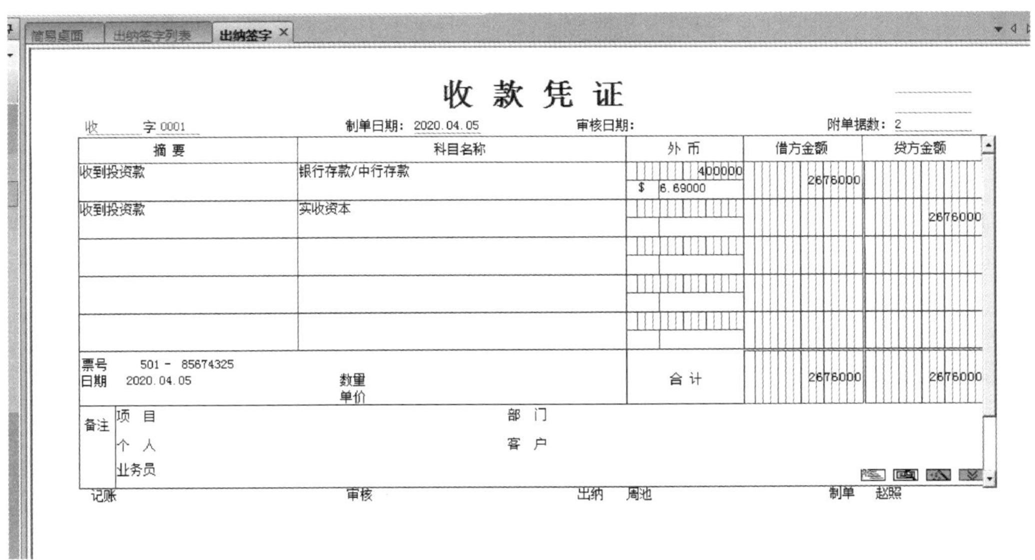

图 1-4-19　出纳签字

5. 对其他凭证签字，最后单击“退出”按钮退出。

任务四 审核凭证

【学习目标】

1. 能独立审核记账凭证。
2. 能取消已审核的记账凭证。
3. 能养成严谨、细致的工作态度，以及责任意识和团队精神。

【任务导入】

记账凭证填制完成后，为保证真实可靠、记录准确，需要会计主管和相关负责人进行审核。

【任务实施】

一、审核凭证

现需要根据公司要求在U8系统中让“1101 张想”以账套主管的身份对所有凭证进行审核。

1. 重新注册，更换操作员为“1101 张想”。
2. 单击“凭证”“审核凭证”选项，打开“凭证审核”对话框，如图1-4-20所示。

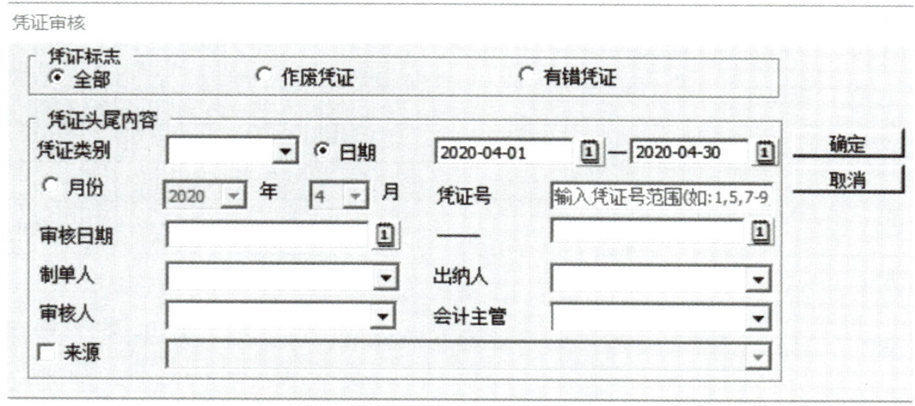

图1-4-20 凭证审核

3. 单击“确定”按钮，进入“凭证审核列表”对话框。
4. 双击打开待审核的第1号“收款凭证”。
5. 单击“审核”按钮，审核第1号收款凭证完成后，系统自动翻页到第2张待审核的凭证，再单击“审核”按钮，直到将已经填制的所有凭证全部审核签字。

6. 单击“退出”按钮退出。

二、取消审核

在审核完成所有凭证后，发现有凭证审核有误，现按公司要求取消审核，进行相应的更正处理。

1. 账套主管以“1101 张想”身份登入。
2. 单击“凭证”“审核凭证”选项，打开“凭证审核”对话框。
3. 单击“确定”按钮，进入“凭证审核列表”对话框。
4. 双击打开待取消审核的凭证。
5. 单击“取消”按钮，如图 1-4-21 所示。

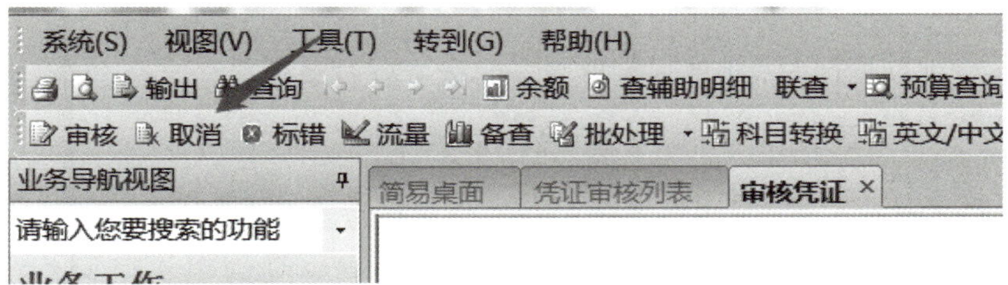

图 1-4-21　取消审核凭证

6. 单击“退出”按钮退出。

知识链接

审核凭证

审核凭证是指审核员按照财会制度，对制单员填制的记账凭证进行检查核对，主要审核记账凭证是否与原始凭证相符，会计分录是否正确等。审查认为错误或有异议的凭证，应打上出错标记，同时可写入出错原因并交与填制人员修改后，再审核。只有具有审核凭证权限的人才能使用本功能。

在审核凭证时，需要注意的是：

1. 审核人和制单人不能是同一个人。
2. 凭证在合并显示状态可直接审核，用户可根据需要选择是否展开凭证进行审核。
3. 若想取消对已审核凭证的审核，应单击“取消”按钮。取消审核签字只能由审核人自己进行。

4. 凭证一经审核，就不能被修改、删除，只有取消审核签字后才可以进行修改或删除。

5. 采用手工制单的用户，在凭单上审核完后还须审核录入系统中的凭证。

6. 作废凭证不能被审核，也不能被标错。

7. 已标错的凭证可以直接修改、作废，但不能被审核，若想审核，需先取消标错。已审核的凭证不能标错。

8. 预算审批通过的凭证只能进行审核，不能进行其他操作。

9. 取消审核时，无论预算管理系统返回何值全部认为成功，系统只提示，不进行控制。

10. 企业可以依据实际需要加入“审核后方可执行领导签字”的控制，可在“选项”中选中“主管签字以后不可以取消审核和出纳签字”。

任务五 记账

【学习目标】

1. 能进行记账操作。
2. 能进行取消记账操作。
3. 能养成严谨的工作态度。

【任务导入】

新锐公司财务人员在完成记账凭证的填制和审核之后，按照规定，需要完成相应的记账工作。

【任务实施】

一、记账

以会计“1103 赵照”身份记账。

1. 依次单击“凭证”“记账”选项，打开“记账”对话框。
2. 单击“全选”按钮，选择对所有已审核凭证进行记账。
3. 单击“记账”按钮，打开“期初试算平衡表”对话框。单击“确定”按钮，系统

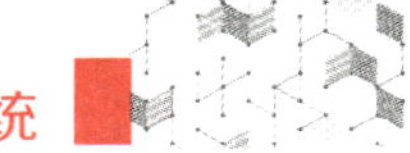

自动进行记账，记账完成后，系统弹出“记账完毕!”信息提示框，如图 1-4-22 所示。

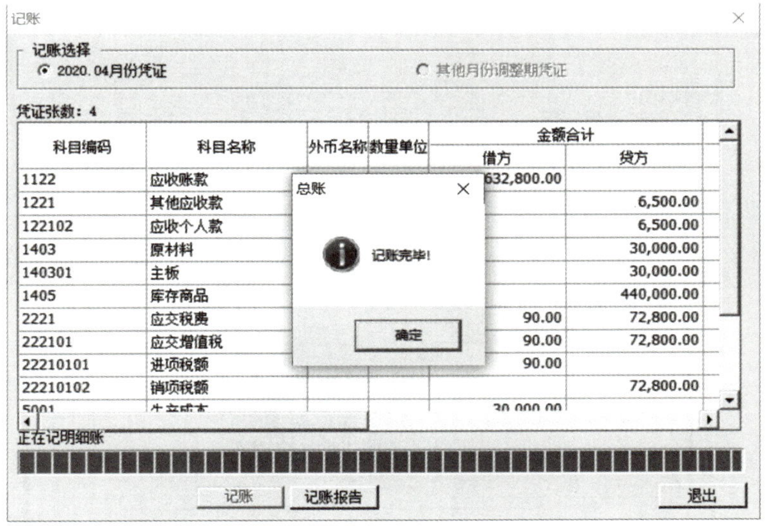

图 1-4-22　记账

4. 单击“确定”按钮。

二、取消记账

在记账处理完成后，发现有记账错误需要取消记账，按照公司要求完成相应的操作。

1. 打开总账系统模块，依次单击“总账”“期末”“对账”选项。

2. 在对账页面按“Ctrl+H”组合键，恢复记账前状态功能已被激活，如图 1-4-23 所示。

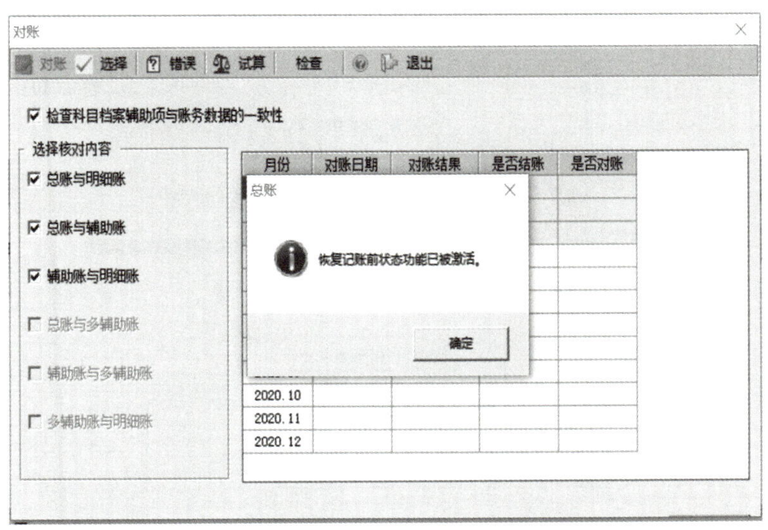

图 1-4-23　激活恢复记账前状态功能

3. 单击“总账”“凭证”“恢复记账前状态”，打开“恢复记账前状态”对话框，如图 1-4-24 所示。

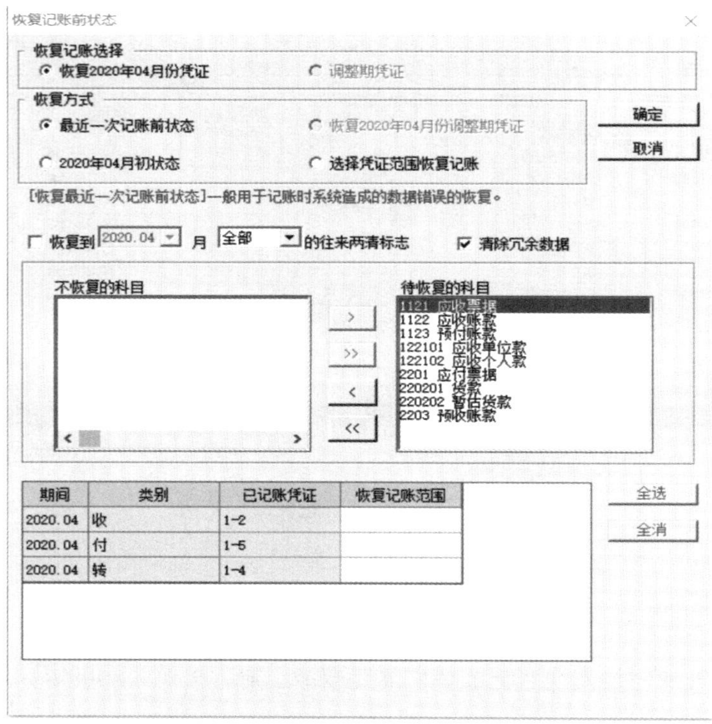

图 1-4-24　恢复记账前状态

4. 单击“确定”按钮，录入口令，如图 1-4-25 所示。

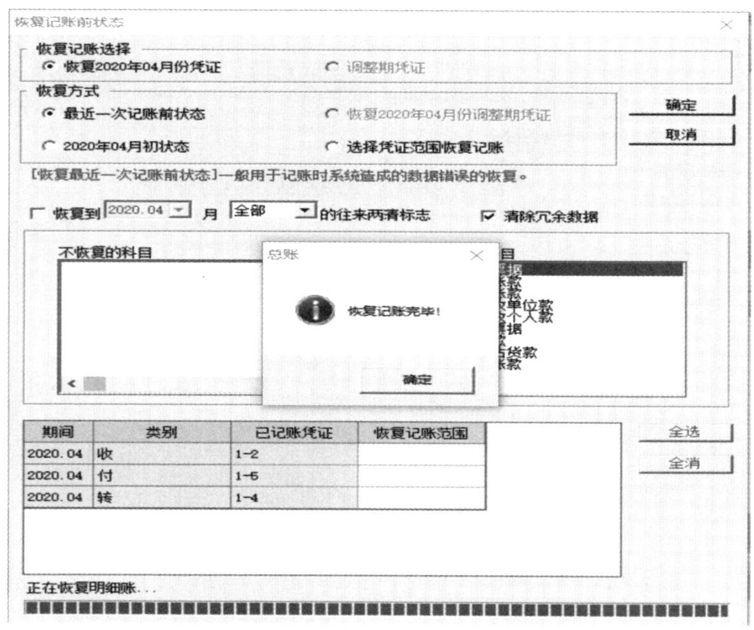

图 1-4-25　恢复记账前状态

5. 单击“确定”按钮。

知识链接

记账处理

记账凭证经审核签字后，即可用来登记总账和明细账、日记账、部门账、往来账、项目账和备查账等。U8 系统记账采用向导方式，记账过程更加明确。

知识链接

记账注意事项

1. 记账过程一旦断电或其他原因造成中断后，系统将自动调用“恢复记账前状态”恢复数据，然后重新记账。

2. 记账过程中，不得中断退出。

3. 第一次记账时，若期初余额试算不平衡，系统将不允许记账。

4. 所选范围内的凭证如有不平衡凭证，系统将列出错误凭证，并重选记账范围。

具体操作如下：

（1）在期末对账页面，按下“Ctrl+H”键，显示“凭证”菜单中的“恢复记账前状态”功能，再次按下“Ctrl+H”键隐藏此功能。

（2）最近记账月的恢复：例如，最后记账月为 2021 年 10 月，恢复记账选择“恢复 2021 年 10 月份凭证”选项。最近一次记账前状态：这种方式一般用于记账时系统造成的数据错误的恢复。最近记账月的月初状态：恢复到最近记账月的月初未记账时的状态，例如最后记账月为“2021. 6”，则系统提示可恢复到 2021 年 6 月初的状态。选择凭证范围恢复记账：这种方式是有选择性地恢复部分凭证，可在凭证列表中单击“全选”按钮确定恢复记账的范围。

（3）恢复调整期凭证：选中“调整期凭证”选项。恢复最近记账月的调整期凭证：恢复到最近记账月的调整期凭证未记账状态。选择凭证范围恢复记账：选择凭证范围，对调整期凭证有选择性地恢复记账。

（4）U8 系统提供灵活的恢复方式，用户可以根据需要不必恢复所有的会计科目，将需要恢复的科目从“不恢复的科目”选入“恢复的科目”，即可只恢复需要恢复的科目。

任务六 查询凭证和账簿

【学习目标】

1. 能独立完成查询凭证和账簿操作。
2. 能养成独立分析问题、解决问题的能力。

【任务导入】

按照新锐公司业务要求，需要对以下凭证和账簿进行查询，按照要求在 U8 系统中完成操作。

【任务实施】

一、查询凭证

查询 1 号凭证。

1. 依次单击“凭证”“查询凭证”选项，打开“凭证查询”对话框，如图 1-4-26 所示。

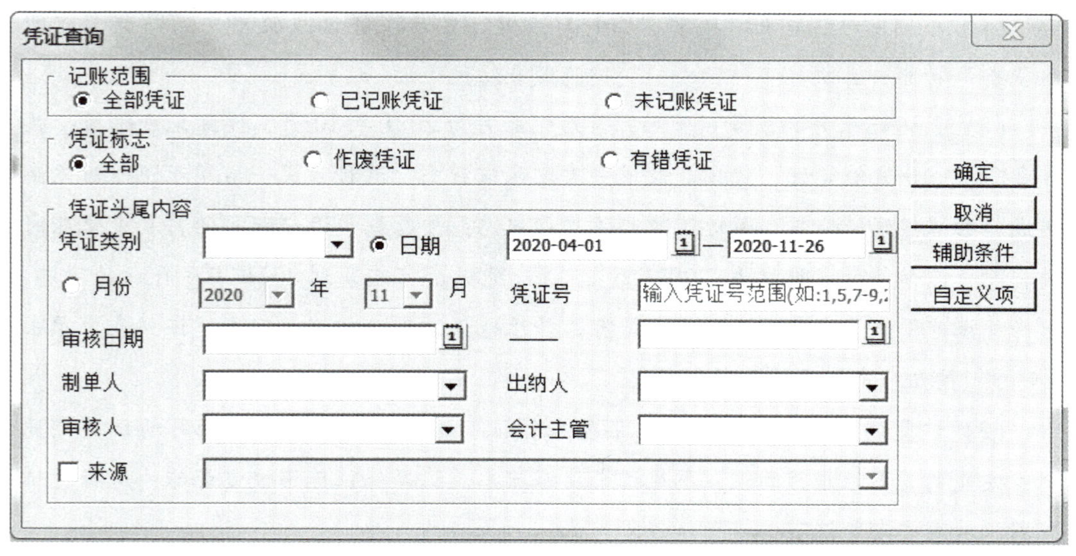

图 1-4-26 查询凭证

2. 选择“已记账凭证”选项，选择凭证类别，选择月份，在“凭证号”栏录入“1”。

3. 单击“确定”按钮，进入“查询凭证列表”对话框。

4. 双击打开第 1 号凭证进行查看。

二、查询账簿

查询总账与明细账。

1. 查询总账

（1）在总账系统中，单击“账表”“科目账”“总账”选项，打开“总账查询条件”对话框，如图 1-4-27 所示。

（2）直接录入或选择科目编码，单击“确定”按钮，进入“总账”对话框。

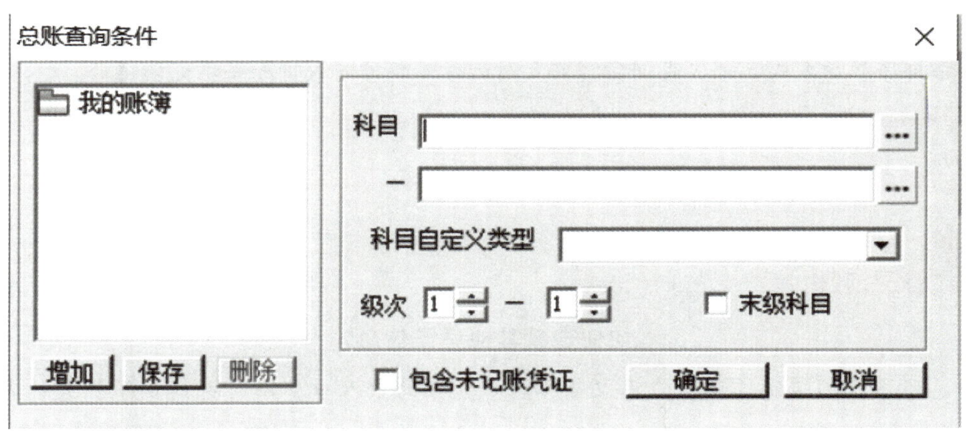

图 1-4-27　查询总账

2. 查询明细账

（1）单击选中“当前合计”栏，单击“明细”按钮，进入“明细账查询条件”对话框，如图 1-4-28 所示。

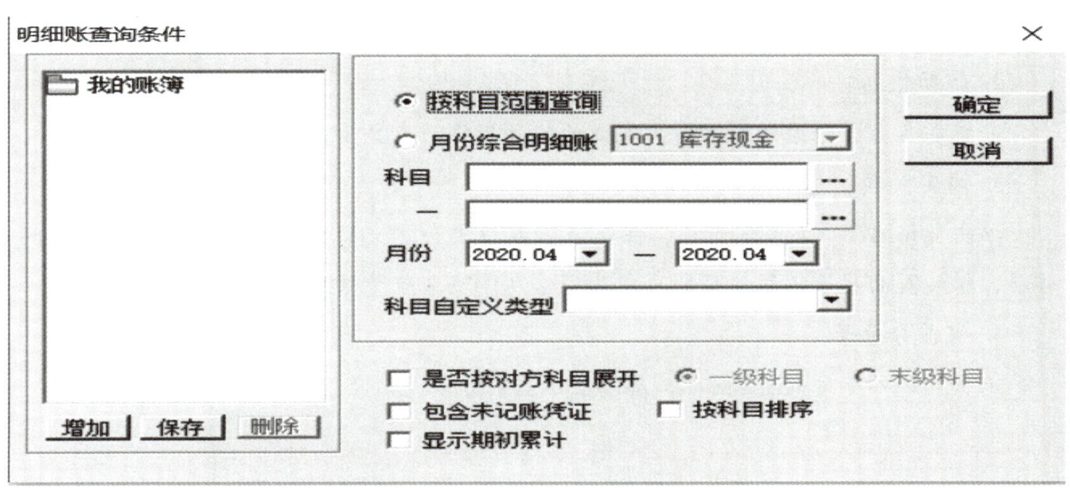

图 1-4-28　查询明细账

（2）单击选中凭证的编号，单击“凭证”按钮，打开凭证。

（3）单击“退出”按钮退出。

知识链接

如何对查询结果排序？

在凭证查询列表页面，有“日期排序”和“凭证号排序”两个单选按钮。如果选择“日期排序”，则按日期+凭证类别+凭证号升序排列显示凭证查询结果；如果选择“凭证号排序”，则按凭证类别+凭证号+日期升序排列显示凭证查询结果。请注意，系统不保存排序显示方式，每次查询后需要重新选择按哪种方式排序显示查询结果。

知识链接

如何查看其他凭证信息？

总账系统的填制凭证功能不仅是各账簿数据的录入口，同时也提供了强大的信息查询功能。在凭证画面中，有些信息是可直接查看到的，如科目、摘要、金额等，有些信息是通过某些操作间接查看到的，如各分录的辅助信息、当前分录行号、当前科目最新余额、外部系统制单信息等，下面介绍这些信息的查询方法：

1. 分单

若当前凭证有多张分单，单击“查找分单”按钮，录入分单页号，可查看到该张分单。

2. 辅助信息

鼠标在各会计分录间移动时，凭证的备注栏将动态显示出该分录的辅助信息。

3. 自定义项信息

单击凭证右下方的[图标]图标，在凭证下方拉出自定义项扩展页面，鼠标在分录间移动，扩展页面显示不同科目的自定义项信息。现金流量信息也在此显示。

4. 当前分录号

单击凭证右下方的[图标]图标，屏幕显示当前分录是第几条分录。

5. 联查明细账

当鼠标在凭证分录上时，单击“联查”下的“联查明细账”，系统将显示该笔业务发生科目的明细账。

6. 联查原始单据

若当前凭证是由外部系统制单生成，那么，单击“联查”下的“联查原始单据”，系统将显示生成这张凭证的原始单据。

7. 联查辅助明细

当鼠标在凭证分录下时，单击“查辅助明细”按钮，如果此科目有辅助核算，系统将显示该笔业务发生科目的辅助明细账，可通过选择开始月份、截止日期确定辅助账查询范围。

8. 科目自定义项内容

单击凭证右下方的图标，屏幕显示当前科目的自定义项内容。

9. 外部系统制单信息

若当前凭证为外部系统生成的凭证，可将鼠标移到记账凭证的标题处，单击鼠标左键，系统显示当前凭证来自哪个子系统，凭证反映的业务类型与业务号。当鼠标在某一分录上时，单击凭证右下方的图标，则显示生成该分录的原始单据类型、单据日期及单据号。

10. 当前科目最新余额

单击“余额”按钮，屏幕显示当前鼠标所在科目的最新余额。

项目实训

一、设置常用摘要（见表 1-4-3）

表 1-4-3　常用摘要设置

摘要编码	摘要内容	相关科目
1	购置办公用品	
2	职工出差借款	

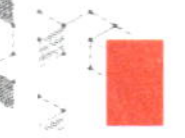

二、设置常用凭证（见表 1-4-4）

表 1-4-4　常用凭证设置

编码	摘要	科目名称
01	从工行提取现金	1001
	从工行提取现金	100201（结算方式：501 支票）

三、日常业务处理

1 月 3 日，财务部出纳从银行提取现金 4 000 元作为备用金使用（现金支票号：95478821），附原始单据 1 张。

1 月 4 日，收到美国多勒公司投资款 60 000 美元，汇率为 1：6.69（转账支票号为 96325417），附原始单据 2 张。

1 月 6 日，采购员采购棉布 50 匹，单价 100 元，材料直接入库，货款以银行存款支付（转账支票号：78564125），适用税率 13%，附原始单据 3 张。

1 月 8 日，销售人员销售给江西盘龙运动裤 800 条，每条 120 元，货款未收，发票号为 98360054，适用税率 13%，附原始单据 1 张。

1 月 12 日，行政部购买办公用品 1 000 元，以现金支付，附原始单据 1 张。

1 月 16 日，行政部张伟报销差旅费 1 500 元，其中火车票 1 090 元，计算可抵扣增值税为 1 090/(1+9%)×9%=90 元，附原始单据 1 张。

1 月 20 日，收到上月销售给盘龙商贸的货款 220 350 元，转账支票号为 97564415，附原始单据 1 张。

1 月 22 日，生产部门领用棉布 10 匹，每匹 120 元，用于生产连衣裙，附原始单据 1 张。

1 月 26 日，结转运动裤销售成本，数量 800 条，每条 70 元，附原始单据 1 张。

四、出纳凭证签字

五、账套主管审核凭证

六、会计记账

思考与练习

1. 录入凭证时，科目的辅助项对话框不慎关闭，应如何处理？

2. 保存凭证时，系统为什么会弹出“不满足借方必有”或“不满足贷方必有”之类的提示框？

项目五　出纳管理

工作流程图

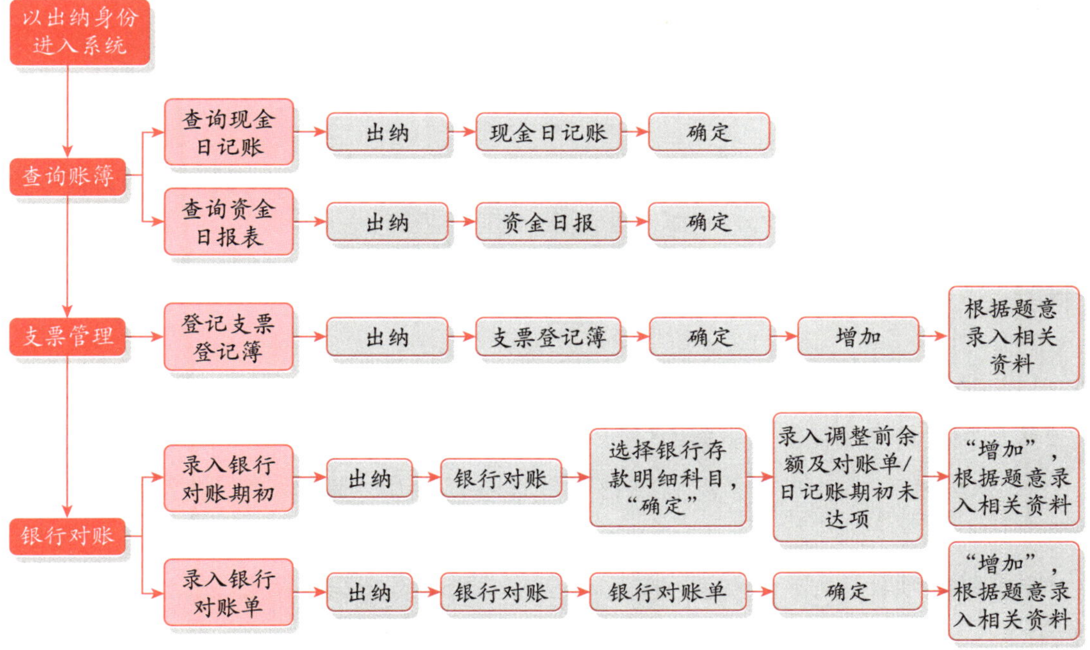

任务一 查询账簿

【学习目标】

1. 能独立查询现金日记账和资金日报表。
2. 养成实践操作能力和分析问题能力。

【任务导入】

新锐公司有关负责人需要对现金日记账和资金日报表的相关内容进行查询，请按照公司规定完成以下任务。

【任务实施】

一、查询现金日记账

以出纳“1102 周池”身份登录系统，查询现金日记账

1. 依次单击“出纳”“现金日记账”选项，打开“现金日记账查询条件”对话框。

2. 选择日期，单击“确定”按钮，进入“现金日记账”对话框，如图 1-5-1 所示。

2020年 月	日	凭证号数	摘要	对方科目	借方	贷方	方向	余额
			月初余额				借	9,600.00
04	02	付-0002	从工行提取现金	100201	6,000.00		借	15,600.00
04	02		本日合计		6,000.00		借	15,600.00
04	15	付-0004	购买办公用品	660203		850.00	借	14,750.00
04	15		本日合计			850.00	借	14,750.00
04			当前合计		6,000.00	850.00	借	14,750.00
04			当前累计		6,000.00	850.00	借	14,750.00
			结转下年				借	14,750.00

图 1-5-1 查询现金日记账

知识链接

查询现金日记账的方法

查询现金日记账由出纳负责，可以按月或按日查询，还有一种特殊方法是“快速过滤查询”，可以提高查询的效率。在查询现金日记账时，查询的数据包括未记账凭证的数据。

二、查询资金日报表

1. 依次单击“出纳”和“资金日报”选项，打开“资金日报表查询条件”对话框。

2. 选择日期，单击“确定”按钮，进入“资金日报表”对话框，如图 1-5-2 所示。

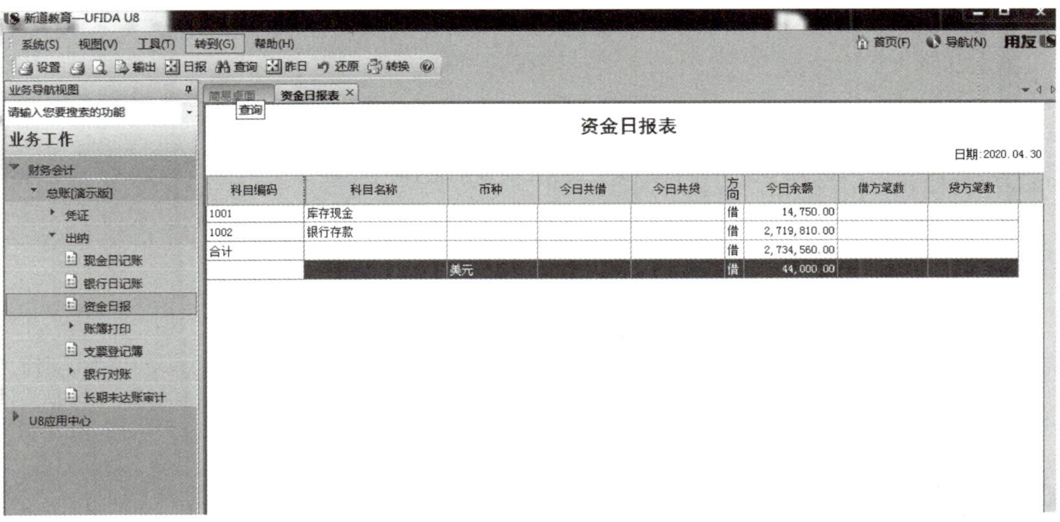

图 1-5-2　查询资金日报表

知识链接

资金日报表

资金日报表反映现金和银行存款的日发生额及余额情况。在 U8 系统中，资金日报表在凭证记账时自动生成。通过查询资金日报表，可以查询现金和银行存款科目某日的发生额及余额情况。

任务二 支票管理

【学习目标】

1. 能理解支票登记簿的作用。
2. 能独立完成支票登记簿的登记。
3. 养成严谨、一丝不苟的工作态度。

【任务导入】

请按照新锐公司要求，完成支票登记簿的登记工作。

【任务实施】

4 月 15 日，采购部章曼领用转账支票一张用于采购材料，支票号为 98745124，预计金额为 50 000 元。现需要公司出纳周池登记支票登记簿。

首先，单击“出纳”“支票登记簿”选项，打开“银行科目选择”对话框。

其次，单击“确定”按钮，进入“支票登记簿”对话框。

再次，单击“增加”按钮，录入或选择领用日期“2020. 04. 15”、领用部门“采购部”、领用人“章曼”、支票号“98745124”、预计金额“50 000”及用途“采购材料”，如图 1-5-3 所示。

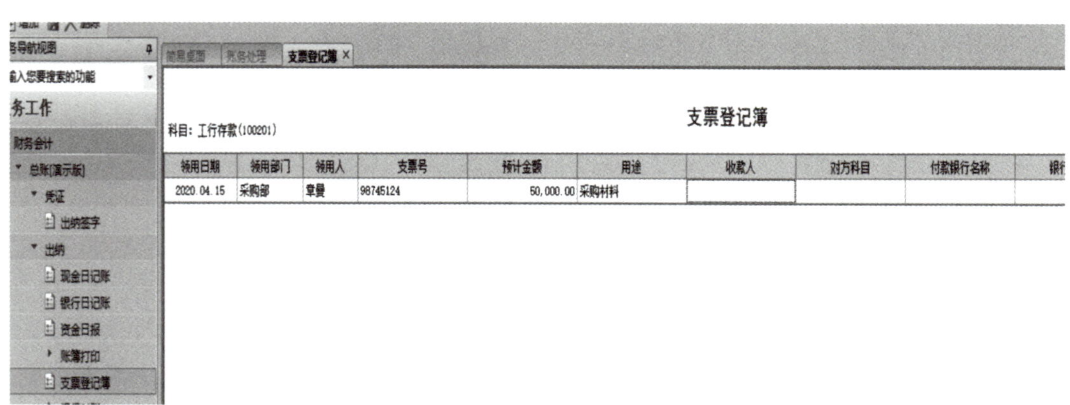

图 1-5-3　登记支票登记簿

最后，单击“保存”按钮保存并退出。

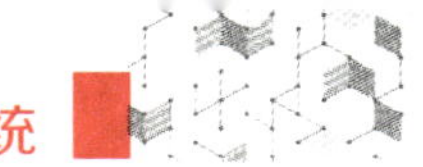

知识链接

支票登记簿

在手工记账时，出纳通常建立支票领用登记簿，用于登记支票领用情况。为此，U8 系统为出纳提供了“支票登记簿”功能，供其详细登记支票领用人、领用日期、支票用途、是否报销等情况。当应收、应付系统或资金系统有支票领用时，自动填写支票登记簿。只有在“会计科目”中设置银行账的科目才能使用支票登记簿。

使用支票登记簿功能时，对需要使用支票登记簿的结算方式，应在“结算方式”设置中在“是否票据管理”前打“√”。

需要注意的是：

1. 当需要修改支票登记簿内容时，将鼠标移到需要修改的数据项上便可直接修改。

2. 支票登记簿中报销日期为空时，表示该支票未报销，否则系统认为该支票已报销。

3. 已报销的支票不能进行修改。若想取消报销标志，只要将鼠标移到报销日期处，按空格键后删掉报销日期即可。

任务三　银行对账

【学习目标】

1. 能独立录入银行对账期初余额。
2. 能独立录入银行对账单。
3. 能独立完成企业与银行的对账工作。
4. 能养成谨慎细致的工作态度。

【任务导入】

新锐公司银行账的启用日期为 2020-04-01，工行人民币户企业日记账调整前余额为 3 835 000 元，银行对账单调整前余额为 3 800 000 元；未达账项一笔，系企业已收银行未收35 000元（日期为2020-3-29，凭证号为收-25，结算方式为转账支票，摘要为收到销货款）。按照新锐公司提供的会计信息，在U8系统中完成银行对账期初的录入和3月的对账工作。

【任务实施】

一、录入银行对账期初

依照任务导入内容完成银行对账期初的录入工作。

1. 进入对账期初窗口

（1）依次单击“出纳”“银行对账”“银行对账期初录入”选项，打开“银行科目选择”对话框。

（2）选择“100201 工行存款”，单击“确定”按钮，进入“银行对账期初”对话框。

2. 录入期初数据

（1）在单位日记账的“调整前余额”栏录入“3 835 000”，在银行对账单的“调整前余额”栏录入“3 800 000”。

（2）单击“日记账期初未达项”按钮，进入“企业方期初”对话框。

（3）单击“增加”按钮，录入或选择凭证日期“2020. 03. 29”，在“借方金额”栏录入“35 000”，如图1-5-4所示。

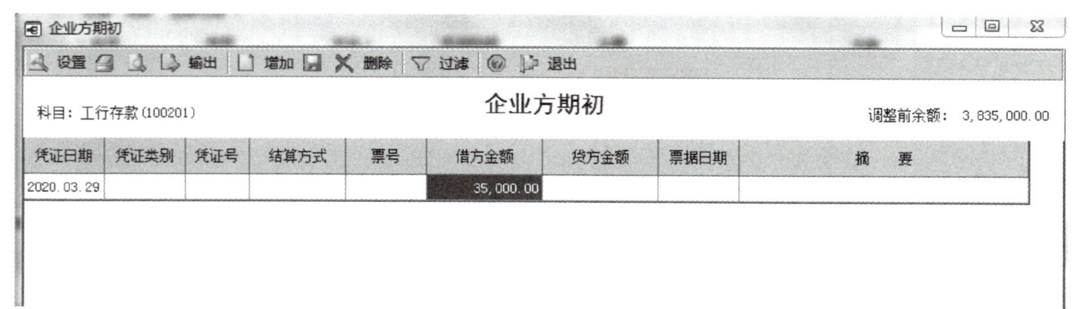

图1-5-4 企业方期初录入

（4）单击“保存”按钮，再单击“退出”按钮，返回“银行对账期初”对话框，如图1-5-5所示。

（5）单击“退出”按钮退出。

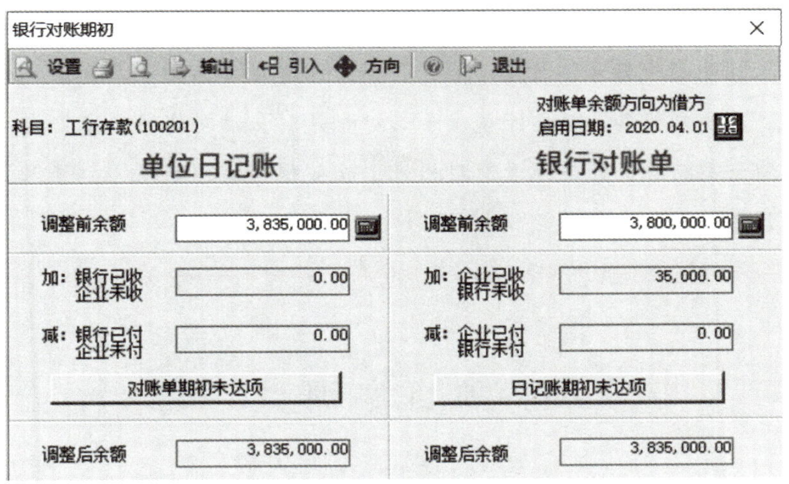

图 1-5-5　银行对账期初

二、录入银行对账单

按照表 1-5-1 要求，完成银行对账单的录入工作。

表 1-5-1　工行存款 4 月对账单

日期	结算方式	票号	借方余额	贷方金额
4 月 2 日	支票	78964521		6 000
4 月 9 日	支票	96541112		33 900
4 月 26 日	支票	98745221		220 350

1. 单击“出纳”“银行对账”“银行对账单”选项，打开“银行科目选择”对话框。
2. 单击“确定”按钮，进入“银行对账单”对话框。
3. 单击“增加”按钮。按表 1-5-1 内容录入银行对账单记录。
4. 单击“保存”按钮，再单击“关闭”按钮退出。

知识链接

银行对账

为了保证银行对账的正确性，在使用银行对账功能进行对账之前，必须在开始对账的月初先将日记账、银行对账单未达项录入系统中。银行对账单录入系统后，可用于平时录入、查询和引入，但在系统中显示的银行对账单为启用日期之后的对账单。

银行对账采用自动对账与手工对账相结合的方式。自动对账是计算机根据对账依据自动进行核对、勾销，对于已核对上的银行业务，系统将自动在银行存款日记账和银行对账单上注明两清符号、对账序号，并视为已达账项，对于在两清栏未注明两清符号的记录，系统则视其为未达账项。手工对账是对自动对账的补充，自动对账完成后，可能还有一些特殊的已达账没有对出来，而被视为未达账项，为了保证对账更彻底正确，可用手工对账进行调整。

项目实训

一、查询现金日记账

二、查询资金日报表

三、登记支票登记簿

4 月 15 日，采购员领用转账支票一张用于采购材料，支票号为 94781205，预计金额为 3 000 元，现需要公司出纳登记支票登记簿。

四、录入银行对账期初

天丽公司银行账的启用日期为 2021-01-01，工行人民币户企业日记账调整前余额为 3 800 000 元，银行对账单调整前余额为 3 805 000 元；未达账项一笔，系银行已收企业未收 5 000 元（日期为 2020-12-29，凭证号为收-25，摘要为收到银行存款利息）。按照天丽公司提供的会计信息，在 U8 系统中完成银行对账期初的录入和 2020 年 12 月的对账工作。

五、录入银行对账单

按照表 1-5-2 要求，完成银行对账单的录入工作。

表 1-5-2　银行对账单

日期	结算方式	票号	借方余额	贷方金额
1 月 3 日	现金支票	95478821		4 000
1 月 6 日	转账支票	78564125		5 650
1 月 20 日	转账支票	97564415		220 350

思考与练习

未登记支票或支票内容未登记完整就误关对话框，该如何处理？

项目六　薪资管理

工作流程图

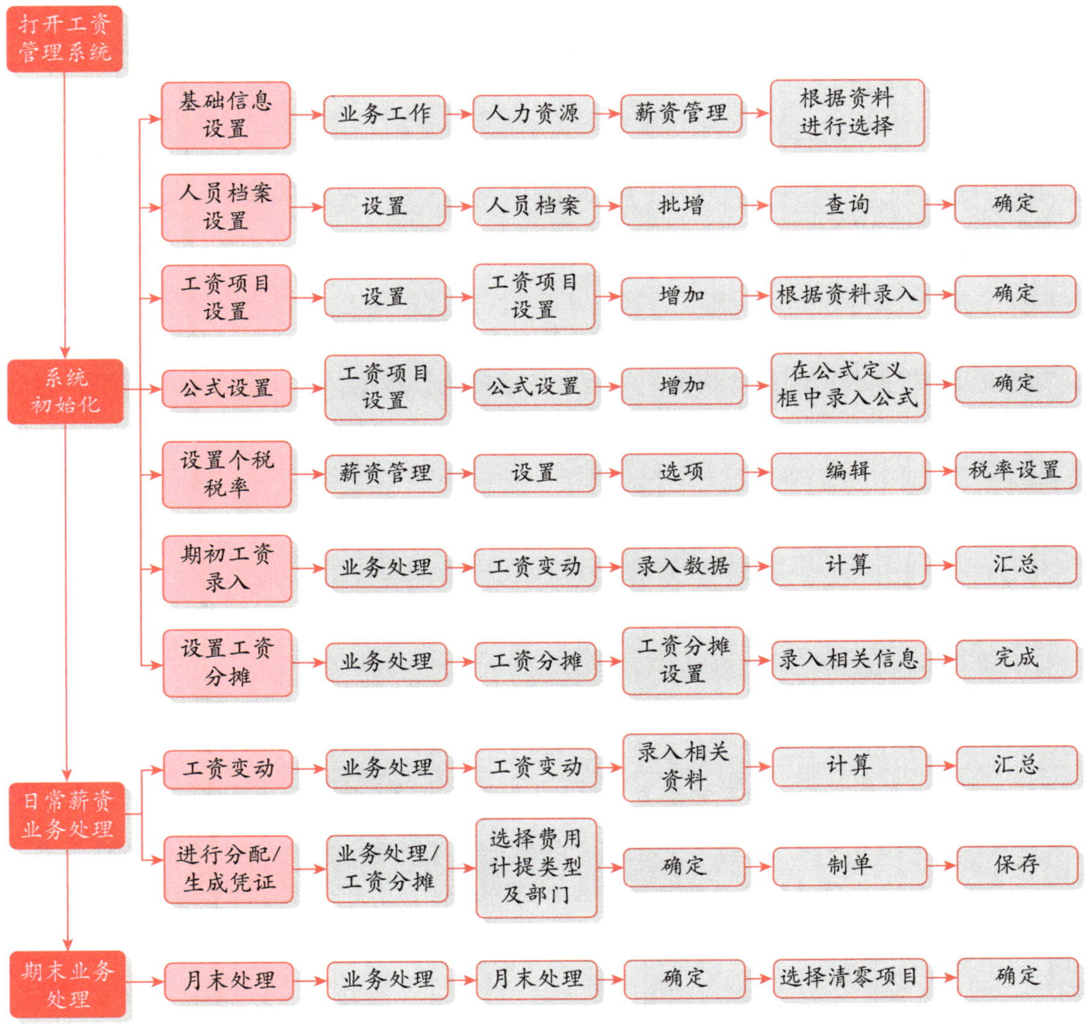

打开工资管理系统 → 系统初始化

- 系统初始化
  - 基础信息设置 → 业务工作 → 人力资源 → 薪资管理 → 根据资料进行选择
  - 人员档案设置 → 设置 → 人员档案 → 批增 → 查询 → 确定
  - 工资项目设置 → 设置 → 工资项目设置 → 增加 → 根据资料录入 → 确定
  - 公式设置 → 工资项目设置 → 公式设置 → 增加 → 在公式定义框中录入公式 → 确定
  - 设置个税税率 → 薪资管理 → 设置 → 选项 → 编辑 → 税率设置
  - 期初工资录入 → 业务处理 → 工资变动 → 录入数据 → 计算 → 汇总
  - 设置工资分摊 → 业务处理 → 工资分摊 → 工资分摊设置 → 录入相关信息 → 完成

系统初始化 → 日常薪资业务处理

- 日常薪资业务处理
  - 工资变动 → 业务处理 → 工资变动 → 录入相关资料 → 计算 → 汇总
  - 进行分配/生成凭证 → 业务处理/工资分摊 → 选择费用计提类型及部门 → 确定 → 制单 → 保存

日常薪资业务处理 → 期末业务处理

- 期末业务处理
  - 月末处理 → 业务处理 → 月末处理 → 确定 → 选择清零项目 → 确定

任务一 系统初始化

【学习目标】

1. 能启用工资管理系统。
2. 能完成基础信息设置。
3. 能利用员工档案信息完成人员档案设置。
4. 能进行工资项目设置。
5. 能完成临时人员工资项目设置、基本公式设置、函数公式设置和工资代扣设置。
6. 能完成期初工资数据录入工作。

【任务导入】

新锐公司根据公司的经营状况，结合市场薪资调查数据，制定适合本公司的薪资制度、薪资结构和薪资标准。请按照新锐公司的人员档案和薪资项目完成薪资业务的处理工作。

知识链接

建立工资账套

工资账套与企业核算账套是不同的概念，企业核算账套在系统管理中建立，是针对整个U8系统而言的，而工资账套只针对U8系统中的薪资管理子系统。可以说，工资账套是企业核算账套的一个组成部分，要建立工资账套，前提是在系统管理中首先建立本单位的企业核算账套。建立工资账套时可以根据建账向导分四步进行，即参数设置、扣税设置、扣零设置、人员编码。

【任务实施】

一、启用工资管理系统

按照具体任务要求完成工资管理系统的启用工作。

1. 依次单击“开始”“所有程序”“用友U8V101”和“企业应用平台”选项，打开“登录”对话框。

2. 录入操作员“1101”，密码为“＊”，单击“账套”栏的下三角按钮，选择“［001］（default）山东新锐科技有限公司”，如图 1-6-1 所示。单击“登录”按钮，进入“企业应用平台”对话框。

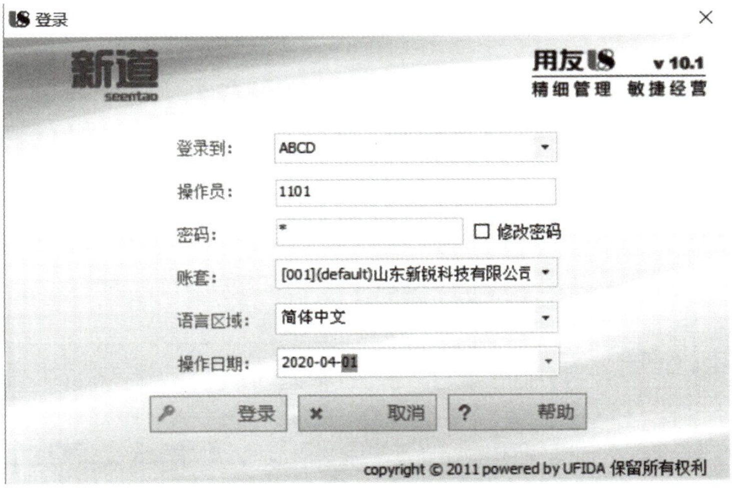

图 1-6-1　登录系统

二、基础信息设置

按照公司要求，完成基础信息设置，设置要求如下：工资核算本位币为人民币，工资类别个数为单个，要求从工资中代扣个人所得税，扣零至元。

1. 参数设置

（1）在企业应用平台的“业务工作”中，选择“人力资源”中的“薪资管理”，打开“建立工资套”对话框。

（2）在建账第一步“参数设置”中，选择本账套所需处理的工资类别个数为“单个”，默认币别名称为“人民币 RMB”，如图 1-6-2 所示。

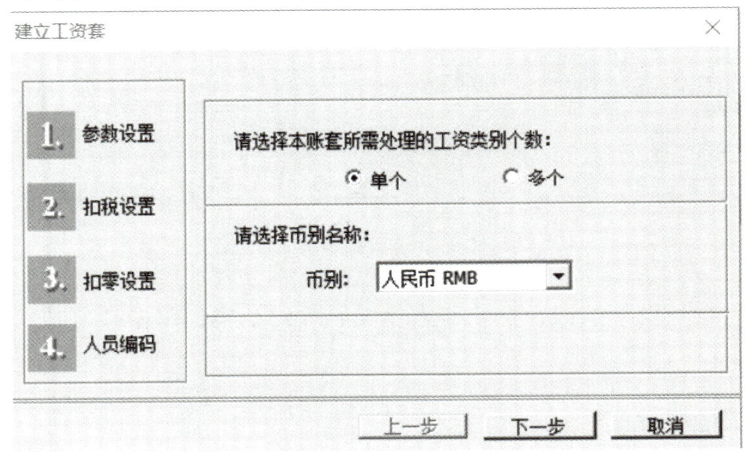

图 1-6-2　参数设置

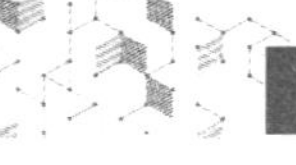

2. 扣税设置

（1）单击“下一步”按钮，打开“扣税设置”对话框。

（2）选中“是否从工资中代扣个人所得税”复选框，如图1-6-3所示。

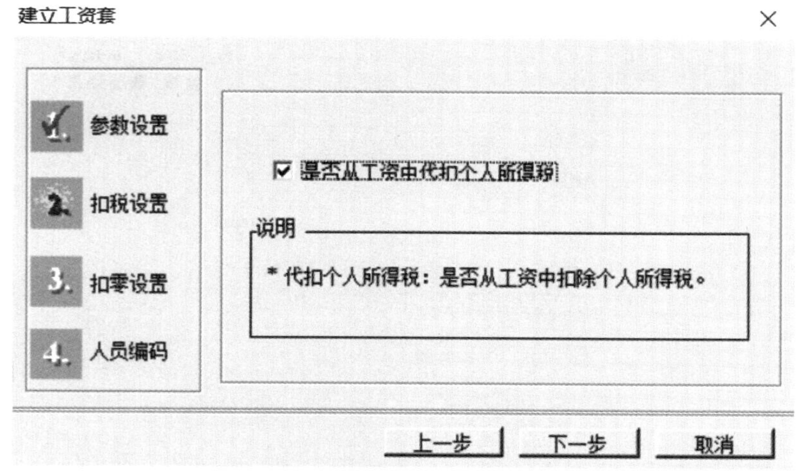

图1-6-3　扣税设置

3. 扣零设置和人员编码

（1）单击“下一步”按钮，打开“扣零设置”对话框。

（2）选择“扣零至元”复选框，如图1-6-4所示。

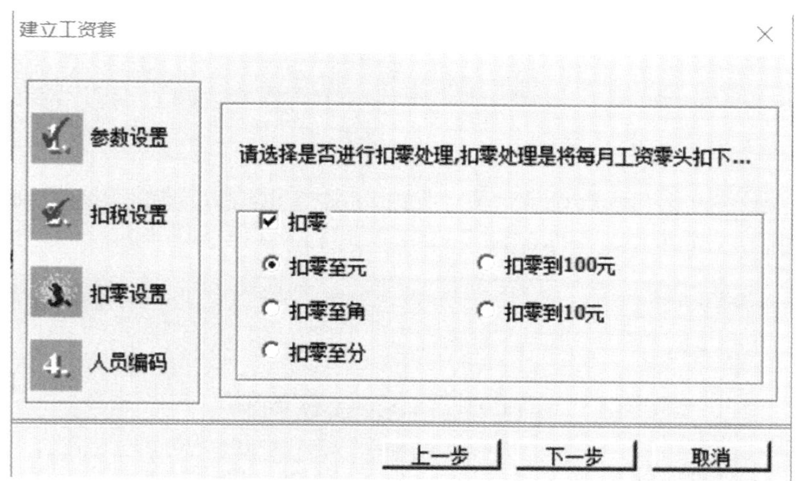

图1-6-4　扣零设置

（3）单击“下一步”按钮，打开“人员编码”对话框，单击“完成”按钮，建立工资账套完毕。

4. 人员附加信息设置

（1）单击“设置”“人员附加信息设置”选项，打开“人员附加信息设置”对话框。

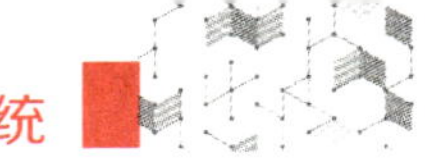

（2）单击“增加”按钮，单击“栏目参照”栏的下三角按钮，选择“性别”选项，再单击“增加”按钮，同理增加“学历”，如图 1-6-5 所示。

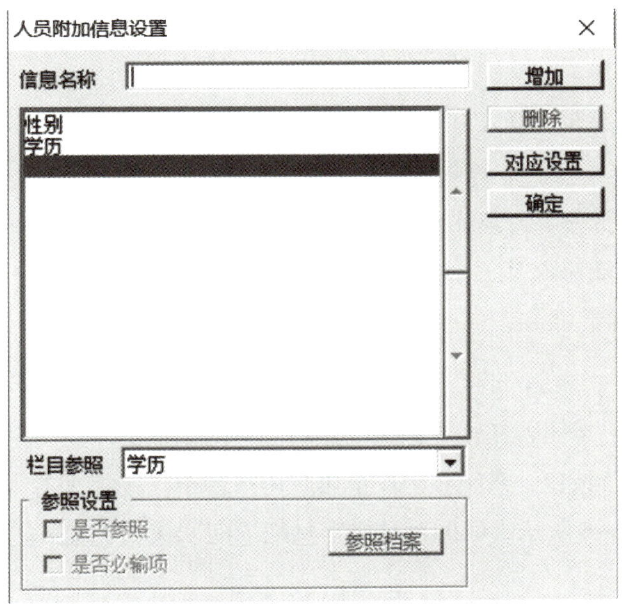

图 1-6-5　人员附加信息设置

（3）单击“确定”按钮退出。

三、人员档案设置

按照表 1-6-1 完成人员档案设置。

表 1-6-1　人员档案

部门名称	人员编码	人员姓名	性别	人员类别	银行及银行账号
行政部	101	孙西晨	男	管理人员	中国银行 6228480220332019001
财务部	201	张想	男	管理人员	中国银行 6228480220332019002
财务部	202	周池	男	管理人员	中国银行 6228480220332019003
财务部	203	赵照	女	管理人员	中国银行 6228480220332019004
销售部	301	向春	女	销售人员	中国银行 6228480220332019005
采购部	401	章曼	女	管理人员	中国银行 6228480220332019006
生产部	501	曾宝	男	生产人员	中国银行 6228480220332019007
生产部	502	鲍本本	男	生产人员	中国银行 6228480220332019008
生产部	503	年生	男	生产人员	中国银行 6228480220332019009
仓管部	601	谢训	男	管理人员	中国银行 6228480220332019010

知识链接

人员档案设置

人员档案用于登记工资发放人员的姓名、编号、所在部门、类别等信息，处理员工的增减变动等。

在人员档案设置中，可以完成增加人员档案、批量增加人员、修改人员档案、删除人员档案、批量删除人员、导入导出人员档案等操作。

1. 单击“设置”“人员档案”选项，进入“人员档案”对话框。

2. 单击“批增”按钮，打开“人员批量增加”对话框。

3. 单击“查询”按钮，系统显示在企业应用平台中已经增加的人员档案，且默认是选中状态，如图 1-6-6 所示。单击“确定”按钮返回“人员档案”对话框。

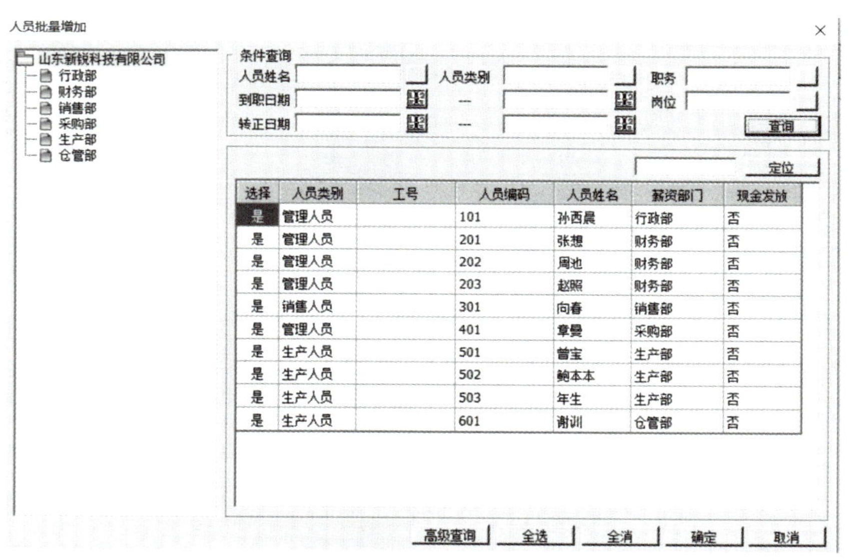

图 1-6-6　人员批量增加

四、工资项目设置

按照表 1-6-2 要求，完成工资项目设置。注意：工资项目列表按照表格顺序排列。

表 1-6-2　工资项目

项目名称	类型	长度	小数位数	增减项
基本工资	数字	10	2	增项
岗位工资	数字	10	2	增项

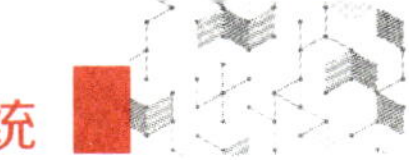

续表

项目名称	类型	长度	小数位数	增减项
事假扣款	数字	10	2	减项
事假天数	数字	10	2	其他
应付工资	数字	10	2	其他
社会保险	数字	10	2	减项
住房公积金	数字	10	2	减项
税前工资	数字	10	2	其他
病假扣款	数字	10	2	减项
病假天数	数字	10	2	其他

1. 在薪资管理系统中，依次单击“设置”“工资项目设置”选项，打开“工资项目设置”对话框。工资项目列表中显示 10 个系统自动生成的工资项目，这些项目不能删除。

2. 单击“增加”按钮，工资项目列表中增加一空行。

3. 从“名称参照”栏下拉列表中选择选项，默认其他项目。如果需要修改某栏目，只需要双击栏目，按需要进行修改即可。

4. 单击“增加”按钮，增加其他工资项目，利用右侧的“上移”“下移”按钮可以调整工资项目的位置，完成后如图 1-6-7 所示。

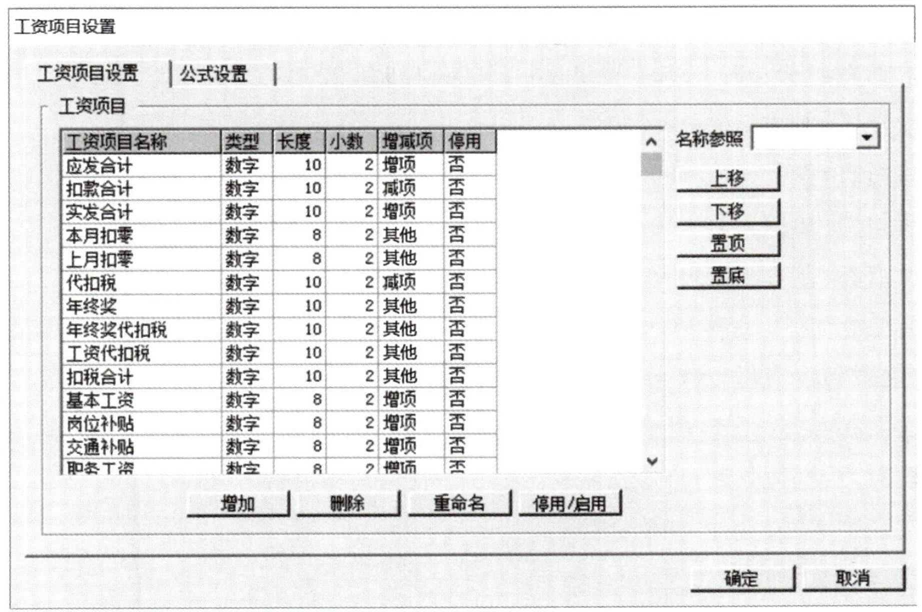

图 1-6-7　工资项目设置

5. 单击“确定”按钮。

知识链接

工资项目设置

工资项目设置即定义工资项目的名称、类型、宽度，可根据需要自由设置工资项目，如基本工资、岗位工资、副食补贴、扣款合计等。

进行工资项目设置时注意：

1. 项目名称必须唯一。

2. 工资项目一经使用，数据类型不允许修改。

3. 如果在“选项”设置中选择“是否核算计件工资”，则在此页面可以看到“计件工资”项目属性。

4. 如果在“选项”设置中选择“代扣个人所得税”，则在此页面可以看到“扣税合计”“代扣税”和“代付税”等预置工资项目。

五、公式设置

按照以下要求完成公式设置。

岗位工资 = iff（人员类别 = “管理人员”，4000，iff（人员类别 = “销售人员”，3000，2000））

基本工资 = 行政部：1800；财务部：2500；其他：2200

应发合计 = 基本工资+岗位工资

病假扣款 = 病假天数 * 80

事假扣款 = 事假天数 * 50

应付工资 = 基本工资+岗位工资-病假扣款-事假扣款

社会保险 = 应付工资 * 0. 1

住房公积金 = 应付工资 * 0. 12

税前工资 = 应付工资-社会保险-住房公积金

扣款合计 = 病假扣款+事假扣款+社会保险+住房公积金+代扣税

实发合计 = 应发合计-扣款合计

1. 基本公式设置

（1）在“工资项目设置”对话框中单击“公式设置”选项。

（2）单击“增加”按钮，在工资项目列表中增加一空行，从下拉列表中选择“病假扣款”。

（3）在“病假扣款公式定义”文本框中双击“工资项目”中的“病假天数”。

（4）单击选中运算符区域中的“＊”，在“病假扣款公式定义”区域中继续录入“80”，如图 1-6-8 所示，单击“公式确认”按钮。

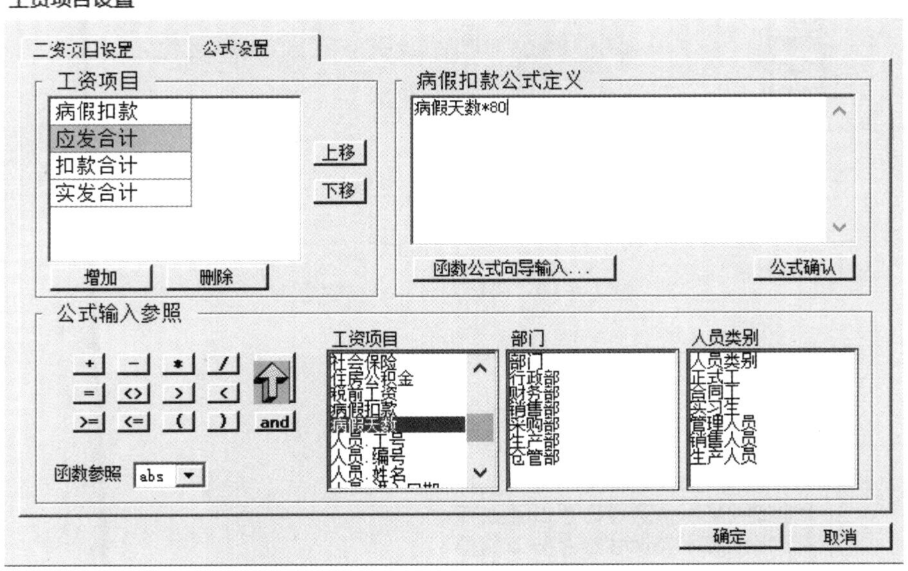

图 1-6-8　设置公式

（5）以此方法设置其他的计算公式。

2. 函数公式设置

（1）单击“增加”按钮，在工资项目列表中增加一空行，从下拉列表中选择“岗位工资”。

（2）单击“岗位工资公式定义”文本框，单击“函数公式向导录入”按钮，打开“函数向导——步骤之 1”对话框。

（3）从“函数名”列表中选择“iff”，如图 1-6-9 所示。单击“下一步”按钮，打开“函数向导——步骤之 2”对话框。

（4）单击“逻辑表达式”后的“参照”按钮，打开“参照”对话框，在“参照列表”的下拉列表中选择“人员类别”选项，然后从下面的列表中选择“管理人员”，单击“确定”按钮，在“算数表达式 1”中录入“4000”，如图 1-6-10 所示，单击“完成”按钮。

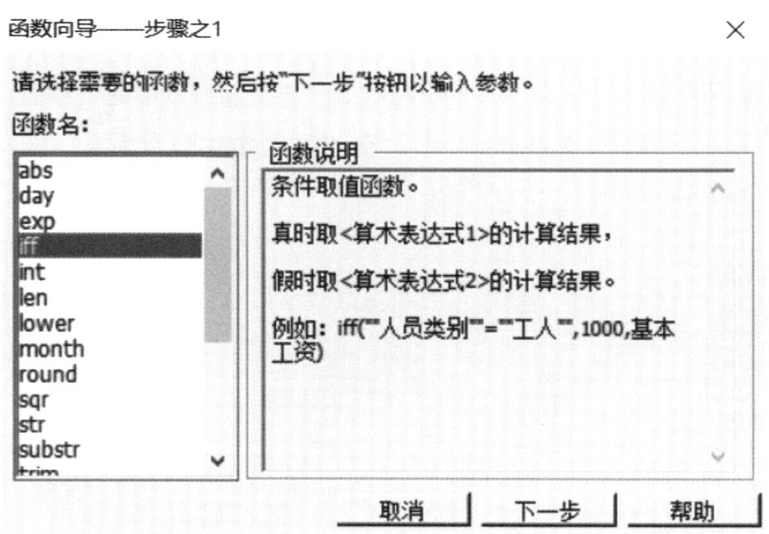

图 1-6-9　函数向导——步骤之 1

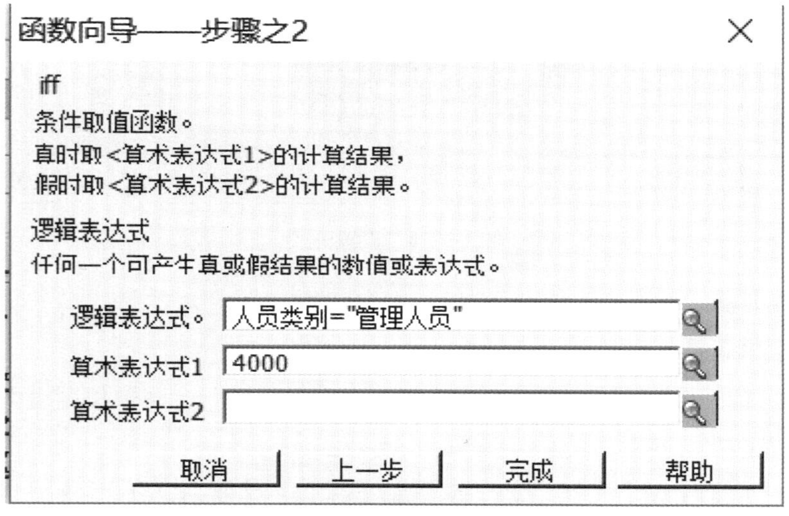

图 1-6-10　设置公式

（5）返回“岗位公式定义”对话框中，将鼠标移动至“4000”后，单击“函数公式向导录入”按钮进入“函数向导——步骤之 1”对话框。

（6）单击“逻辑表达式”后的“参照”按钮，打开“参照”对话框，在“参照列表”的下拉列表中选择“人员类别”选项，然后从下面的列表中选择“销售人员”，单击“确定”按钮，在“算数表达式 1”中录入“3000”，在“算数表达式 2”中录入“2000”，如图 1-6-11 所示，单击“完成”按钮。

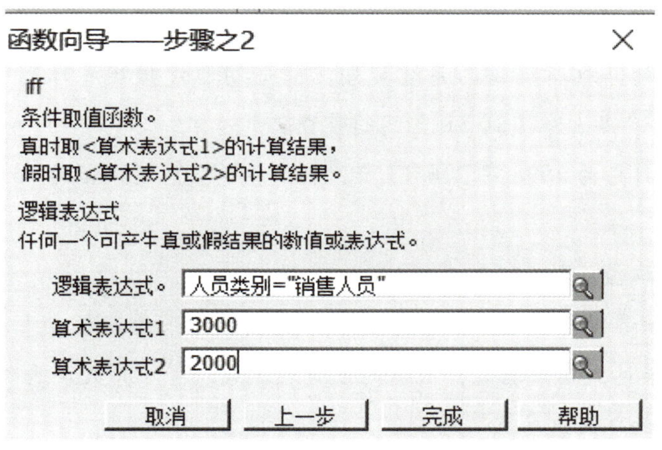

图 1-6-11　设置公式

知识链接

1. 工资项目从人力资源系统获取数据的方法

薪资管理可独立使用，也可以作为人力资源系统的一部分，与人力资源系统集成应用，可从人力资源系统获取数据计算绩效奖金、加班费、出差补助、考勤扣款、社保和公积金个人扣款等。

只有在启用了人力资源系统中的 HR 基础设置和人事信息管理后，工资项目页面才会出现“人事与薪资项目”，通过“人事与薪资项目”接口设计取数公式，在工资变动业务执行“取数”功能，可从人力资源系统获取相关数据。

2. 常用函数

（1） Abs 函数

名称：绝对值函数。

格式：Abs （<算数表达式>）。

返回：数值。

说明：先计算算数表达式的值，再取计算值的正值（即绝对值）。

范例：Abs （1） 和 Abs （-1） 都返回 1。

（2） Day 函数

名称：日期型（日） 函数。

格式：Day （　）。

返回：数值。

说明：返回计算机所提供的系统日期，从日期形式转换成日期所在月份的序数（即某月第几天），其值为 1 到 31 之间的整数。

范例：系统日期为 1998 年 2 月 13 日，则 Day（ ）返回值为 13。

（3）Iff 函数

名称：条件取值函数。

格式：Iff（<逻辑表达式　任何可以产生真或假结果的数值或表达式。>，<算数表达式 1　逻辑表达式结果真时，所取的值或表达式。>，<算数表达式 2　逻辑表达式结果假时，所取的值或表达式。>）。

返回：数值。

说明：根据逻辑表达式的值，真时取<算数表达式 1>的计算结果，假时取<算数表达式 2>的计算结果。

提示：由于 Iff 会计算<算数表达式 1>和<算数表达式 2>，虽然它只返回其中的一个，但如果<算数表达式 2>出现被零除错误，那么程序就会发生错误，即使<逻辑表达式>结果为真。

范例：Iff（基本工资=1 000，基本工资+300，基本工资）。

（4）Int 函数

名称：取整数函数。

格式：Int（<算数表达式>）。

返回：数值。

说明：返回<算数表达式>计算所得值的整数。

范例：Int（-8.0）=-8，Int（8.4）=8。

（5）Lower 函数

名称：大小写转换函数。

格式：Lower（<字符串表达式 >）。

返回：字符。

说明：将字符串中大写字母全部转换成小写字母，不是字母的字符（如 1、3、@、$、=等）不会变动。

范例：Lower（“123”）= 123　Lower（“abcEFGhi”）= abcdefghi。

（6）Month 函数

名称：日期型（月）函数。

格式：Month（　）。

返回：数值。

说明：返回计算机所提供的系统日期，其值为 1 到 12 之间的整数，表示一年中的某月。

范例：系统日期为 1998 年 2 月 25 日，则 Month（　）返回值为 2。

（7）Round 函数

名称：四舍五入函数。

格式：Round（<算数表达式 >）。

返回：数值。

说明：返回数字表达式并四舍五入为指定的长度或精度。

范例：Round（12345. 67572）= 12345. 68。

（8）Sum 函数

名称：集合求和函数。

格式：Sum（数字型工资项目）。

说明：取所有人员<数字型工资项目>的和。

范例：Sum（基本工资）。

注：集合求和函数公式结果只可为常数。

（9）MAX 函数

名称：集合求最大值函数。

格式：MAX（数字型工资项目）。

说明：取所有人员<数字型工资项目>的最大值。

范例：MAX（基本工资）。

注：集合求最大值函数公式结果只可为常数。

（10）MIN 函数

名称：集合求最小值函数。

格式：MIN（数字型工资项目）。

说明：取所有人员<数字型工资项目>的最小值。

范例：MIN（基本工资）。

六、设置个人所得税税率

设置新个人所得税免征额为 5 000 元，七级超额累进税率见表 1-6-3。

表 1-6-3　七级超额累进税率

级数	应纳税所得额	税率	速算扣除数
1	不超过 3 000 元的部分	3%	0
2	超过 3 000 元至 12 000 元的部分	10%	210
3	超过 12 000 元至 25 000 元的部分	20%	1 410
4	超过 25 000 元至 35 000 元的部分	25%	2 660
5	超过 35 000 元至 55 000 元的部分	30%	4 410
6	超过 55 000 元至 80 000 元的部分	35%	7 160
7	超过 80 000 元的部分	45%	15 160

1. 单击“薪资管理”“设置”“选项”按钮，打开“选项”对话框，如图 1-6-12 所示。

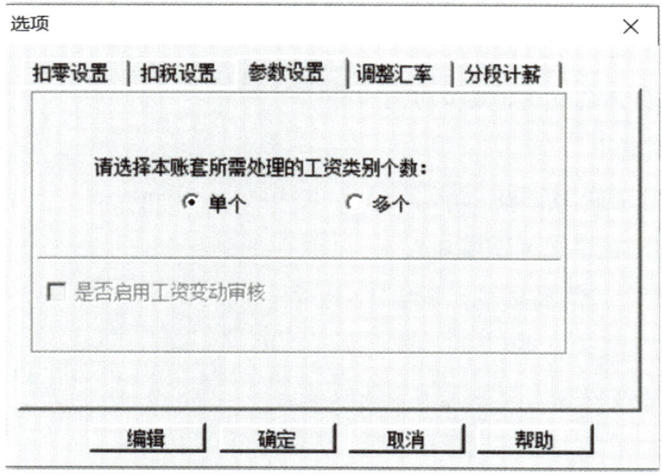

图 1-6-12　设置税率

2. 单击“编辑”“扣税设置”“税率设置”选项，打开“个人所得税申报表——税率表”对话框，如图 1-6-13 所示。

3. 查看税率表，如有不符，进行修改，如图 1-6-14 所示。

4. 单击“确定”按钮返回。

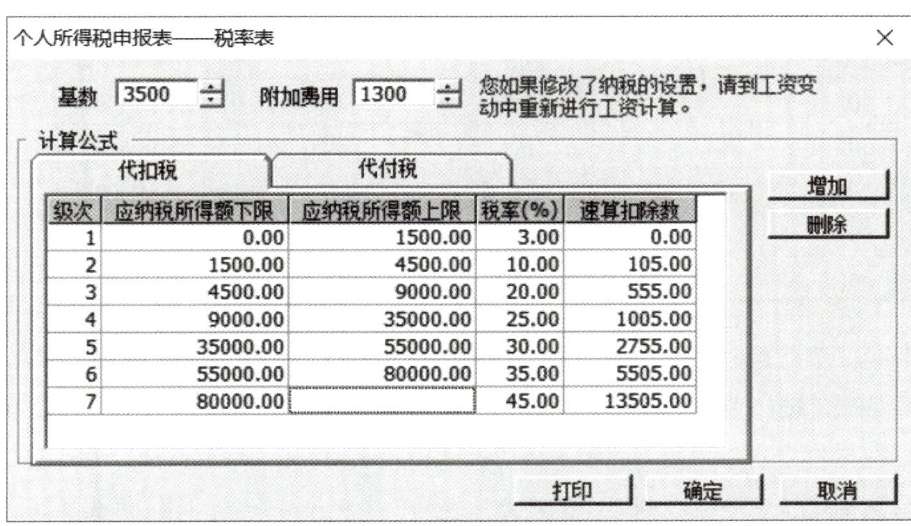

图 1-6-13　查看税率表

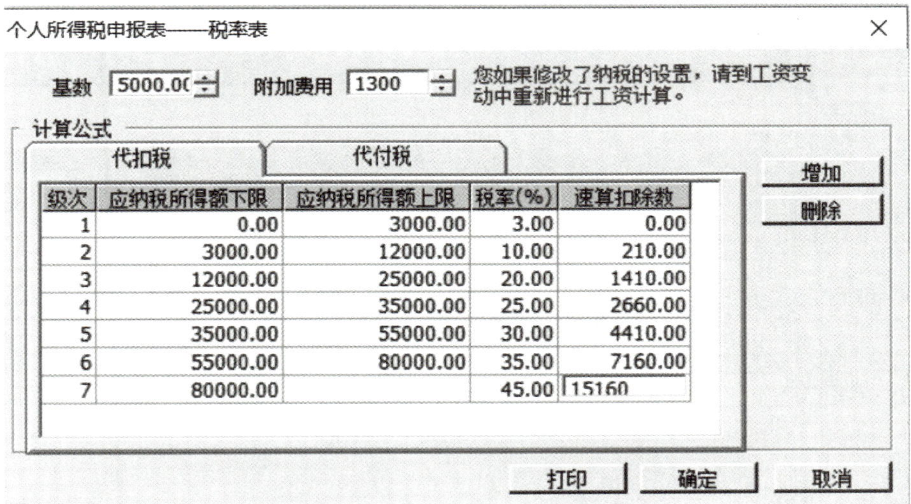

图 1-6-14　修改税率表

七、期初工资数据录入

按照表 1-6-4 完成新锐公司人员期初工资数据录入工作。

表 1-6-4　工资表

人员编码	人员姓名	基本工资
101	孙西晨	10 000
201	张想	8 000
202	周池	7 100
203	赵照	7 500
301	向春	9 000

续表

人员编码	人员姓名	基本工资
401	章曼	7 300
501	曾宝	8 500
502	鲍本本	6 500
503	年生	5 000
601	谢训	7 800

1. 期初工资计算

（1）依次单击“业务处理”“工资变动”选项，进入“工资变动”对话框。

（2）在“过滤器”下拉列表中选择“过滤设置”，打开“项目过滤”对话框。

（3）选择“工资项目”列表中的“基本工资”，单击回车键，同样再选择其他几项。

（4）单击“确定”按钮，返回“工资变动”对话框，如图 1-6-15 所示。

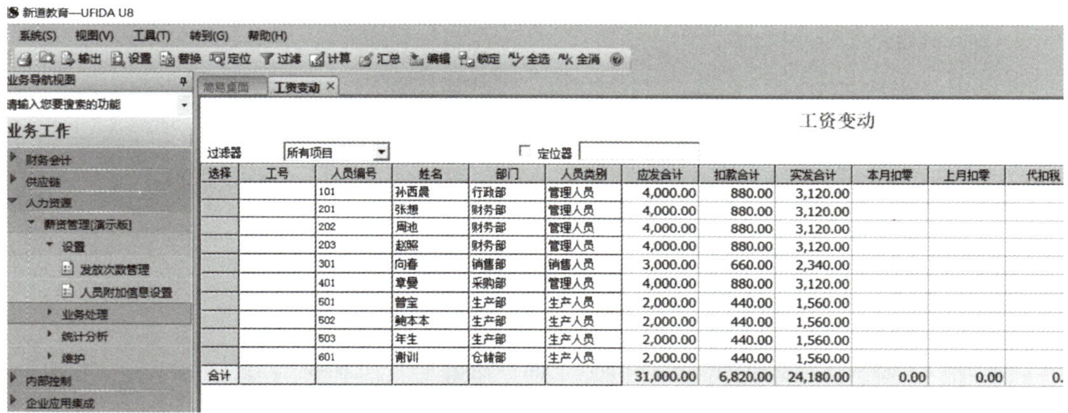

工资变动

过滤器 所有项目　　定位器

选择	工号	人员编号	姓名	部门	人员类别	应发合计	扣款合计	实发合计	本月扣零	上月扣零	代扣税
		101	孙西晨	行政部	管理人员	4,000.00	880.00	3,120.00			
		201	张想	财务部	管理人员	4,000.00	880.00	3,120.00			
		202	周池	财务部	管理人员	4,000.00	880.00	3,120.00			
		203	赵照	财务部	管理人员	4,000.00	880.00	3,120.00			
		301	向春	销售部	销售人员	3,000.00	660.00	2,340.00			
		401	章曼	采购部	管理人员	4,000.00	880.00	3,120.00			
		501	曾宝	生产部	生产人员	2,000.00	440.00	1,560.00			
		502	鲍本本	生产部	生产人员	2,000.00	440.00	1,560.00			
		503	年生	生产部	生产人员	2,000.00	440.00	1,560.00			
		601	谢训	仓储部	生产人员	2,000.00	440.00	1,560.00			
合计						31,000.00	6,820.00	24,180.00	0.00	0.00	0.

图 1-6-15　期初工资计算

2. 录入工资数据

（1）按表 1-6-4 录入“基本工资”，如图 1-6-16 所示。

工资变动

过滤器 所有项目　　定位器

选择	工号	人员编号	姓名	部门	人员类别	上月扣零	代扣税	年终奖	年终奖代扣税	工资代扣税	扣税合计	基本工资	岗位工资	事假扣款	事假天数
		101	孙西晨	行政部	管理人员							10,000.00	4,000.00		
		201	张想	财务部	管理人员							8,000.00	4,000.00		
		202	周池	财务部	管理人员							7,100.00	4,000.00		
		203	赵照	财务部	管理人员							7,500.00	4,000.00		
		301	向春	销售部	销售人员							9,000.00	3,000.00		
		401	章曼	采购部	管理人员							7,300.00	4,000.00		
		501	曾宝	生产部	生产人员							8,500.00	2,000.00		
		502	鲍本本	生产部	生产人员							6,500.00	2,000.00		
		503	年生	生产部	生产人员							5,000.00	2,000.00		
		601	谢训	仓管部	生产人员							7,800.00	2,000.00		
合计						0.00	0.00	0.00	0.00	0.00	0.00	76,700.00	31,000.00	0.00	0.00

图 1-6-16　录入工资数据

（2）单击“计算”和“汇总”按钮，完成工资数据录入。

知识链接

期初工资数据录入

职工工资数据中有些数据是相对稳定的，如基本工资、职务津贴等，还有一些是每月变动的数据，如病事假扣款、代扣税等。相对稳定的工资数据可以在薪资系统初始化时一次性录入，每月变动的数据则需要在月工资计算前进行编辑。

八、设置工资分摊

设置工资费用分配模板（计提基数以工资表中的“应付工资”为准），计提类别名称为“计提工资”，见表 1-6-5。

表 1-6-5　工资分摊表

部门		应付工资（100%）	
		借方	贷方
行政部、财务部、采购部、仓管部	管理人员	660201 管理费用 ——员工工资	221101 应付职工薪酬 ——应付职工二资
销售部	销售人员	660103 销售费用 ——员工工资	221101 应付职工薪酬 ——应付职工工资
生产部	生产人员	500102 生产成本 ——直接人工	221101 应付职工薪酬 ——应付职工工资

1. 单击“业务处理”“工资分摊”选项，打开“工资分摊”对话框，如图 1-6-17 所示。

2. 单击“工资分摊设置”按钮，打开“分摊类型设置”对话框。单击“增加”按钮，打开“分摊计提比例设置”对话框，在计提类型名称处录入“计提工资”，如图 1-6-18 所示。

3. 单击“下一步”按钮，打开“分摊构成设置”对话框，根据表格录入相关信息，如图 1-6-19 所示。注意，生产人员工资计入商务 9250 系列。

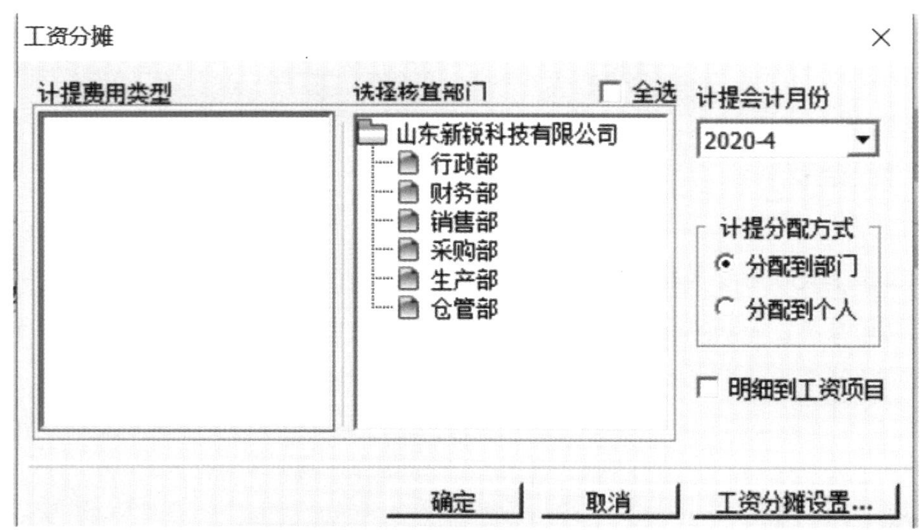

工资分摊
计提费用类型
选择核算部门
全选
山东新锐科技有限公司
行政部
财务部
销售部
采购部
生产部
仓管部
计提会计月份
2020-4
计提分配方式
分配到部门
分配到个人
明细到工资项目
确定
取消
工资分摊设置...

图 1-6-17　打开工资分摊

工资分摊
分摊类型设置
分摊计提比例设置
计提类型名称：计提工资
分摊计提比例：100%
下一步
取消
返回
确定
取消
工资分摊设置...

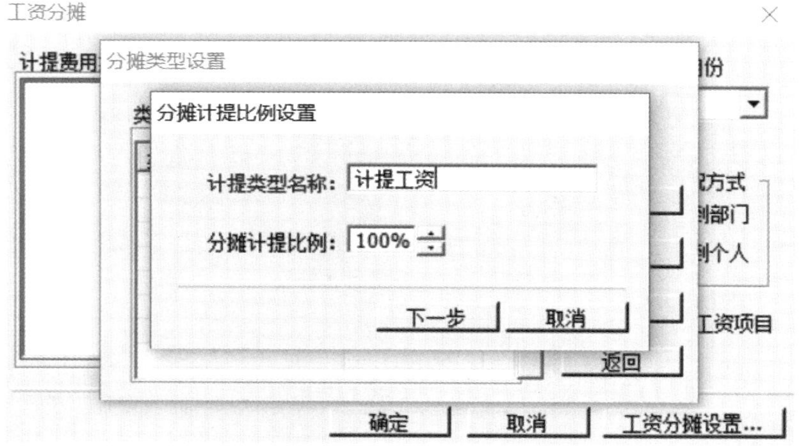

图 1-6-18　设置分摊计提比例

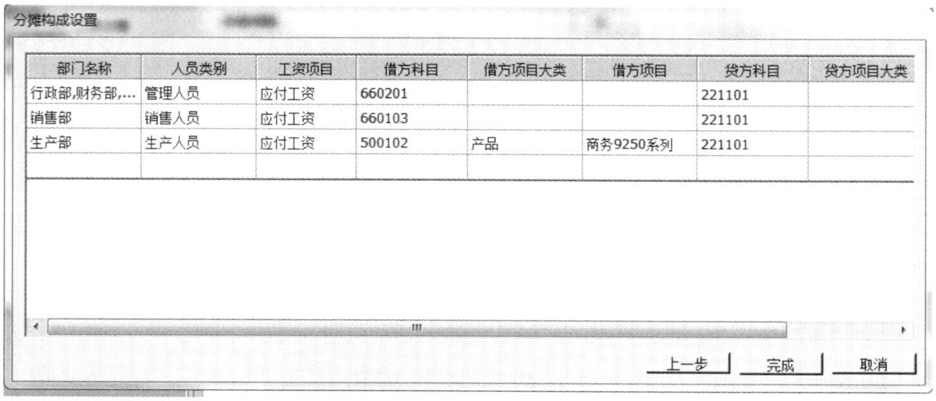

分摊构成设置
部门名称 | 人员类别 | 工资项目 | 借方科目 | 借方项目大类 | 借方项目 | 贷方科目 | 贷方项目大类
行政部,财务部,… | 管理人员 | 应付工资 | 660201 | | | 221101 |
销售部 | 销售人员 | 应付工资 | 660103 | | | 221101 |
生产部 | 生产人员 | 应付工资 | 500102 | 产品 | 商务9250系列 | 221101 |
上一步
完成
取消

图 1-6-19　分摊构成设置

4. 单击“完成”按钮，完成工资分摊设置。

任务二　日常薪资业务处理

【学习目标】

1. 能进行工资变动处理。
2. 能完成考勤统计并计算汇总工资。
3. 能进行薪资类别汇总。
4. 能进行工资分摊设置并计提工资总额。
5. 能计提单位承担的社会保险费与住房公积金，完成相应的分摊科目设置。
6. 能计提工会经费和职工教育经费，完成其分摊科目设置。
7. 能计提个人三险一金，完成其分摊科目设置。
8. 能完成个人所得税代扣工作。

【任务导入】

新锐公司的人员工资会随着公司经营业绩或政策等因素而变动，请根据公司要求，在 U8 系统中完成工资变动、计算汇总工资和薪资类别汇总工作。

【任务实施】

一、工资变动及计算

4 月 30 日，进行考勤统计并计算汇总工资，见表 1-6-6。

表 1-6-6　考勤表

部门名称	人员姓名	缺勤天数
财务部	张想	0
	周池	1（病假）
	赵照	0
采购部	章曼	0
销售部	向春	2（病假）
仓管部	谢训	1（事假）
生产部	曾宝	1（事假）
	鲍本本	0
	年生	2（病假）

知识链接

工资变动

工资变动功能用于日常工资数据的调整变动以及工资项目增减等，如平常水电费扣款、事病假扣款、奖金录入等。首次进入本功能前，需先进行工资项目设置，然后再录入数据。

人力资源系统向设立了对应关系的工资项目传递工资数据。

若在选项中修改了“税率表”或重新选择了“收入额合计项”，则在退出选项设置后，需要到工资变动功能中执行重新计算功能，否则系统将保留修改个人所得税前的数据状态。

1. 考勤统计

（1）以“1103”会计赵照的身份登录薪资管理系统，依次单击“工资类别”“打开工资类别”选项，打开“在职人员”对话框。

（2）依次单击“业务处理”“工资变动”选项，进入“工资变动”对话框。

（3）录入本月缺勤天数：周池缺勤 1 天，向春缺勤 2 天，谢训缺勤 1 天，曾宝缺勤 1 天，年生缺勤 2 天，如图 1-6-20 所示。

工资变动

过滤器 所有项目　　定位器

选择	工号	人员编号	姓名	部门	人员类别	基本工资	岗位工资	事假扣款	事假天数	应付工资	社会保险	住房公积金	税前工资	病假扣款	病假天数
		101	孙西晨	行政部	管理人员	10,000.00	4,000.00			14,000.00	1,400.00	1,680.00	13,120.00		
		201	张想	财务部	管理人员	8,000.00	4,000.00			12,000.00	1,200.00	1,440.00	11,120.00		
		202	周池	财务部	管理人员	7,100.00	4,000.00			11,100.00	1,110.00	1,332.00	10,220.00		1.00
		203	赵照	财务部	管理人员	7,500.00	4,000.00			11,500.00	1,150.00	1,380.00	10,620.00		
		301	向春	销售部	销售人员	9,000.00	3,000.00			12,000.00	1,200.00	1,440.00	11,340.00		2.00
		401	章曼	采购部	管理人员	7,300.00	4,000.00			11,300.00	1,130.00	1,356.00	10,420.00		
		501	曾宝	生产部	生产人员	8,500.00	2,000.00		1.00	10,500.00	1,050.00	1,260.00	10,060.00		
		502	鲍本本	生产部	生产人员	6,500.00	2,000.00			8,500.00	850.00	1,020.00	8,060.00		
		503	年生	生产部	生产人员	5,000.00	2,000.00			7,000.00	700.00	840.00	6,560.00		2.00
		601	谢训	仓储部	生产人员	7,800.00	2,000.00		1.00	9,800.00	980.00	1,176.00	9,360.00		
合计						76,700.00	31,000.00	0.00	2.00	107,700.00	10,770.00	12,924.00	100,880.00	0.00	5.00

图 1-6-20　录入缺勤天数

2. 计算汇总

（1）在“工资变动”对话框的工具栏中单击“计算”按钮，计算工资数据，如图 1-6-21 所示。

（2）单击“汇总”按钮，汇总工资数据，退出“工资变动”对话框。

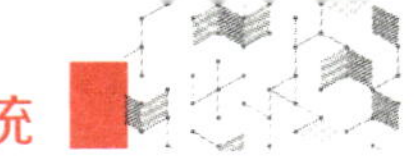

简易桌面　工资变动

工资变动

过滤器　所有项目　　定位器

选择	工号	人员编号	姓名	部门	人员类别	基本工资	岗位工资	事假扣款	事假天数	应付工资	社会保险	住房公积金	税前工资	病假扣款	病假天数
		101	孙西晨	行政部	管理人员	10,000.00	4,000.00			14,000.00	1,400.00	1,680.00	10,920.00		
		201	张想	财务部	管理人员	8,000.00	4,000.00			12,000.00	1,200.00	1,440.00	9,360.00		
		202	周池	财务部	管理人员	7,100.00	4,000.00			11,020.00	1,110.00	1,332.00	8,658.00	80.00	1.00
		203	赵解	财务部	管理人员	7,500.00	4,000.00			11,500.00	1,150.00	1,380.00	8,970.00		
		301	向春	销售部	销售人员	9,000.00	3,000.00			11,840.00	1,200.00	1,440.00	9,360.00	160.00	2.00
		401	章曼	采购部	管理人员	7,300.00	4,000.00			11,300.00	1,130.00	1,356.00	8,814.00		
		501	管宝	生产部	生产人员	8,500.00	2,000.00	50.00	1.00	10,450.00	1,050.00	1,260.00	8,190.00		
		502	鲍本本	生产部	生产人员	6,500.00	2,000.00			8,500.00	850.00	1,020.00	6,630.00		
		503	年生	生产部	生产人员	5,000.00	2,000.00			6,840.00	700.00	840.00	5,460.00	160.00	2.00
		601	谢训	仓储部	生产人员	7,800.00	2,000.00	50.00	1.00	9,750.00	980.00	1,176.00	7,644.00		
合计						76,700.00	31,000.00	100.00	2.00	107,200.00	10,770.00	12,924.00	84,006.00	400.00	5.00

图 1-6-21　计算工资数据

二、进行工资费用分配并生成凭证

生产人员工资计入商务 9250 系列。

1. 在薪资管理系统中，依次单击“业务处理”“工资分摊”选项，打开“工资分摊”对话框。

2. 选择计提费用类型为“计提工资”，选择核算部门为“全选”，如图 1-6-22 所示。

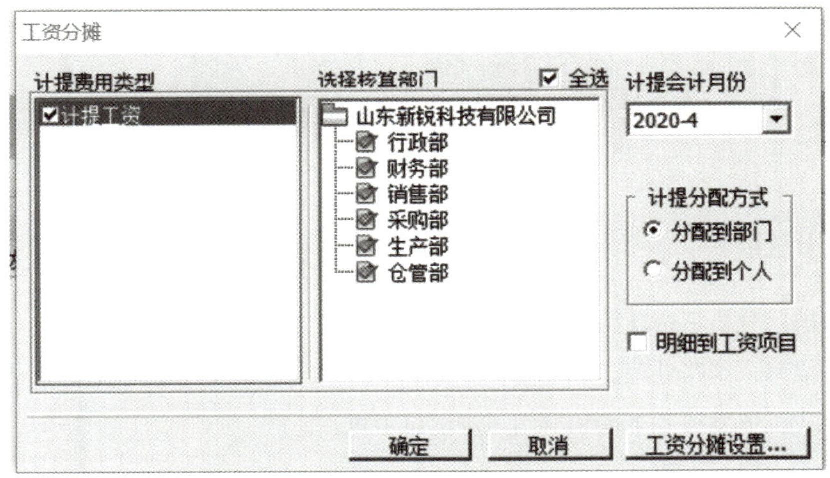

图 1-6-22　工资分摊

3. 单击“确定”按钮，打开“计提工资一览表”对话框，如图 1-6-23 所示。

简易桌面　工资分摊明细　填制凭证

计提工资一览表

☑ 合并科目相同、辅助项相同的分录

类型　计提工资

部门名称	人员类别	工资分摊		
		分配金额	借方科目	贷方科目
行政部	管理人员	14000.00	660201	221101
财务部		34600.00	660201	221101
销售部	销售人员	12000.00	660103	221101
采购部	管理人员	11300.00	660201	221101
生产部	生产人员	26000.00	500102	221101

图 1-6-23　计提工资一览表

4. 单击“制单”按钮，选择转账凭证，单击“保存”按钮，生成凭证。

知识链接

工资分摊处理

工资是人工费中最重要的部分，财务人员每月需要对工资费用进行工资总额的计提计算、分配及各种经费的计提，并编制转账会计凭证，供登账处理使用。

与职工工资总额相关的费用计提及计算包括个人所得税、从职工工资中代扣的个人应缴纳的三险一金、企业应为职工缴纳的社会保险和住房公积金，以及按工资总额的一定比例计提的工会经费、职工教育经费等。

不同类别的人员费用分摊入账科目不同，可按照人员类别事先定义好转账凭证的模板，每月进行工资分摊计算，生成凭证即可。

任务三 期末业务处理

【学习目标】

1. 能按部门分析工资项目构成。
2. 能完成月末结账处理。
3. 能完成工资发放条查询和部门工资汇总表查询。
4. 能养成大局观、整体观。

【任务导入】

月末，按照新锐公司要求，请按部门进行工资项目构成分析，并且完成薪资月末结账、账表查询、部门工资汇总表查询。

【任务实施】

知识链接

月末结账

月末结账是将当月数据经过处理后结转至下月。每月工资数据处理完毕后均可进行月末结账。在工资项目中，有的项目是变动的，即每月的数据均不相同，在每月工资处理时，均需将其数据清为0，然后录入当月的数据，此类项目称为清零项目。

一、按部门进行工资项目构成分析

1. 打开“在职人员”工资类别，单击“统计分析”“账表”和“工资分析表”选项，打开“工资分析表”对话框。

2. 单击“确定”按钮，打开“请选择分析部门”对话框。

3. 单击选中部门，单击“确定”按钮，打开“分析表选项”对话框。

4. 单击“>>”按钮，选中所有的薪资项目内容，如图 1-6-24 所示。

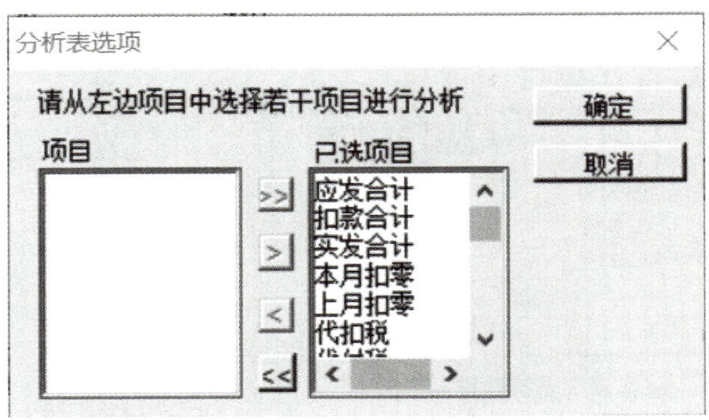

图 1-6-24　选中所有的薪资项目内容

5. 单击“确定”按钮，进入“工资项目分析表按部门”对话框，可查看部门工资项目构成情况。

二、月末结账处理

1. 打开“在职人员”工资类别，单击“业务处理”和“月末处理”选项，打开“月末处理”对话框，如图 1-6-25 所示。

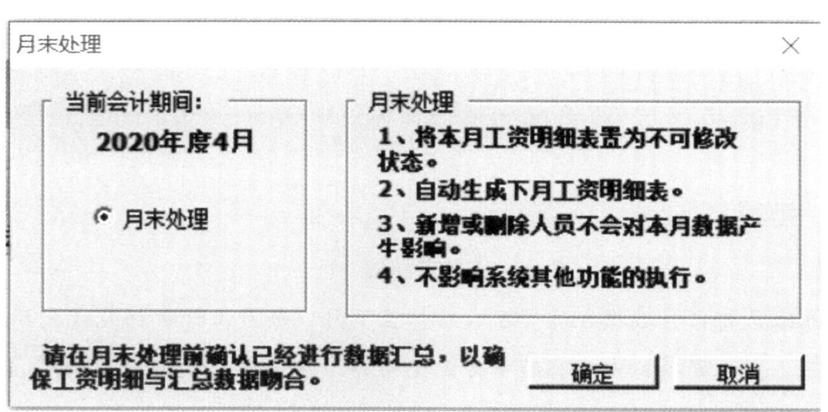

图 1-6-25　月末处理

2. 单击“确定”按钮，系统弹出信息提示“月末处理之后，本月工资将不许变动，继续月末处理吗?”，单击“是”按钮，系统弹出信息提示“是否选择清零项?”，单击“是”按钮，打开“选择清零项目”对话框。

3. 在“请选择清零项目”列表中，选择“事假扣款”“事假天数”“病假扣款”和“病假天数”，单击“ >”按钮，将所选项目移动到右侧的列表框中，如图 1-6-26 所示。

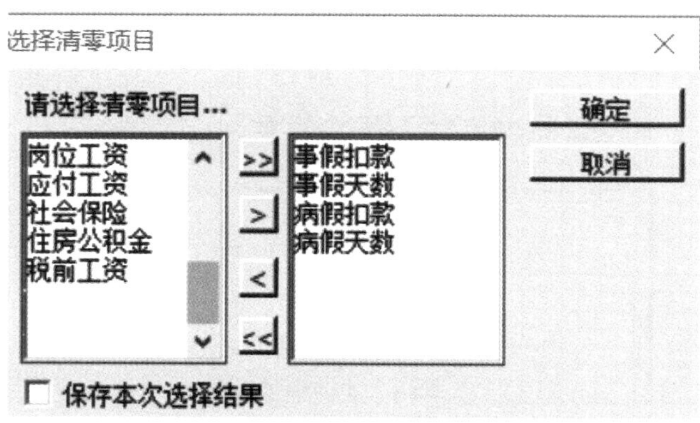

图 1-6-26　选择清零项目

4. 单击“确定”按钮，系统弹出信息提示“月末处理完毕!”，单击“确定”按钮返回。

知识链接

工资表

工资表用于本月工资的发放和统计，包括以下一些由系统提供的原始表：工资卡、工资发放条、部门工资汇总表、部门条件汇总表、工资发放签名表、人员类别汇总表、条件统计（明细）表、工资变动汇总（明细）表。

项目实训

一、设置基础信息

具体要求如下：工资核算本位币为人民币，工资类别个数为单个，要求从工资中代扣个人所得税，扣零至元。

二、设置人员档案（见表 1-6-7）

表 1-6-7　人员档案

人员编码	人员姓名	性别	部门名称	雇佣状态	人员类别	银行及银行账号
1001	张伟	男	行政部	在职	管理人员	交通银行 6226274120332020001
2001	秦雯	女	财务部	在职	管理人员	交通银行 6226274120332020002
2002	乔恩	女	财务部	在职	管理人员	交通银行 6226274120332020003
2003	秦荣	男	财务部	在职	管理人员	交通银行 6226274120332020004
3001	秦天	女	采购部	在职	管理人员	交通银行 6226274120332020005
4001	曲阳	女	销售部	在职	销售人员	交通银行 6226274120332020006
5001	李青浦	男	仓管部	在职	管理人员	交通银行 6226274120332020007
6001	王强	男	生产部	在职	生产人员	交通银行 6226274120332020008
6002	王伟	男	生产部	在职	生产人员	交通银行 6226274120332020009
6003	王瑞	男	生产部	在职	生产人员	交通银行 6226274120332020010

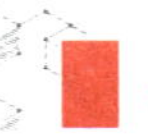

三、设置工资项目（见表 1-6-8）

注意：工资项目列表按照表格顺序排列。

表 1-6-8　工资项目

项目名称	类型	长度	小数位数	增减项
基本工资	数字	10	2	增项
岗位工资	数字	10	2	增项
事假扣款	数字	10	2	减项
事假天数	数字	10	2	其他
应付工资	数字	10	2	其他
社会保险	数字	10	2	减项
住房公积金	数字	10	2	减项
税前工资	数字	10	2	其他
病假扣款	数字	10	2	减项
病假天数	数字	10	2	其他

四、设置公式

岗位工资 = iff（人员类别 = “管理人员”，4000，iff（人员类别 = “销售人员”，3000，2000））

基本工资=行政部：1800；财务部：2500；其他：2200

应发合计=基本工资+岗位工资

病假扣款=病假天数＊80

事假扣款=事假天数＊50

应付工资=基本工资+岗位工资-病假扣款-事假扣款

社会保险=应付工资＊0. 1

住房公积金=应付工资＊0. 12

税前工资=应付工资-社会保险-住房公积金

扣款合计=病假扣款+事假扣款+社会保险+住房公积金+代扣税

实发合计=应发合计-扣款合计

五、设置个人所得税税率（见表 1-6-9）

设置新个人所得税免征额为 5 000 元，七级超额累进税率见表 1-6-9。

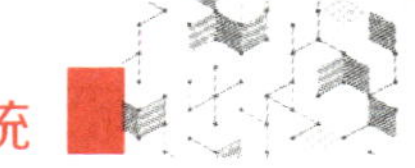

表 1-6-9　个人所得税税率表

级数	应纳税所得额	税率	速算扣除数
1	不超过 3 000 元的部分	3%	0
2	超过 3 000 元至 12 000 元的部分	10%	210
3	超过 12 000 元至 25 000 元的部分	20%	1 410
4	超过 25 000 元至 35 000 元的部分	25%	2 660
5	超过 35 000 元至 55 000 元的部分	30%	4 410
6	超过 55 000 元至 80 000 元的部分	35%	7 160
7	超过 80 000 元的部分	45%	15 160

六、录入期初工资数据（见表 1-6-10）及考勤统计

表 1-6-10　期初工资数据

人员编码	人员姓名	基本工资
1001	张伟	10 000
2001	秦雯	8 000
2002	乔恩	7 100
2003	秦荣	7 500
3001	秦天	9 000
4001	曲阳	7 300
5001	李青浦	8 500
6001	王强	6 500
6002	王伟	5 000
6003	王瑞	7 800

乔恩病假 2 天，王伟事假 1 天。

七、设置工资分摊并生成转账凭证

设置工资费用分配模板/计提基数以工资分摊表（见表 1-6-11）中的“应付工资”为准，计提类别名称为“计提工资”。

表 1-6-11　工资分摊表

部门		应付工资（100%）	
		借方	贷方
行政部、财务部、采购部、仓管部	管理人员	660201 管理费用——员工工资	221101 应付职工薪酬——应付职工工资

续表

部门		应付工资（100%）	
		借方	贷方
销售部	销售人员	660103 销售费用 ——员工工资	221101 应付职工薪酬 ——应付职工工资
生产部	生产人员	500102 生产成本 ——直接人工	221101 应付职工薪酬 ——应付职工工资

八、进行月末结账

进行月末结账，并将“病假天数”“病假扣款”“事假天数”和“事假扣款”清零。

思考与练习

1. 生成的应发合计、实发合计等工资数据不准确，应如何处理？

2. 已录入人员工资数据，但在“银行代发”窗口中无法显示人员列表，应如何处理？

3. 设置工资费用分摊凭证时，系统提示设置内容重复，应如何处理？

项目七　固定资产管理

工作流程图

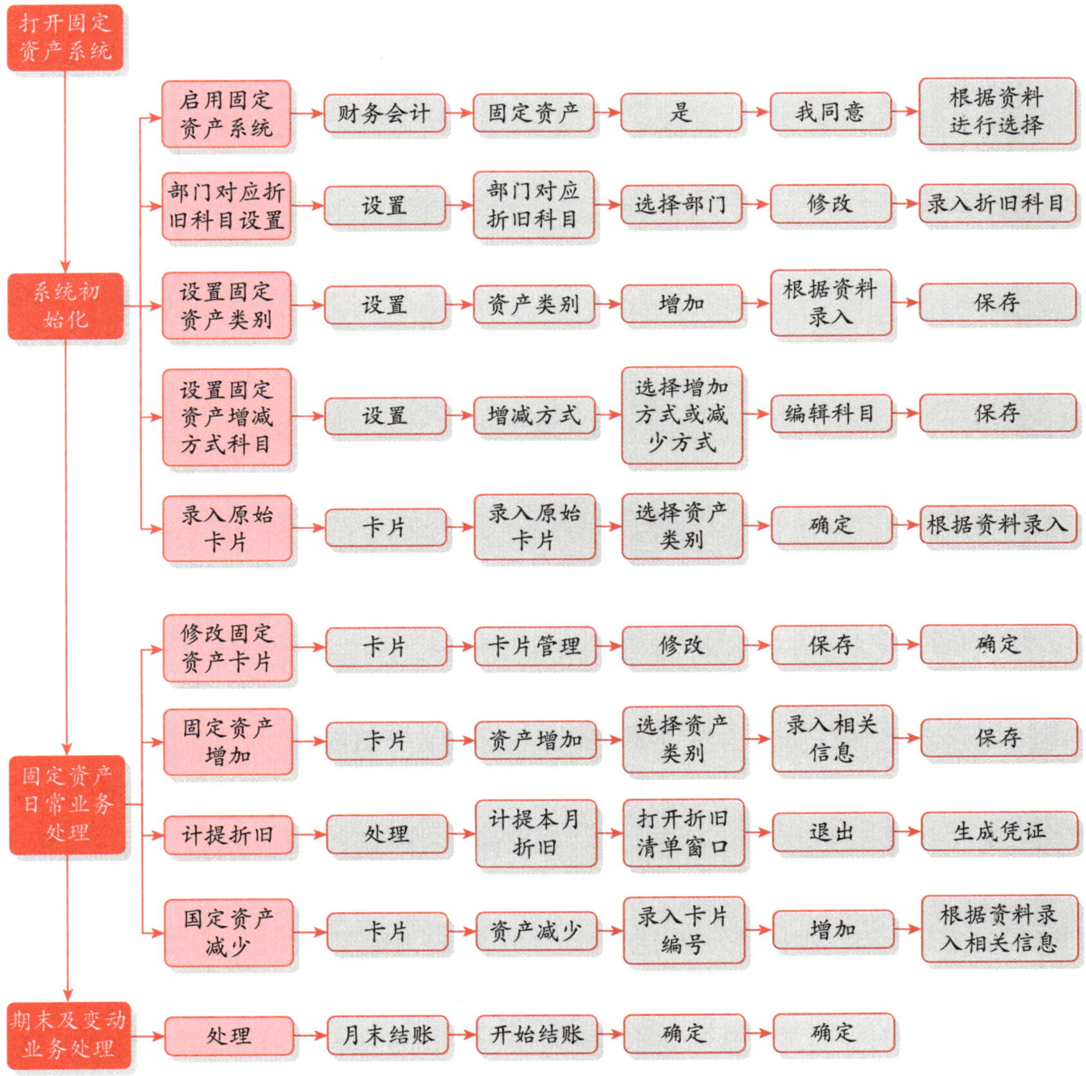

- 打开固定资产系统
- 系统初始化
  - 启用固定资产系统 → 财务会计 → 固定资产 → 是 → 我同意 → 根据资料进行选择
  - 部门对应折旧科目设置 → 设置 → 部门对应折旧科目 → 选择部门 → 修改 → 录入折旧科目
  - 设置固定资产类别 → 设置 → 资产类别 → 增加 → 根据资料录入 → 保存
  - 设置固定资产增减方式科目 → 设置 → 增减方式 → 选择增加方式或减少方式 → 编辑科目 → 保存
  - 录入原始卡片 → 卡片 → 录入原始卡片 → 选择资产类别 → 确定 → 根据资料录入
- 固定资产日常业务处理
  - 修改固定资产卡片 → 卡片 → 卡片管理 → 修改 → 保存 → 确定
  - 固定资产增加 → 卡片 → 资产增加 → 选择资产类别 → 录入相关信息 → 保存
  - 计提折旧 → 处理 → 计提本月折旧 → 打开折旧清单窗口 → 退出 → 生成凭证
  - 固定资产减少 → 卡片 → 资产减少 → 录入卡片编号 → 增加 → 根据资料录入相关信息
- 期末及变动业务处理 → 处理 → 月末结账 → 开始结账 → 确定 → 确定

任务一 系统初始化

【学习目标】

1. 能独立启用固定资产系统。
2. 完成固定资产相关基础信息的设置工作。
3. 明确固定资产类别与折旧处理方法。
4. 明确固定资产增减方式的对应入账科目。
5. 能独立录入原始卡片。

【任务导入】

固定资产的种类繁多，规格不一，强化固定资产管理，及时准确做好固定资产核算，对企业具有重要意义。请按照新锐公司的固定资产类别和性质，在U8系统中完成固定资产系统启用、基础信息设置、原始卡片录入等工作。

【任务实施】

一、固定资产系统启用

具体要求如下：

固定资产账套参数设置约定与说明选择“我同意”；启用月份为2020.04；折旧信息为本账套计提折旧；折旧方法为平均年限法（二）；折旧汇总分配周期为1个月；当“月初已计提月份=可使用月份-1”时，将剩余折旧全部提足；编码方式为资产类别编码方式2-1-1-2；固定资产编码方式为“类别编号+序号”；采用自动录入方法，序号长度为5位；财务接口为与账务系统进行对账；固定资产对账科目为固定资产（1601），累计折旧对账科目为累计折旧（1602），在对账不平的情况下允许固定资产系统月末结账；固定资产缺省入账科目为“1601 固定资产”，累计折旧缺省入账科目为“1602 累计折旧”，减值准备缺省入账科目为“1603 固定资产减值准备”，增值税进项税额缺省入账科目为“22210101 进项税额”，固定资产清理缺省入账科目为“1606 固定资产清理”。

知识链接

固定资产账套及参数设置

建立固定资产账套应根据企业的自身情况，在已经建立的企业会计核算账套的基础上，设置企业进行固定资产核算的必要参数，如与固定资产折旧计算有关的折旧方法、折旧汇总分配周期、与总账系统的对账科目、生成固定资产业务凭证要使用的相关科目等。

1. 在企业应用平台的“业务工作”中，单击“财务会计”“固定资产”选项，系统弹出提示“这是第一次打开此账套，还未进行过初始化，是否进行初始化?”，单击“是”按钮，打开“初始化账套向导”对话框。

2. 在“初始化账套向导——约定及说明”对话框中，仔细阅读相关条款，选中“我同意”单选按钮。

3. 单击“下一步”按钮，打开“初始化账套向导——启用月份”对话框，确认账套启用月份为“2020. 04”。

4. 单击“下一步”按钮，打开“初始化账套向导——折旧信息”对话框。选中“本账套计提折旧”复选框；选择主要折旧方法为“平均年限法（二）”，折旧汇总分配周期为“1 个月”；选中“当（月初已计提月份=可使用月份-1）时将剩余折旧全部提足（工作量法除外）”复选框，如图 1-7-1 所示。

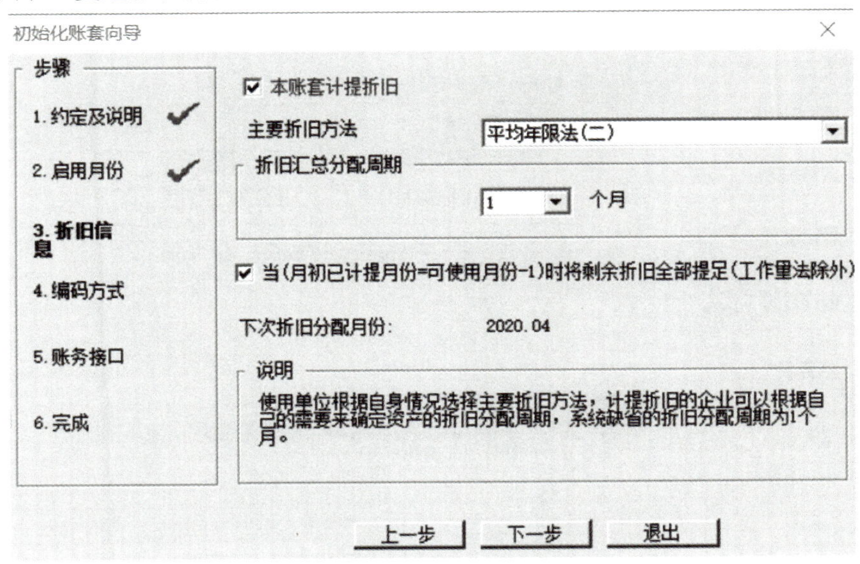

图 1-7-1　打开“初始化账套向导”对话框

5. 单击“下一步”按钮，打开“初始化账套向导——编码方式”对话框。确定资产类别编码长度为“2112”；选中“自动编码”单选按钮，选择固定资产编码方式为“类别编号+序号”，选择序号长度为“5”，如图 1-7-2 所示。

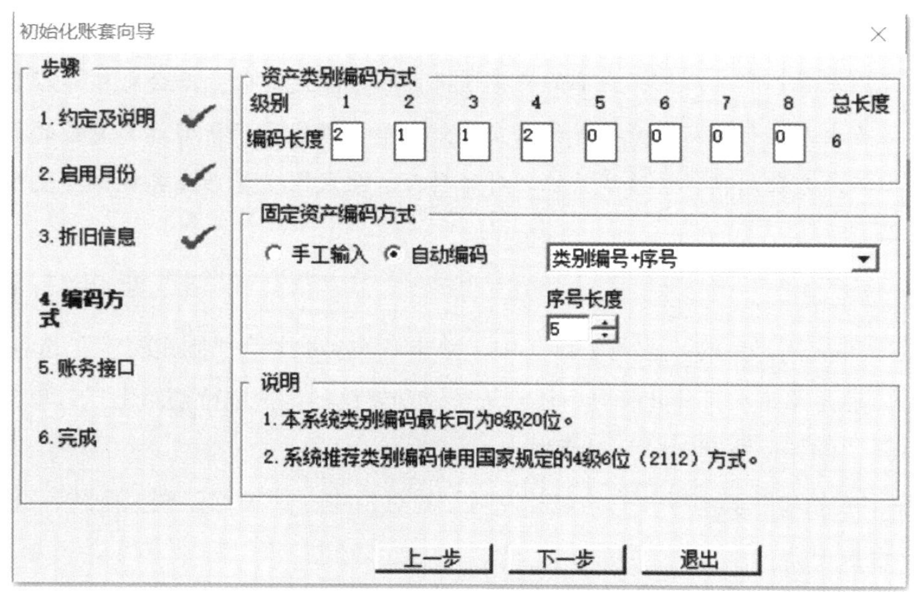

图 1-7-2　设置资产编码方式

6. 单击“下一步”按钮，打开“初始化账套向导——账务接口”对话框。选中“与账务系统进行对账”复选框，选择固定资产对账科目为“1601，固定资产”，累计折旧对账科目为“1602，累计折旧”，选中“在对账不平情况下允许固定资产月末结账”复选框，如图 1-7-3 所示。

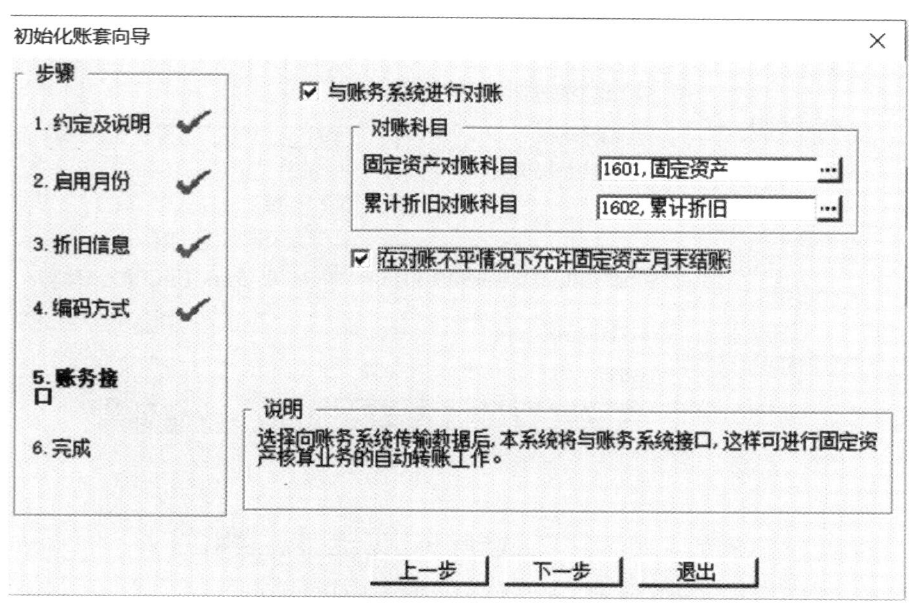

图 1-7-3　设置账务接口

7. 单击“下一步”按钮，打开“初始化账套向导”对话框。单击“完成”按钮，完成本账套的初始化，系统弹出提示“是否确定所设置的信息完全正确并保存对新账套的所有设置”，单击“是”按钮。

8. 系统弹出提示“已成功初始化本固定资产账套”，单击“确定”按钮。

9. 单击“设置”和“选项”选项，打开“选项”对话框。

10. 单击“编辑”按钮，再单击打开“与账务系统接口”选项卡，设置固定资产缺省入账科目为“1601，固定资产”，累计折旧缺省入账科目为“1602，累计折旧”，减值准备缺省入账科目为“1603，固定资产减值准备”，增值税进项税额缺省入账科目为“22210101，进项税额”，固定资产清理缺省入账科目为“1606，固定资产清理”，如图 1-7-4 所示。

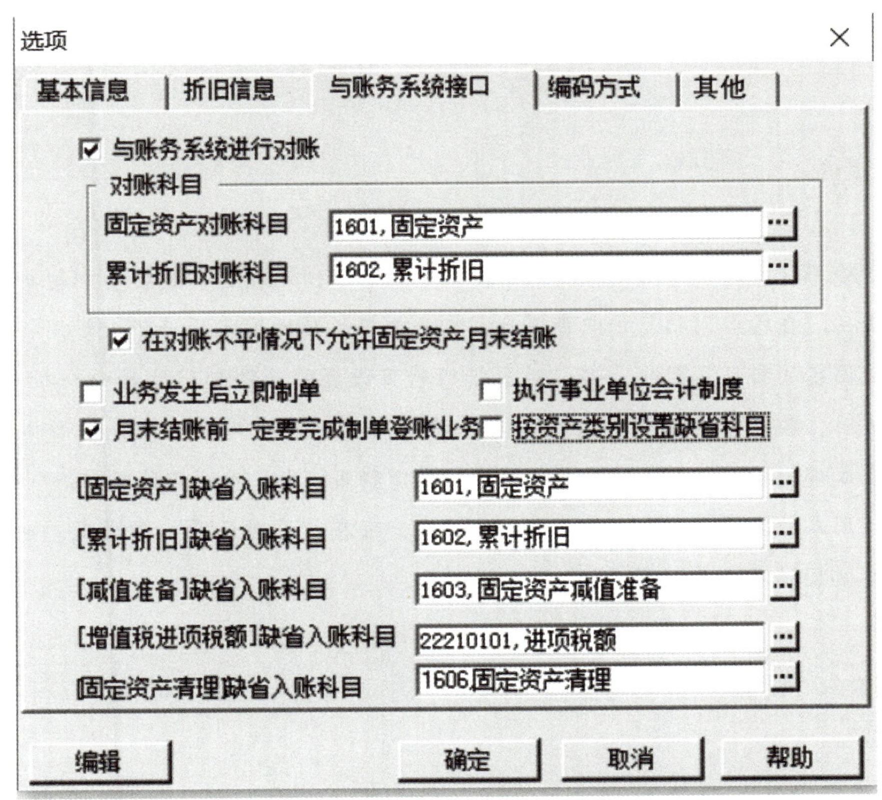

图 1-7-4　设置选项

11. 单击“确定”按钮返回。

二、基础信息设置

按照要求完成部门对应折旧科目设置、固定资产类别与折旧方法设置和固定资产增减方式的对应入账科目设置。

1. 部门对应折旧科目（见表 1-7-1）设置

表 1-7-1　部门对应折旧科目

部门名称	对应折旧科目
行政部	管理费用——折旧费（660206）
财务部	管理费用——折旧费（660206）
采购部	管理费用——折旧费（660206）
销售部	销售费用——折旧费（660104）
仓管部	管理费用——折旧费（660206）
生产部	制造费用——折旧费（510102）

知识链接

部门对应折旧科目

固定资产计提折旧后必须根据不同使用者的具体情况按部门或按类别把折旧归入成本或费用。当按部门归集折旧费用时，某一部门所属的固定资产折旧费用将归集到一个比较固定的科目。因此，部门对应折旧科目设置就是给部门选择一个折旧科目，录入卡片时，该科目自动显示在卡片中，不必一个一个录入，可提高工作效率。然后，在生成部门折旧分配表时，每一部门按折旧科目汇总，生成记账凭证。

在使用本功能前，必须已建立好部门档案，可在“基础设置”中设置，也可在本系统的“部门档案”中完成。

（1）单击“设置”“部门对应折旧科目”选项，进入“部门对应折旧科目”下的“列表视图”。

（2）从左侧的部门编码目录中，选择“行政部”，单击“修改”按钮，打开“单张视图”对话框（也可以直接选中部门编码目录中的“行政部”，单击鼠标右键打开“单张视图”对话框，再单击“修改”按钮）。

（3）在“折旧科目”栏录入或选择“660206”，如图 1-7-5 所示。

（4）单击“保存”按钮，然后以此方法继续录入其他部门对应的折旧科目。

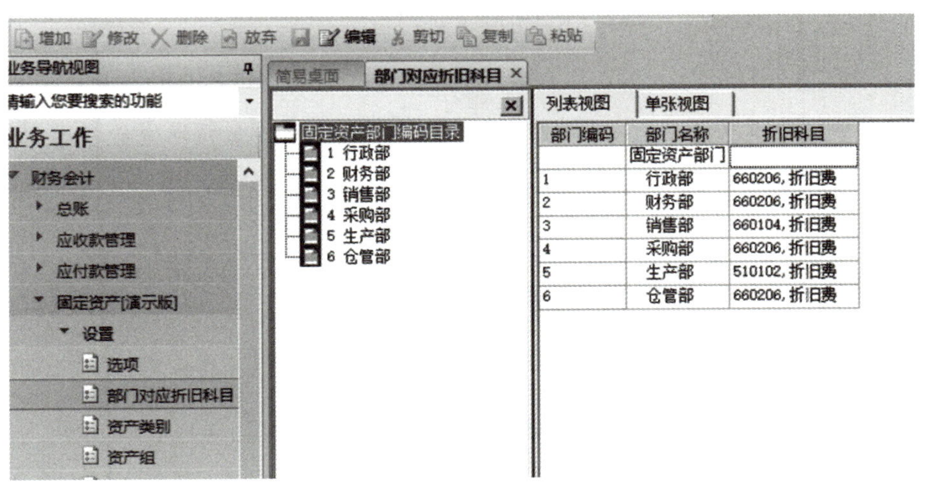

图 1-7-5　设置部门对应折旧科目

2. 固定资产类别与折旧方法（见表 1-7-2）设置

表 1-7-2　固定资产类别与折旧方法

编码	类别名称	使用年限	净残值率	计提属性	折旧方法	卡片样式
01	房屋及建筑物	30	3%	正常计提	平均年限法（二）	含税卡片样式
02	办公设备	5	3%	正常计提	平均年限法（二）	含税卡片样式
03	运输工具	8	3%	正常计提	平均年限法（二）	含税卡片样式
04	生产设备	10	3%	正常计提	平均年限法（二）	含税卡片样式

知识链接

“折旧信息”功能介绍

1. 本账套计提折旧

这个设置用于判断本单位选择何种应用方案：如果选用行政事业单位应用方案，则按照会计制度规定，所有固定资产不计提折旧，那么该判断框内不打“√”，表示本账套不提折旧。一旦确定本账套不提折旧，账套内与折旧有关的功能不能操作。该判断在保存初始化设置后不能修改。如果选用企业单位应用方案，则根据会计制度规定，资产需要计提折旧，应在该判断框内打“√”。

2. 主要折旧方法

选择本系统常用的折旧方法，以便在资产类别新增设置时系统自动带出主要折

旧方法，以提高录入速度。折旧方法可以修改。系统提供常用的六种方法：平均年限法（一）、平均年限法（二）、工作量法、年数总和法、双倍余额递减法（一）、双倍余额递减法（二），默认方法为“平均年限法（二）”。另外，也可以选择“不提折旧”。

如果选择“本账套不计提折旧”，则选择的折旧方法为“不提折旧”。

3. 折旧汇总分配周期

企业在实际计提折旧时，不一定每个月计提一次，可能因行业和自身情况的不同，每季度、半年或一年计提一次，折旧费用的归集也按照这样的周期进行，如保险行业一般每3个月计提和汇总分配一次折旧。所以，企业可根据所处的行业和自身实际情况确定计提折旧，并将折旧归集入成本和费用的周期。

（1）单击“设置”“资产类别”选项，进入“资产类别”对话框。

（2）单击“增加”按钮，录入类别名称为“房屋及建筑物”，选择卡片样式为“含税卡片样式”，如图 1-7-6 所示，单击“保存”按钮。

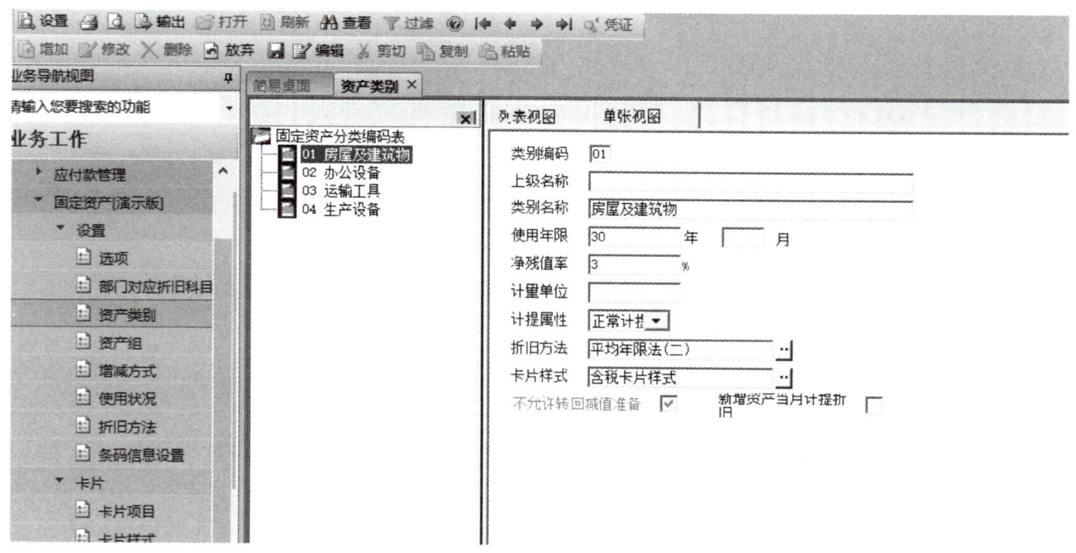

图 1-7-6　设置资产类别

（3）继续增加“办公设备”“运输工具”和“生产设备”三个一级类别。

（4）单击“放弃”按钮，系统提示“是否取消本次操作”，单击“是”按钮，返回“资产类别”对话框。

（5）退出对话框。

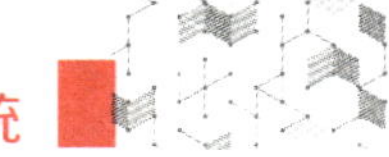

3. 固定资产增减方式的对应入账科目（见表 1-7-3）设置

表 1-7-3　固定资产增减方式的对应入账科目

增加方式	对应入账科目	减少方式	对应入账科目
直接购入	银行存款/工行存款（100201）	出售	固定资产清理（1606）
投资者投入	实收资本（4001）	投资转出	长期股权投资（1511）
捐赠	营业外收入（6301）	捐赠转出	固定资产清理（1606）
盘盈	以前年度损益调整（6901）	盘亏	待处理资产损溢/待处理固定资产损溢（190102）
在建工程转入	在建工程（1604）	报废	固定资产清理（1606）
融资租入	长期应付款（2701）	毁损	固定资产清理（1606）
		融资租出	长期应收款（1531）
		拆分减少	固定资产清理（1606）

（1）单击“设置”“增减方式”选项，打开“增减方式”对话框。

（2）在左侧的“增加方式”目录中，选择“101 直接购入”，再单击“修改”按钮，打开“单张视图”对话框，在“对应入账科目”栏录入“100201”，如图 1-7-7 所示。

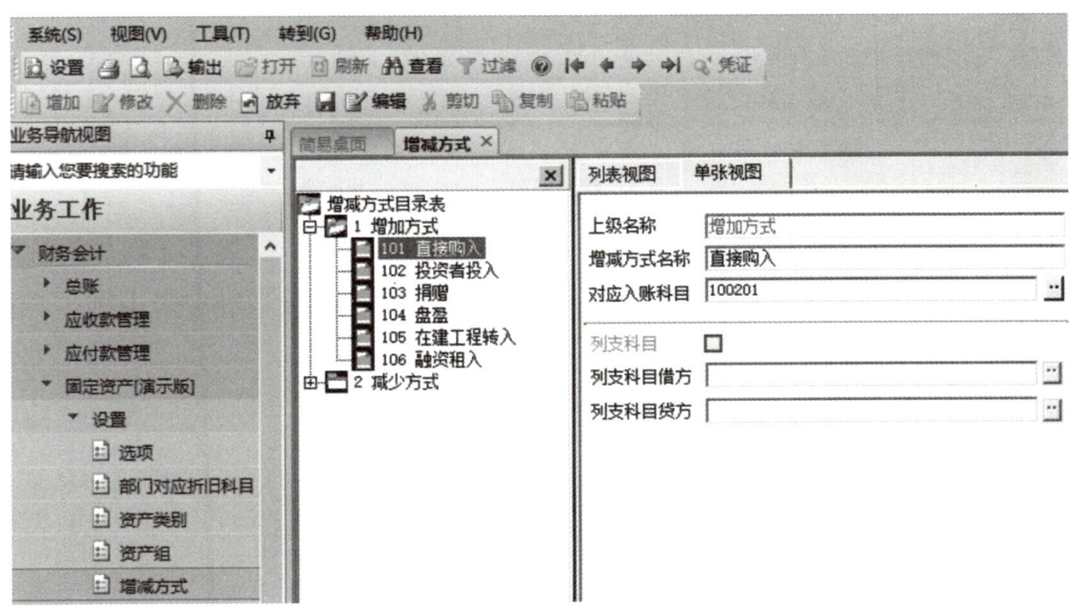

图 1-7-7　录入增减方式

（3）单击“保存”按钮。以此方法继续设置其他增减方式对应的入账科目。

三、原始卡片录入

按照新锐公司提供的固定资产卡片（见表 1-7-4），完成卡片录入工作。

表 1-7-4 固定资产卡片

卡片编号	00001	00002	00003	00004
固定资产编号	0100001	0200001	0300001	0400001
固定资产名称	厂房	打印复印一体机	轿车	生产线
类别编号	01	02	03	04
类别名称	房屋及建筑物	办公设备	运输工具	生产设备
使用部门	生产部	财务部	销售部	生产部
增加方式	在建工程转入	直接购入	直接购入	直接购入
使用状况	在用	在用	在用	在用
使用年限（月）	360	60	96	120
折旧方法	平均年限法（二）	平均年限法（二）	平均年限法（二）	平均年限法（二）
开始使用日期	2017-12-01	2018-12-01	2018-12-01	2017-12-01
币种	人民币	人民币	人民币	人民币
原值（元）	450 000	12 000	180 000	26 000
净残值率	3%	3%	3%	3%
净残值（元）	13 500	360	5 400	780
累计折旧（元）	55 384	3 880	38 800	8 712
月折旧率	0. 002 7	0. 016 2	0. 010 1	0. 008 1
月折旧额（元）	1 144. 49	172. 44	1 676. 54	177. 51
净值（元）	394 616	8 120	141 200	17 288
对应折旧科目	制造费用——折旧费	管理费用——折旧费	销售费用——折旧费	制造费用——折旧费

知识链接

录入原始卡片

原始卡片是指卡片记录的资产开始使用日期的月份先于其录入系统的月份，即已使用过并已计提折旧的固定资产卡片。

在使用固定资产系统进行核算前，必须将原始卡片资料录入系统，保持历史资料的连续性。原始卡片的录入不限制必须在第一个期间结账前，任何时候都可以录入原始卡片。

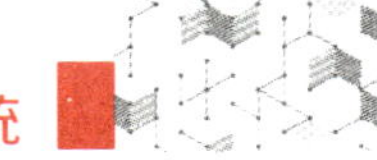

1. 单击“卡片”“录入原始卡片”选项，打开“固定资产类别档案”对话框。

2. 选择“01 房屋及建筑物”前的复选框，单击“确定”按钮或按回车键，进入“固定资产卡片［录入原始卡片：00001 号卡片］”对话框。

3. 在“固定资产名称”栏录入“厂房”，单击“部门名称”栏，再单击“部门名称”按钮，打开“固定资产本资产部门使用方式”对话框。默认“单部门使用”，单击“确定”按钮，进入“部门参照”对话框。选择“车间生产部”，单击“确定”按钮。

4. 单击“增加方式”栏，再单击“增加方式”按钮，打开“固定资产增减方式”对话框，选择“在建工程转入”，单击“确定”按钮。

5. 单击“使用状况”栏，再单击“使用状况”按钮，打开“使用状况参照”对话框，默认“在用”，单击“确定”按钮。

6. 在“开始使用日期”栏录入“2017-12-01”，在“原值”栏录入“450000”，在“累计折旧”栏录入“55384”，如图 1-7-8 所示。

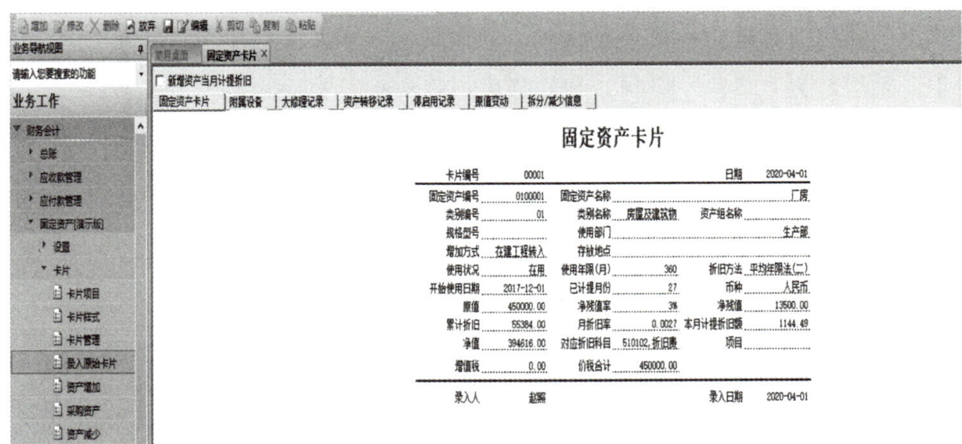

图 1-7-8　录入固定资产卡片

7. 单击“保存”按钮，系统提示“数据成功保存”。

8. 单击“确定”按钮。以此方法继续录入其他的固定资产卡片。

任务二　固定资产日常业务处理

【学习目标】

1. 能根据业务需要，独立完成固定资产卡的修改。

2. 能在 U8 系统中完成固定资产的增加。

3. 能给固定资产计提折旧。

4. 在固定资产系统中，能与财务系统进行对账。

5. 培养学生严谨、细致、精益求精的工作态度。

【任务导入】

请根据新锐公司业务需要，对公司固定资产信息进行修改，在 U8 系统中增加和减少公司相关的固定资产，完成固定资产的折旧计提和财务系统对账工作。

知识链接

固定资产增减方式

固定资产增减方式包括增加方式和减少方式两类。增加方式主要有直接购入、投资者投入、捐赠、盘盈、在建工程转入、融资租入。减少方式主要有出售、盘亏、投资转出、捐赠转出、报废、毁损、融资租出、拆分减少等。

【任务实施】

一、修改固定资产卡片

4 月 22 日，公司领导批复将财务部“卡片编号”为“00002”的打印复印一体机转给采购部使用，变动原因是公司统一调配资源。

1. 单击“卡片”“卡片管理”选项，打开“查询条件选择”对话框，修改“开始使用日期”为“2018－12－01”，单击“确定”按钮，进入“卡片管理”对话框，如图 1-7-9 所示。

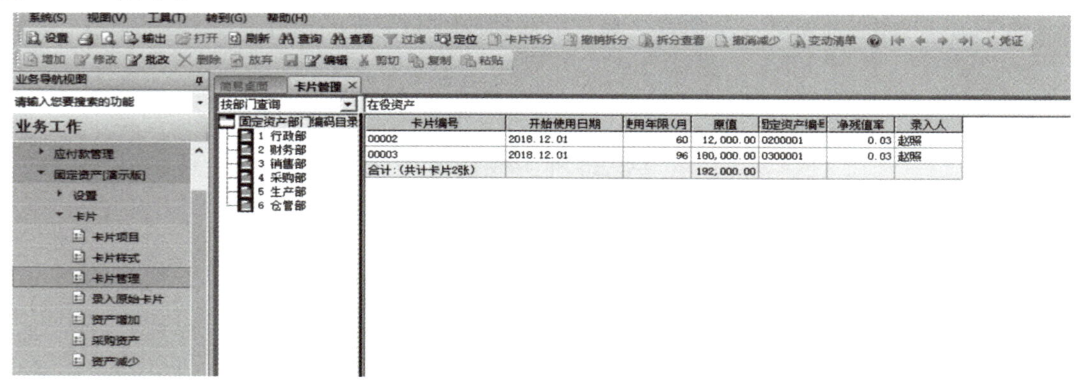

图 1-7-9 “卡片管理”对话框

2. 选中“00002”所在行，再单击“修改”按钮，进入“固定资产卡片”对话框。

3. 单击“部门名称”栏，再单击“部门名称”按钮，打开“部门基本参照”对话框。

4. 选中“采购部”，单击“确定”按钮。

5. 单击“保存”按钮，系统提示“数据成功保存”。

6. 单击“确定”按钮，返回“固定资产卡片”对话框。

7. 单击“退出”按钮，返回“卡片管理”对话框。

二、固定资产增加

2020 年 4 月 20 日，公司向河北天华贸易公司采购轿车一辆供行政部使用，价格为 230 000 元，增值税税率为 13%，税额为 29 900 元，通过工行转账支付，使用年限为 8 年，净残值率为 3%，附原始单据 2 张。

知识链接

资产增加

“资产增加”即新增加固定资产卡片。在系统日常使用过程中，可能会购进或通过其他方式增加企业资产，该部分资产通过“资产增加”操作录入系统。当固定资产开始使用日期的会计期间=录入会计期间时，才能通过“资产增加”录入。

1. 重登录系统，操作员为“1103”，登录时间为 2020 年 4 月 20 日，单击“卡片”“资产增加”选项，打开“固定资产类别档案”对话框。

2. 双击“03 运输工具”，进入“固定资产卡片”对话框。

3. 在“固定资产名称”栏录入“轿车”，选择使用部门为“行政部”，增加方式为“直接购入”，使用状况为“在用”，选择折旧方法为“平均年限法（二）”，录入原值为“230 000”，增值税为“29 900”，使用年限为“96”个月，“开始使用日期”为“2020-04-20”，如图 1-7-10 所示。

4. 单击“保存”按钮，关闭当前页面。

5. 单击“固定资产—处理”“批量制单”，进入“查询条件选择-批量制单”对话框，如图 1-7-11 所示。

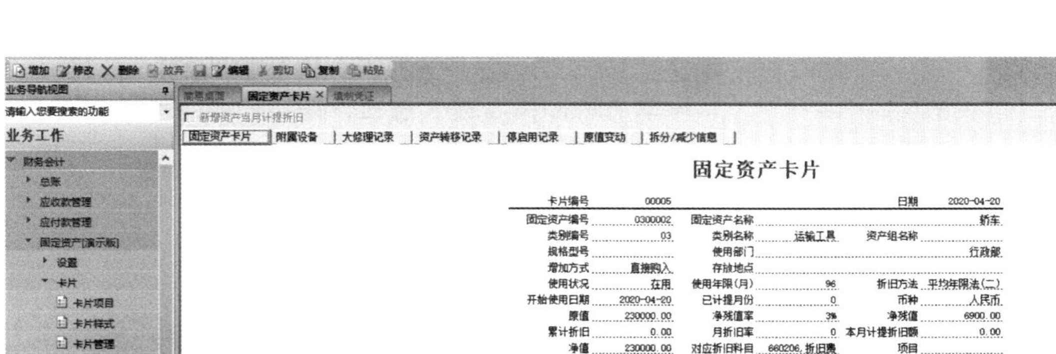

图 1-7-10　资产增加

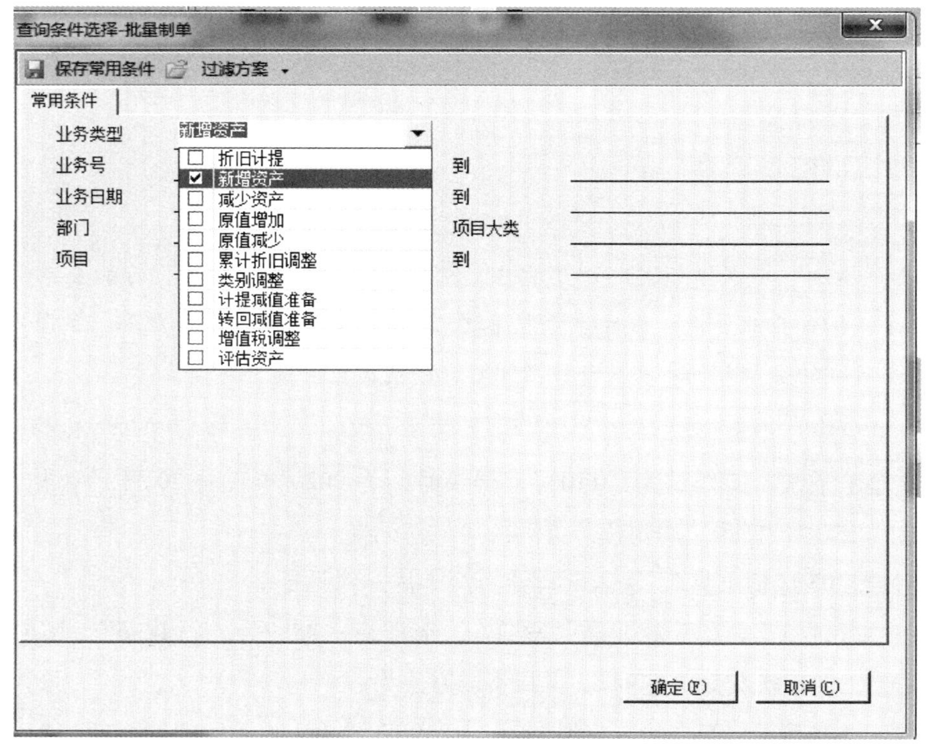

图 1-7-11　“查询条件选择-批量制单”对话框

6. 选择需要制单的凭证，进行制单。

7. 选择凭证类型为“付款凭证”，填写附件数，单击“保存”按钮，生成凭证如图 1-7-12 所示。

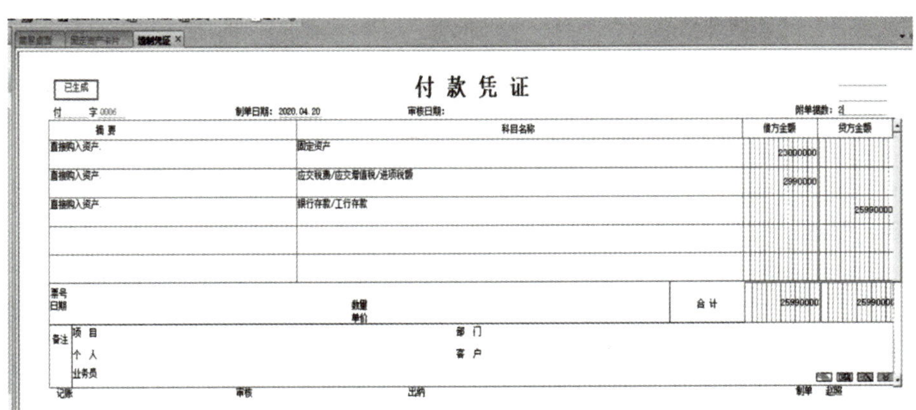

付款凭证

已生成

付 字 0006　　制单日期：2020.04.20　　审核日期：　　附单据数：2

摘要	科目名称	借方金额	贷方金额
直接购入资产	固定资产	23000000	
直接购入资产	应交税费/应交增值税/进项税额	2990000	
直接购入资产	银行存款/工行存款		25990000
票号 日期	数量 单价 合计	25990000	25990000

备注　项目　　部门

个人　　客户

业务员

记账　　审核　　出纳　　制单　赵阳

图 1-7-12　生成凭证

三、计提本月折旧

4 月 30 日，会计对各部门的固定资产计提折旧。

知识链接

折旧方法说明

1. 不提折旧

月折旧率 = 0

月折旧额 = 0

2. 平均年限法（一）

月折旧率 =(1-净残值率)/使用年限

月折旧额 =(月初原值-月初累计减值准备金额+月初累计转回减值准备金额)＊月折旧率

3. 平均年限法（二）

月折旧率 =(1-净残值率)/使用年限

月折旧额 =(月初原值-月初累计减值准备金额+月初累计转回减值准备金额-月初累计折旧-月初净残值)/(使用年限-已计提月份)

4. 工作量法

月折旧率 =(月初原值-月初累计减值准备金额+月初累计转回减值准备金额-月初累计折旧-月初净残值)/(工作总量-月初累计工作量)

月折旧额 = 本月工作量＊单位折旧

5. 年数总和法

月折旧率=剩余使用年限/(年数总和＊12)

月折旧额=(月初原值-月初累计减值准备金额+月初累计转回减值准备金额-净残值)＊月折旧率

6. 双倍余额递减法

月折旧率=2/使用年限

月折旧额=(期初账面余额-期初累计减值准备金额+期初累计转回减值准备金额)＊月折旧率

固定资产到期以前的两年采用“平均年限法（二）”计提折旧。

1. 单击“处理”“计提本月折旧”选项，系统提示“是否要查看折旧清单”。

2. 单击“是”按钮，系统提示“本操作将计提本月折旧，并花费一定时间，是否继续”，单击“是”按钮，打开“折旧清单”对话框，如图1-7-13所示。

3. 单击“退出”按钮，打开“折旧分配表”对话框，如图1-7-14所示。

卡片编号	资产编号	资产名称	原值	计提原值	本月计提折旧额	累计折旧	本年计提折旧	减值准备	净值	净残值	折旧率	单位折旧	本月工作量	累计工作量	规格型号
00001	0100001	厂房	000.00	450,000.00	1,144.49	56,528.49	1,144.49	0.00	471.51	3,500.00	0.0027		0.000	0.000	
00002	0200001	打印复印一	000.00	12,000.00	172.44	4,052.44	172.44	0.00	947.56	360.00	0.0162		0.000	0.000	
00003	0300001	轿车	000.00	180,000.00	1,676.54	40,476.54	1,676.54	0.00	523.46	5,400.00	0.0101		0.000	0.000	
00004	0400001	生产线	000.00	26,000.00	177.51	8,889.51	177.51	0.00	110.49	780.00	0.0081		0.000	0.000	
合计			000.00	668,000.00	3,170.98	109,946.98	3,170.98	0.00	053.02	0,040.00			0.000	0.000	

图1-7-13 “折旧清单”对话框

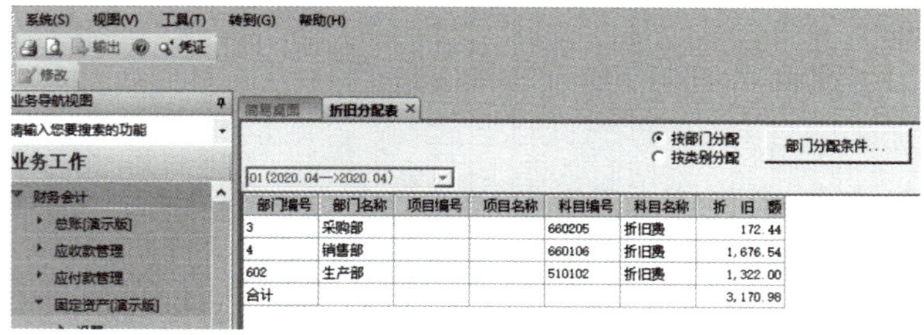

部门编号	部门名称	项目编号	项目名称	科目编号	科目名称	折旧额
3	采购部			660205	折旧费	172.44
4	销售部			660106	折旧费	1,676.54
602	生产部			510102	折旧费	1,322.00
合计						3,170.98

图1-7-14 “折旧分配表”对话框

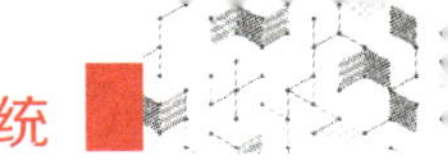

4. 单击“凭证”按钮，生成一张记账凭证。修改凭证类别为“转账凭证”。单击“保存”按钮，凭证左上角出现“已生成”字样，表示凭证已传递到总账，如图 1-7-15 所示。

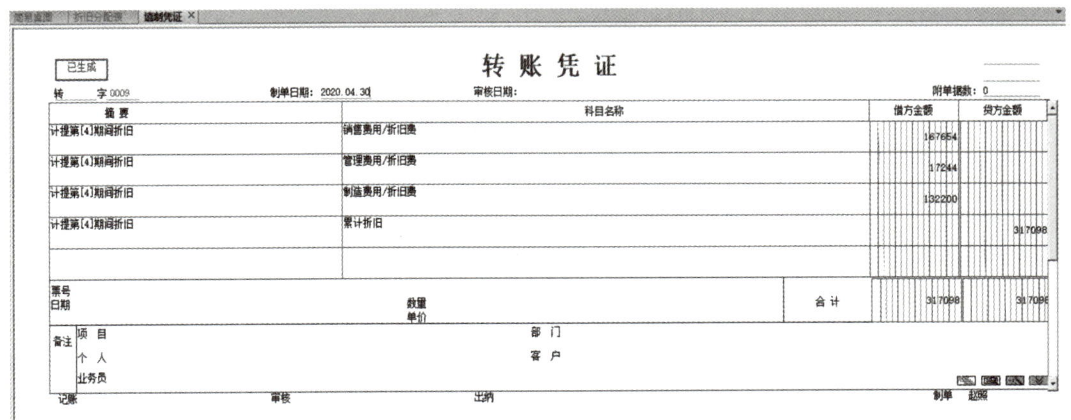

图 1-7-15　生成凭证

四、固定资产减少

4 月 30 日，销售部轿车毁损，需要做资产减少处理。

知识链接

资产减少

资产在使用过程中，总会由于各种原因，如毁损、出售、盘亏等，退出单位，该部分操作称为“资产减少”。U8 系统提供资产减少的批量操作，为同时清理一批资产提供方便。

1. 单击“卡片”“资产减少”选项，打开“资产减少”对话框，如图 1-7-16 所示。

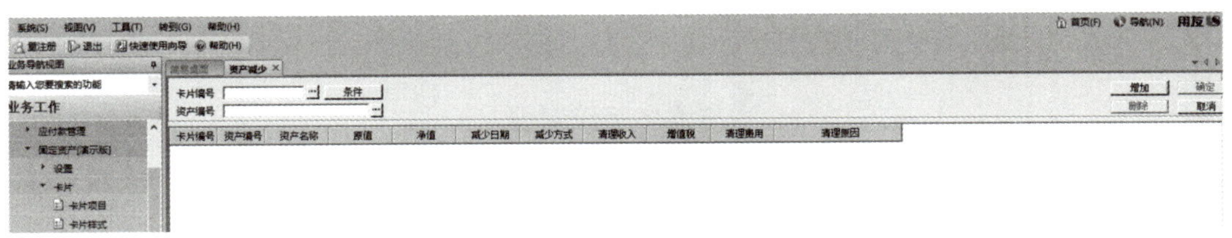

图 1-7-16　“资产减少”对话框

2. 在“卡片编号”栏录入编码，或单击“卡片编号”栏对照按钮，选择编码。

3. 单击“增加”按钮，双击“减少方式”栏，再单击“减少方式”栏的“参照”按钮，选择方式“毁损”，如图 1-7-17 所示。

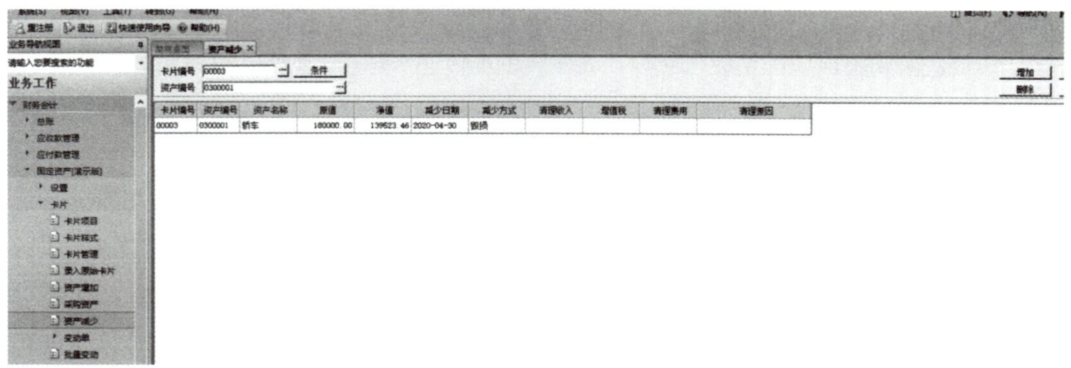

图 1-7-17 减少方式

4. 单击“确定”按钮，系统弹出“所选卡片已经减少成功”信息提示框。单击“确定”按钮，进入“填制凭证”对话框。

5. 选择“转账凭证”，修改其他项目，单击“保存”按钮，如图 1-7-18 所示。

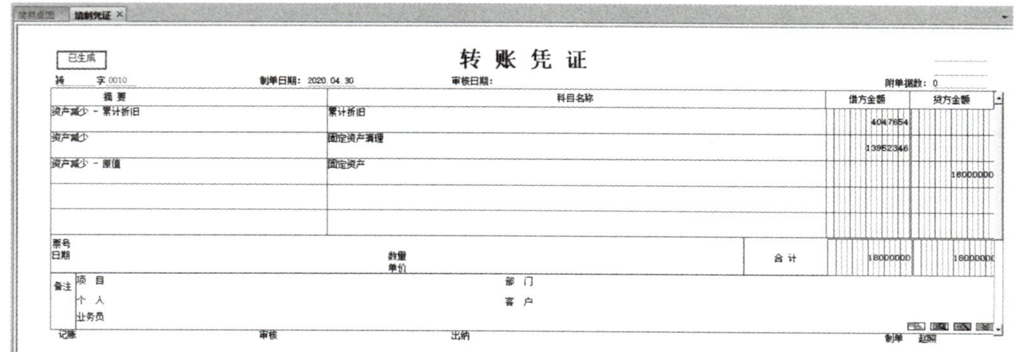

图 1-7-18 生成凭证

五、与账务系统对账

知识链接

与账务系统对账

只有存在对应总账系统的情况下才可进行“与账务系统对账”操作。如果在该项处打“√”，表示本系统要与账务系统对账。对账的含义是将固定资产系统内所有资产的原值、累计折旧与总账系统中的固定资产科目和累计折旧科目的余额核对，看数值是否相等。可以在系统运行中任何时候执行对账功能，如果不平，应予以调整。如果不想与账务系统对账，可不在该项处打“√”。

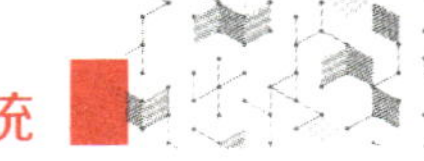

1. 对固定资产系统生成的凭证进行审核、记账。

2. 在固定资产系统中，单击“处理”“对账”选项，打开“与账务对账结果”对话框，如图 1-7-19 所示，单击“确定”按钮。

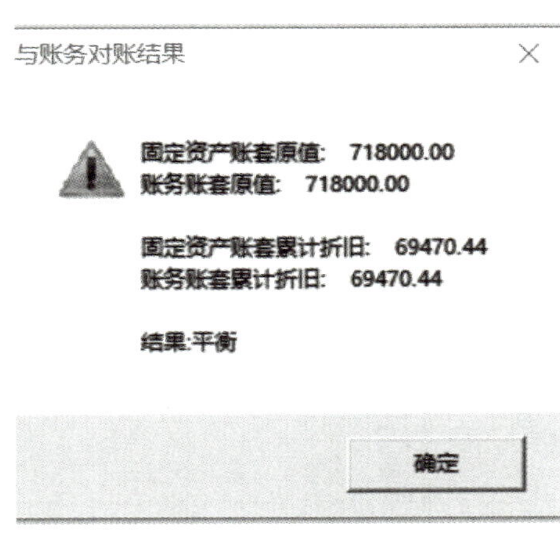

图 1-7-19　“与账务对账结果”对话框

任务三　期末及变动业务处理

【学习目标】

1. 能独立完成月末结账。
2. 学会在 U8 系统中查询固定资产折旧计算明细表。
3. 学会在 U8 系统中查询固定资产原值一览表。
4. 能在固定资产系统中进行“固定资产变动单”的操作，根据资料完成固定资产原值变动。
5. 能在 U8 系统中独立完成折旧方法的变动。
6. 学会批量制单的方法。

【任务导入】

期末，请对固定资产系统进行月末结账工作。

【任务实施】

一、月末结账

1. 在固定资产系统中，单击“处理”“月末结账”选项，打开“月末结账”对话框，如图 1-7-20 所示。

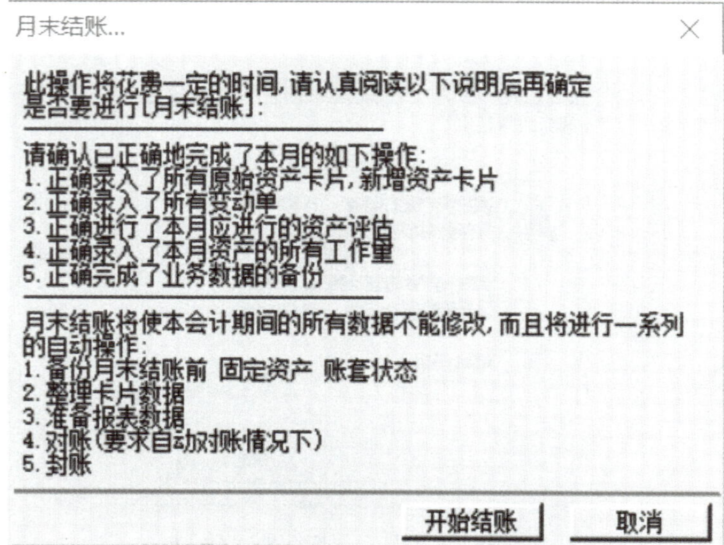
月末结账...

此操作将花费一定的时间，请认真阅读以下说明后再确定
是否要进行[月末结账]：

请确认已正确地完成了本月的如下操作：
1. 正确录入了所有原始资产卡片，新增资产卡片
2. 正确录入了所有变动单
3. 正确进行了本月应进行的资产评估
4. 正确录入了本月资产的所有工作量
5. 正确完成了业务数据的备份

月末结账将使本会计期间的所有数据不能修改，而且将进行一系列的自动操作：
1. 备份月末结账前 固定资产 账套状态
2. 整理卡片数据
3. 准备报表数据
4. 对账（要求自动对账情况下）
5. 封账

开始结账　取消

图 1-7-20　“月末结账”对话框

2. 单击“开始结账”按钮，出现“与总账对账结果”对话框。

3. 单击“确定”按钮，出现系统提示，再单击“确定”按钮。

知识链接

恢复月末结账

恢复月末结账前状态，又称“反结账”，是 U8 系统提供的纠错功能。如果由于某种原因，结账后发现结账前的操作有误，而结账后不能修改结账前的数据，可使用此功能恢复到结账前状态并修改错误。

二、账表查询

1. 查询固定资产折旧计算明细表

（1）单击“账表”“我的账表”选项，进入固定资产“报表”对话框。

（2）单击“分析表”，再双击“价值结构分析表”，打开“价值结构分析表”对话框。

（3）单击“确定”按钮，打开“价值结构分析表”，如图 1-7-21 所示。

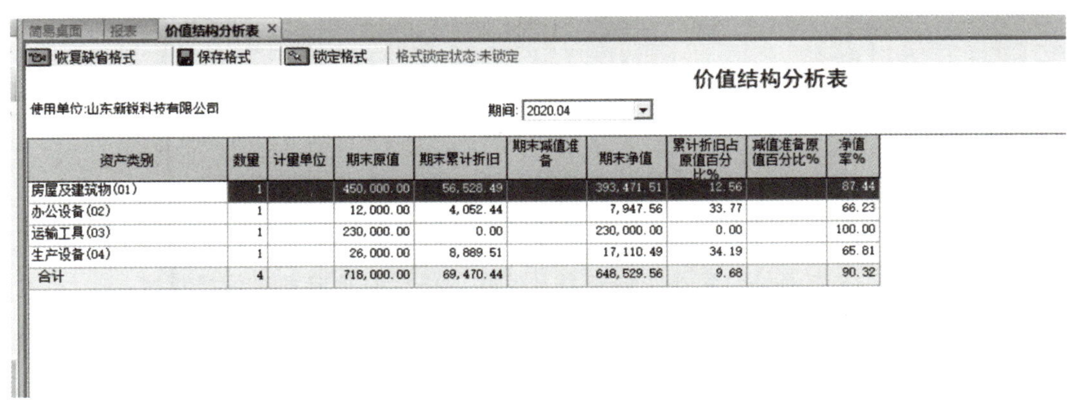

价值结构分析表

使用单位:山东新锐科技有限公司　　期间: 2020.04

资产类别	数量	计量单位	期末原值	期末累计折旧	期末减值准备	期末净值	累计折旧占原值百分比%	减值准备原值百分比%	净值率%
房屋及建筑物(01)	1		450,000.00	56,528.49		393,471.51	12.56		87.44
办公设备(02)	1		12,000.00	4,052.44		7,947.56	33.77		66.23
运输工具(03)	1		230,000.00	0.00		230,000.00	0.00		100.00
生产设备(04)	1		26,000.00	8,889.51		17,110.49	34.19		65.81
合计	4		718,000.00	69,470.44		648,529.56	9.68		90.32

图 1-7-21　打开“价值结构分析表”

2. 查询固定资产原值一览表

（1）单击“账表”“我的账表”选项，进入固定资产“报表”对话框。

（2）单击“统计表”选项，双击“(固定资产原值）一览表”，打开“(固定资产原值）一览表”，如图 1-7-22 所示。

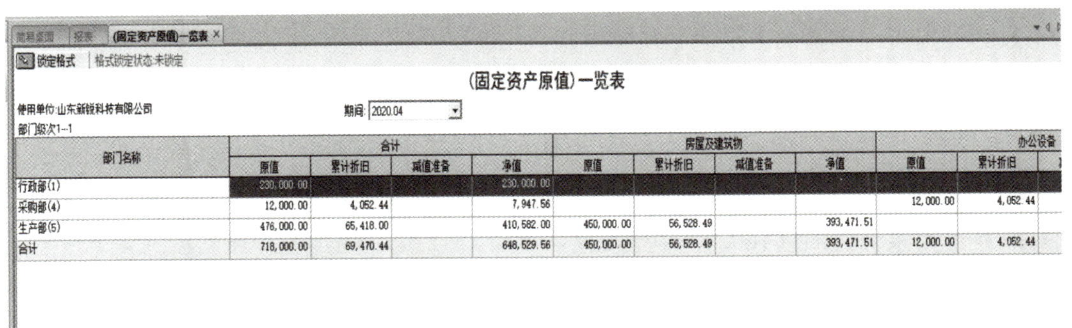

(固定资产原值)一览表

使用单位:山东新锐科技有限公司　　期间: 2020.04

部门级次1--1

部门名称	合计				房屋及建筑物				办公设备	
	原值	累计折旧	减值准备	净值	原值	累计折旧	减值准备	净值	原值	累计折旧
行政部(1)	230,000.00			230,000.00						
采购部(4)	12,000.00	4,052.44		7,947.56					12,000.00	4,052.44
生产部(5)	476,000.00	65,418.00		410,582.00	450,000.00	56,528.49		393,471.51		
合计	718,000.00	69,470.44		648,529.56	450,000.00	56,528.49		393,471.51	12,000.00	4,052.44

图 1-7-22　打开“（固定资产原值）一览表”

三、折旧方法变动

根据资料，完成折旧方法变动操作。

知识链接

折旧方法调整

资产在使用过程中，资产计提折旧所采用的折旧方法的调整通过折旧方法调整功能实现。

在使用该功能过程中应注意：

1. 变动单不能修改，只有在当月可删除重做，应仔细检查后再保存。
2. 所属类别是总提折旧的资产调整后的折旧方法不能是“不提折旧”。
3. 所属类别是总不提折旧的资产折旧方法不能调整。
4. 进行折旧方法调整的资产在调整当月就按调整后的折旧方法计提折旧。

项目实训

一、启用固定资产系统

具体要求如下：

固定资产账套参数设置约定与说明选择“我同意”；启用月份为2021.01；折旧信息为本账套计提折旧；折旧方法为平均年限法（二）；折旧汇总分配周期为1个月；当“月初已计提月份=可使用月份-1”时，将剩余折旧全部提足。编码方式为资产类别编码方式2-1-1-2；固定资产编码方式为“类别编号+序号”；采用自动录入方法，序号长度为5位。财务接口为与账务系统进行对账；固定资产对账科目为固定资产（1601），累计折旧对账科目为累计折旧（1602）；在对账不平的情况下允许固定资产系统月末结账；固定资产缺省入账科目为“1601 固定资产”，累计折旧缺省入账科目为“1602 累计折旧”，减值准备缺省入账科目为“1603 固定资产减值准备”，增值税进项税额缺省入账科目为“22210101 进项税额”，固定资产清理缺省入账科目为“1606 固定资产清理”。

二、部门对应折旧科目（见表1-7-5）

表1-7-5　部门对应折旧科目

部门名称	对应折旧科目
行政部	管理费用——折旧费（660206）
财务部	管理费用——折旧费（660206）
采购部	管理费用——折旧费（660206）
销售部	销售费用——折旧费（660104）
仓管部	管理费用——折旧费（660206）
生产部	制造费用——折旧费（510102）

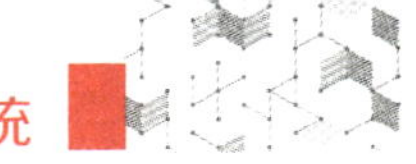

三、设置固定资产类别（见表 1-7-6）

表 1-7-6　固定资产类别

编码	类别名称	使用年限	净残值率	计提属性	折旧方法	卡片样式
01	房屋及建筑物	30	3%	正常计提	平均年限法（二）	含税卡片样式
02	办公设备	5	3%	正常计提	平均年限法（二）	含税卡片样式
03	运输工具	8	3%	正常计提	平均年限法（二）	含税卡片样式
04	生产设备	10	3%	正常计提	平均年限法（二）	含税卡片样式

四、设置固定资产增减方式的对应入账科目（见表 1-7-7）

表 1-7-7　固定资产增减方式的对应入账科目

增加方式	对应入账科目	减少方式	对应入账科目
直接购入	银行存款/工行存款（100201）	出售	固定资产清理（1606）
投资者投入	实收资本（4001）	投资转出	长期股权投资（1511）
捐赠	营业外收入（6301）	捐赠转出	固定资产清理（1606）
盘盈	以前年度损益调整（6901）	盘亏	待处理资产损溢/待处理固定资产损溢（190102）
在建工程转入	在建工程（1604）	报废	固定资产清理（1606）
融资租入	长期应付款（2701）	毁损	固定资产清理（1606）
		融资租出	长期应收款（1531）
		拆分减少	固定资产清理（1606）

五、录入原始卡片（见表 1-7-8）

表 1-7-8　原始卡片

卡片编号	00001	00002	00003	00004
固定资产编号	0100001	0200001	0300001	0400001
固定资产名称	厂房	打印复印一体机	轿车	生产线
类别编号	01	02	03	04
类别名称	房屋及建筑物	办公设备	运输工具	生产设备
使用部门	生产部	财务部	销售部	生产部
增加方式	在建工程转入	直接购入	直接购入	直接购入
使用状况	在用	在用	在用	在用
使用年限（月）	360	60	96	120
折旧方法	平均年限法（二）	平均年限法（二）	平均年限法（二）	平均年限法（二）
开始使用日期	2017-12-01	2018-12-01	2018-12-01	2017-12-01

续表

币种	人民币	人民币	人民币	人民币
原值（元）	450 000	12 000	180 000	26 000
净残值率	3%	3%	3%	3%
净残值（元）	13 500	360	5 400	780
累计折旧（元）	55 384	3 880	38 800	8 712
月折旧率	0. 002 7	0. 016 2	0. 010 1	0. 008 1
月折旧额（元）	1 144. 49	172. 44	1 676. 54	177. 51
净值（元）	394 616	8 120	141 200	17 288
对应折旧科目	制造费用——折旧费	管理费用——折旧费	销售费用——折旧费	制造费用——折旧费

六、固定资产增加

2021 年 1 月 20 日，采购轿车一辆供行政部使用，价格为 230 000 元，增值税税率为 13%，税额为 29 900 元，通过工行转账支付，使用年限为 8 年，净残值率为 3%，附原始单据 2 张。

七、计提本月折旧

八、固定资产减少

2022 年 1 月 30 日，销售部轿车毁损，做资产减少处理。

九、月末结账

思考与练习

1. 录入固定资产卡片时无法录入增值税数据，可能的原因有哪些？
2. 已录入原始卡片，但“卡片管理”对话框中没有原始卡片，可能的原因有哪些？
3. 处理固定资产减少业务时，增值税数据录入错误或漏录，应如何处理？
4. 处理固定资产减少业务时，清理收入或清理费用数据录入错误，应如何处理？
5. 生成的固定资产业务凭证只有金额，科目栏为空，应如何处理？

模块二 供应链管理系统

为实现购销存业务管理的信息化，山东新锐科技有限公司于2020年4月同步启用了用友U8财务软件的采购管理、销售管理、库存管理和存货核算管理4个子系统，与总账管理、应收款管理、应付款管理等子系统进行集成使用。

用友U8是一款通用财务软件，系统内预置了大量选项，供不同的单位依照自己的需求进行选用。

项目一　供应链管理初始化

工作流程图

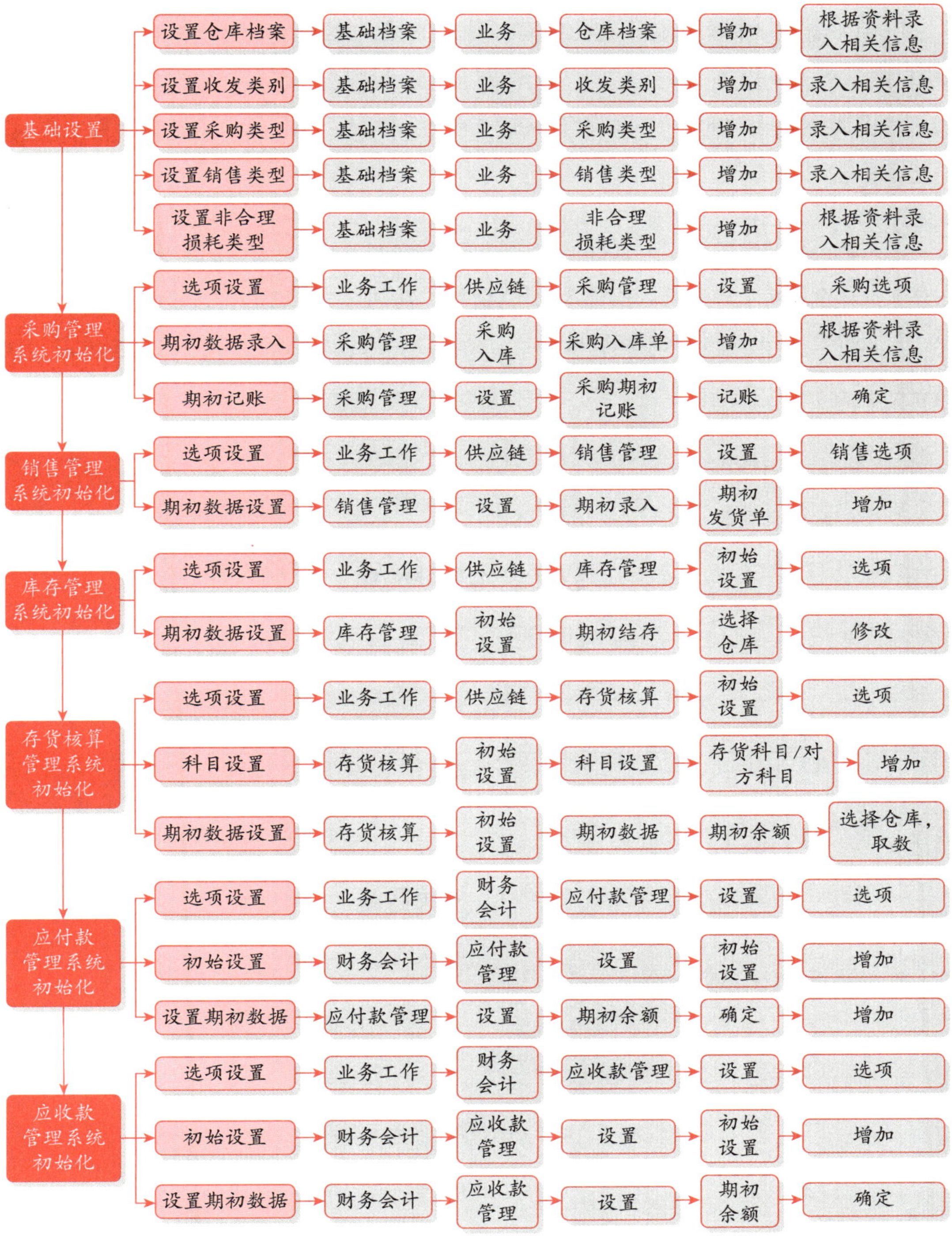

- 基础设置
  - 设置仓库档案 → 基础档案 → 业务 → 仓库档案 → 增加 → 根据资料录入相关信息
  - 设置收发类别 → 基础档案 → 业务 → 收发类别 → 增加 → 录入相关信息
  - 设置采购类型 → 基础档案 → 业务 → 采购类型 → 增加 → 录入相关信息
  - 设置销售类型 → 基础档案 → 业务 → 销售类型 → 增加 → 录入相关信息
  - 设置非合理损耗类型 → 基础档案 → 业务 → 非合理损耗类型 → 增加 → 根据资料录入相关信息
- 采购管理系统初始化
  - 选项设置 → 业务工作 → 供应链 → 采购管理 → 设置 → 采购选项
  - 期初数据录入 → 采购管理 → 采购入库 → 采购入库单 → 增加 → 根据资料录入相关信息
  - 期初记账 → 采购管理 → 设置 → 采购期初记账 → 记账 → 确定
- 销售管理系统初始化
  - 选项设置 → 业务工作 → 供应链 → 销售管理 → 设置 → 销售选项
  - 期初数据设置 → 销售管理 → 设置 → 期初录入 → 期初发货单 → 增加
- 库存管理系统初始化
  - 选项设置 → 业务工作 → 供应链 → 库存管理 → 初始设置 → 选项
  - 期初数据设置 → 库存管理 → 初始设置 → 期初结存 → 选择仓库 → 修改
- 存货核算管理系统初始化
  - 选项设置 → 业务工作 → 供应链 → 存货核算 → 初始设置 → 选项
  - 科目设置 → 存货核算 → 初始设置 → 科目设置 → 存货科目/对方科目 → 增加
  - 期初数据设置 → 存货核算 → 初始设置 → 期初数据 → 期初余额 → 选择仓库，取数
- 应付款管理系统初始化
  - 选项设置 → 业务工作 → 财务会计 → 应付款管理 → 设置 → 选项
  - 初始设置 → 财务会计 → 应付款管理 → 设置 → 初始设置 → 增加
  - 设置期初数据 → 应付款管理 → 设置 → 期初余额 → 确定 → 增加
- 应收款管理系统初始化
  - 选项设置 → 业务工作 → 财务会计 → 应收款管理 → 设置 → 选项
  - 初始设置 → 财务会计 → 应收款管理 → 设置 → 初始设置 → 增加
  - 设置期初数据 → 财务会计 → 应收款管理 → 设置 → 期初余额 → 确定

任务一 基础设置

【学习目标】

1. 能了解基础档案信息设置的内容，理解基础档案信息设置对日常业务处理的影响。

2. 能熟练进行基础档案信息设置。

【任务导入】

山东新锐科技有限公司于 2020 年 4 月 1 日新启用了采购管理、销售管理、库存管理和存货核算管理 4 个子系统。在正式使用这些子系统前，请向相关工作人员开放相应权限，并完善公司的一些公共基础信息。

【任务实施】

一、设置仓库档案

仓库档案信息见表 2-1-1。

表 2-1-1 仓库档案信息

仓库编码	仓库名称	计价方式
1	原料库	移动平均法
2	产品库	移动平均法

1. 在“基础档案”选项卡中单击“业务”，双击“仓库档案”，打开“仓库档案”对话框。

2. 单击“增加”，打开“增加仓库档案”对话框。

3. 按照要求录入仓库信息，单击“保存”按钮，如图 2-1-1 所示。

4. 完成后关闭“增加仓库档案”对话框。

简易桌面　仓库档案　增加仓库档案

基本

仓库编码 1　仓库名称 原料库
部门编码　负责人
电话　资金定额
对应条形码　配额(%)
计价方式 移动平均法　仓库属性 普通仓
停用日期
仓库地址
备注
☑ 参与MRP运算　☐ 货位管理　☑ 参与ROP计算　☐ 门店
☐ 代管仓　☑ 记入成本　☑ 控制序列号
☑ 纳入可用量计算　☐ 保税仓　☐ 资产仓
可用量控制方式
出口 按系统选项控制　销售 按系统选项控制
库存 按系统选项控制

图 2-1-1　“增加仓库档案”对话框

二、设置收发类别

收发类别信息见表 2-1-2。

表 2-1-2　收发类别信息

收发类别编号	收发类别名称	收发标志	收发类别编号	收发类别名称	收发标志
1	入库	收	2	出库	发
11	采购入库	收	21	销售出库	发
12	产成品入库	收	22	材料领用出库	发
13	盘盈入库	收	23	委托代销出库	发
14	调拨入库	收	24	盘亏出库	发
15	采购退货	收	25	调拨出库	发
16	其他入库	收	26	销售退货	发
			27	其他出库	发

知识链接

收发类别定义了存货的出入库类型，供企业对存货的出入库情况进行分类汇总、统计。在 U8 系统中，收发类型只有两种，即收和发。入库为收，出库为发。只有设置收发类别后，才能设置采购类型和销售类型。

1. 在“基础档案”选项卡中单击“业务”，双击“收发类别”，打开“收发类别”对话框。

2. 单击“增加”按钮，依次录入“收发类别编码”和“收发类别名称”，勾选“收发标志”，单击“保存”按钮保存，如图 2-1-2 所示。

3. 完成后单击“退出”按钮退出。

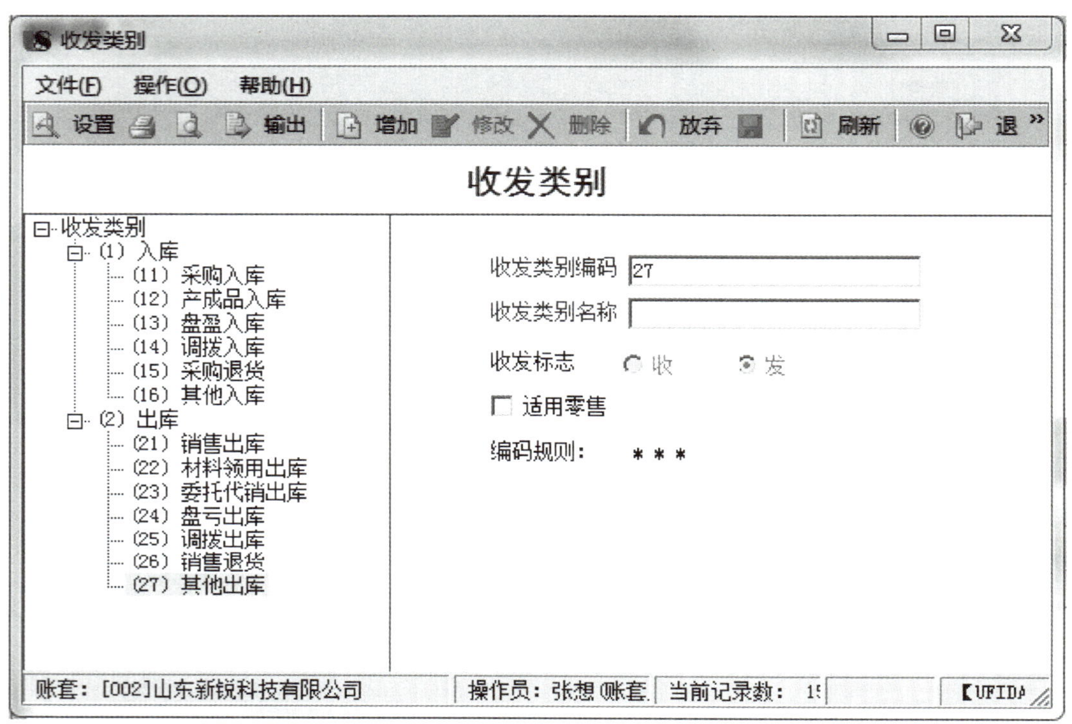

图 2-1-2　设置收发类别

收发类别一旦保存，只能修改收发类别名称，不可修改编码。若收发类别已在采购类型或销售类型中使用，则需先修改或删除相应的采购和销售类型，才能修改、删除收发类别。

三、设置采购类型

采购类型信息见表 2-1-3。

表 2-1-3　采购类型信息

采购类型编码	采购类型名称	入库类别	是否默认值
01	普通采购	采购入库	是
02	采购退货	采购退货	否

知识链接

采购类型是企业自定义的采购业务类型，也是采购单据上的必填项目，用来对采购业务数据进行统计分析。采购类型设置的主要内容是采购类型名称及其对应的入库类别，在采购管理系统填制采购入库单时，录入采购类型后，系统会显示对应的入库类别。

1. 在“基础档案”选项卡中单击“业务”，双击“采购类型”，打开“采购类型”对话框。

2. 单击“增加”按钮，依次录入“采购类型编码”“采购类型名称”和“入库类别”，选择“是否默认值”，单击“保存”按钮保存，如图 2-1-3 所示。

3. 完成后单击“退出”按钮退出。

采购类型

序号	采购类型编码	采购类型名称	入库类别	是否默认值	是否委外默认值	是否列入MPS/MRP计划
1	01	普通采购	采购入库	是	否	是
2	02	采购退货	采购退货	否	否	是

图 2-1-3　设置采购类型

“是否默认值”用于设定某个采购类型作为填制采购单据时系统默认的采购类型，系统只允许设置一个类型为默认值。

四、设置销售类型

销售类型信息见表 2-1-4。

表 2-1-4　销售类型信息

销售类型编码	销售类型名称	出库类别	是否默认值
01	常规销售	销售出库	是
02	期初销售	销售出库	否
03	直运销售	销售出库	否

续表

销售类型编码	销售类型名称	出库类别	是否默认值
04	委托代销	委托代销出库	否
05	销售退货	销售退货	否

知识链接

企业可以通过自定义的方式对销售业务的类型进行设置，用于统计、分析企业的销售业务数据。在填制销售出库单时，录入销售类型后，系统会显示与之相对应的出库类别。

1. 在“基础档案”选项卡中单击“业务”，双击“销售类型”，打开“销售类型”对话框。

2. 单击“增加”按钮，依次录入“销售类型编码”“销售类型名称”和“出库类别”，选择“是否默认值”，单击“保存”按钮保存，如图 2-1-4 所示。

3. 完成后单击“退出”按钮退出。

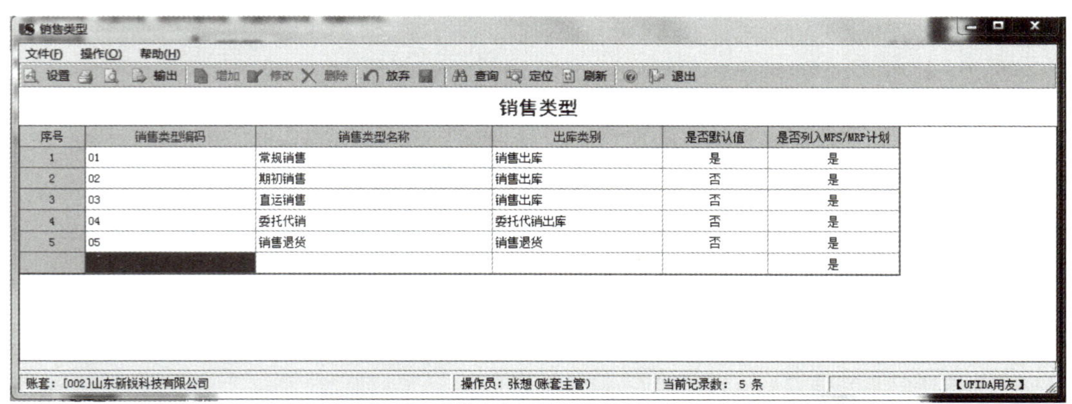

序号	销售类型编码	销售类型名称	出库类别	是否默认值	是否列入MPS/MRP计划
1	01	常规销售	销售出库	是	是
2	02	期初销售	销售出库	否	是
3	03	直运销售	销售出库	否	是
4	04	委托代销	委托代销出库	否	是
5	05	销售退货	销售退货	否	是
					是

图 2-1-4 设置销售类型

五、设置非合理损耗类型

非合理损耗类型信息见表 2-1-5。

表 2-1-5 非合理损耗类型信息

非合理损耗类型编码	非合理损耗类型名称	是否默认值
01	运输方责任	是

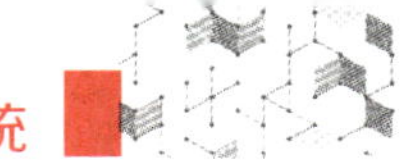

知识链接

非合理损耗是指在采购业务中，由于运输、装卸等原因导致的采购物资发生短缺或损毁的情况，需要根据具体原因进行相应的账务处理。在 U8 系统中设置非合理损耗类型及其对应的入账科目，便于系统根据非合理损耗类型自动选择对应的会计科目，生成记账凭证。

1. 在“基础档案”选项卡中单击“业务”，双击“非合理损耗类型”，打开“非合理损耗类型”对话框。

2. 单击“增加”按钮，依次录入“非合理损耗类型编码”和“非合理损耗类型名称”，选择“是否默认值”，单击“保存”按钮保存，如图 2-1-5 所示。

3. 完成后单击“退出”按钮退出。

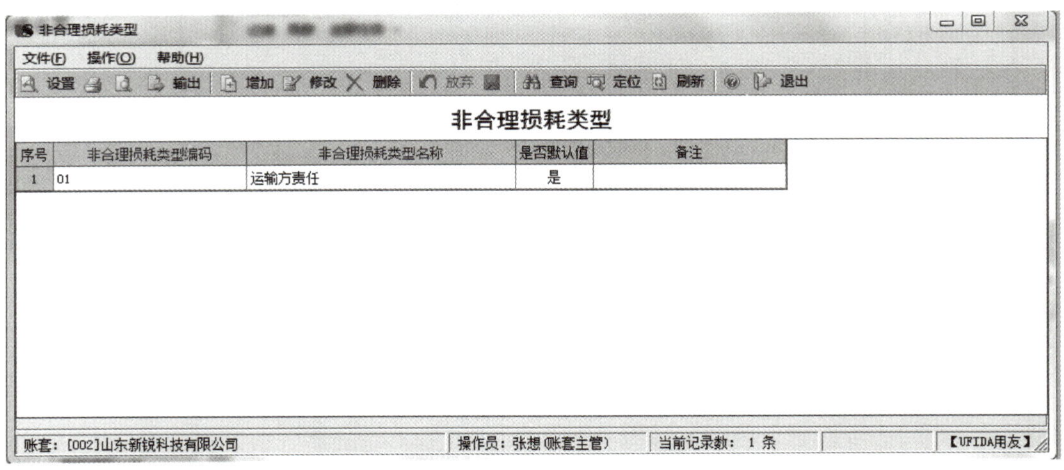

图 2-1-5 设置非合理损耗类型

任务二 采购管理系统初始化

【学习目标】

1. 能理解采购管理系统选项设置的意义，并根据业务需要熟练进行选项设置。

2. 能熟练录入各类采购期初数据。

【任务导入】

请根据新锐公司的业务需要，选用采购管理系统的部分功能，并录入期初数据。

【任务实施】

一、选项设置

功能要求如下：采购单据默认税率为13%，其他选项采用系统默认。

1. 依次单击“业务工作”“供应链”“采购管理”“设置”，双击“采购选项”，打开“采购系统选项设置—请按照贵单位的业务认真设置”对话框。

2. 在“公共及参照控制”选项卡中录入“单据默认税率”为“13”，单击“确定”按钮，如图 2-1-6 所示。

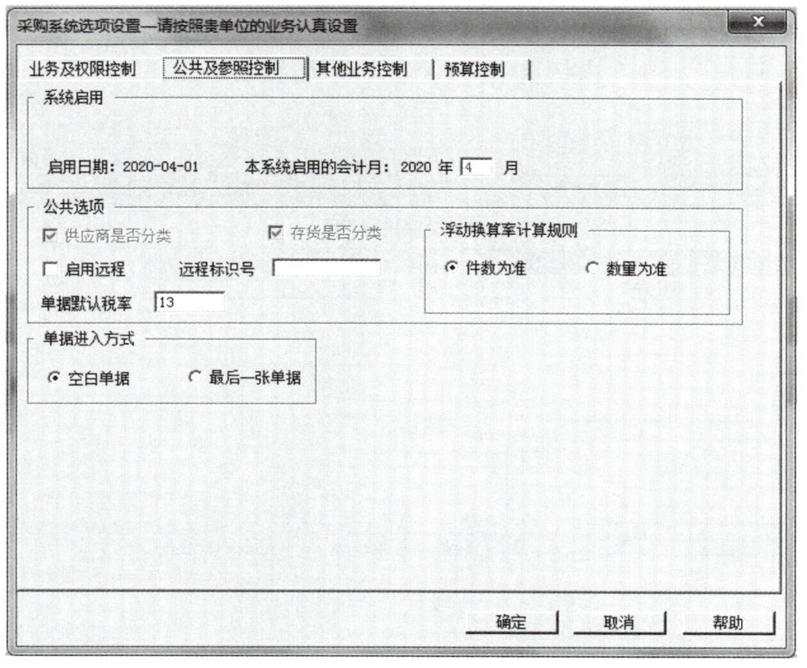

图 2-1-6　采购系统选项设置

二、期初数据录入

期初数据如下：3 月 12 日，从江苏南江电器有限公司采购硬盘 14 块，显示器 14 台，材料已验收入库，至今尚未收到发票，暂估入库。硬盘的暂估单价为 400 元/块，显示器的暂估单价为 600 元/台。

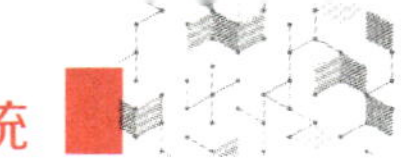

知识链接

采购管理系统的期初数据主要包括期初在途存货、期初暂估入库和期初受托代销入库三种情况。针对这三种不同情况，期初数据的录入方式也各不相同。

1. 期初在途存货

截至系统启用之日，采购发票已经收到，而存货尚未入库，需在“采购管理”“采购发票”中选择相应的发票类型录入期初采购发票。

2. 期初暂估入库

截至系统启用之日，存货已经验收入库，而采购发票尚未收到，应在“采购管理”“采购入库”“采购入库单”中以暂估金额录入期初采购入库单。

3. 期初受托代销入库

截至系统启用之日，已经办理受托代销入库，但尚未进行结算。对于此种情况，应在“采购管理”“采购入库”“受托代销入库单”录入期初受托代销入库单。在 U8 系统中，只有商业企业可以在“采购系统选项设置”中启用受托代销，处理受托代销业务。

1. 在“采购管理”中，单击“采购入库”，双击“采购入库单”，打开“期初采购入库单”对话框。

2. 单击“增加”按钮，按照要求录入信息，单击“保存”按钮保存，如图 2-1-7 所示。

3. 完成后关闭“期初采购入库单”。

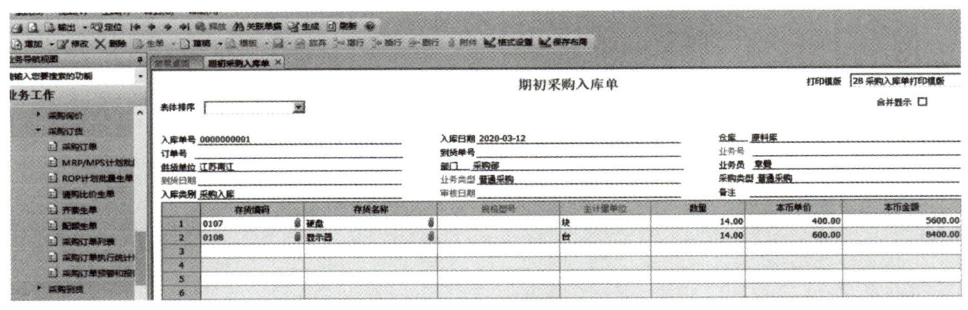

期初采购入库单

打印模版 28 采购入库单打印模版

表体排序

合并显示 □

入库单号 0000000001　入库日期 2020-03-12　仓库 原料库

订单号　到货单号　业务号

部门 采购部　业务员

到货日期　业务类型 普通采购　采购类型 普通采购

入库类别 采购入库　审核日期　备注

	存货编码	存货名称	规格型号	主计量单位	数量	本币单价	本币金额
1	0107	硬盘		块	14.00	400.00	5600.00
2	0108	显示器		台	14.00	600.00	8400.00
3							
4							
5							
6							

图 2-1-7　期初采购入库单

由于本模块中采购管理与库存管理集成使用，在采购管理系统中只能录入期初采购入库单，而在采购管理系统期初记账后，采购入库单只能在库存管理系统中录入或生成。期初采购入库单只能在采购管理系统期初记账前进行修改或删除，期初记账后只能查看，不能修改或删除。

三、期初记账

知识链接

采购期初记账是指系统启用前的采购业务（期初数据）已经录入完毕，期初记账后的采购业务均属于当期业务。如果没有期初数据，也必须执行采购期初记账操作，否则不能处理日常业务。

1. 在“采购管理”中，单击“设置”，双击“采购期初记账”，打开“期初记账”对话框。

2. 单击“记账”按钮，提示“期初记账完毕”，单击“确定”按钮。

任务三　销售管理系统初始化

【学习目标】

1. 能理解销售管理系统选项设置的意义，并根据业务需要熟练进行选项设置。

2. 能熟练录入各类销售期初数据。

【任务导入】

请根据新锐公司的业务需要，选用销售管理系统的部分功能，并录入期初数据。

【任务实施】

一、选项设置

功能要求如下：有零售日报业务、有委托代销业务、有分期收款业务、有直运销售业务，报价不含税，普通销售、委托代销、分期收款必有订单，新增退货单参照发货、新增发票参照发货生成，订单自动关闭的条件为出库完成，其他设置采用系统默认值。

1. 在“业务工作”“供应链”中，依次单击“销售管理”和“设置”，双击“销售选项”，打开“销售选项”对话框。

2. 在“业务控制”选项卡中，依次勾选有“有零售日报业务”“有委托代销业务”

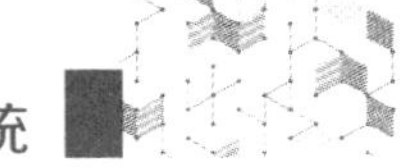

“有分期收款业务”“有直运销售业务”“普通销售必有订单”“委托代销必有订单”“分期收款必有订单”，取消勾选“报价含税”，如图 2-1-8 所示。

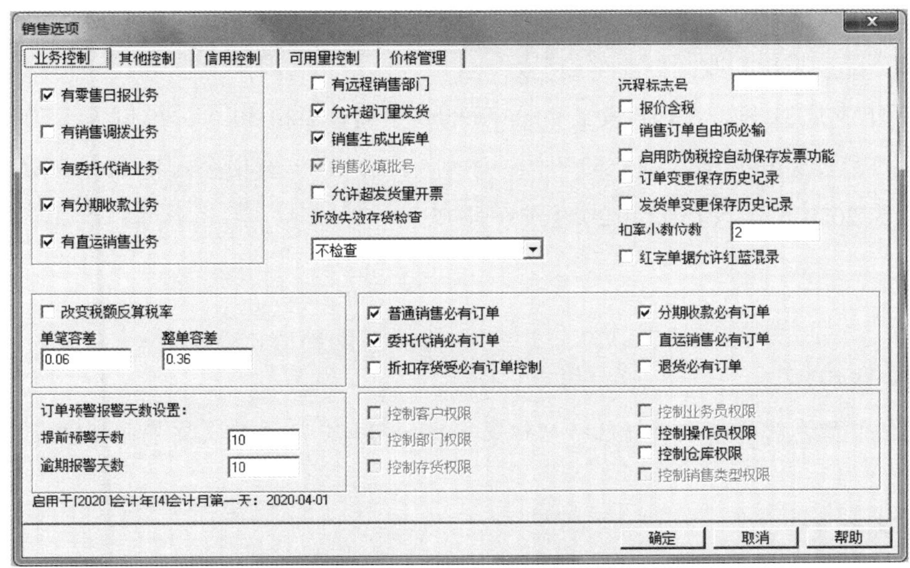

图 2-1-8　“业务控制”选项卡设置

3. 单击“其他控制”选项卡，在“新增退货单默认”和“新增发票默认”中勾选“参照发货”，在“订单自动关闭”中勾选“出库完成”，单击“确定”，如图 2-1-9 所示。

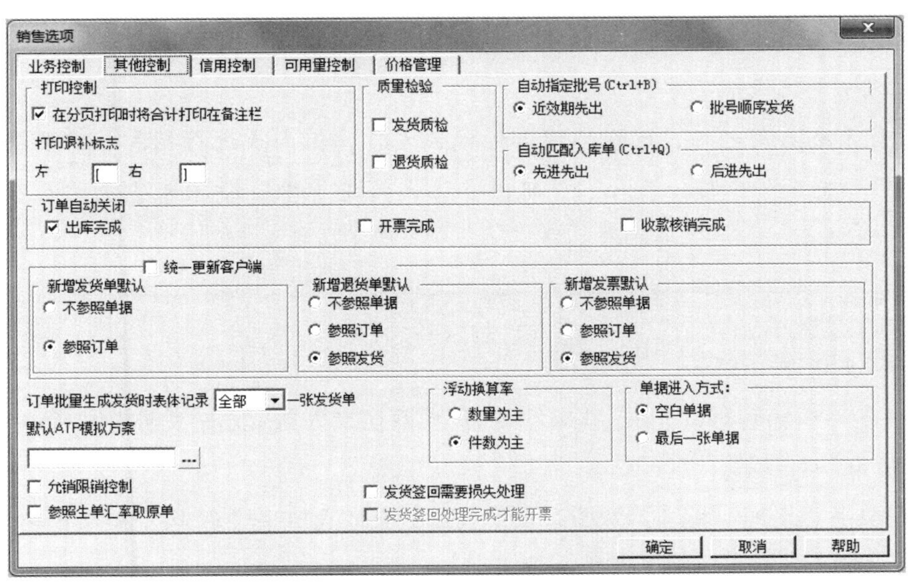

图 2-1-9　“其他控制”选项卡设置

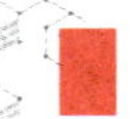

二、期初数据设置

期初数据如下：

2020 年 3 月 12 日，河南大华购买商务 9250 系列计算机 80 台，单价为 6 200 元/台，货物已从产品库发出，收到商业承兑汇票一张。

2020 年 3 月 31 日，江西庐陵订购商务 9550 系列计算机 30 台，单价为 6 500 元/台，货物已从产品库发出。但江西庐陵不能一次性付款，经与新锐公司协商，分两次付款，付款时间为 2020 年 4 月 15 日和 2020 年 6 月 15 日。

知识链接

销售管理系统的期初数据包括期初发货单、期初分期收款发货单和期初委托代销发货单。

1. 期初发货单

截至系统启用之日，已经发出存货，但尚未开具销售发票，也未收到货款，需要在“销售管理”“设置”“期初录入”“期初发货单”中录入期初发货单。

2. 期初分期收款发货单

截至系统启用之日，已经发出存货，但仍有部分尚未开具销售发票，也未收到货款，需要录入期初分期收款发货单，其操作步骤同期初发货单。

3. 期初委托代销发货单

截至系统启用之日，已经办理委托代销发货，但尚未进行结算，需要在“销售管理”“设置”“期初录入”“期初委托代销发货单”中录入期初委托代销发货单。

1. 录入期初发货单

（1）在“销售管理”“设置”中，单击“期初录入”，双击“期初发货单”，打开“期初发货单”对话框。

（2）单击“增加”按钮，按照要求录入信息，依次单击“保存”和“审核”按钮，如图 2-1-10 所示。

（3）完成后关闭“期初发货单”对话框。

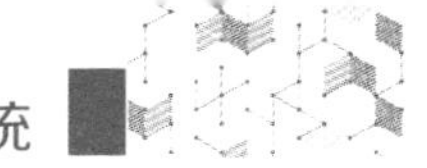

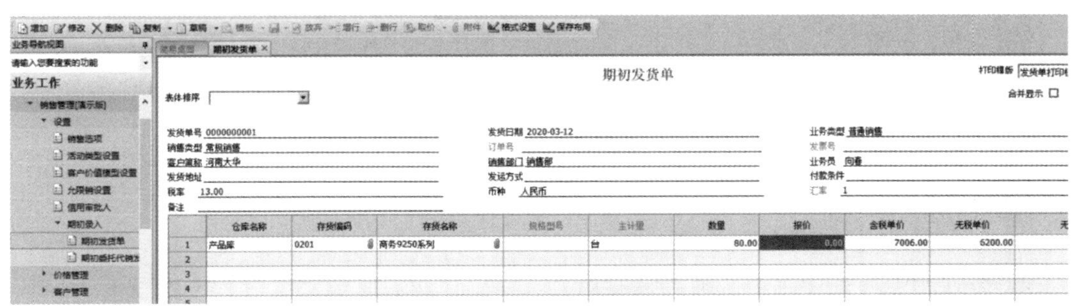

图 2-1-10　录入期初发货单

2. 录入期初分期收款发货单

（1）在“销售管理”“设置”“期初录入”中，双击“期初发货单”，打开“期初发货单”对话框。

（2）单击“增加”按钮，按照要求录入信息，依次单击“保存”和“审核”按钮，如图 2-1-11 所示。“业务类型”必须选择“分期收款”。

（3）完成后关闭“期初发货单”对话框。

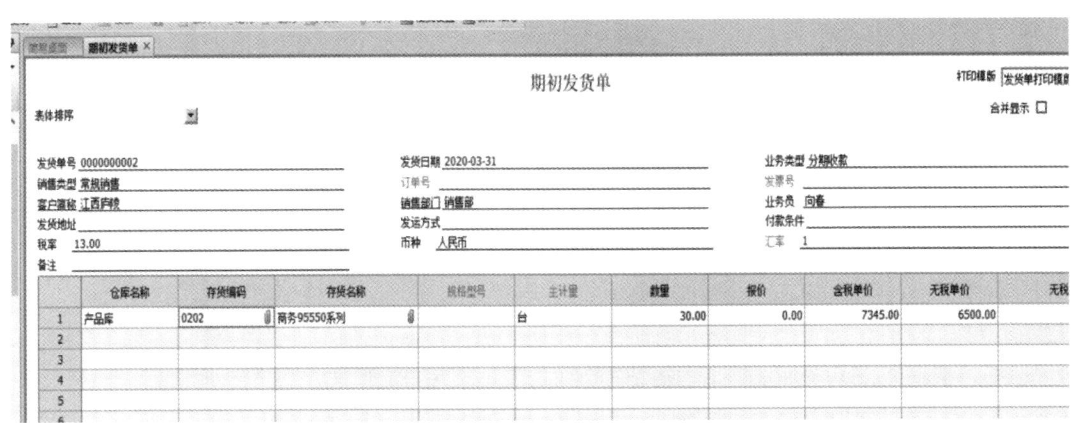

图 2-1-11　录入期初分期收款发货单

系统启用前，分期收款发出商品的期初余额除了在销售管理中录入期初发货单外，还需要在存货核算管理中录入期初数据。由于本模块中销售管理与存货核算管理集成使用，在销售管理中录入期初发货单后，存货核算管理可以直接从销售管理中提取数据，取数依据是审核完毕的期初分期收款发货单，且取数后，销售管理系统不能再录入存货核算管理系统启用前的分期收款发货单。

任务四 库存管理系统初始化

【学习目标】

1. 能理解库存管理系统选项设置的意义，并根据业务需要熟练进行选项设置。
2. 能熟练录入各类库存期初数据。

【任务导入】

请根据新锐公司的业务需要，选用库存管理系统的部分功能，并录入期初数据。

【任务实施】

一、选项设置

功能要求如下：有组装拆卸业务，由库存生成销售出库单，修改现存量的时点均设为审核时修改现存量，出入库检查预计可用量，其他设置均采用系统默认值。

1. 在“业务工作”“供应链”中，单击“库存管理”和“初始设置”，双击“选项”，打开“库存选项设置”对话框。

2. 在“通用设置”选项卡中，勾选“业务设置”中的“有无组装拆卸业务”，以及“业务校验”中的“库存生成销售出库单”和“修改现存量时点”中的全部选项，如图 2-1-12 所示。

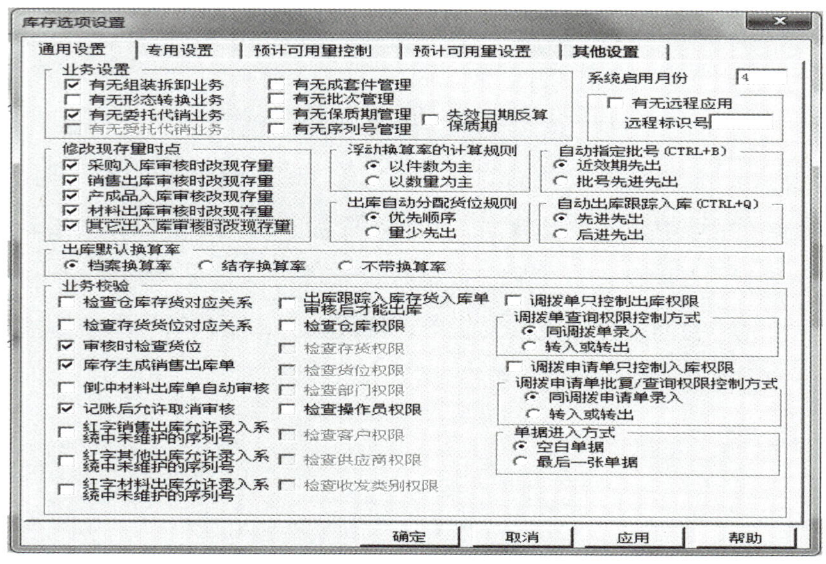

图 2-1-12 “通用设置”选项卡设置

3. 在“预计可用量设置”选项卡中，勾选“出入库检查预计可用量”，单击“确定”按钮，如图 2-1-13 所示。

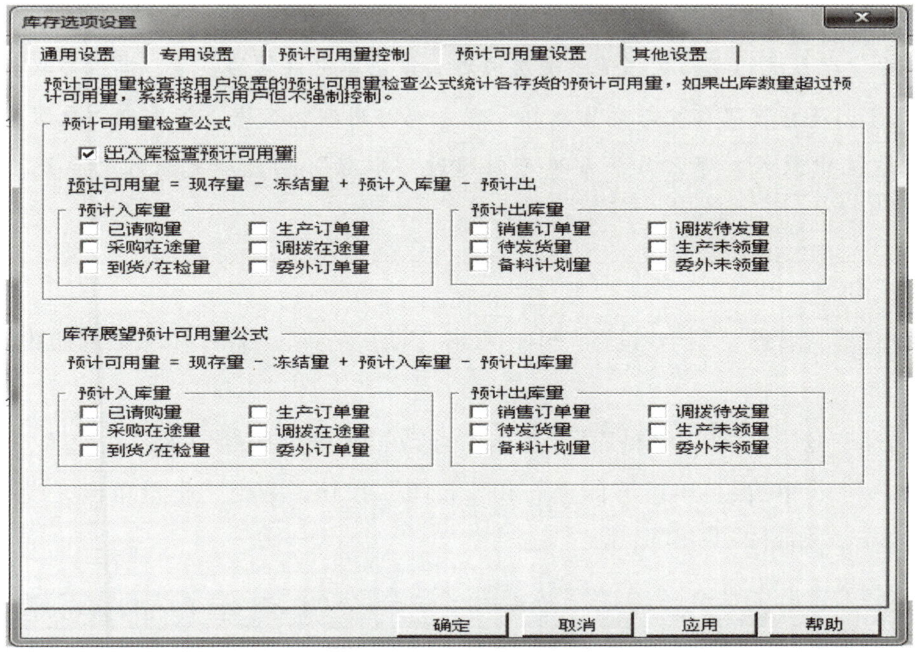

图 2-1-13　“预计可用量设置”选项卡设置

二、期初数据设置

期初数据要求见表 2-1-6。

表 2-1-6　期初数据要求

仓库名称	存货编码	存货名称	数量	单价	金额
原料库	0101	主板	300	100	30 000
	0102	CPU（i7-9250）	5	1 000	5 000
	0105	内存条（8G）	100	50	5 000
	0107	硬盘	50	400	20 000
	0108	显示器	50	600	30 000
产品库	0201	商务 9250 系列	80	6 200	496 000
	0202	商务 9550 系列	30	6 500	195 000
	0203	商务 9850 系列	18	8 500	153 000

知识链接

库存管理系统的期初数据是系统启用之前各仓库中存货的数量、单价等数据。在U8系统中，库存管理系统与存货核算管理系统共用期初数据，如果期初数据先在其中一个系统中录入，那么另一系统可以通过“取数”功能从先录入的系统中获取数据。

1. 在“库存管理”“初始设置”中，双击“期初结存”，打开“库存期初数据录入”对话框。

2. 选择“仓库”为“原料库”，单击“修改”按钮，按照要求依次录入“存货编码”“数量”“单价”，单击“保存”和“批审”按钮，弹出“批量审核完成”，单击“确定”按钮，如图 2-1-14 所示。

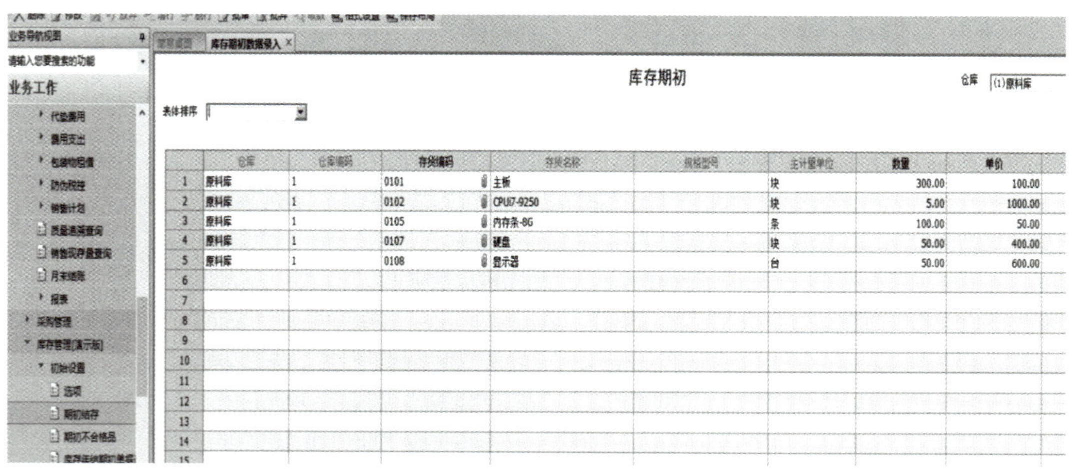

图 2-1-14　库存期初数据录入

3. 产品库的存货期初数据录入方式同第 2 步。

4. 完成后关闭“库存期初数据录入”对话框。

库存期初数据的审核是分仓库、分存货进行的。“审核”功能仅能对当前仓库的一条存货记录进行审核，“批审”功能则可以针对当前仓库的所有存货记录进行审核。

任务五 存货核算管理系统初始化

【学习目标】

1. 能理解存货核算管理系统选项设置的意义，并根据业务需要熟练进行选项设置。

2. 能理解存货核算管理系统科目设置的目的，熟练设置各类科目。

3. 能熟练录入各类期初数据。

【任务导入】

请根据新锐公司的业务需要，选用存货核算管理系统的部分功能，设置相关存货科目，并录入期初数据。

【任务实施】

一、选项设置

功能要求如下：暂估方式为单到回冲，委托代销成本核算方式为按发出商品核算，零成本出库按手工录入，结算单价与暂估单价不一致时需要调整出库成本，其他设置由系统默认。

1. 在“业务工作”“供应链”中，依次单击“存货核算”“初始设置”和“选项”，双击“选项录入”，打开“选项录入”对话框。

2. 在“核算方式”选项卡中，勾选“暂估方式”中的“单到回冲”，以及“委托代销成本核算方式”中的“按发出商品核算”和“零成本出库选择”中的“手工录入”，如图 2-1-15 所示。

3. 在“控制方式”选项卡中，勾选“结算单价与暂估单价不一致是否调整出库成本”，如图 2-1-16 所示。

4. 单击“确定”，弹出“是否保存当前设置?”，单击“是”保存当前设置。

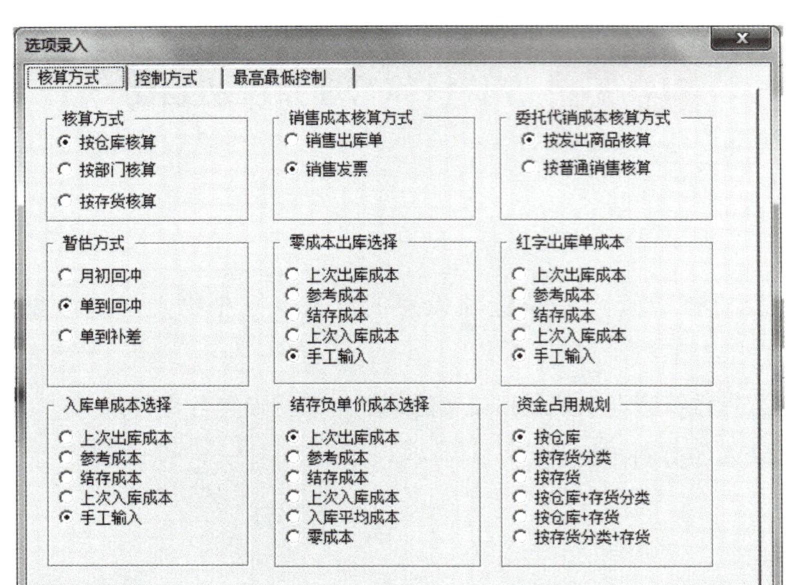

图 2-1-15 “核算方式”选项卡设置

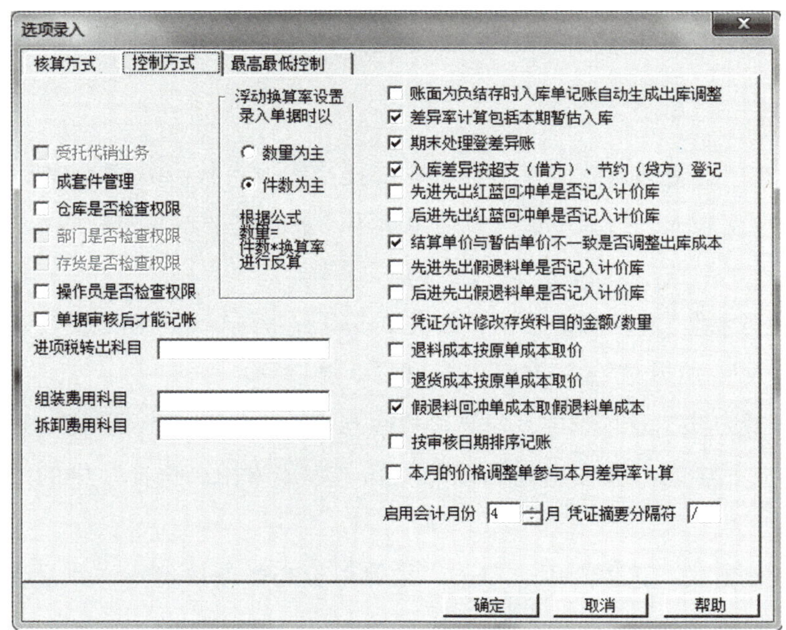

图 2-1-16 “控制方式”选项卡设置

二、科目设置

存货相关科目设置如下：根据存货所属仓库设置存货科目（见表 2-1-7），根据收发类别设置对方科目（见表 2-1-8）。

表 2-1-7 存货科目

仓库名称	存货分类	存货科目	分期收款发出商品科目	委托代销发出商品科目
1 原料库	01 原材料	140301 主板		
2 产品库	02 产成品	1405 库存商品	1406 发出商品	1406 发出商品

表 2-1-8 对方科目

收发类别编码及名称	对方科目编码及名称	暂估科目编码及名称
11 采购入库	1402 在途物资	220202 暂估货款
12 产成品入库	500101 直接材料	
13 盘盈入库	190101 待处理流动资产损溢	
21 销售出库	6401 主营业务成本	
22 材料领用出库	500101 直接材料	
23 委托代销出库	6401 主营业务成本	
24 盘亏出库	190101 待处理流动资产损溢	

知识链接

科目设置主要是设定存货核算系统中生成凭证所需的各类会计科目。以采购入库业务为例，系统会根据记账后的采购入库单自动生成入库凭证，分录如下：

借：原材料

　　贷：在途物资

此凭证中的借方科目是系统根据采购入库单上选择的仓库“原料库”，找到了该仓库对应的存货科目是“原材料”；贷方科目是根据采购入库单上填写的入库类别“采购入库”，找到该类别对应的存货对方科目是“在途物资”。

1. 设置存货科目

（1）在“存货核算”“初始设置”中，单击“科目设置”，双击“存货科目”，打开“存货科目”对话框。

（2）单击“增加”按钮，根据要求录入信息，单击“保存”按钮保存，如图 2-1-17 所示。

（3）完成后单击“退出”按钮，退出“存货科目”对话框。

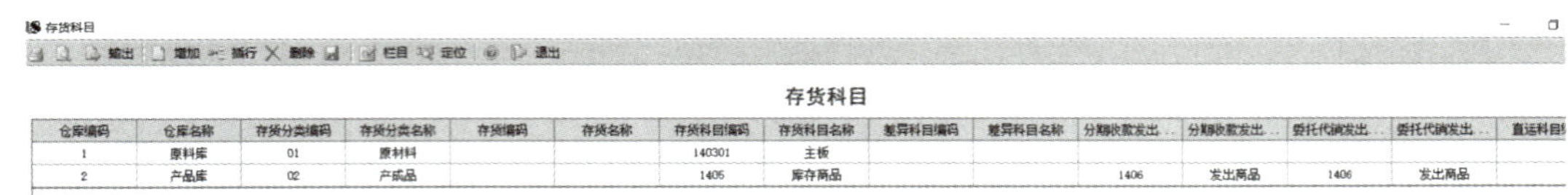

存货科目

仓库编码	仓库名称	存货分类编码	存货分类名称	存货编码	存货名称	存货科目编码	存货科目名称	差异科目编码	差异科目名称	分期收款发出…	分期收款发出…	委托代销发出…	委托代销发出…	直运科目
1	原料库	01	原材料			140301	主板							
2	产品库	02	产成品			1405	库存商品			1406	发出商品	1406	发出商品	

图 2-1-17　设置存货科目

2. 设置对方科目

（1）在“存货核算”“初始设置”“科目设置”中，双击“对方科目”，打开“对方科目”对话框。

（2）单击“增加”按钮，根据要求录入信息，单击“保存”按钮保存，如图 2-1-18 所示。

（3）完成后单击“退出”按钮，退出“对方科目”对话框。

对方科目

收发类别编码	收发类别名称	项目名称	对方科目编码	对方科目名称	暂估科目编码	暂估科目名称
11	采购入库		1402	在途物资	220202	暂估货款
12	产成品入库		500101	直接材料		
13	盘盈入库		190101	待处理流动资产损溢		
21	销售出库		6401	主营业务成本		
22	材料领用出库		500101	直接材料		
23	委托代销出库		6401	主营业务成本		
24	盘亏出库		190101	待处理流动资产损溢		

图 2-1-18　设置对方科目

三、期初数据设置

存货期初数据同库存管理系统，分期收款发出商品期初数据同销售管理系统。

1. 存货期初数据

（1）在“存货核算”“初始设置”中，单击“期初数据”，双击“期初余额”，打开“期初余额”对话框。

（2）选择“仓库”为“1 原料库”，单击“取数”按钮，如图 2-1-19 所示。

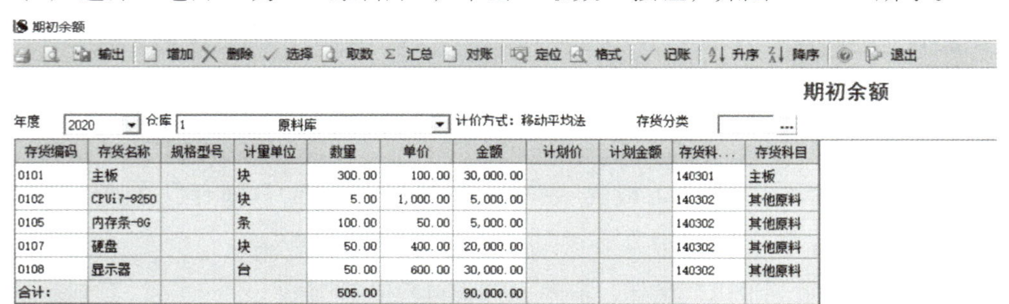

期初余额

年度 2020　仓库 1　原料库　计价方式：移动平均法　存货分类

存货编码	存货名称	规格型号	计量单位	数量	单价	金额	计划价	计划金额	存货科…	存货科目
0101	主板		块	300.00	100.00	30,000.00			140301	主板
0102	CPUi7-9250		块	5.00	1,000.00	5,000.00			140302	其他原料
0105	内存条-8G		条	100.00	50.00	5,000.00			140302	其他原料
0107	硬盘		块	50.00	400.00	20,000.00			140302	其他原料
0108	显示器		台	50.00	600.00	30,000.00			140302	其他原料
合计：				505.00		90,000.00				

图 2-1-19　存货期初余额

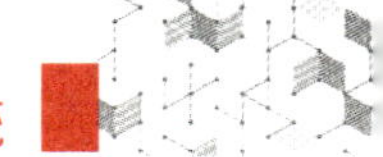

（3）产品库的存货期初数据录入方式同第（2）步。

（4）单击“对账”按钮，打开“库存与存货期初对账查询条件”对话框。

（5）单击“确定”按钮，弹出“对账成功！”提示，单击“确定”按钮，如图 2-1-20 所示。

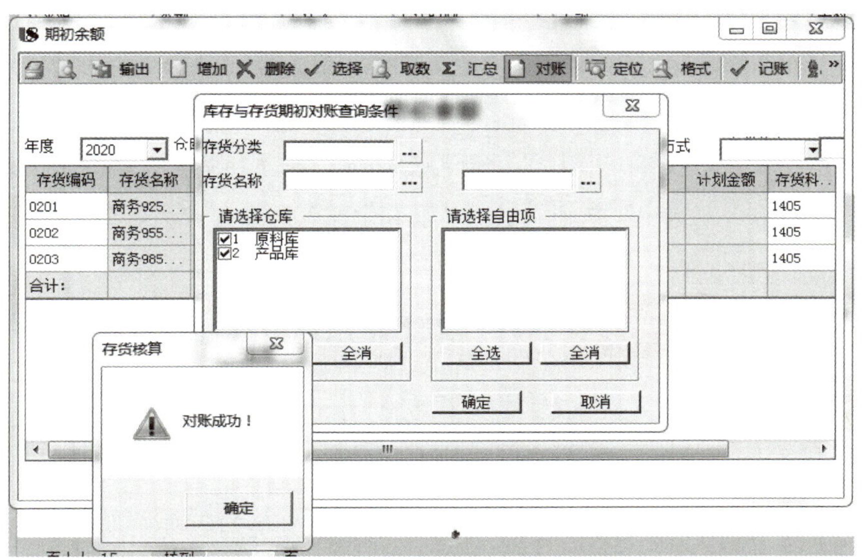

图 2-1-20　库存与存货期初对账

（6）完成后单击“退出”按钮，退出“期初余额”。

2. 分期收款发出商品期初数据

知识链接

分期收款发出商品期初数据只能从销售管理系统中取数，且只有在销售管理系统中录入并审核期初分期收款发货单后才能取数。

（1）在“存货核算”“初始设置”“期初数据”中，双击“期初分期收款发出商品”选项，打开“期初分期收款发出商品”对话框。

（2）单击“取数”按钮，弹出“取数完毕！”提示，单击“确定”按钮。

（3）单击“查询”按钮，打开“期初发出商品查询”对话框。

（4）单击“确定”按钮，可查看期初分期收款发出商品的数据，如图 2-1-21 所示。

（5）完成后单击“退出”按钮，退出“期初分期收款发出商品”对话框。

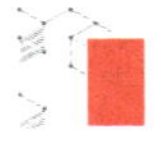

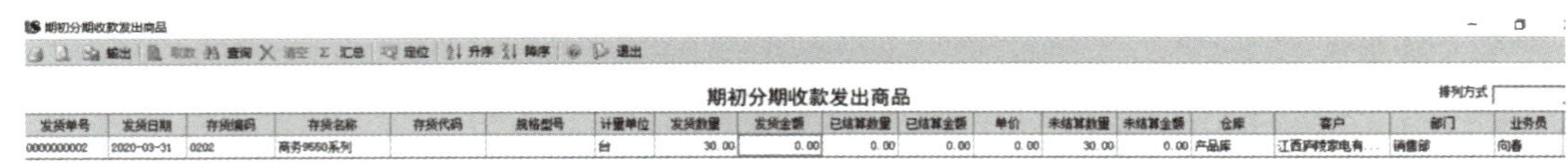

期初分期收款发出商品

发货单号	发货日期	存货编码	存货名称	存货代码	规格型号	计量单位	发货数量	发货金额	已结算数量	已结算金额	单价	未结算数量	未结算金额	仓库	客户	部门	业务员
0000000002	2020-03-31	0202	商务9550系列			台	30.00	0.00	0.00	0.00	0.00	30.00	0.00	产品库	江西[illegible]家电有…	销售部	向春

图 2-1-21　期初分期收款发出商品

3. 存货核算管理系统期初记账

（1）在“存货核算”“初始设置”“期初数据”中，双击“期初余额”，打开“期初余额”对话框。

（2）单击“记账”按钮，弹出“期初记账成功!”提示，单击“确定”按钮。

（3）完成后单击“退出”按钮，退出“期初余额”对话框。

任务六　应付款管理系统初始化

【学习目标】

1. 能理解应付款管理系统选项设置的意义，并根据业务需要熟练进行选项设置。
2. 能理解应付款管理系统科目设置的目的，熟练设置各类科目。
3. 能熟练录入各类期初数据。

【任务导入】

请根据新锐公司的业务需要，选用应付款管理系统的部分功能，完成初始设置，录入期初数据。

【任务实施】

一、选项设置

功能要求如下：单据审核日期依据为单据日期，不控制操作员权限；其他选项采用系统默认。

1. 在“业务工作”中，依次单击“财务会计”“应付款管理”和“设置”，双击“选项”，打开“账套参数设置”对话框。

2. 单击“编辑”，弹出“选项修改需要重新登录才能生效”对话框，单击“确定”按钮。

3. 在“常规”选项卡中，选择“单据审核日期依据”为“单据日期”，如图 2-1-22 所示。在“权限与预警”选项卡中，取消“控制操作员权限”，单击“确定”按钮。

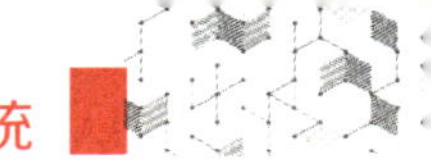

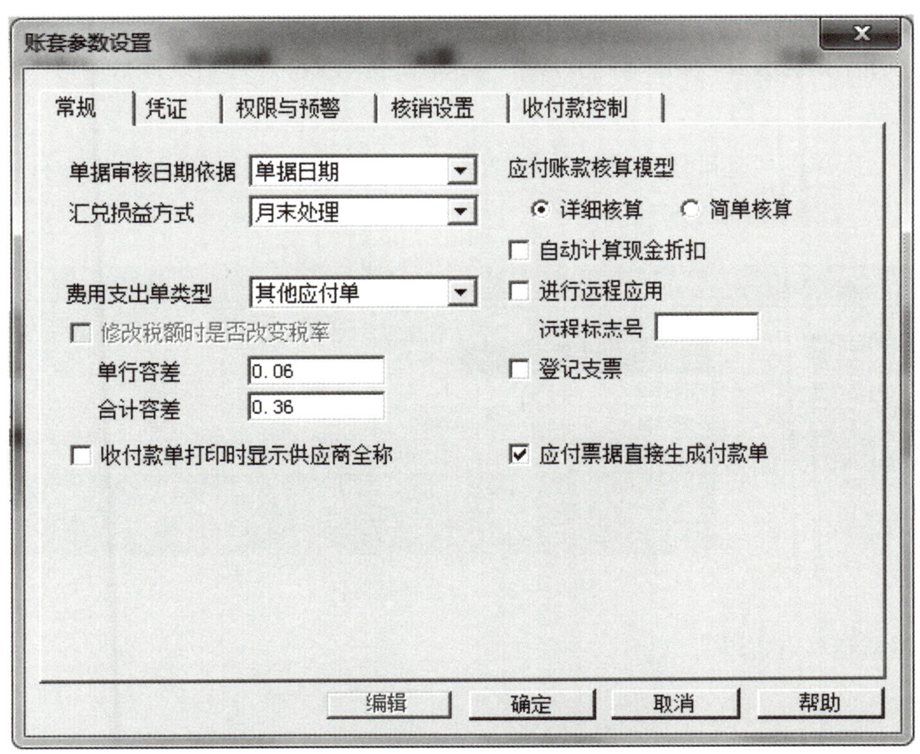

图 2-1-22　应付款管理账套参数设置

二、初始设置

初始设置要求如下：

应付款管理系统的基本科目：应付科目为“应付账款——货款”，预付科目为“预付账款”，采购科目为“在途物资”，税金科目为“应交税费——应交增值税（进项税额）”。

应付款管理系统结算方式科目：现金结算的对应科目为“库存现金”，支票结算、银行汇票、网银转账的对应科目均为“银行存款——工行存款”。

知识链接

应付款管理系统的科目设置是指预先设定应付款业务中常用的会计科目，以便在生成凭证时将业务对应的会计科目自动带出，简化凭证生成的操作。在“应付款管理”“设置”“初始设置”中设置的科目必须是最末级科目，且基本科目设置中的应付科目和预付科目还必须是应付系统的受控科目。

1. 设置基础科目

（1）在“财务会计”“应付款管理”“设置”中，双击“初始设置”，打开“初始设置”对话框。

（2）依次单击“基础科目设置”和“增加”，按照要求依次录入“基础科目种类”和“科目”，如图 2-1-23 所示。

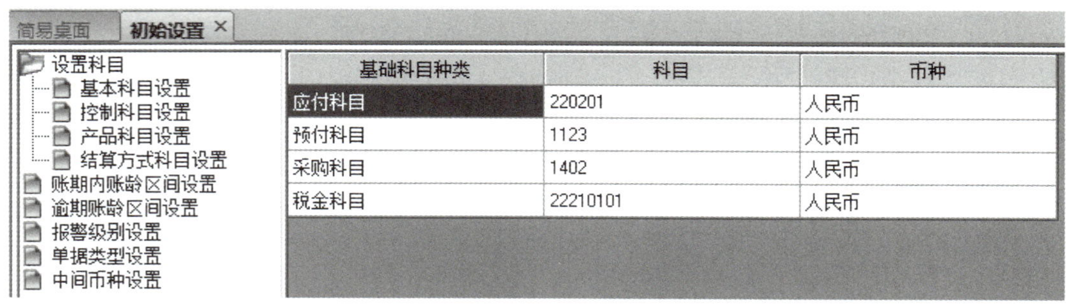

图 2-1-23　设置基础科目

2. 设置结算方式科目

（1）在“初始设置”对话框中，依次单击“结算方式科目设置”和“增加”，按照要求依次录入“结算方式”“币种”和“科目”，如图 2-1-24 所示。

（2）完成后关闭“初始设置”对话框。

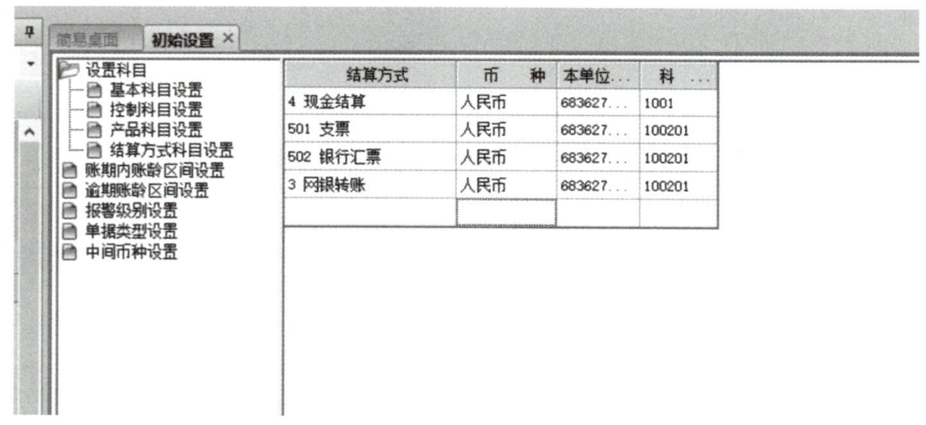

图 2-1-24　设置结算方式科目

三、期初数据设置

期初数据见表 2-1-9，应付账款以应付单形式录入。

表 2-1-9　期初数据

日期	供应商	科目	金额	业务员
2020 年 03 月 12 日	江苏南江	220202 应付账款——暂估货款	14 000	章曼

知识链接

应付款管理系统的期初数据是指系统启用前单位仍欠供应商货款的记录。在应付款管理系统中，期初数据以单据的形式录入，以便于后续业务中进行核销、转账处理。

1. 以应付单形式录入期初余额

（1）单击“应付款管理”“设置”“期初余额”，在“期初余额—查询”对话框中单击“确定”按钮，打开“期初余额明细表”。

（2）单击“增加”按钮，单据名称选择“应付单”。

（3）单击“确定”按钮，按照要求录入内容，单击“保存”按钮，如图 2-1-25 所示。

（4）完成后关闭“应付单”，返回“期初余额”对话框，单击“刷新”按钮。

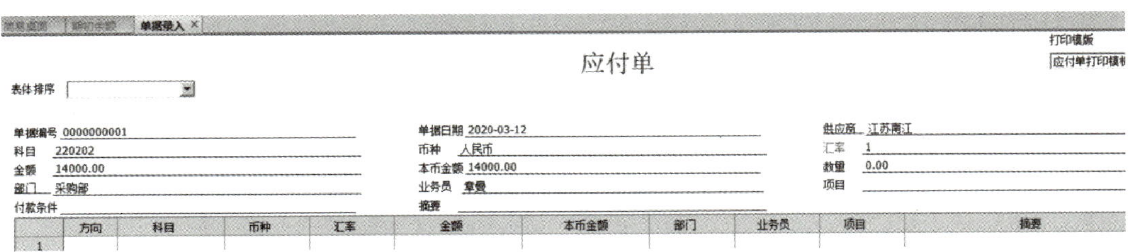

图 2-1-25　应付单

2. 与总账管理系统对账

（1）在“期初余额”对话框中，单击“对账”，打开“期初对账”对话框。

（2）查看“差额”一栏的数据，如果“差额”为0，表示对账成功，如图 2-1-26 所示。

（3）对账成功后，依次关闭“期初对账”和“期初余额”对话框。

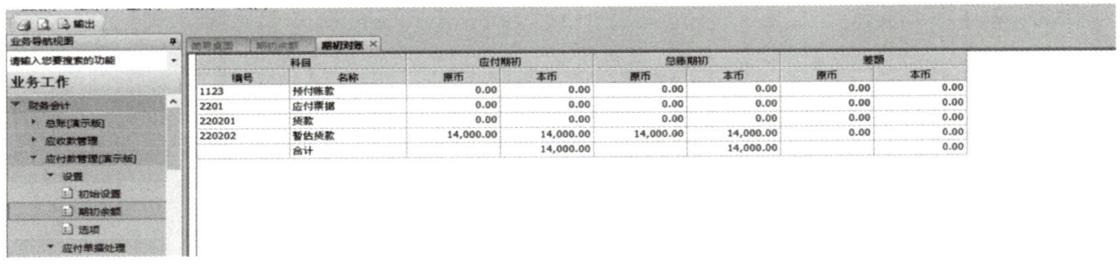

科目		应付期初		总账期初		差额	
编号	名称	原币	本币	原币	本币	原币	本币
1123	预付账款	0.00	0.00	0.00	0.00	0.00	0.00
2201	应付票据	0.00	0.00	0.00	0.00	0.00	0.00
220201	货款	0.00	0.00	0.00	0.00	0.00	0.00
220202	暂估货款	14,000.00	14,000.00	14,000.00	14,000.00	0.00	0.00
	合计		14,000.00		14,000.00		0.00

图 2-1-26　期初对账

任务七 应收款管理系统初始化

【学习目标】

1. 能理解应收款管理系统选项设置的意义，并根据业务需要熟练进行选项设置。
2. 能理解应收款管理系统科目设置的目的，熟练设置各类科目。
3. 能熟练录入各类期初数据。

【任务导入】

请根据新锐公司的业务需要，选用应收款管理系统的部分功能，完成初始设置，录入期初数据。

【任务实施】

一、选项设置

功能要求如下：单据审核日期依据为单据日期，坏账处理方式为应收余额百分比法，自动计算现金折扣，不控制操作员权限，其他选项采用系统默认。

1. 在“业务工作”“财务会计”中，依次单击“应收款管理”和“设置”，双击“选项”，打开“账套参数设置”对话框。

2. 单击“编辑”按钮，弹出“选项修改需要重新登录才能生效”，单击“确定”按钮。

3. 在“常规”选项卡中，选择“单据审核日期依据”为“单据日期”，选择“坏账处理方式”为“应收余额百分比法”，勾选“自动计算现金折扣”，如图2-1-27所示。在“权限与预警”选项卡中取消“控制操作员权限”，单击“确定”按钮。

二、初始设置

应收款管理基本科目：应收科目为“应收账款”，预收科目为“预收账款”，销售收入科目为“主营业务收入”，税金科目为“应交税费——应交增值税（销项税额）”，商业承兑、银行承兑科目为“应收票据”。

应收款管理结算方式科目：现金结算的对应科目为“库存现金”，支票结算、网银转账、银行汇票的对应科目均为“银行存款——工行存款”。

坏账准备参数：提取比率为0.5%，坏账准备期初余额为0，坏账准备科目为“坏账准备”，对方科目为“资产减值损失”。

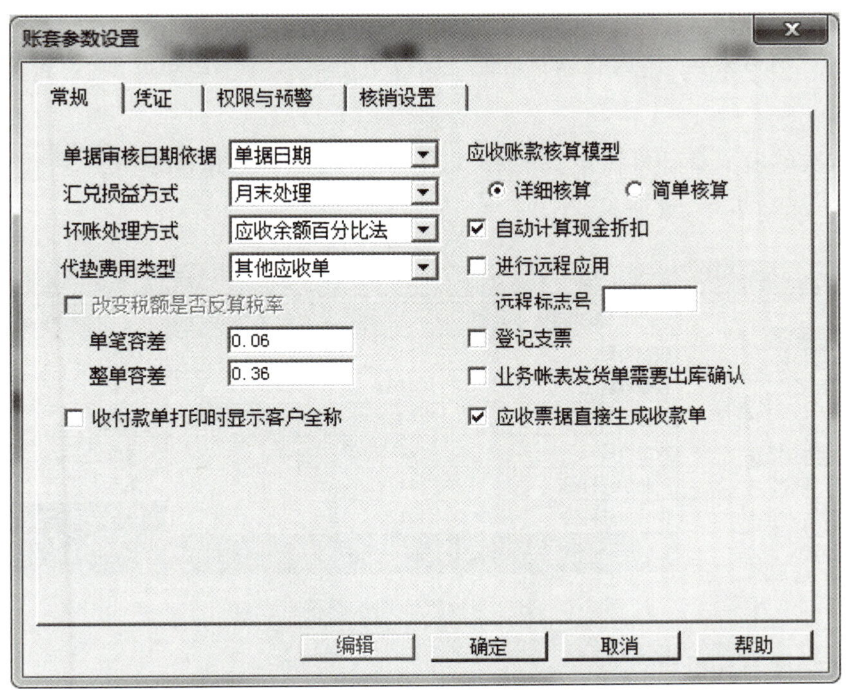

图 2-1-27　应收款管理账套参数设置

设置账期内账龄区间和逾期账龄区间，见表 2-1-10。

表 2-1-10　账期内账龄区间和逾期账龄区间

序号	起止天数	总天数
01	0~30	30
02	31~60	60
03	61~90	90
04	91 以上	

知识链接

坏账准备设置是指预先设定坏账准备的提取比率、坏账准备科目和对方科目，录入坏账准备期初余额，以便系统在期末自动计提坏账准备。坏账准备期初余额在第一次使用应收款管理系统时直接录入，以后年度由系统自动生成，且不能修改。

账龄区间设置是指将尚未收回的应收账款按照欠款时间的长短划分区间，以便于对应收账款进行账龄分析。

1. 设置基本科目

（1）在“财务会计”“应收款管理”“设置”中，双击“初始设置”，打开“初始设置”对话框。

（2）依次单击“基础科目设置”和“增加”，按照要求依次录入“基础科目种类”和“科目”，如图 2-1-28 所示。

简易桌面　初始设置

设置科目
基本科目设置
控制科目设置
产品科目设置
结算方式科目设置
坏账准备设置
账期内账龄区间设置
逾期账龄区间设置
报警级别设置
单据类型设置
中间币种设置

基础科目种类	科目	币种
应收科目	1122	人民币
预收科目	2203	人民币
销售收入科目	6001	人民币
税金科目	22210102	人民币
商业承兑科目	1121	人民币
银行承兑科目	1121	人民币

图 2-1-28　应收款管理基础科目设置

2. 设置结算方式科目

在“初始设置”对话框中，依次单击“结算方式科目设置”和“增加”，按照要求依次录入“结算方式”“币种”和“科目”，如图 2-1-29 所示。

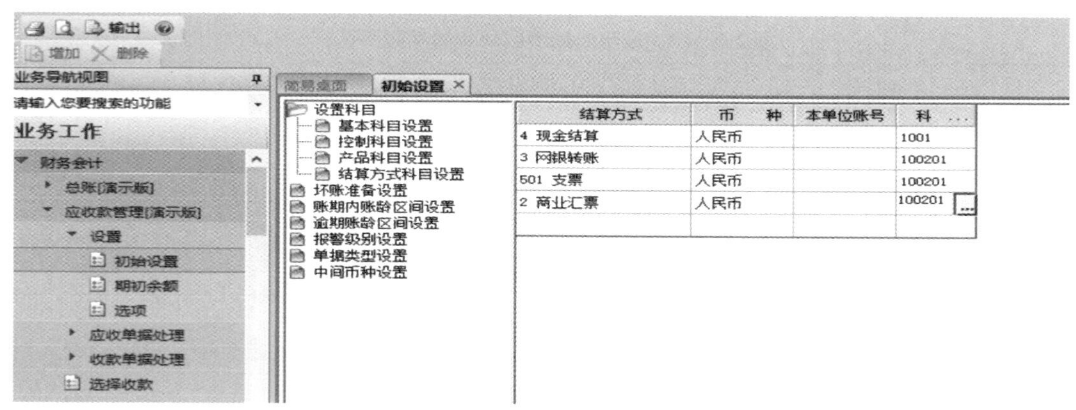

图 2-1-29　应收款管理结算方式科目设置

3. 设置坏账准备

在“初始设置”对话框中，单击“坏账准备设置”，按照要求依次录入“提取比率”“坏账准备期初余额”“坏账准备科目”和“对方科目”，单击“确定”按钮，弹出“储存完毕”，单击“确定”按钮，如图 2-1-30 所示。

4. 设置账龄区间

（1）在“初始设置”对话框中，单击“账期内账龄区间设置”，按照要求在第一行录入“总天数”为“30”，按下回车键，分别在“总天数”一栏第二行和第三行录入

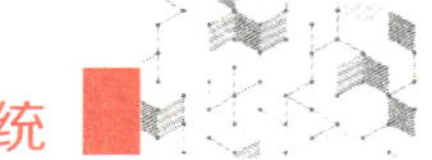

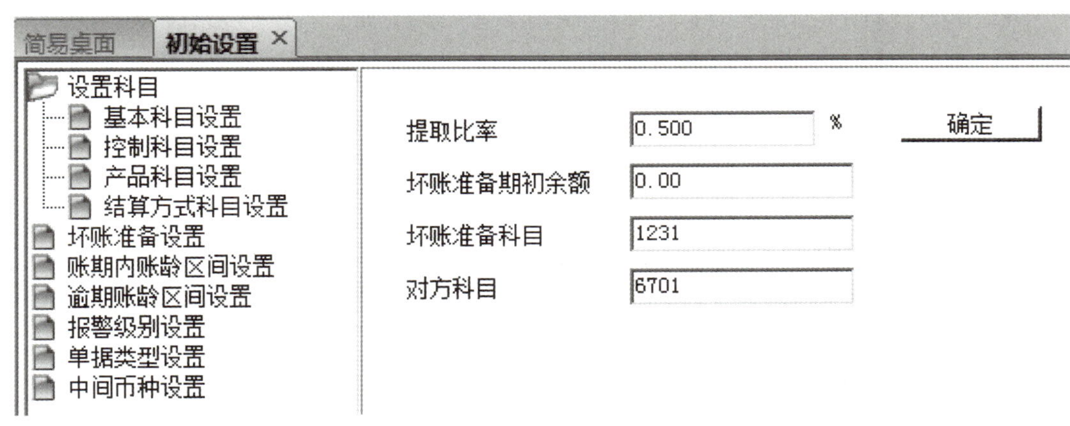

图 2-1-30　应收款管理坏账准备设置

“60”和“90”后按下回车键，如图 2-1-31 所示。

（2）逾期账龄区间设置同第（1）步。

（3）完成后关闭“初始设置”对话框。

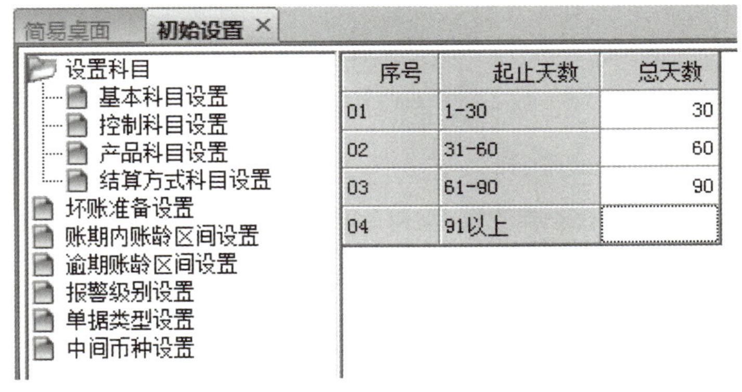

图 2-1-31　应收款管理账龄区间设置

三、期初数据设置

期初数据要求如下：

3 月 31 日，向江西庐陵家电有限公司销售商务 9550 系列计算机 30 台，不含税单价为 6 500 元/台，税率为 13%，增值税专用发票已开具，尚未收到货款。

3 月 12 日，收到河南大华签发的商业承兑汇票一张，票号编号为 SY0310，面值为 560 480 元，签发日期为 2020 年 3 月 12 日，到期日为 2020 年 6 月 12 日。

1. 以期初销售发票形式录入期初余额

（1）在“财务会计”“应收款管理”“设置”中，双击“期初余额”，打开“期初余额—查询”对话框。

（2）单击“确定”按钮，打开“期初余额”对话框。

（3）单击“增加”按钮，打开“单据类别”对话框。

（4）单击“确定”按钮，打开“期初销售发票”对话框。

（5）单击“增加”按钮，按照要求录入内容，单击“保存”按钮，如图 2-1-32 所示。

（6）完成后关闭“期初销售发票”对话框，返回“期初余额”对话框，单击“刷新”按钮。

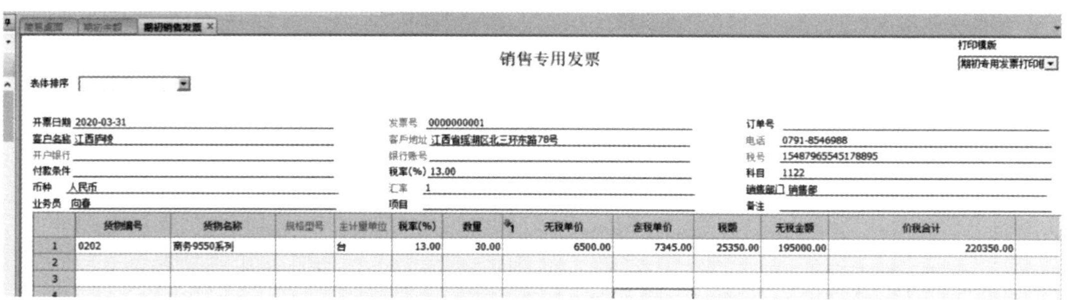

图 2-1-32 “期初销售发票”对话框

2. 以期初票据形式录入期初余额

（1）在“期初余额”对话框中，单击“增加”按钮，打开“单据类别”对话框。

（2）选择“单据名称”为“应收票据”，选择“单据类型”为“商业承兑汇票”，单击“确定”按钮，打开“期初单据录入”对话框。

（3）单击“增加”按钮，按照要求录入内容，单击“保存”按钮，如图 2-1-33 所示。

（4）完成后关闭“期初单据录入”对话框，返回“期初余额”对话框，单击“刷新”按钮。

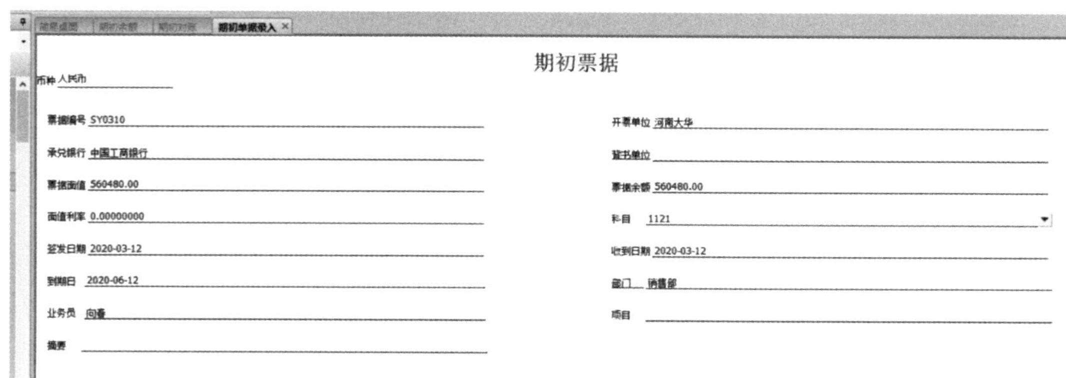

图 2-1-33 “期初单据录入”对话框

3. 与总账管理系统对账

（1）在“期初余额”对话框中，单击“对账”，打开“期初对账”对话框。

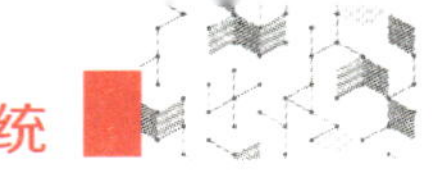

（2）查看“差额”一栏的数据，如果“差额”为0，表示对账成功，如图2-1-34所示。

（3）对账成功后，依次关闭“期初对账”对话框和“期初余额”对话框。

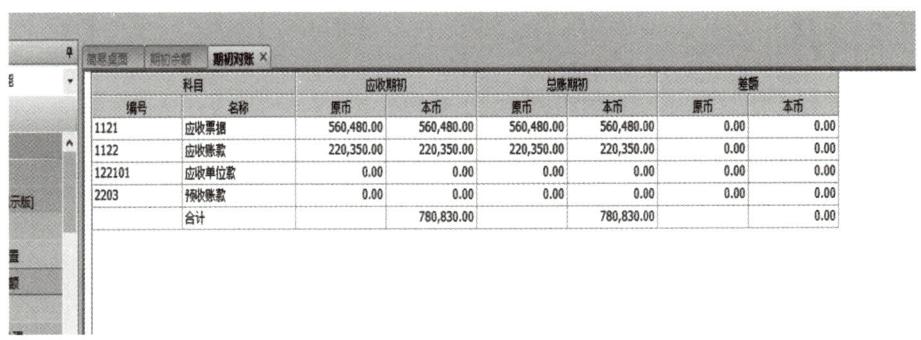

图2-1-34　“期初对账”对话框

项目实训

一、设置仓库档案（见表2-1-11）

表2-1-11　仓库档案

仓库编码	仓库名称	计价方式
1	原料库	移动平均法
2	产品库	移动平均法

二、设置收发类别（见表2-1-12）

表2-1-12　收发类别

收发类别编号	收发类别名称	收发标志	收发类别编号	收发类别名称	收发标志
1	入库	收	2	出库	发
11	采购入库	收	21	销售出库	发
12	产成品入库	收	22	材料领用出库	发
13	盘盈入库	收	23	委托代销出库	发
14	调拨入库	收	24	盘亏出库	发
15	采购退货	收	25	调拨出库	发
16	其他入库	收	26	销售退货	发
			27	其他出库	发

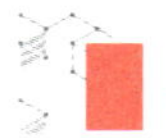

三、设置采购类型（见表 2-1-13）

表 2-1-13　采购类型

采购类型编码	采购类型名称	入库类别	是否默认值
01	普通采购	采购入库	是
02	采购退货	采购退货	否

四、设置销售类型（见表 2-1-14）

表 2-1-14　销售类型

销售类型编码	销售类型名称	出库类别	是否默认值
01	常规销售	销售出库	是
02	期初销售	销售出库	否
03	直运销售	销售出库	否
04	委托代销	委托代销出库	否
05	销售退货	销售退货	否

五、设置非合理损耗类型（见表 2-1-15）

表 2-1-15　非合理损耗类型

非合理损耗类型编码	非合理损耗类型名称	是否默认值
01	运输方责任	是

六、完成采购管理系统选项设置

功能要求如下：采购单据默认税率为 13%，其他选项采用系统默认。

七、完成采购管理系统期初数据的录入

期初数据如下：2020 年 12 月 12 日，从江苏米娜采购棉布 70 匹，材料已验收入库，至今尚未收到发票，暂估入库。棉布的暂估单价为 100 元/匹。

八、完成采购管理系统期初记账

九、完成销售管理系统选项设置

功能要求如下：有零售日报业务、有委托代销业务、有分期收款业务、有直运销售业务，报价不含税，普通销售、委托代销、分期收款必有订单，新增退货单参照发货、新增发票参照发货生成，订单自动关闭的条件为出库完成，其他设置采用系统默认值。

十、完成销售管理系统期初数据的设置

期初数据如下：

2020 年 12 月 10 日，安徽普宁购买运动裤 1 000 条，单价为 120 元/条，货物已从产

品库发出，收到商业承兑汇票一张。

2020 年 12 月 10 日，江西盘龙订购连衣裙 1 000 件，单价为 195 元/件，货物已从产品库发出。但江西盘龙不能一次性付款，经与我公司协商，需要分两次付款，付款时间为 2021 年 1 月 15 日和 2021 年 3 月 15 日。

十一、完成库存管理系统选项设置

功能要求如下：有组装拆卸业务，由库存生成销售出库单，修改现存量的时点均设为审核时修改现存量，出入库检查预计可用量，其他设置均采用系统默认值。

十二、完成库存管理系统期初数据（见表 2-1-16）

表 2-1-16　期初数据要求

仓库名称	存货编码	存货名称	数量	单价	金额
原料库	0101	棉布	300	100	30 000
	0102	麻布	100	100	10 000
	0103	丝绸	200	150	30 000
	0104	纱料	200	50	10 000
	0105	拉链	1 000	10	10 000
产品库	0201	运动裤	3 000	120	360 000
	0202	连衣裙	1 000	195	195 000
	0203	衬衣	1 000	287	287 000

十三、完成存货核算选项设置

功能要求如下：暂估方式为单到回冲，委托代销成本核算方式为按发出商品核算，零成本出库按手工录入，结算单价与暂估单价不一致时需要调整出库成本，其他设置由系统默认。

十四、存货科目设置

存货相关科目设置如下：

1. 根据存货所属仓库设置存货科目（见表 2-1-17）

表 2-1-17　存货科目

仓库名称	存货分类	存货科目	分期收款发出商品科目	委托代销发出商品科目
1 原料库	01 原材料	1403 原材料		
2 产品库	02 产成品	1405 库存商品	1406 发出商品	1406 发出商品

2. 根据收发类别设置对方科目（见表 2-1-18）

表 2-1-18　对方科目

收发类别编码及名称	对方科目名称	暂估科目编码及名称
11 采购入库	1402 在途物资	220202 暂估货款
12 产成品入库	500101 直接材料	
13 盘盈入库	190101 待处理流动资产损溢	
21 销售出库	6401 主营业务成本	
22 材料领用出库	500101 直接材料	
23 委托代销出库	6401 主营业务成本	
24 盘亏出库	190101 待处理流动资产损溢	

十五、设置存货期初数据

存货期初数据同库存管理系统，分期收款发出商品的期初数据同销售管理系统。

十六、完成应付款管理系统选项设置

功能要求如下：单据审核日期依据为单据日期，其他选项采用系统默认。

十七、完成应付款科目初始设置

初始设置要求如下：

1. 应付款管理系统的基本科目：应付科目为“应付账款——货款”，预付科目为“预付账款”，采购科目为“在途物资”，税金科目为“应交税费——应交增值税（进项税额）”。

2. 应付款管理系统结算方式科目：现金结算的对应科目为“库存现金”，支票结算、银行汇票网银转账的对应科目均为“银行存款——工行存款”。

十八、设置应付款期初数据

期初数据见表 2-1-19，应付账款以应付单形式录入。

表 2-1-19　期初数据

日期	供应商	科目	金额	业务员
2020 年 12 月 12 日	江苏米娜	220202 应付账款——暂估货款	7 000	章曼

十九、完成应收款管理系统选项设置

功能要求如下：单据审核日期依据为单据日期，坏账处理方式为应收余额百分比法，自动计算现金折扣，其他选项采用系统默认。

二十、完成应收款科目初始设置

初始设置要求如下：

1. 应收款管理基本科目：应收科目为“应收账款”，预收科目为“预收账款”，销售收入科目为“主营业务收入”，税金科目为“应交税费——应交增值税（销项税额）”，商业承兑、银行承兑科目为“应收票据”。

2. 应收款管理结算方式科目：现金结算的对应科目为“库存现金”，支票结算、网银转账、银行汇票的对应科目均为“银行存款——工行存款”。

3. 坏账准备参数：提取比率为 0.5%，坏账准备期初余额为 0，坏账准备科目为“坏账准备”，对方科目为“资产减值损失”。

4. 设置账期内账龄区间和逾期账龄区间，见表 2-1-20。

表 2-1-20　账期内账龄区间和逾期账龄区间

序号	起止天数	总天数
01	0～30	30
02	31～60	60
03	61～90	90
04	91 以上	

二十一、设置应收款期初数据

期初数据要求如下：

2020 年 12 月 10 日，向江西盘龙销售连衣裙 1 000 件，不含税单价为 195 元/件，税率为 13%，增值税专用发票已开具，尚未收到货款。

2020 年 12 月 10 日，收到安徽普宁签发商业承兑汇票一张，票号编号为 058763，面值为 135 600 元，签发日期为 2020 年 12 月 10 日，到期日为 2021 年 3 月 12 日。

思考与练习

1. 采购管理系统的期初数据包括哪几类？如何录入？
2. 销售管理系统的期初数据包括哪几类？如何录入？
3. 库存管理系统和存货核算管理系统的期初数据如何录入？

项目二 采购管理

工作流程图

打开采购管理系统

普通采购业务

采购请购	业务工作	供应链	采购管理	请购	请购单
采购订货	供应链	采购管理	采购订货	采购订单	增加
采购到货	供应链	采购管理	采购到货	到货单	增加
采购入库	供应链	库存管理	入库业务	采购入库单	生单
填制发票	供应链	采购管理	采购发票	专用采购发票	增加
采购结算	采购管理	采购结算	自动结算	选择结算模式	确定
审核发票	财务会计	应付款管理	应付单据处理	应付单据审核	选择供应商
入库单记账	供应链	存货核算	业务核算	正常单据记账	选择仓库

其他采购业务

采购现付	录入、审核采购订单	录入、审核采购入库单	录入发票、现付处理	采购结算	审核发票、制单
采购运费	录入、审核采购订单	录入、审核采购入库单	录入采购发票、运费发票	采购结算	审核发票、记账、制单
暂估入库业务	填制发票	采购结算	结算成本处理	审核发票并制单	生成入库凭证
入库损耗业务	录入、审核采购订单	录入、审核采购入库单	录入采购发票	采购结算	审核采购发票、生成制单凭证
采购退货业务	录入、审核采购退货单	录入、审核红字采购入库单	录入红字发票	采购结算	审核红字专用发票并制单、红字入库单记账并制单

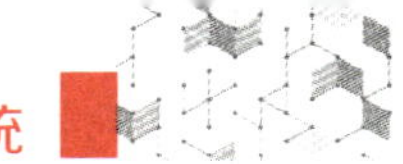

任务一 普通采购业务

【学习目标】

1. 能了解采购请购的步骤，学会填制并审核采购请购单。
2. 能了解采购订货的含义，学会填制并审核采购订单。
3. 能了解采购到货的含义，学会填制并审核采购到货单。
4. 能掌握采购入库的处理流程，学会填制并审核采购入库单。
5. 能理解采购发票的重要意义，学会填制并审核采购发票。
6. 能理解采购结算的重要作用，学会执行采购结算。
7. 能掌握采购单据的传递过程，学会审核发票及发票制单。
8. 能理解采购记账的含义，学会采购记账操作及生成凭证。

【任务导入】

请根据业务内容，按照用户权限，以正确的操作员和操作日期登录企业应用平台，处理相关采购业务。

【任务实施】

一、采购请购

2020 年 4 月 1 日，生产部提出采购键盘 200 个的申请，要求 4 月 5 日前到货。采购员向多家供应商询价，其中，河北天华报价最为合理，不含税单价为 180 元/个。

请根据业务需求，要求采购员章曼（编号 1105）于 2020 年 4 月 1 日完成采购请购。

知识链接

采购请购是指企业内部的各个部门向采购部门提出申请，或采购部门汇总企业内部的采购需求列出采购清单。请购是采购业务的起点，在采购业务处理流程中，请购环节可以省略。

1. 登录企业应用平台

以采购人员“1105 章曼”的身份登录企业应用平台，操作日期为 2020 年 4 月 1 日。

2. 录入采购请购单

（1）依次单击“业务工作”“供应链”“采购管理”和“请购”，双击“请购单”，打开“采购请购单”对话框。

（2）单击“增加”按钮，选择“请购部门”为“生产部”。

（3）按照要求，依次录入“存货编码”“数量”“本币单价”“需求日期”和“供应商”，单击“保存”按钮，如图2-2-1所示。

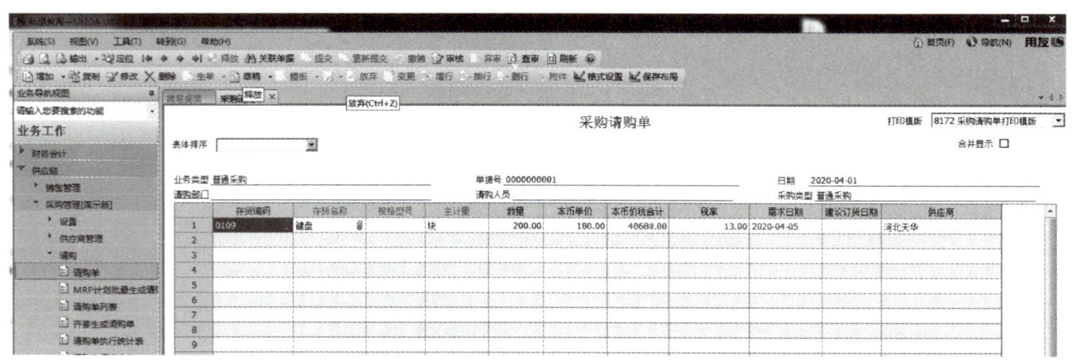

图2-2-1　录入采购请购单

3. 审核采购请购单

（1）单击“审核”按钮，完成对采购请购单的审核。

（2）完成后关闭“采购请购单”对话框。

审核后的采购请购单不能直接修改或删除，需要先单击“弃审”按钮，再修改或删除。

二、采购订货

2日，与河北天华签订采购合同，完成采购订货。

知识链接

采购订货是指企业与供应商签订采购合同或协议，确定要货需求。在采购业务处理流程中，订货环节是非必需的。采购订单可以直接录入，也可以参照其他单据生成。

1. 更改操作日期

（1）单击“重注册”，打开“登录”。

（2）修改操作日期为2020年4月2日，单击“登录”。

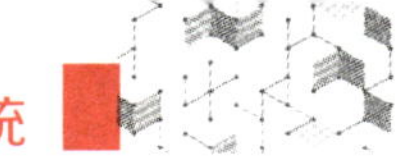

2. 录入采购订单

（1）依次单击“供应链”“采购管理”和“采购订货”，双击“采购订单”，打开“采购订单”对话框。

（2）依次单击“增加”“生单”和“请购单”，打开“查询条件选择—采购请购单列表过滤”对话框。

（3）单击“确定”按钮，打开“拷贝并执行”对话框。

（4）双击选择要参照的请购单，单击“OK 确定”自动返回“采购订单”对话框，单击“保存”按钮，如图 2-2-2 所示。

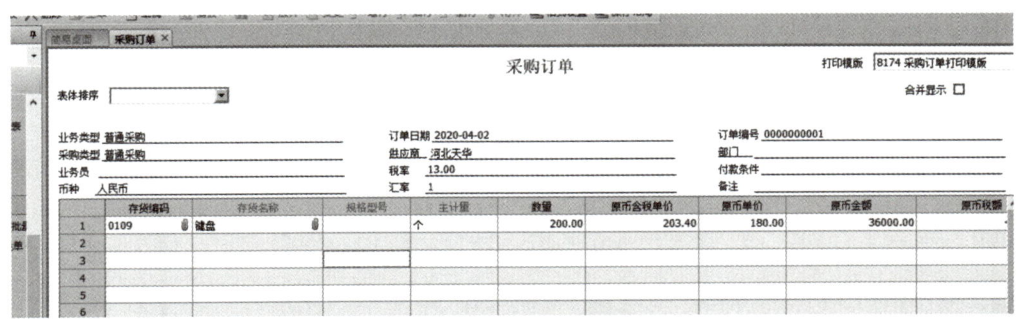

图 2-2-2　录入采购订单

3. 审核采购订单

（1）单击“审核”按钮，完成对采购订单的审核。

（2）完成后关闭“采购订单”对话框。

通过“生单”功能根据上游单据拷贝生成下游单据后，上游单据不能直接弃审、修改、删除，必须删除下游单据后，才能执行上游单据的“弃审”操作。

采购订单审核后，可在“采购订单执行统计表”中查询。

三、采购到货

5 日，收到所订的 200 个键盘。

知识链接

采购到货是采购订货和采购入库的中间环节，一般由采购人员根据供应商的通知或送货单填写，确认对方所送货物的名称、数量、价格等信息，以到货单的形式传递给仓储部门作为仓储人员收货的依据，或传递到质检部门作为质检人员检验的依据。

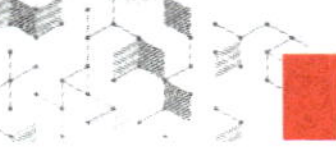

在采购业务处理流程中，到货处理也是可选可不选的。采购到货单可以直接录入，也可以参照已审核未关闭的采购订单生成。

1. 录入到货单

（1）重新登录企业应用平台，操作日期为2020年4月5日。

（2）依次单击“供应链”“采购管理”和“采购到货”，双击“到货单”，打开“到货单”对话框。

（3）依次单击“增加”“生单”和“采购订单”，打开“查询条件选择—采购订单列表过滤”对话框。

（4）单击“确定”按钮，打开“拷贝并执行”对话框。

（5）双击选择要参照的采购订单，单击“OK确定”按钮。

（6）录入“部门”为“采购部”，单击“保存”按钮，如图2-2-3所示。

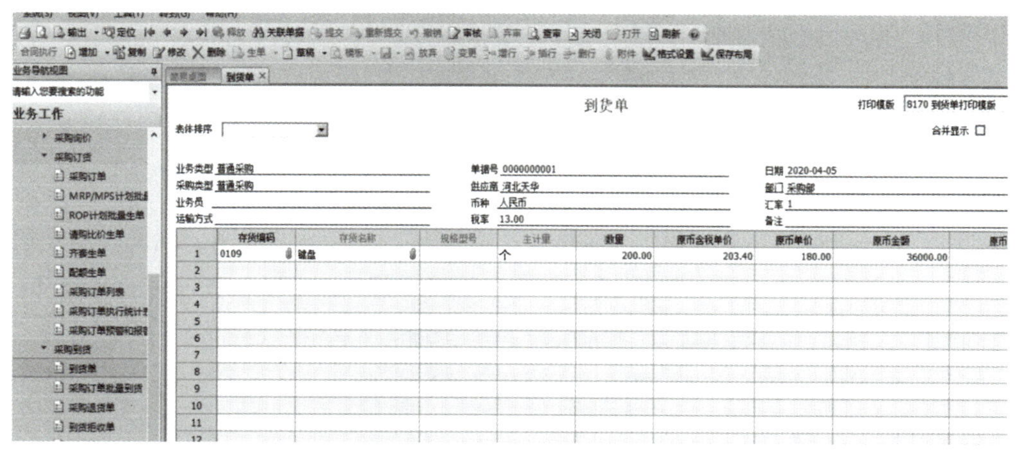

图 2-2-3　录入到货单

2. 审核到货单

（1）单击“审核”按钮，完成对到货单的审核。

（2）完成后关闭“到货单”对话框。

通过“生单”功能生成的采购到货单，如果其内容与采购订单不完全相同，可以直接手工修改。

四、采购入库

5日，采购的键盘经仓管部仓管员谢训（编号1106）检验合格，入原料库。

知识链接

采购入库是仓储部门确认物料检验合格后办理的入库手续。在采购业务处理流程中，入库处理是必备手续。当采购管理系统与库存管理系统集成使用时，入库业务在库存管理系统中处理。采购入库单是仓储人员根据采购到货实际签收的数量填制的业务单据，可以手工录入，也可以根据已审核未关闭的采购订单或采购到货单生成。

1. 更换操作员

以仓管员“1106 谢训”的身份登录企业应用平台，操作日期为 2020 年 4 月 5 日。在操作过程中，应根据业务性质，按照操作权限，及时更换操作员。

2. 录入采购入库单

（1）依次单击“供应链”“库存管理”和“入库业务”，双击“采购入库单”，打开“采购入库单”对话框。

（2）单击“生单”和“采购到货单（蓝字）”，打开“查询条件选择—采购到货单列表”对话框。

（3）单击“确定”按钮，打开“到货单生单列表”对话框。

（4）双击选择要参照的到货单，单击“OK 确定”按钮。

（5）选择“仓库”为“原料库”，单击“保存”按钮，如图 2-2-4 所示。

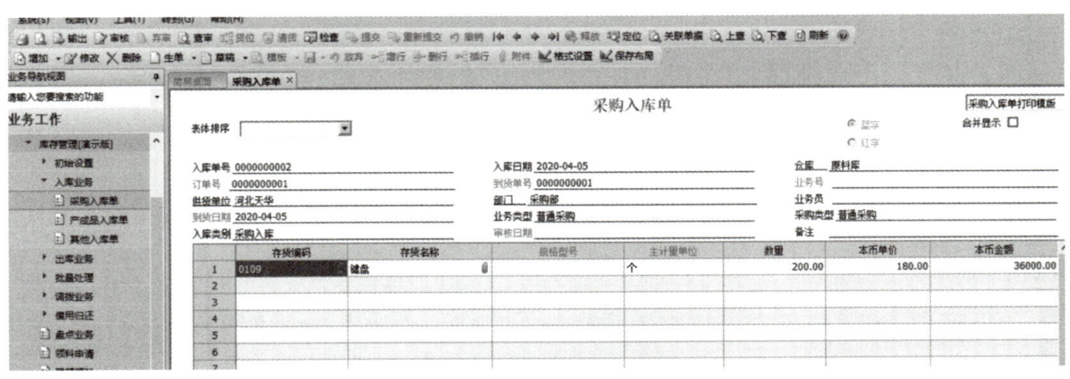

图 2-2-4　录入采购入库单

3. 审核采购入库单

（1）单击“审核”按钮，弹出“该单据审核成功!”提示，单击“确定”按钮，完成对采购入库单的审核。

（2）完成后关闭“采购入库单”对话框。

只有采购管理系统、库存管理系统集成使用时，库存管理系统才能够通过“生单”功能生成采购入库单。

如果采购管理系统设置了“必有订单业务模式”，采购入库单就不能手工录入，只能通过“生单”功能参照生成。

在库存管理系统录入或生成的采购入库单在采购管理系统中可以查看，但不能修改或删除。

五、填制发票

6日，收到河北天华开具的增值税专用发票，由采购员章曼（编号1105）负责录入。

知识链接

采购发票是供应商开具的销售货物的凭证，系统根据采购发票确定采购成本，并据此登记应付账款。采购发票既可以直接填制，也可以参照采购订单、采购入库单或其他采购发票生成。

1. 更换操作员

以采购人员“1105 章曼”的身份登录企业应用平台，操作日期为2020年4月6日。

2. 录入采购发票

（1）依次单击“供应链”“采购管理”和“采购发票”，双击“专用采购发票”，打开“专用发票”对话框。

（2）依次单击“增加”“生单”和“入库单”，打开“查询条件选择—采购入库单列表过滤”对话框。

（3）单击“确定”按钮，打开“拷贝并执行”。

（4）双击选择要参照的采购入库单，单击“OK 确定”和“保存”按钮，如图2-2-5所示。

如果采购管理系统设置了“普通采购必有订单”，采购发票就不能手工录入，只能通过“生单”功能参照生成。

（5）完成后，关闭“专用发票”对话框。

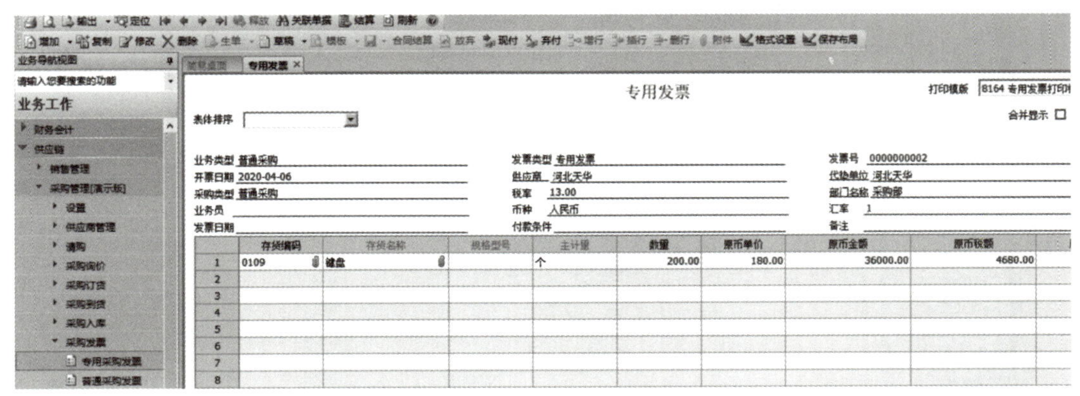

图 2-2-5　录入采购发票

六、采购结算

6 日，根据采购入库单和采购发票结算入库成本。

知识链接

采购结算又称采购报账，是系统针对采购入库单，根据采购发票确定其采购成本的一种方式。执行“采购结算”后，采购发票上的单价会写到采购入库单上，以此确定其实际入库成本，同时生成采购结算单，用以记载采购入库单与采购发票的对应关系。采购结算分为自动结算和手工结算两种方式。自动结算是系统自动将供货单位相同、存货相同、数量相同的采购入库单和采购发票进行结算。手工结算则可以进行入库单与发票结算、红字入库单与蓝字入库单结算、红字发票与蓝字发票结算、费用发票结算等。

1. 在“采购管理”中，单击“采购结算”，双击“自动结算”，打开“查询条件选择—采购自动结算”对话框。

2. 选择“结算模式”为“入库单和发票”，单击“确定”按钮，弹出成功提示，单击“确定”按钮，如图 2-2-6 所示。

自动结算也可直接在采购发票上单击“结算”执行。结算结果可在“采购结算”“结算单列表”中查看。

执行采购结算后，采购发票和采购入库单均不能进行修改或删除。

如需修改或删除已经结算的发票或采购入库单，可在“结算单列表”中打开相应的结算单并删除，之后再进行发票或采购入库单的修改、删除操作。

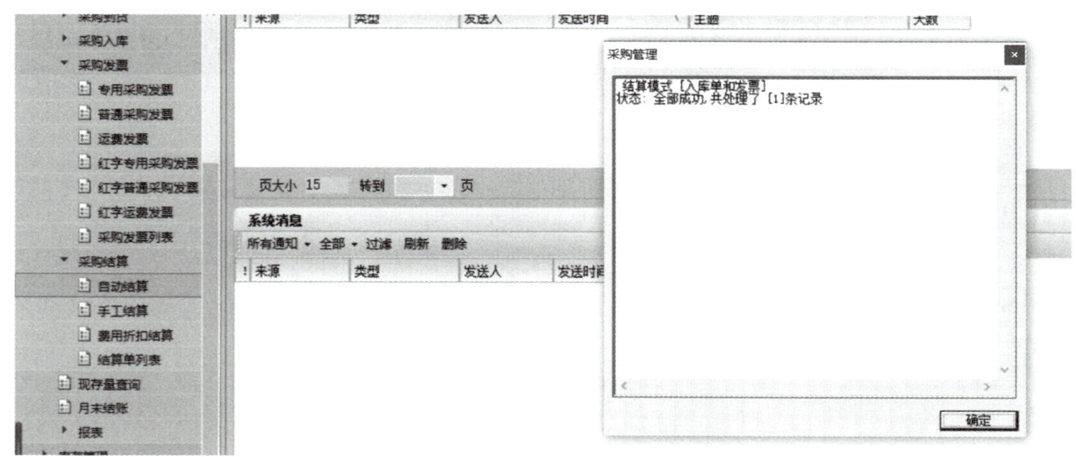

图 2-2-6　采购结算

七、审核发票并制单

6 日，财务人员赵照（编号 1103）审核采购发票，根据采购发票生成转账凭证。

知识链接

确认应付款是指采购结算后，采购发票会自动传递到应付款管理系统中，由应付会计审核后确定为应付款，并生成应付凭证的操作过程。

应付凭证的会计分录为：

借：在途物资

应交税费——应交增值税（进项税额）

贷：应付账款

1. 更换操作员

以财务人员“1103 赵照”的身份登录企业应用平台，操作日期为 2020 年 4 月 6 日。

2. 审核采购发票（应付单）

（1）依次单击“财务会计”“应付款管理”和“应付单据处理”，双击“应付单据审核”，打开“应付单查询条件”对话框。

（2）选择“供应商”为“河北天华贸易有限公司”，单击“确定”按钮，打开“单据处理”对话框。

（3）双击选择要审核的单据，单击“审核”按钮，弹出审核成功的提示，单击“确定”按钮，如图 2-2-7 所示。

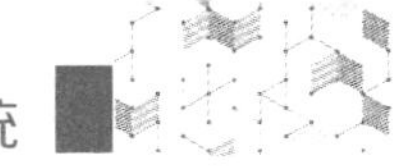

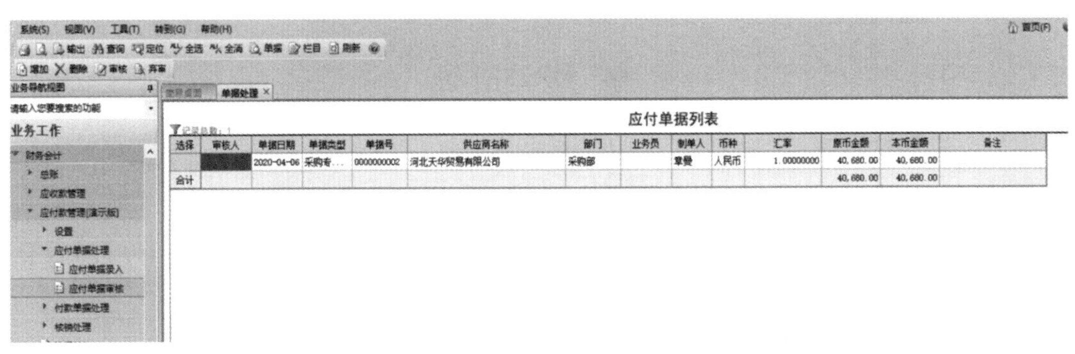

图 2-2-7　应付单审核

（4）完成后关闭“单据处理”对话框。

此处的“应付单据”即为采购发票。

3. 生成应付凭证

（1）双击“应付款管理”中的“制单处理”，打开“制单查询”对话框。

（2）选择“发票制单”，单击“确定”按钮，打开“制单”对话框。

（3）单击“全选”，修改“凭证类别”为“转账凭证”，如图 2-2-8 所示。

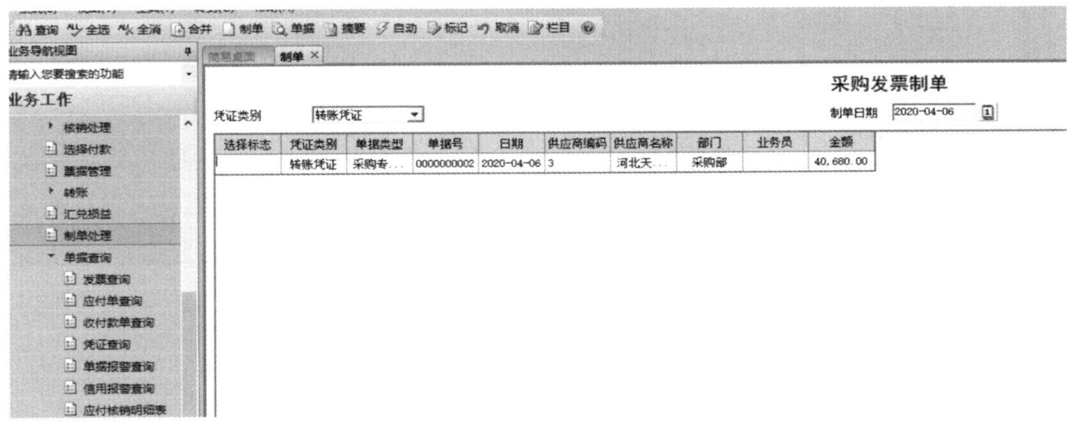

图 2-2-8　采购发票制单

（4）单击“制单”按钮，打开“填制凭证”对话框。

（5）单击“保存”按钮，凭证左上角显示“已生成”，如图 2-2-9 所示。

（6）完成后依次关闭“填制凭证”和“制单”对话框。

因发票尚未付款，在发票制单中生成的记账凭证为应付凭证。

已生成

转 账 凭 证

转 字 0006　　制单日期：2020.04.06　　审核日期：　　附单据数：1

摘 要	科目名称	借方金额	贷方金额
采购专用发票	在途物资	3600000	
采购专用发票	应交税费/应交增值税/进项税额	468000	
采购专用发票	应付账款/货款		4068000
票号 日期　数量 单价	合 计	4068000	4068000

备注　项 目　　部 门
个 人　　客 户
业务员

记账　审核　出纳　制单 赵照

图 2-2-9　转账凭证

八、入库单记账并生成入库凭证

6 日，登记存货明细账，生成入库凭证。

知识链接

采购记账是存货会计根据审核无误的采购入库单在存货核算系统进行的记账操作，用以确认采购成本、登记存货明细账。采购记账后还需在存货核算系统进行制单处理，生成入库凭证。

入库凭证的会计分录为：

借：原材料

　贷：在途物资

1. 执行入库单记账

（1）依次单击“供应链”“存货核算”和“业务核算”，双击“正常单据记账”，打开“查询条件选择”对话框。

（2）选择“仓库”为“原料库”，单击“确定”按钮，打开“未记账单据一览表”对话框，如图 2-2-10 所示。

（3）双击选择要记账的单据，单击“记账”按钮，弹出“记账成功”提示，单击“确定”按钮。

（4）完成后关闭“未记账单据一览表”对话框。

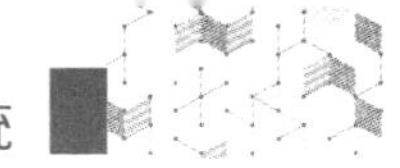

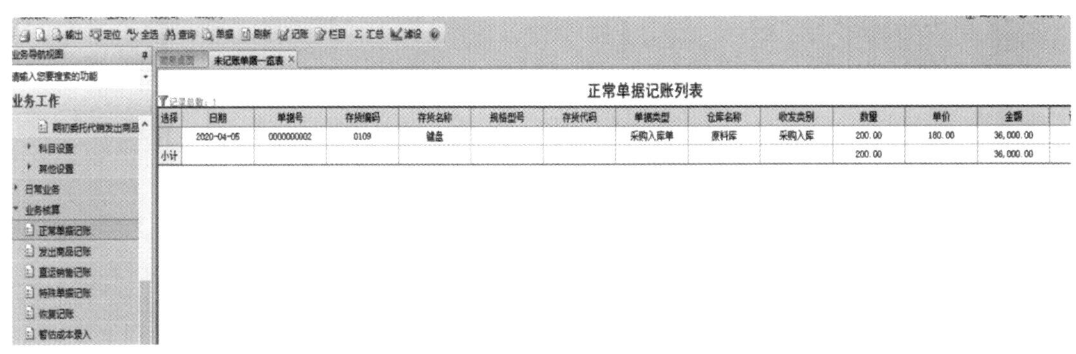

图 2-2-10　正常单据记账列表

2. 生成入库凭证

（1）在“存货核算”中，单击“财务核算”，双击“生成凭证”，打开“生成凭证”对话框。

（2）单击“选择”，打开“查询条件”对话框。

（3）勾选“（01）采购入库单（报销记账）”，单击“确定”按钮，打开“选择单据”对话框，如图 2-2-11 所示。

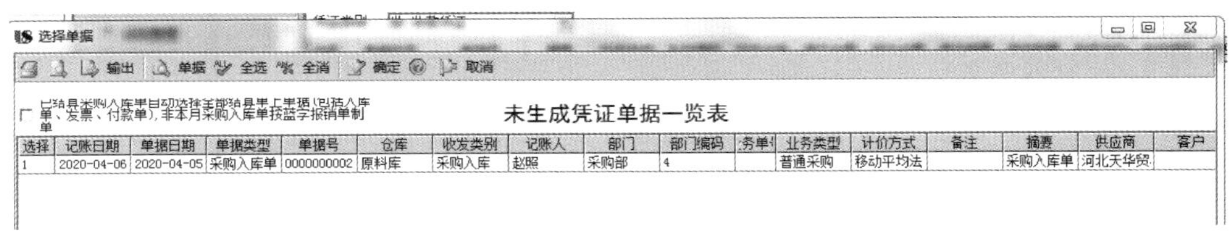

图 2-2-11　未生成凭证单据一览表

（4）选择要制单的单据，单击“确定”按钮，打开“生成凭证”对话框。

（5）修改“凭证类别”为“转账凭证”，如图 2-2-12 所示。

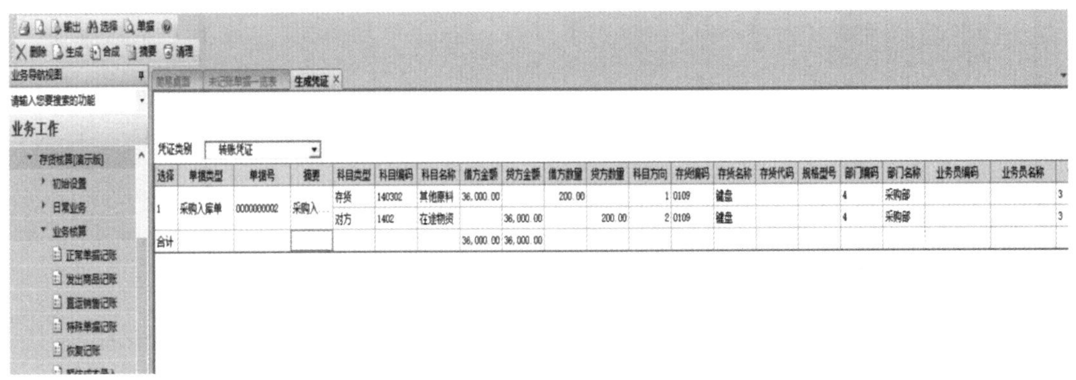

图 2-2-12　修改“凭证类别”为“转账凭证”

（6）单击“生成”，打开“填制凭证”对话框。

（7）单击“保存”，左上角显示“已生成”，如图 2-2-13 所示。

（8）完成后依次关闭“填制凭证”对话框和“生成凭证”对话框。

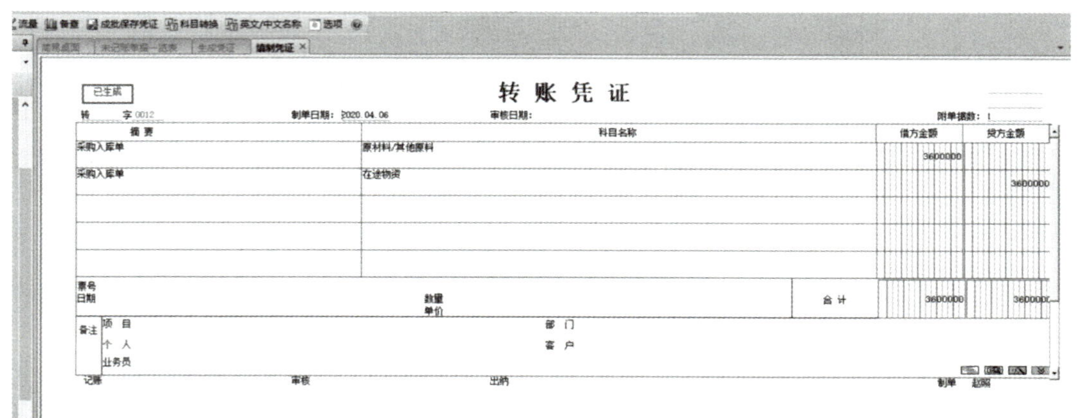

图 2-2-13　转账凭证

任务拓展

1. 删除入库凭证

（1）依次单击“供应链”“存货核算”和“财务核算”，双击“凭证列表”，打开“查询条件”对话框。

（2）单击“确定”按钮，打开“凭证列表”对话框。

（3）选择要删除的凭证，单击“删除”按钮，弹出“确实要删除选中的凭证吗?”提示，单击“确定”按钮。

2. 删除应付凭证

（1）依次单击“财务会计”“应付款管理”和“单据查询”，双击“凭证查询”，打开“凭证查询条件”对话框。

（2）单击“确定”按钮，打开“凭证查询”对话框。

（3）选择要删除的凭证，单击“删除”按钮，弹出“确定要删除此凭证吗?”提示，单击“是”按钮。

3. 取消正常单据记账

（1）依次单击“供应链”“存货核算”和“业务核算”，双击“恢复记账”，打开“恢复记账”对话框。

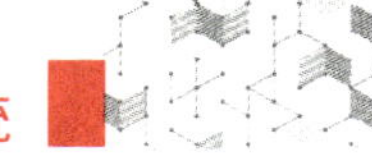

（2）选择单据，单击“恢复”按钮，弹出“恢复记账成功。”提示，单击“确定”按钮。

4. 取消采购结算

（1）依次单击“供应链”“采购管理”和“采购结算”，双击“结算单列表”，打开“查询条件选择—采购结算单”对话框，单击“确定”按钮。

（2）选择单据，单击“删除”按钮，弹出“确实要删除该张单据吗?”提示。

（3）单击“是”按钮，弹出单据删除成功的提示，单击“确定”按钮。

任务二　其他采购业务

【学习目标】

1. 能掌握采购现付的操作步骤，熟练进行采购现付业务的处理。

2. 能掌握采购运费的处理方法，熟练进行采购运费业务的处理。

3. 能了解不同暂估入库方式的区别，掌握结算成本处理的操作步骤，熟练进行暂估入库业务的处理。

4. 能掌握入库损耗业务的采购结算处理，熟练进行入库损耗业务的处理。

5. 能识别不同时点采购退货业务处理的区别，熟练进行退货业务的处理。

【任务导入】

请根据业务内容，按照用户权限，以正确的操作员和日期登录企业应用平台，处理采购现付业务、采购运费业务、暂估入库业务、入库损耗业务和采购退货业务。

【任务实施】

一、采购现付业务

9 日，采购部向上海大坤订购电源 100 个，无税单价为 200 元/个，机箱 100 个，无税单价为 200 元/个。同日，收到货物及发票，仓管部验收入原料库，同时，财务部以转账支票（票号为 ZP202）支付货款。

知识链接

采购现付业务是指在采购业务发生时，立即向供应商支付货款的业务。它与普通采购业务仅在发票处理上存在不同，请购、订货、到货、入库、结算、记账等操作均是相同的。采购现付业务是在取得采购发票的同时支付货款，因此，无须录入付款单和进行核销处理。

1. 录入、审核采购订单

（1）以采购人员“1105 章曼”的身份登录企业应用平台，操作日期为 2020 年 4 月 9 日。

（2）在采购管理系统中，录入一张采购订单并审核，如图 2-2-14 所示。

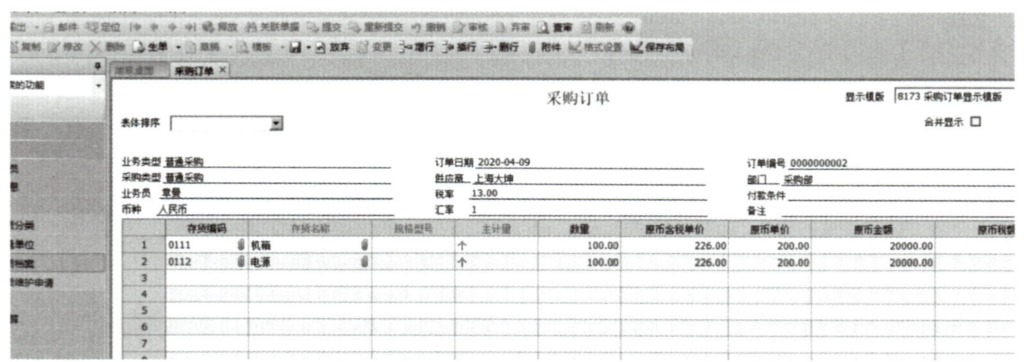

图 2-2-14　录入、审核采购订单

2. 录入、审核采购入库单

（1）以仓管人员“1106 谢训”的身份重新登录企业应用平台，操作日期为 2020 年 4 月 9 日。

（2）在库存管理系统中，根据采购订单生成采购入库单并审核，如图 2-2-15 所示。

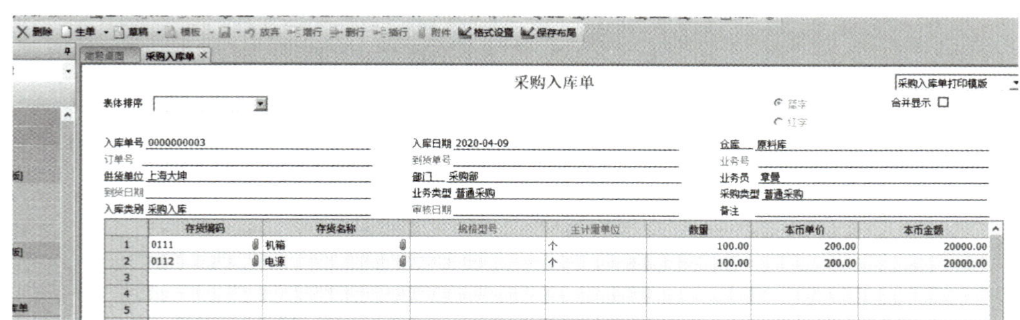

图 2-2-15　录入、审核采购入库单

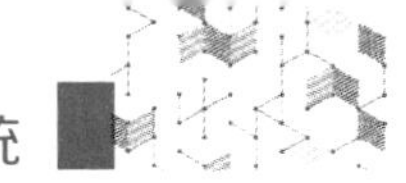

3. 录入发票、现付处理

（1）以“1105 章曼”的身份登录企业应用平台，操作日期为 2020 年 4 月 9 日。

（2）依次单击“供应链”“采购管理”和“采购发票”，双击“专用采购发票”，打开“专用发票”对话框。

（3）依次单击“增加”“生单”和“入库单”，打开“查询条件选择—采购入库单列表过滤”对话框。

（4）单击“确定”按钮，打开“拷贝并执行”对话框。

（5）选择要参照的入库单，单击“OK 确定”和“保存”按钮。

（6）单击“现付”，打开“采购现付”对话框。按照要求依次录入“结算方式”“原币金额”和“票据号”，如图 2-2-16 所示。

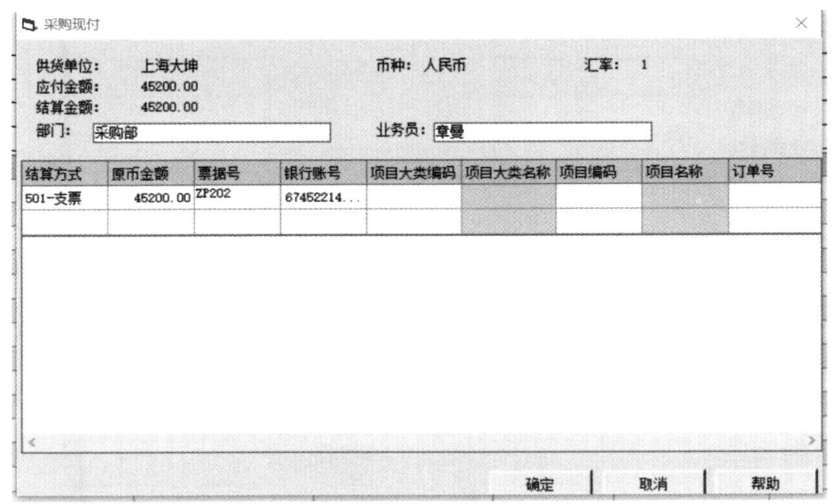

图 2-2-16　采购现付

（7）单击“确定”按钮，发票左上角显示“已现付”，如图 2-2-17 所示。

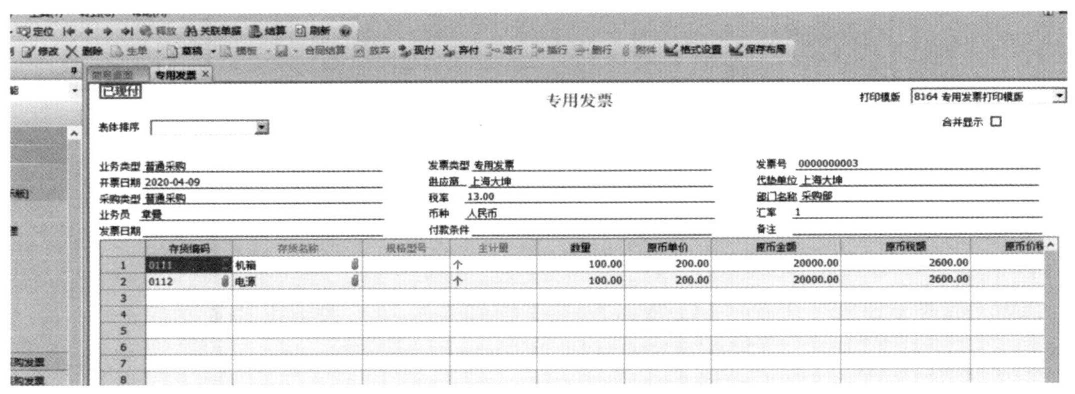

图 2-2-17　采购专用发票

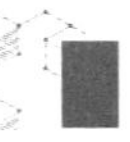

4. 采购结算

在采购管理系统中对采购入库单和采购发票进行自动结算。

5. 审核发票、现结制单

（1）以财务人员“1103 赵照”的身份登录企业应用平台，操作日期为 2020 年 4 月 9 日。

（2）依次单击“财务会计”“应付款管理”和“应付单据处理”，双击“应付单据审核”，打开“应付单查询条件”对话框。选择“供应商”为“4－上海大坤贸易有限公司”，勾选“包含已现结发票”，如图 2-2-18 所示。

图 2-2-18　“应付单查询条件”对话框

（3）单击“确定”按钮，打开“单据处理”对话框。

（4）选择要审核的采购专用发票，单击“审核”按钮，弹出审核成功的提示，单击“确定”按钮。

（5）在“应付款管理”中，双击“制单处理”，选择“现结制单”，单击“确定”按钮，打开“制单”对话框。

（6）选择要制单的单据，修改“凭证类别”为“付款凭证”，单击“制单”按钮，打开“填制凭证”对话框。

（7）单击“保存”按钮，付款凭证左上角显示“已生成”，如图 2-2-19 所示。

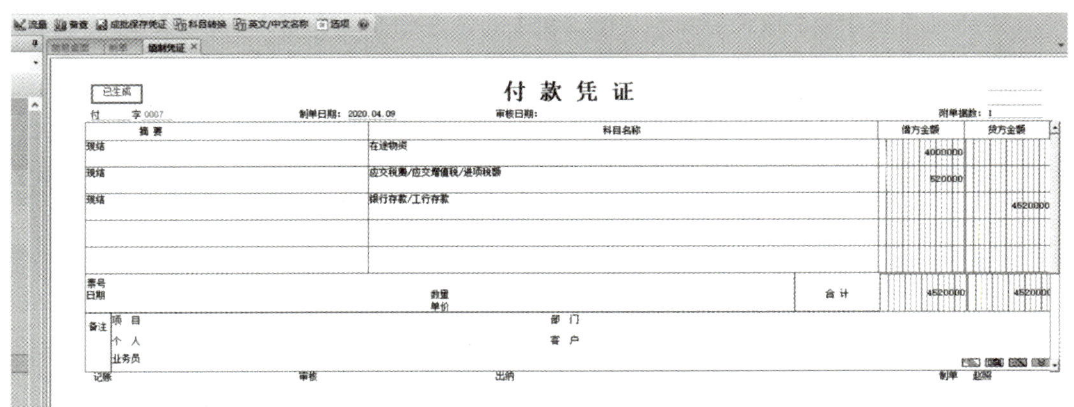

图 2-2-19 付款凭证

6. 采购记账、生成凭证

在存货核算管理系统中，对采购入库单进行记账并制单，生成凭证如图 2-2-20 所示。

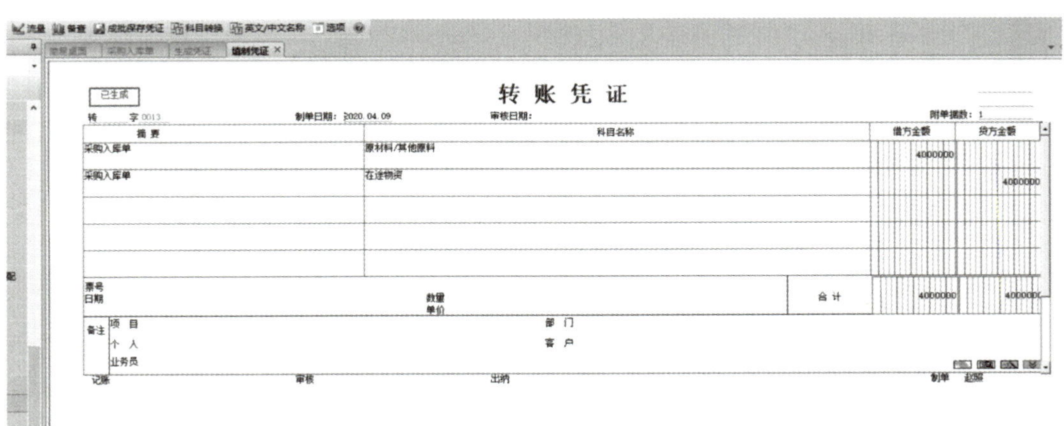

图 2-2-20 生成凭证

二、采购运费业务

11 日，向河北天华订购 100 块 CPU（i7-9550），无税单价为 1 580 元/块。

12 日，收到河北天华发出的货物，随货收到增值税专用发票和运费发票，运费的无税金额为 100 元，税率为 9%，已由河北天华代垫。运费按照金额进行分摊。

知识链接

采购运费业务与普通采购业务相比，在采购结算方面略有差异。如果运费发票和采购发票同期到达，可以通过手工结算对采购发票、运费发票和采购入库单同时进行结算，将运费金额分摊到采购成本中。如果运费发票在采购发票和采购入库单结算完成后才到达，可通过运费发票单独结算的形式将运费计入采购成本。

1. 录入、审核采购订单

（1）以“1105 章曼”的身份登录企业应用平台，操作日期为 2020 年 4 月 11 日。

（2）在采购管理系统中，录入一张采购订单并审核，如图 2-2-21 所示。

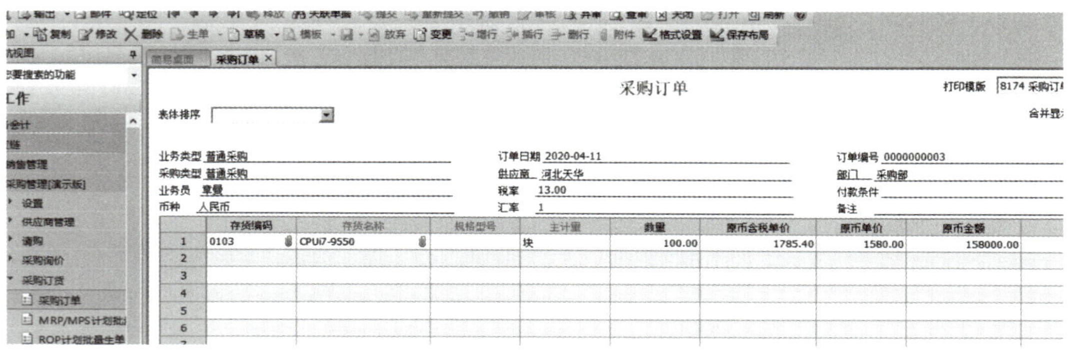

采购订单

业务类型 普通采购　订单日期 2020-04-11　订单编号 0000000003

采购类型 普通采购　供应商 河北天华　部门 采购部

业务员 章曼　税率 13.00　付款条件

币种 人民币　汇率 1　备注

	存货编码	存货名称	规格型号	主计量	数量	原币含税单价	原币单价	原币金额
1	0103	CPUi7-9550		块	100.00	1785.40	1580.00	158000.00

图 2-2-21　录入、审核采购订单

2. 录入、审核采购入库单

（1）以“1106 谢训”的身份登录企业应用平台，操作日期为 2020 年 4 月 12 日。

（2）在库存管理系统中，根据采购订单生成采购入库单并审核，如图 2-2-22 所示。

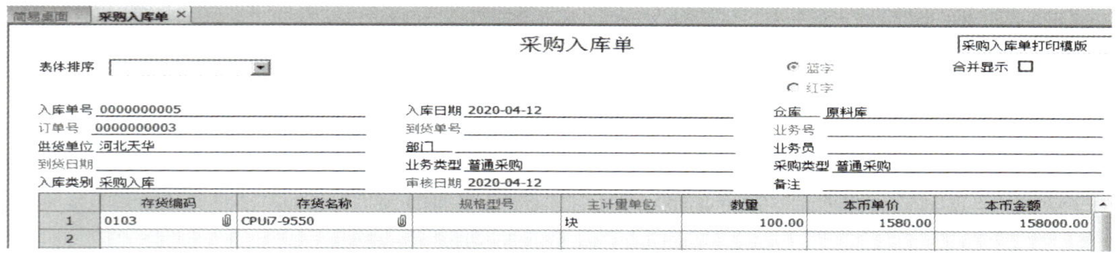

采购入库单

入库单号 0000000005　入库日期 2020-04-12　仓库 原料库

订单号 0000000003　到货单号　业务号

供货单位 河北天华　部门　业务员

到货日期　业务类型 普通采购　采购类型 普通采购

入库类别 采购入库　审核日期 2020-04-12　备注

	存货编码	存货名称	规格型号	主计量单位	数量	本币单价	本币金额
1	0103	CPUi7-9550		块	100.00	1580.00	158000.00

图 2-2-22　录入、审核采购入库单

3. 录入采购发票、运费发票

（1）以“1105 章曼”的身份登录企业应用平台，操作日期为 2020 年 4 月 12 日。

（2）在采购管理系统中，根据采购入库单生成采购发票并保存。

（3）在采购管理系统中，手工录入运费发票并保存，如图 2-2-23 所示。

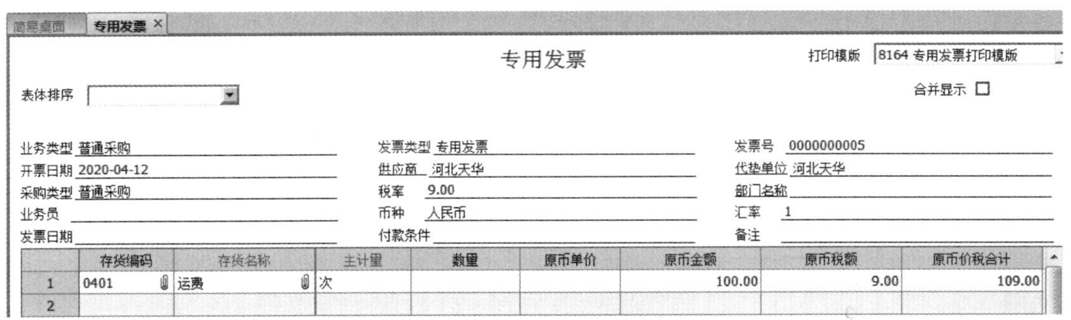

图 2-2-23　运费发票

4. 采购结算

（1）依次单击“供应链”“采购管理”和“采购结算”，双击“手工结算”，打开“手工结算”对话框。

（2）单击“选单”，打开“结算选单”对话框。单击“查询”，打开“手工结算”对话框。单击“确定”按钮，返回“结算选单”对话框。选择要结算的单据，单击“OK 确定”按钮，返回“手工结算”对话框，如图 2-2-24 所示。

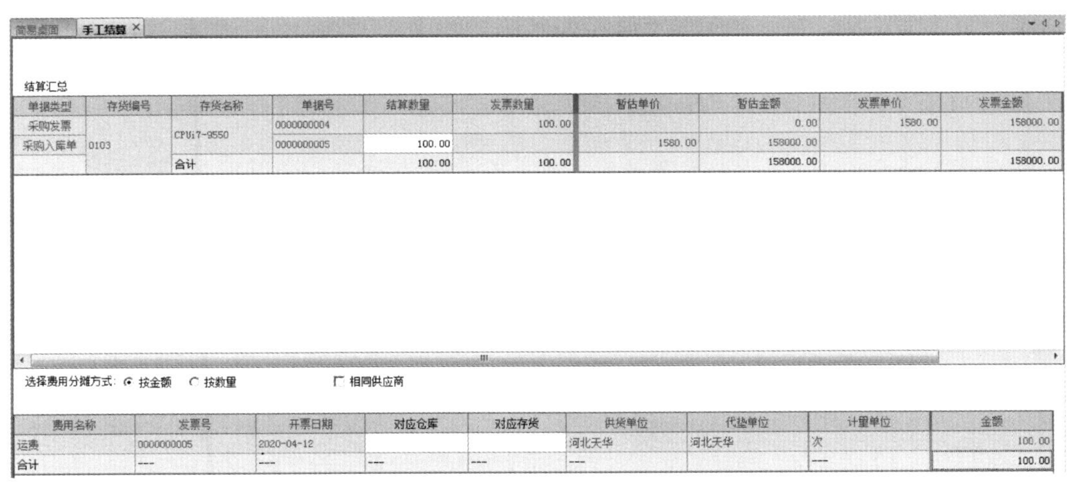

图 2-2-24　“手工结算”对话框

（3）单击“分摊”按钮，弹出“选择按金额分摊，是否开始计算?”提示，单击“是”，弹出“费用分摊（按金额）完毕，请检查。”提示，单击“确定”按钮，完成分摊。

（4）单击“结算”按钮，弹出“完成结算!”提示，单击“确定”按钮，完成结算。采购结算后，采购入库单上的单价将自动修改为结算单价。

5. 审核发票并制单

（1）以“1103 赵照”的身份登录企业应用平台，操作日期为 2020 年 4 月 12 日。

（2）在应付款管理系统中，审核采购发票和运费发票。

（3）在应付款管理系统中，合并制单生成一张记账凭证。

单击“财务会计”和“应付款管理”，双击“制单处理”，打开“制单查询”。选择“发票制单”，单击“确定”按钮，打开“制单”对话框。选择要制单的采购发票和运费发票，修改“凭证类别”为“转账凭证”，依次单击“合并”和“制单”，打开“填制凭证”对话框，单击“保存”按钮，如图 2-2-25 所示。

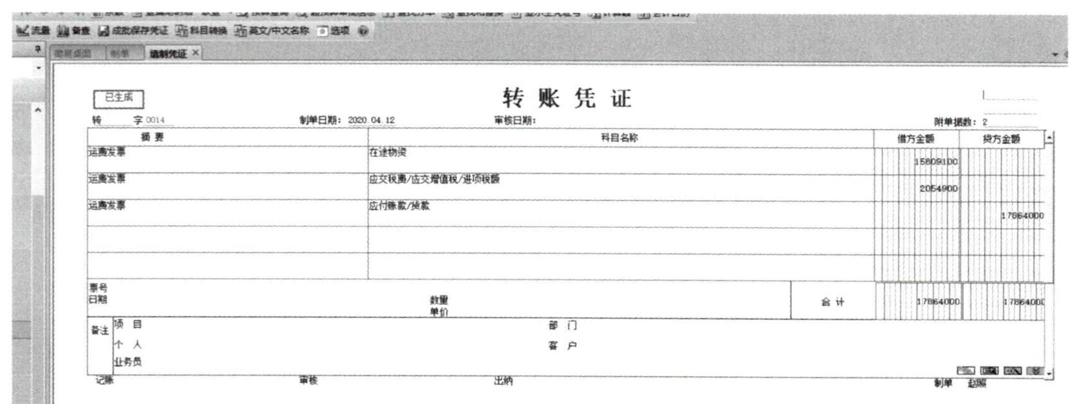

已生成

转账凭证

转 字 0014　　制单日期：2020.04.12　　审核日期：　　附单据数：2

摘要	科目名称	借方金额	贷方金额
运费发票	在途物资	15809100	
运费发票	应交税费/应交增值税/进项税额	2054900	
运费发票	应付账款/货款		17864000
	合计	17864000	17864000

票号 日期　数量 单价

备注　项目　部门　个人　客户　业务员

记账　审核　出纳　制单 赵丽

图 2-2-25　审核发票并制单

6. 采购记账，生成凭证

在存货核算管理系统中，对采购入库单进行记账并制单，如图 2-2-26 所示。

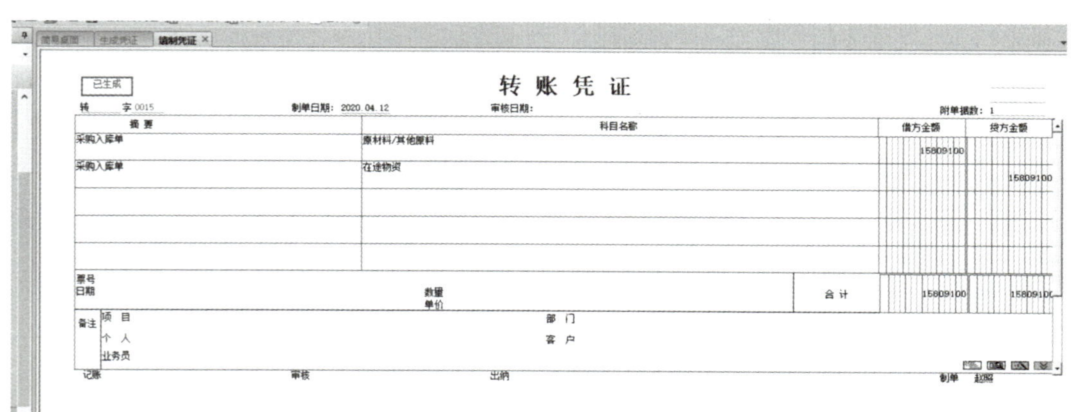

已生成

转账凭证

转 字 0015　　制单日期：2020.04.12　　审核日期：　　附单据数：1

摘要	科目名称	借方金额	贷方金额
采购入库单	原材料/其他原料	15809100	
采购入库单	在途物资		15809100
	合计	15809100	15809100

票号 日期　数量 单价

备注　项目　部门　个人　客户　业务员

记账　审核　出纳　制单 赵丽

图 2-2-26　采购记账，生成凭证

三、暂估入库业务

13 日，收到江苏南江开具的上月已验收入库的硬盘和显示器的增值税专用发票，发票上硬盘的数量为 14 块，单价为 510 元/块，显示器的数量为 14 台，单价为 580 元/台。

知识链接

暂估入库业务是指本月已将存货验收入库，但尚未收到采购发票，无法确定存货成本，月底时为及时核算库存成本，将该部分存货暂估入账。暂估入库业务有三种处理方式，分别是月初回冲、单到回冲和单到补差。

月初回冲是指下月初，存货核算系统自动生成一张与上月末暂估入库完全相同的"红字回冲单"，冲销上月的暂估明细账，并通过对"红字回冲单"制单，冲销上月的暂估凭证；待收到采购发票后，将发票与上月的采购入库单进行结算，而后在存货核算管理系统进行"结算成本处理"，生成"蓝字回冲单"，其金额即为发票金额；最后，再对"蓝字回冲单"制单，便生成了采购入库凭证。

单到回冲与月初回冲的不同在于下月初不做处理，待收到采购发票、进行采购结算后，再到存货核算管理系统中进行"结算成本处理"，这时，系统会自动生成"红字回冲单"和"蓝字回冲单"，"红字回冲单"为暂估金额，"蓝字回冲单"为发票金额，最后，对"红字回冲单"和"蓝字回冲单"分别制单即可。

单到补差则是下月初不做处理，待收到采购发票并进行采购结算后，到存货核算管理系统中进行"结算成本处理"，如果发票金额和暂估金额之间存在差额，则会产生调整单，一张采购入库单生成一张调整单，确认后自动记入存货明细账，再对调整单制单；如果没有差额，则不进行处理。

1. 填制发票

（1）以"1105 章曼"的身份登录企业应用平台，操作日期为 2020 年 4 月 13 日。

（2）在采购管理系统中录入采购发票并保存，如图 2-2-27 所示。

修改　删除　生单　草稿　模板　合同结算　放弃　现付　弃付　增行　插行　删行　附件　格式设置　保存布局

专用发票　　打印模版 8164 专用发票打印模版

表体排序　　合并显示

业务类型 普通采购　　发票类型 专用发票　　发票号 0000000005
开票日期 2020-04-13　　供应商 江苏南江　　代垫单位 江苏南江
采购类型 普通采购　　税率 13.00　　部门名称 采购部
业务员 章曼　　币种 人民币　　汇率 1
发票日期　　付款条件　　备注

	存货编码	存货名称	规格型号	主计量	数量	原币单价	原币金额	原币税额	原币价
1	0107	硬盘		块	14.00	510.00	7140.00	928.20	
2	0108	显示器		台	14.00	580.00	8120.00	1055.60	
3									
4									
5									
6									
7									
8									

图 2-2-27　填制发票

2. 采购结算

（1）依次单击“供应链”“采购管理”和“采购结算”，双击“手工结算”，打开“手工结算”对话框。

（2）单击“选单”，打开“结算选单”对话框。单击“查询”，打开“查询条件选择—采购手工结算”对话框。单击“确定”按钮，返回“结算选单”对话框。选择要结算的单据，单击“OK 确定”按钮。

（3）单击“结算”按钮，弹出“完成结算”提示，单击“确定”按钮，完成结算。

3. 结算成本处理

（1）以“1103 赵照”的身份登录企业应用平台，操作日期为 2020 年 4 月 13 日。

（2）依次单击“供应链”“存货核算”和“业务核算”，双击“结算成本处理”，打开“暂估处理查询”对话框。

（3）选择“原料库”，单击“确定”按钮，打开“结算成本处理”对话框，如图 2-2-28 所示。

（4）选择要处理的单据，单击“暂估”按钮，弹出“暂估处理完成”提示，单击“确定”按钮。

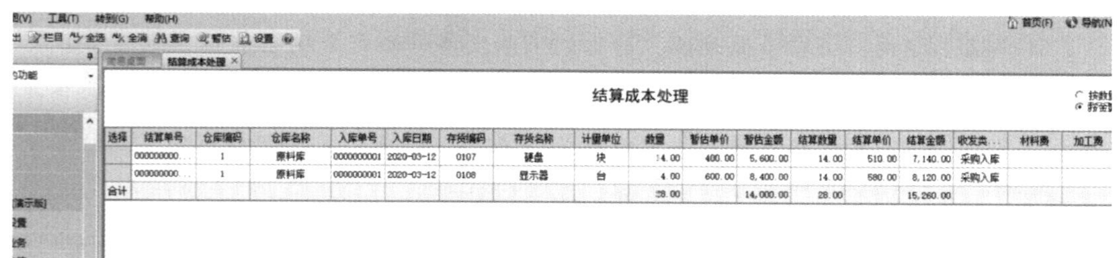

结算成本处理

选择	结算单号	仓库编码	仓库名称	入库单号	入库日期	存货编码	存货名称	计量单位	数量	暂估单价	暂估金额	结算数量	结算单价	结算金额	收发类...	材料费	加工费
	000000000...	1	原料库	0000000001	2020-03-12	0107	硬盘	块	14.00	400.00	5,600.00	14.00	510.00	7,140.00	采购入库		
	000000000...	1	原料库	0000000001	2020-03-12	0108	显示器	台	4.00	600.00	8,400.00	14.00	580.00	8,120.00	采购入库		
合计									28.00		14,000.00	28.00		15,260.00			

图 2-2-28　“结算成本处理”对话框

4. 审核发票并制单

在应付款管理系统中，审核发票，生成凭证，如图 2-2-29 所示。

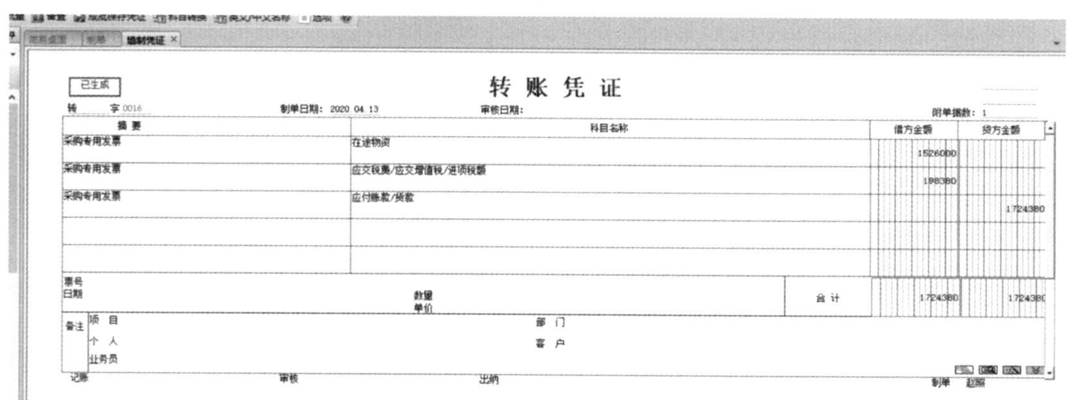

图 2-2-29　审核发票并制单

5. 生成入库凭证

（1）依次单击“供应链”“存货核算”和“财务核算”，双击“生成凭证”，打开“生成凭证”对话框。

（2）单击“选择”，勾选“红字回冲单”和“蓝字回冲单（报销）”，单击“确定”按钮，打开“选择单据”对话框。分别标记选择“红字回冲单”和“蓝字回冲单”，如图 2-2-30 所示。

未生成凭证单据一览表

单据日期	单据类型	单据号	仓库	收发类别	记账人	部门	部门编码	业务单号	业务类型	计价方式	备注	摘要	供应商	客户
2020-03-12	红字回冲单	0000000001	原料库	采购入库	赵照				普通采购	移动平均法		红字回冲单	江苏南江电	
2020-03-12	红字回冲单	0000000001	原料库	采购入库	赵照				普通采购	移动平均法		红字回冲单	江苏南江电	
2020-03-12	蓝字回冲单	0000000001	原料库	采购入库	赵照				普通采购	移动平均法		蓝字回冲单	江苏南江电	
2020-03-12	蓝字回冲单	0000000001	原料库	采购入库	赵照				普通采购	移动平均法		蓝字回冲单	江苏南江电	

图 2-2-30　未生成凭证单据一览表

（3）单击“确定”按钮，打开“生成凭证”对话框。

（4）修改“凭证类别”为“转账凭证”，单击“合成”按钮，打开“填制凭证”对话框。

（5）单击“成批保存凭证”按钮，弹出生成提示，单击“确定”按钮，生成两张记账凭证，如图 2-2-31 和图 2-2-32 所示。

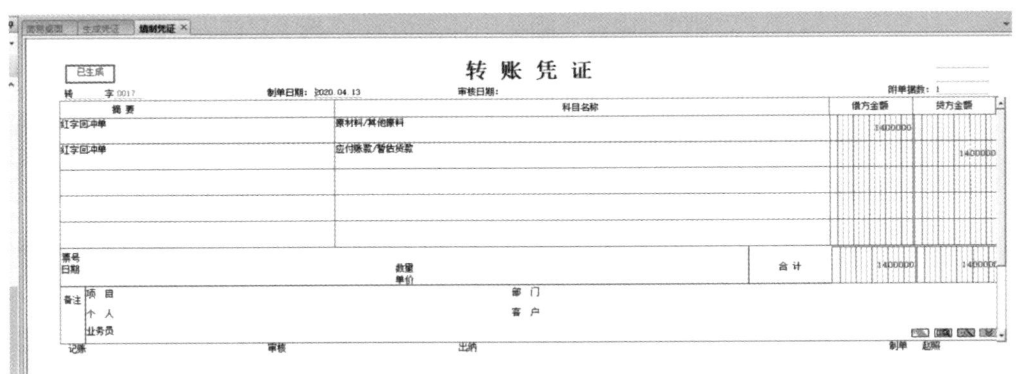

图 2-2-31　记账凭证 1

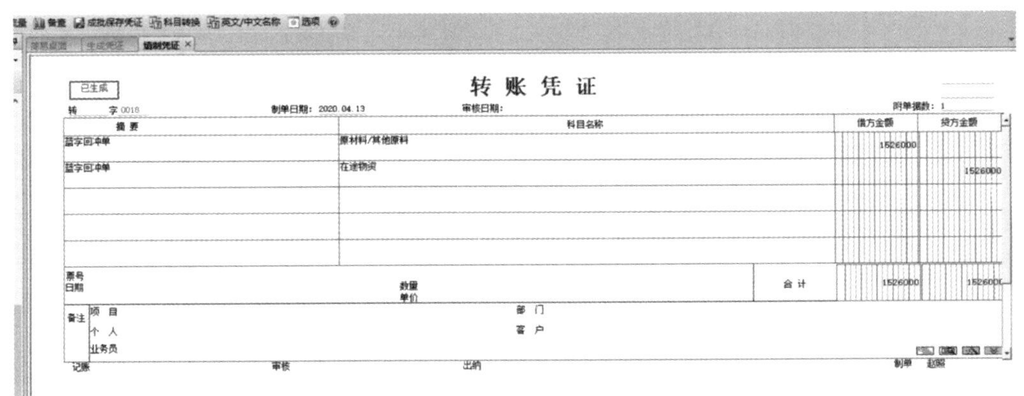

图 2-2-32　记账凭证 2

四、入库损耗业务

13 日，向江苏南江订购鼠标 300 个，无税单价为 20 元/个。

14 日，收到江苏南江发来的鼠标和专用发票，发票上记载的数量为 300 个。仓管部验收时，发现仅有 295 个，经查，短缺的 5 个是运输过程中丢失的，属于非合理损耗。

知识链接

在 U8 系统中，非合理损耗业务需要注意以下两点：

1. 转出进项税额

在执行手工结算时，系统会根据手工录入的非合理损耗金额自动计算“进项税转出金额”。

2. 发票审核与制单

在非合理损耗业务中，采购发票只能在应付款管理系统中审核，不能制单，需要在存货核算系统对入库单记账后生成一张凭证，分录如下：

借：原材料/库存商品

　　应交税费——应交增值税（进项税额）

　　　　　　——应交增值税（进项税额转出）

　　待处理财产损溢

　　贷：应付账款

1. 录入、审核采购订单

（1）以“1105 章曼”的身份登录企业应用平台，操作日期为 2020 年 4 月 13 日。

（2）在采购管理系统中录入一张采购订单并审核，如图 2-2-33 所示。

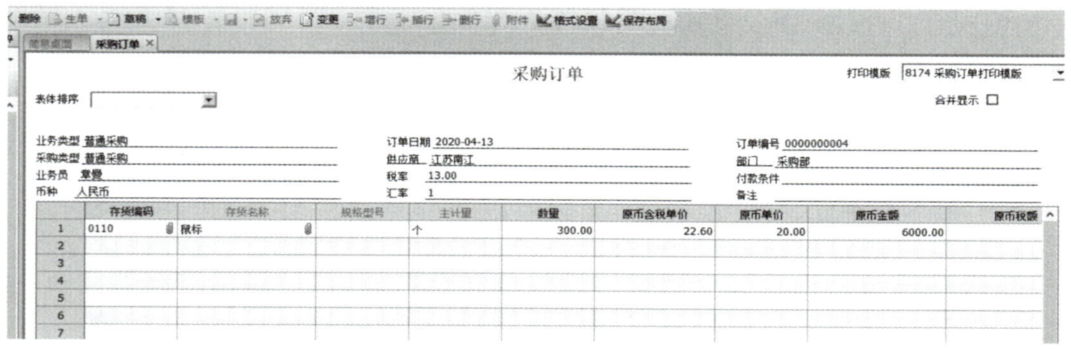

	存货编码	存货名称	规格型号	主计量	数量	原币含税单价	原币单价	原币金额	原币税额
1	0110	鼠标		个	300.00	22.60	20.00	6000.00	
2									
3									
4									
5									
6									
7									

图 2-2-33　录入采购订单并审核

2. 录入、审核采购入库单

（1）以“1106 谢训”的身份重新登录企业应用平台，操作日期为 2020 年 4 月 14 日。

（2）依次单击“供应链”“库存管理”和“入库业务”，双击“采购入库单”，打开“采购入库单”对话框。

（3）单击“生单”和“采购订单（蓝字）”，打开“查询条件选择—采购订单列表”对话框，单击“确定”按钮，打开“订单生单列表”对话框。选择单据，单击“OK 确定”按钮。

（4）补充录入“仓库”为“原料库”，修改“数量”为“295”，依次单击“保存”和“审核”按钮，弹出“该单据审核成功”提示，单击“确定”按钮，如图 2-2-34 所示。

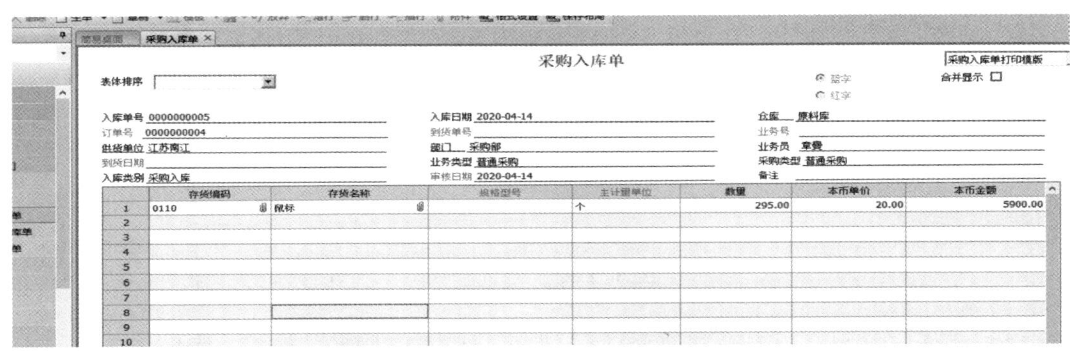

图 2-2-34　录入、审核采购入库单

3. 录入采购发票

（1）以“1105 章曼”的身份登录企业应用平台，操作日期为 2020 年 4 月 14 日。

（2）在采购管理系统中，根据采购订单生成采购发票并保存，如图 2-2-35 所示。

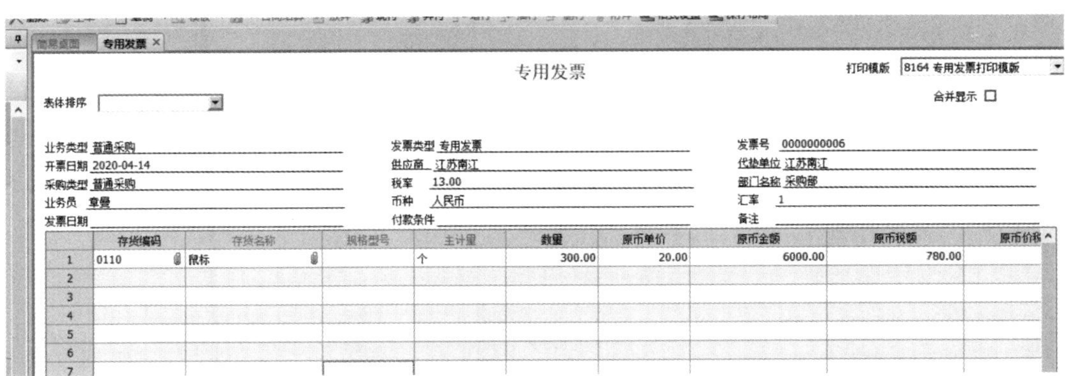

图 2-2-35　录入采购发票

4. 采购结算

（1）依次单击“供应链”“采购管理”和“采购结算”，双击“手工结算”，打开“手工结算”对话框。

（2）单击“选单”，打开“结算选单”对话框。单击“查询”，打开“查询条件选择—采购手工结算”对话框，单击“确定”按钮。

（3）选择要结算的单据，单击“OK 确定”按钮。

（4）在采购发票行，录入“非合理损耗数量”为“5”，“非合理损耗金额”为“100”，如图 2-2-36 所示。

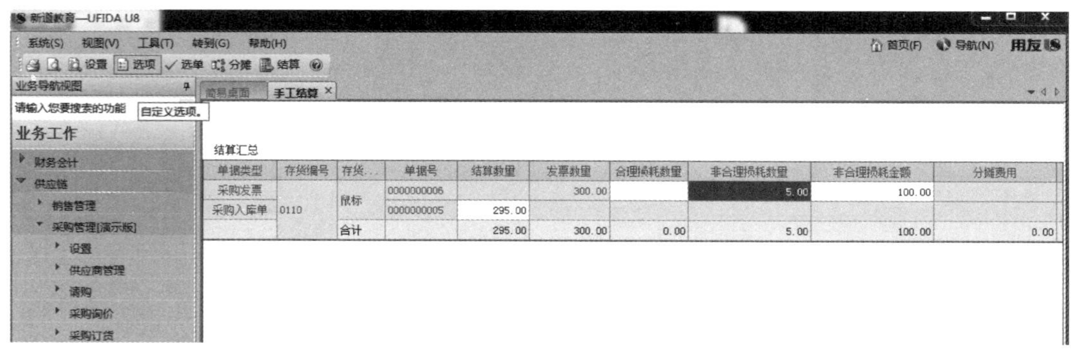

图 2-2-36 采购结算

（5）单击“结算”，弹出“完成结算”提示，单击“确定”按钮，完成结算。

在本业务中，只有“发票数量=结算数量+合理损耗数量+非合理损耗数量”时，才能进行采购结算。

5. 审核采购发票

（1）以“1103 赵照”的身份登录企业应用平台，操作日期为 2020 年 4 月 14 日。

（2）在应付款管理系统中审核采购专用发票。

6. 生成记账凭证

（1）依次单击“供应链”“存货核算”和“业务核算”，双击“正常单据记账”，打开“查询条件选择”对话框。选择“仓库”为“原料库”，单击“确定”按钮，打开“未记账单据一览表”对话框。

（2）双击选择要记账的单据，单击“记账”，弹出“记账成功”提示，单击“确定”按钮。

（3）在“存货核算”中，单击“财务核算”，双击“生成凭证”，打开“生成凭证”对话框。

（4）单击“选择”，打开“查询条件”对话框。勾选“采购入库单（报销记账）”，单击“确定”按钮，打开“选择单据”对话框。

（5）选择单据，勾选“已结算采购入库单自动选择全部结算单上单据（包括入库单、发票、付款单），非本月采购入库单按蓝字报销单制单”，如图 2-2-37 所示。单击“确定”按钮，返回“生成凭证”对话框。

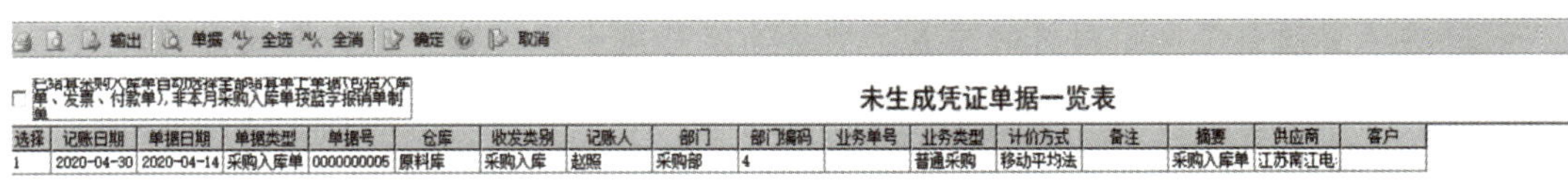

输出　单据　全选　全消　确定　取消

已结算采购入库单自动选择全部结算单上单据(包括入库单、发票、付款单),非本月采购入库单按蓝字报销单制单

未生成凭证单据一览表

选择	记账日期	单据日期	单据类型	单据号	仓库	收发类别	记账人	部门	部门编码	业务单号	业务类型	计价方式	备注	摘要	供应商	客户
1	2020-04-30	2020-04-14	采购入库单	0000000005	原料库	采购入库	赵照	采购部	4		普通采购	移动平均法		采购入库单	江苏南江电	

图 2-2-37　未生成凭证单据一览表

（6）修改“凭证类别”为“转账凭证”，补充录入“进项税转出”和“损耗”的会计科目，如图 2-2-38 所示。

生成凭证

凭证类别　转 转账凭证

选择	单据类型	单据号	摘要	科目类型	科目编码	科目名称	借方金额	贷方金额	借方数量	贷方数量	科目方向	存货编码	存货名称	存货代码	规格型号	部门编码	部门名称	业务员编码	业务员名称
1	采购结算单	000000000...	采购结...	存货	140302	其他原料	5,900.00		295.00		1	0110	鼠标			4	采购部	401	章曼
				进项税...	22210104	进项税...	-13.00		5.00		1	0110	鼠标			4	采购部	401	章曼
				税金	22210101	进项税额	780.00		300.00		1	0110	鼠标			4	采购部	401	章曼
				损耗	190101	待处理...	113.00		5.00		1	0110	鼠标			4	采购部	401	章曼
				应付	220201	货款		6,780.00		300.00	2	0110	鼠标			4	采购部	401	章曼
合计							6,780.00	6,780.00											

图 2-2-38　生成凭证

（7）单击“生成”，打开“填制凭证”对话框。单击“保存”按钮，如图 2-2-39 所示。

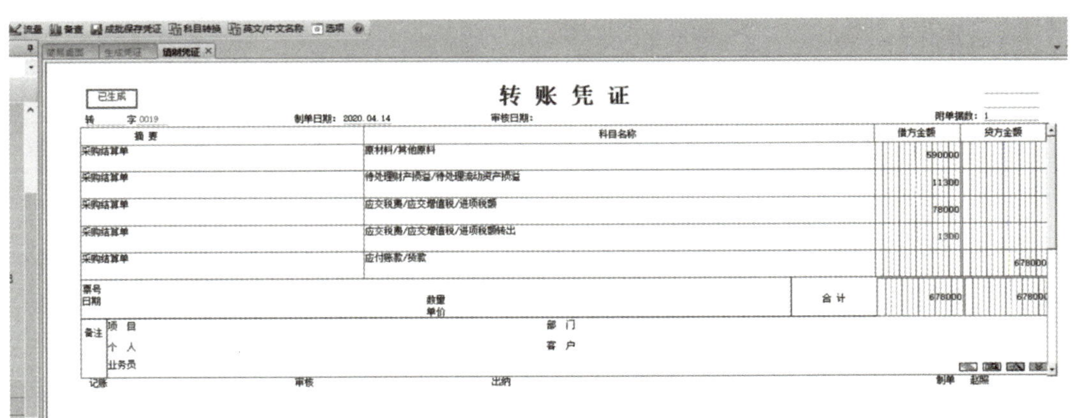

流量　备查　成批保存凭证　科目转换　英文/中文名称　选项

填制凭证

已生成

转账凭证

转　字 0019　　制单日期：2020.04.14　　审核日期：　　附单据数：1

摘要	科目名称	借方金额	贷方金额
采购结算单	原材料/其他原料	590000	
采购结算单	待处理财产损溢/待处理流动资产损溢	11300	
采购结算单	应交税费/应交增值税/进项税额	78000	
采购结算单	应交税费/应交增值税/进项税额转出	1300	
采购结算单	应付账款/货款		678000
票号 日期　数量 单价	合计	678000	678000

备注　项　目　　部　门
个　人　　客　户
业务员

记账　审核　出纳　制单　赵照

图 2-2-39　生成记账凭证并保存

五、采购退货业务

16 日，发现月初从河北天华采购的键盘存在质量问题，退回 6 个，同时，收到红字专用发票一张。

知识链接

采购退货业务是由于材料的质量、规格等不符或企业转产等原因导致采购到货后将存货全部或部分退回的业务。系统对不同时点的采购退货采用了不同的处理办法。

1. 采购结算前退货

采购结算前退货是指已经录入采购入库单，但还未进行采购结算时发生的退货业务。如果是全额退货，需填写一张全额数量的红字采购入库单，再将红字采购入库单和原采购入库单进行采购结算，冲抵原入库数据。如果是部分退货，则需填制一张部分数量的红字采购入库单，再将红字采购入库单、原采购入库单和采购发票进行采购结算，冲抵原入库数据。

2. 采购结算后退货

采购结算后退货是指已经录入采购入库单和采购发票，并已进行采购结算的退货业务。无论是全额退货还是部分退货，都需要填写红字采购入库单和红字发票，将红字采购入库单和红字发票进行采购结算，冲抵原入库数据。

1. 录入、审核采购退货单

（1）以“1105 章曼”的身份登录企业应用平台，操作日期为 2020 年 4 月 16 日。

（2）依次单击“供应链”“采购管理”和“采购到货”，双击“采购退货单”，打开“采购退货单”对话框。

（3）依次单击“增加”“生单”和“采购订单”，打开“查询条件选择—采购订单列表过滤”对话框。

（4）单击“确定”按钮，打开“拷贝并执行”对话框。选择单据，单击“OK 确定”按钮。

（5）选择“部门”为“采购部”，修改“数量”为“-6”，依次单击“保存”和“审核”按钮，如图 2-2-40 所示。

2. 录入、审核红字采购入库单

（1）以“1106 谢训”的身份登录企业应用平台，操作日期为 2020 年 4 月 16 日。

（2）在库存管理系统中，根据红字采购到货单生成红字采购入库单并审核，如图 2-2-41 所示。

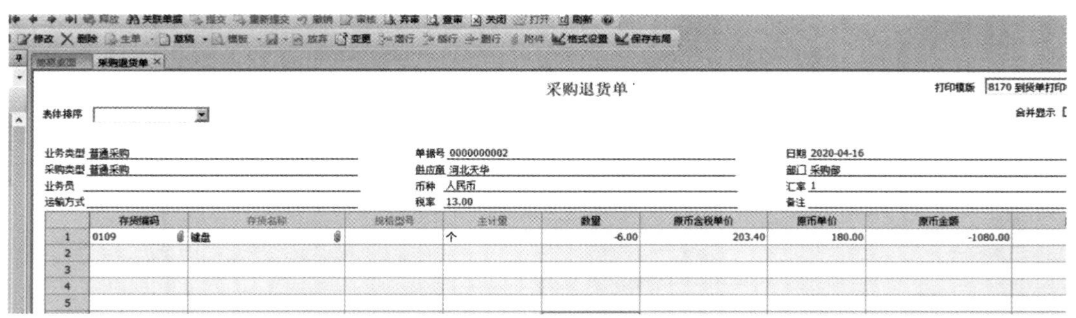

图 2-2-40　录入、审核采购退货单

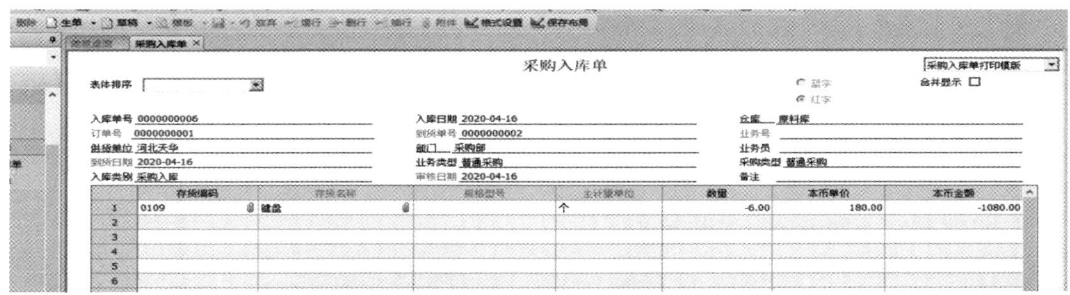

图 2-2-41　录入、审核红字采购入库单

3. 录入红字采购专用发票

（1）以“1105 章曼”的身份登录企业应用平台，操作日期为 2020 年 4 月 16 日。

（2）在采购管理系统中，根据红字采购入库单生成红字采购专用发票并保存，如图 2-2-42 所示。

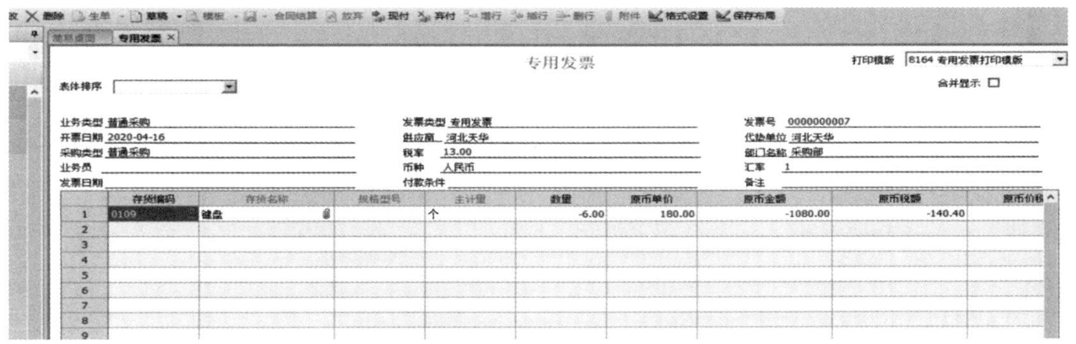

图 2-2-42　录入红字采购专用发票

4. 采购结算

在采购管理系统中，对红字采购入库单和红字采购专用发票进行自动结算。

5. 审核红字采购专用发票并制单

（1）以“1103 赵照”的身份登录企业应用平台，操作日期为 2020 年 4 月 16 日。

（2）在应付款管理系统中，对红字采购专用发票进行审核并制单，如图 2-2-43 所示。

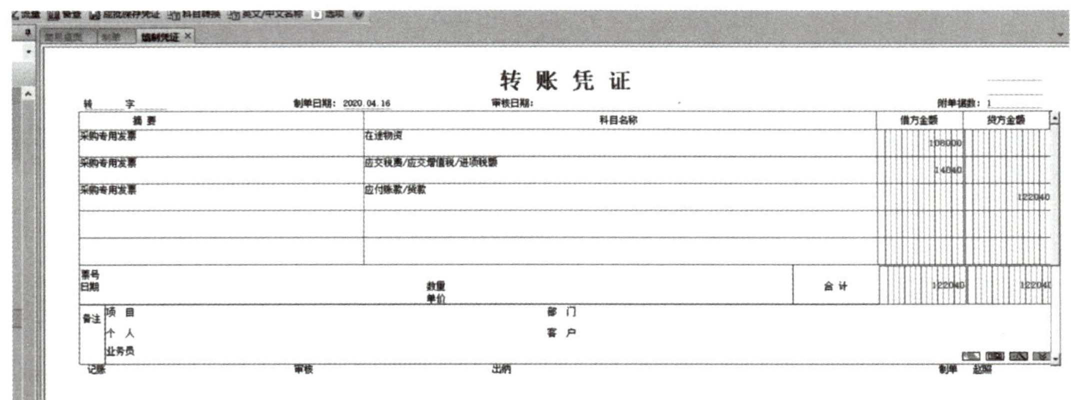

图 2-2-43　审核红字采购专用发票并制单

6. 红字采购入库单记账并制单

在存货核算管理系统中，对红字采购入库单进行记账并制单，如图 2-2-44 所示。

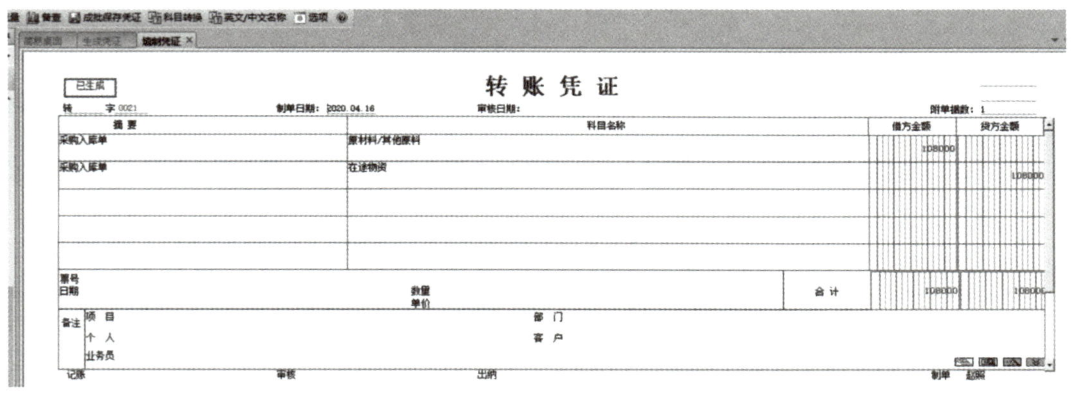

图 2-2-44　红字采购入库单记账并制单

任务拓展

受托代销业务的处理

受托代销业务是指企业接受其他企业（委托方）的委托，为其代销商品，代销商品售出后，企业与委托方就代销的商品进行结算，开具正式的销售发票，商品的所有权发生转移。这是一种先销售后结算的采购模式。在 U8 系统中，只有商业企业可以启用受托代销业务。

作为受托方，受托代销业务有两种常见的核算方式：一是视同买断，二是收取手续费。以视同买断方式为例，受托代销业务处理流程如下：

1. 收到受托代销商品

（1）在库存管理系统中，打开“采购入库单”对话框，录入受托代销入库单并审核。

（2）在存货核算系统中，对受托代销入库单进行记账并制单。会计分录如下：

借：受托代销商品

　　贷：受托代销商品款

2. 销售受托代销商品

（1）在销售管理系统中，录入发货单并审核。

（2）在销售管理系统中，录入销售发票并复核。

（3）在库存管理系统中，打开“销售出库单”对话框，录入受托代销出库单并审核。

（4）在存货核算管理系统中，对受托代销出库单进行记账并制单。会计分录如下：

借：主营业务成本

　　贷：受托代销商品

（5）在应收款管理系统中，对销售专用发票进行审核并制单。会计分录如下：

借：应收账款

　　贷：主营业务收入

　　　　应交税费——应交增值税（销项税额）

3. 受托代销结算

（1）在采购管理系统中，进行受托代销结算。

（2）在应付款管理系统中，对采购专用发票进行审核并制单。会计分录如下：

借：受托代销商品

　　应交税费——应交增值税（进项税额）

　　贷：应付账款

（3）如果结算单价与受托代销入库时暂估的单价不一致，需在存货核算管理系统中进行结算成本处理，由于U8系统对受托代销业务的暂估处理只能采用单到补差的方式，结算成本处理后系统会自动生成入库调整单，需根据入库调整单生成调整凭证。会计分录如下：

借：受托代销商品

　　贷：受托代销商品款

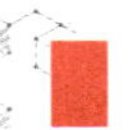

项目实训

一、采购请购

1月1日，生产部提出纽扣200 000个的采购申请，要求2021年1月5日前到货。采购员向多家供应商询价，其中，河北曼城报价最为合理，不含税单价为0.1元/个。

根据业务需求，采购员于2021年1月1日完成采购请购。

二、采购订货

2日，与河北曼城签订采购合同，完成采购订货。

三、采购到货

5日，收到所订的200 000个纽扣。

四、采购入库

5日，采购的纽扣经仓管部仓管员检验合格，入原料库。

五、填制发票

6日，收到河北曼城开具的增值税专用发票。由采购员负责录入。

六、采购结算

6日，根据采购入库单和采购发票结算入库成本。

七、审核发票并制单

6日，会计审核采购发票，根据采购发票生成转账凭证。

八、入库单记账并生成凭证

6日，登记存货明细账，生成入库凭证。

九、采购现付业务

9日，采购部向上海梦想订购棉线10 000米，无税单价为3元/米，尼龙线10 000米，无税单价为4元/米。同日，收到货物及发票，仓管部验收入原料库，同时，财务部以转账支票（票号为ZP901）支付货款。

十、采购运费业务

11日，向湖南萌宝订购100匹涤纶布，无税单价为158元/匹。

12日，收到湖南萌宝发出的货物，随货收到增值税专用发票和运费发票，运费的无税金额为100元，税率为9%，已由湖南萌宝代垫。运费按照金额进行分摊。

十一、暂估入库业务

13日，收到江苏米娜开具的上月已验收入库的棉布的增值税专发票，发票上棉布的

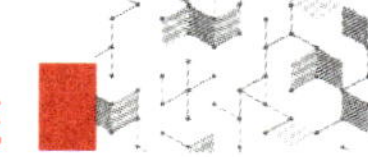

单价为 150 元/匹。

十二、入库损耗业务

13 日，向河北曼城订购拉链 300 条，无税单价为 10 元/条。

14 日，收到河北曼城发来的拉链增值税专用发票，发票上记载的数量为 300 条。仓管部验收时，发现仅有 295 条，经查，短缺的 5 条是运输过程中丢失的，属于非合理损耗。

十三、采购退货业务

16 日，发现月初从河北曼城采购的纽扣存在质量问题，退回 600 个，同时，收到红字专用发票一张。

思考与练习

1. 采购入库单的录入方法有哪些？
2. 发票的填制与审核如何操作？
3. 什么是采购结算？
4. 暂估入库的方式有哪些？有何区别？
5. 采购运费应如何处理？

项目三　销售管理

工作流程图

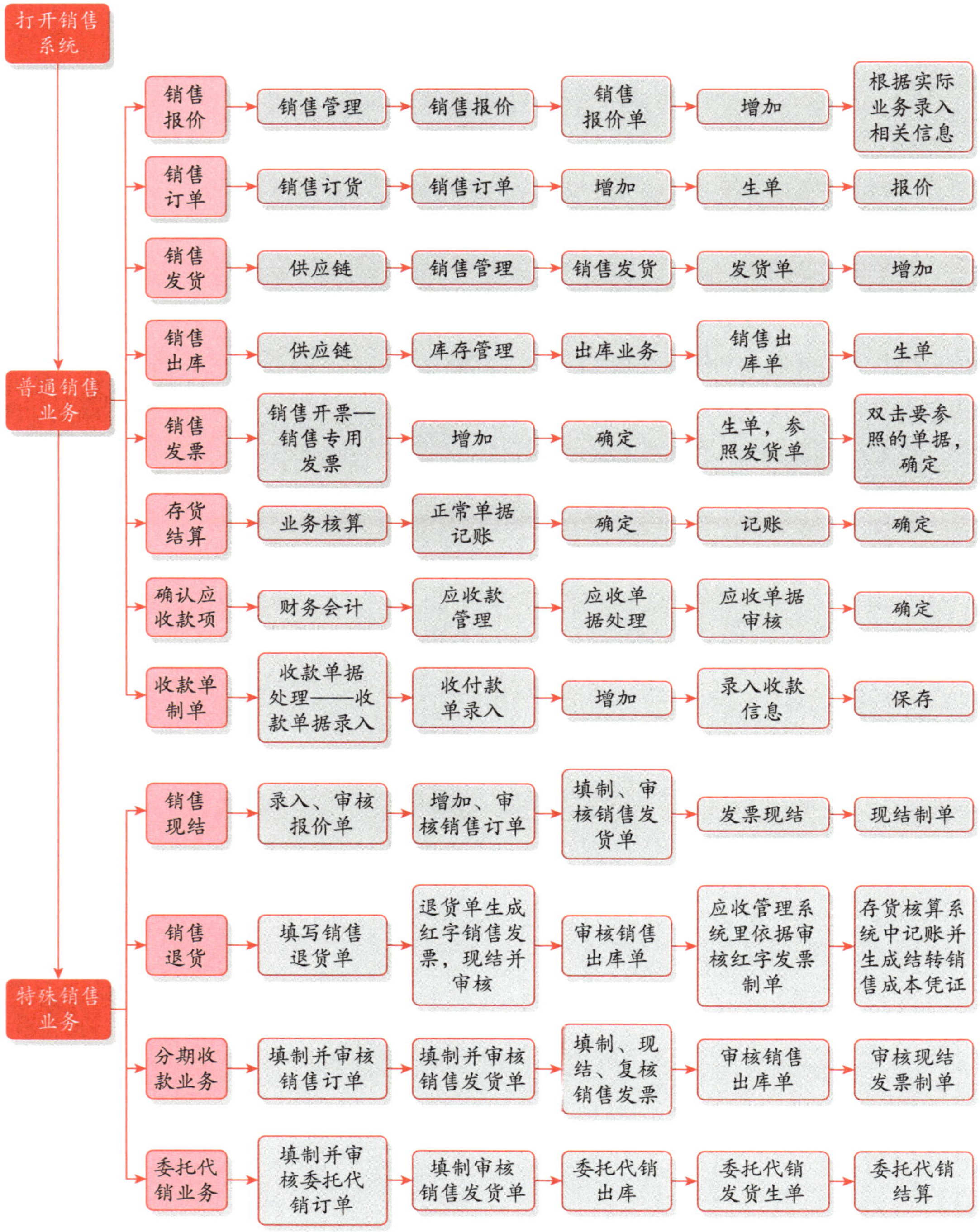

打开销售系统

普通销售业务

- 销售报价 → 销售管理 → 销售报价 → 销售报价单 → 增加 → 根据实际业务录入相关信息
- 销售订单 → 销售订货 → 销售订单 → 增加 → 生单 → 报价
- 销售发货 → 供应链 → 销售管理 → 销售发货 → 发货单 → 增加
- 销售出库 → 供应链 → 库存管理 → 出库业务 → 销售出库单 → 生单
- 销售发票 → 销售开票——销售专用发票 → 增加 → 确定 → 生单，参照发货单 → 双击要参照的单据，确定
- 存货结算 → 业务核算 → 正常单据记账 → 确定 → 记账 → 确定
- 确认应收款项 → 财务会计 → 应收款管理 → 应收单据处理 → 应收单据审核 → 确定
- 收款单制单 → 收款单据处理——收款单据录入 → 收付款单录入 → 增加 → 录入收款信息 → 保存

特殊销售业务

- 销售现结 → 录入、审核报价单 → 增加、审核销售订单 → 填制、审核销售发货单 → 发票现结 → 现结制单
- 销售退货 → 填写销售退货单 → 退货单生成红字销售发票，现结并审核 → 审核销售出库单 → 应收管理系统里依据审核红字发票制单 → 存货核算系统中记账并生成结转销售成本凭证
- 分期收款业务 → 填制并审核销售订单 → 填制并审核销售发货单 → 填制、现结、复核销售发票 → 审核销售出库单 → 审核现结发票制单
- 委托代销业务 → 填制并审核委托代销订单 → 填制审核销售发货单 → 委托代销出库 → 委托代销发货生单 → 委托代销结算

任务一　普通销售业务

【学习目标】

1. 能了解销售合同订立的步骤，学会填制并审核销售报价单。
2. 能了解销售报价单的含义，学会填制并审核销售订单。
3. 能了解销售发货的含义，学会填制并审核销售发货单。
4. 能掌握销售出库的处理流程，学会填制并审核销售出库单。
5. 能理解销售发票的重要意义，学会填制并审核销售发票。
6. 能理解销售核销的重要作用，学会进行核销处理。
7. 能掌握销售单据的传递过程，学会审核发票及发票制单。
8. 能理解核销的含义，学会应收单据操作及生成凭证。
9. 能适应购销存模块操作，能在多模块之间进行调用。

【任务导入】

2020 年 4 月，新锐公司为完善会计核算，方便管理企业供销存环节，决定启用购销存系统。4 月，与湖北宇想达成了购销意向，请根据具体业务内容，选用正确的操作人员和操作日期登录企业应用平台，处理相关业务。

知识链接

普通销售业务模式适用于大多数企业的日常销售业务，一般依据企业发货、开发票方式和实际业务流程不同，分为先货后票模式和开票发货模式。系统处理两种业务模式的流程也不同，但允许两种流程同时存在。

在销售流程中，销售报价单、销售订单为可选单据，在实际业务中可不使用销售发货单，即开票直接发货，根据销售发票直接生成销售发货单、销售出库单。

【任务实施】

一、销售报价

2020 年 4 月 3 日，湖北宇想与新锐公司协商准备订购商务 9850 系列 3 台，报价为

8 500 元/台。以销售人员 1104 的身份进入销售模块，完成销售报价单的录入和审核工作。

1. 打开销售管理系统

以销售人员“1104 向春”的身份登录企业应用平台，进入销售模块，操作日期为 2020 年 4 月 3 日。

2. 录入报价单

（1）打开“销售报价单”对话框

依次单击“业务工作”“供应链”“销售管理”“销售报价”和“销售报价单”，打开“销售报价单”对话框。

（2）增加报价单

单击“增加”，选择业务类型为“普通销售”，销售类型为“常规销售”，日期为“2020-04-03”，销售部门为“销售部”，客户简称为“湖北宇想”，税率为“13%”。存货名称为“商务 9850 系列”，数量为“3”，报价为“8 500”，单击“保存”按钮，如图 2-3-1 所示。

（3）审核报价单

单击“审核”按钮，完成增加报价单。

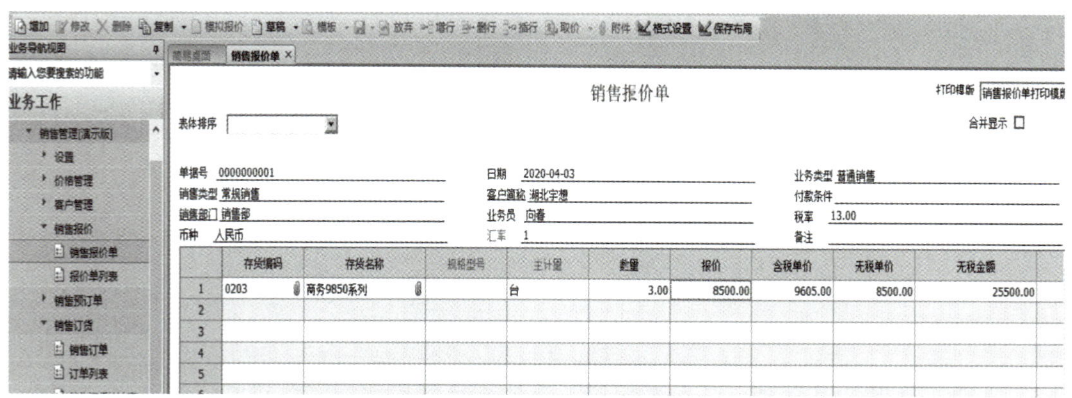

图 2-3-1　增加报价单

知识链接

1. 报价单既可以手工增加，也可以参照模拟报价生成。

2. 报价单可以修改、删除、审核、弃审、关闭、打开，一旦审核后就无法修改，需要先取消审核才能修改。

3. 已审核未关闭的报价单可以参照生成销售订单。

销售报价单属于原始凭证，在企业实际业务操作过程中，一般由企业的销售人员确认报价单的真实性、可靠性。

二、销售订单

4 日，双方约定本月 7 日发货，湖北宇想在签订合同后两日内支付货款，付款方式为转账支票。

知识链接

销售订单是购销双方确认的反映客户要货需求的单据，它是销售系统非常重要的单据。在销售系统中，销售订单是可选单据，是否必有订单可根据系统选项卡进行控制。

1. 增加销售订单

（1）登录系统

以销售人员“1104 向春”的身份重新登录企业应用平台，操作日期为 2020 年 4 月 4 日。

（2）选择参照单据

打开销售管理系统，依次单击“销售订货”和“销售订单”，打开“销售订单”对话框。依次单击“增加”和“生单”，选择“报价”，打开“查询条件选择—订单参照报价单”对话框，单击“确定”按钮，进入“参照生单”对话框。双击“选择”按钮，选择 4 月 3 日报价单，当出现“Y”标识后，单击“确定”按钮，如图 2-3-2 所示。

参照生单

输出　确定　定位　全选　全消　查询　刷新　栏目　滤设

全选

页大小　20

选中合计

记录总数：1

选择	收付款协...	收付款协...	业务类型	销售类型	单据号	日期	币名	汇率	客户简称
Y			普通销售	常规销售	0000000001	2020-04-03	人民币	1.00000000	湖北宇想
合计									

图 2-3-2　选择参照单据

（3）参照生单

系统根据参照的报价单自动生成一张销售订单。参照生成“存货名称”，“数量”为默认，预发货日期为“2020-04-28”。

（4）保存订单

单击“保存”按钮，保存销售订单。

2. 审核销售订单

单击“审核”按钮，完成报价单参照生成订单。

知识链接

1. 销售订单既可以手工录入，也可以通过参照销售报价单生成。
2. 销售订单可以对表体进行增行、删行。
3. 订单是销售的原始凭证，企业根据销售订单组织生产或者进行发货处理。

三、销售发货

7 日，按照与湖北宇想合同约定发货。

知识链接

销售发货单是销售模块里的重要单据，它是销售方给客户发货的依据，是双方建立在销售订单或合同上的单据。

1. 填制销售发货单

（1）打开“发货单”对话框

以销售人员“1104 向春”的身份登录企业应用平台，操作日期为 2020 年 4 月 7 日。在企业应用平台的“业务工作”中，单击“供应链”“销售管理”“销售发货”和“发货单”，系统打开“发货单”对话框。

（2）参照销售订单生成发货单

单击“增加”按钮，系统弹出“查询条件选择—参照订单”对话框，单击“确定”按钮，在系统打开的“参照生单”中，双击要选择的销售订单所对应的“选择”栏，再单击“确定”按钮，系统返回“发货单”对话框，此时相关的信息已通过销售订单提取默认值，在“仓库”栏的第一行选择“产品库”，如图 2-3-3 所示。

（3）保存发货单

单击工具栏的“保存”按钮，保存该发货单。

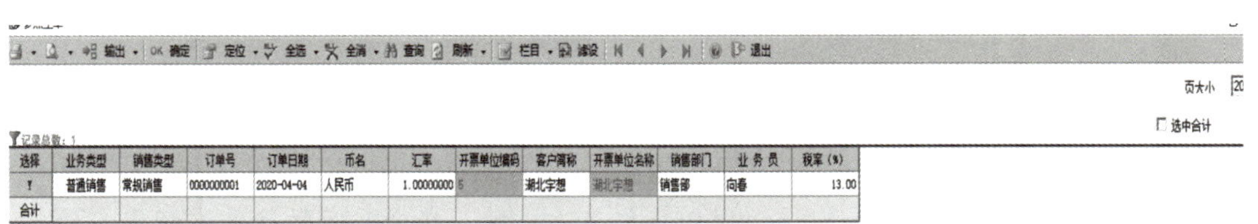

记录总数：1

选择	业务类型	销售类型	订单号	订单日期	币名	汇率	开票单位编码	客户简称	开票单位名称	销售部门	业务员	税率（%）
Y	普通销售	常规销售	0000000001	2020-04-04	人民币	1.00000000	5	湖北宇想	湖北宇想	销售部	向春	13.00
合计												

发货单参照订单

记录总数：1

选择	订单号	订单行号	仓库	货物编号	存货代码	货物名称	规格型号	预发货日期	主计量单位	可发货数量	含税单价	无税单价	可发货无…	可发货税额	可发货价…	税率（%）	发货数量
Y	0000000001	1		0203		商务9850系列		2020-04-28	台	3.00	9,605.00	8,500.00	25,500.00	3,315.00	28,815.00	13.00	0.00
合计										3.00			25,500.00	3,315.00	28,815.00		

图 2-3-3　参照销售订单生成发货单

2. 审核销售发货单

单击工具栏的“审核”按钮，完成销售发货单的审核，如图 2-3-4 所示。

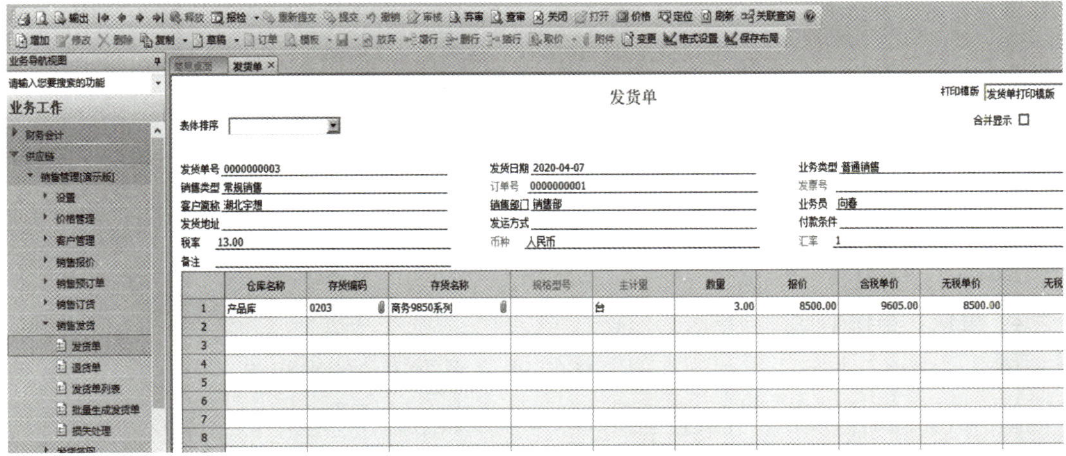

图 2-3-4　审核销售发货单

知识链接

1. 销售发货单既可以手工增加，也可以通过销售订单参照生成，还可以通过销售发票参照生成。

2. 如果在销售初始化设置中设置了必有订单业务模式，操作时只能进行订单的参照生成，不能通过增加方式生成销售发货单。

3. 销售发货单在本业务中是参照销售订单生成的，在企业实际操作过程中，销售发货单可以作为原始凭证入账。

四、销售出库

7 日，经仓管部检验合格，商务 9850 系列 3 台从产品库出库。

知识链接

销售出库单是销售后出库业务的重要凭据，方便在库存核算中核算存货出库数量以及在存货核算中核算存货出库成本（系统参数需设定为：销售成本的核算依据为销售出库单）

1. 打开销售出库单

以“1106 谢训”的身份登录企业应用平台，操作日期为 2020 年 4 月 7 日。在企业应用平台的“业务工作”中，依次单击“供应链”“库存管理”“出库业务”“销售出库单”，打开“销售出库单”对话框。

2. 查找、审核销售出库单

单击“生单”按钮，查找到需要审核的 9850 系列 3 台的出库单，依次单击“保存”“审核”和“确定”按钮，完成销售出库单审核，如图 2-3-5 所示。

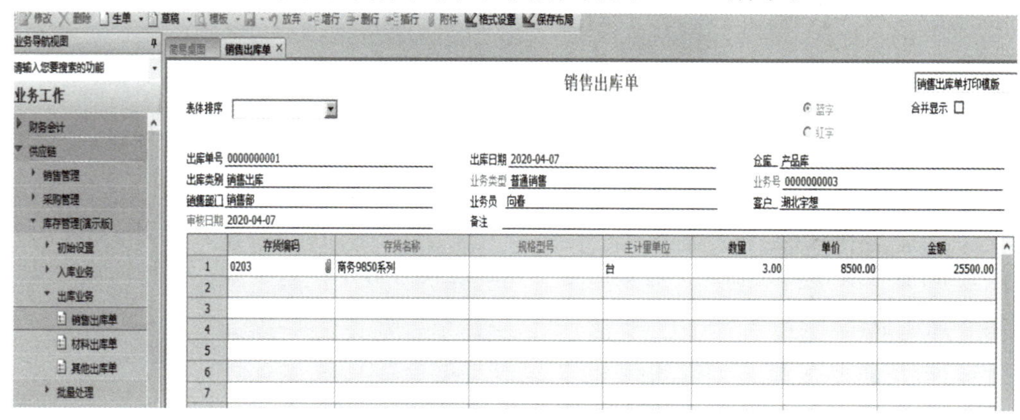

图 2-3-5　查找、审核销售出库单

3. 退出出库单

单击“关闭”按钮，关闭“销售出库单”对话框并退出。

知识链接

1. 销售出库单的生成方式有两种：一种是通过销售管理模块生成，另一种是通过库存管理模块根据发货单生成。

2. 通过销售管理系统生成出库单，需要在“设置”“销售选项”“业务控制”“销售生成出库单”中选择“是”，系统可以根据销售发货单自动生成销售出库单；并将数据传到库存管理模块和存货核算模块，这时在库存管理中不可修改出库量，也就是一次发货全部出库。

3. 如果没有选择“销售生成出库单”，销售出库单则由库存管理模块参照销售发货单生成。在参照时，可以修改本次出库数量，即一次发货多次出库。

4. 在由库存管理生单向销售管理生单切换时，如果有已审核/复核的发货单、发票未在库存管理模块生成销售出库单，将无法生成销售出库单。因此，应检查是否已审核、已复核的销售单据全部生成销售出库单后再切换。

5. 销售出库单可以作为原始凭证附着在记账凭证的后面。

五、销售发票

7 日，为湖北宇想开具增值税专用发票，开户行为中国银行湖北省分行，账号为 6518995426874158。

知识链接

销售发票的填制有两种情况：一种为先货后票，另一种为先票后货，两种业务的操作流程不相同。

根据上述业务，可以判定发票的填制类型为先货后票，即先填制发货单，而后参照审核后的发货单生成销售发票。

1. 打开销售管理模块

以销售人员“1104 向春”的身份登录企业应用平台，操作日期为 2020 年 4 月 7 日。

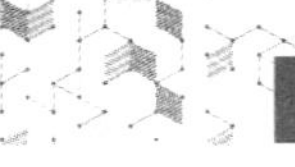

单击“销售开票”“销售专用发票”，进入“销售专用发票”对话框。

2. 参照发货单生成发票

单击工具栏“增加”按钮，系统弹出“查询条件选择—发票参照发货单”对话框，单击“确定”按钮，系统显示符合条件的全部单据。双击要参照的单据“4 月 7 日的销售发货单”，当出现“Y”时表示选择成功。单击“OK 确定”按钮。

3. 修改客户档案信息——添加开户行

在“销售专用发票”对话框单击表体“账号”，修改客户档案，增加开户银行相应信息并选择，如图 2-3-6 所示。

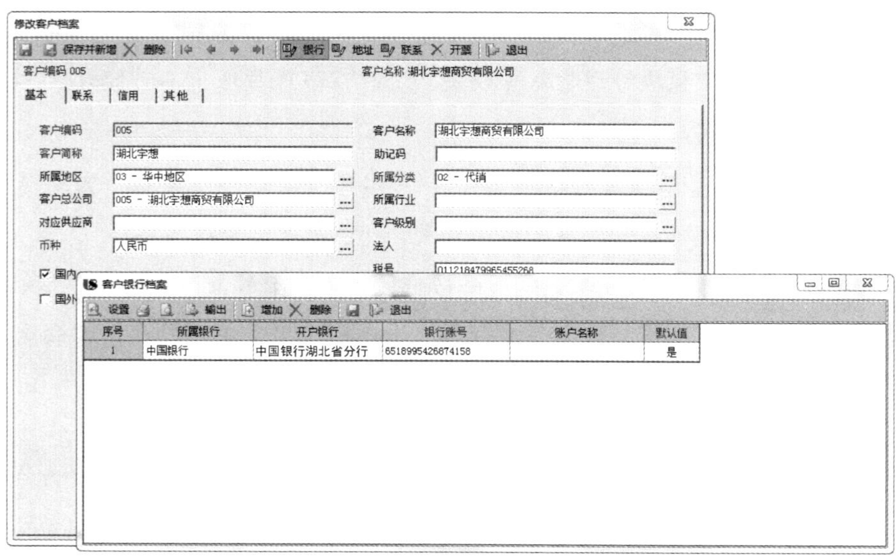

图 2-3-6　添加开户银行信息

4. 保存并复核发票

系统自动生成一张销售专用发票，单击“保存”按钮，然后单击“复核”按钮复核专用发票，如图 2-3-7 所示。

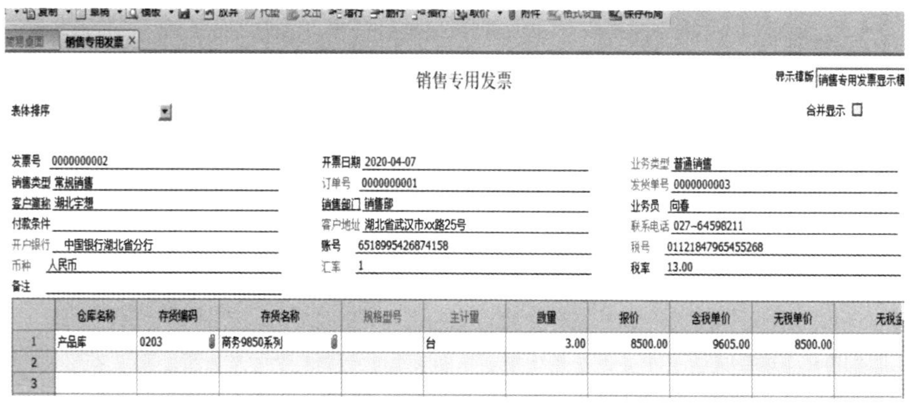

图 2-3-7　保存并复核发票

审核发货单后，可以参照一张发货单生成一张或多张发票，也可以参照一张或多张发货单生成一张发票，发货单与发票是多对多的关系。

知识链接

1. 先发货再开票的业务

（1）销售发货单可以自行增加，也可参照销售订单生成。

（2）当选项为必有订单业务模式时，销售发货单不可手工新增，只能参照销售订单生成。

（3）销售发货单可以进行修改、删除、审核、弃审等操作。

（4）对于已审核但未关闭的销售发货单，可参照生成销售发票。

2. 先开票后发货的业务

（1）销售发票审核后自动生成销售发货单。

（2）参照发票生成的销售发货单不能进行修改、删除、弃审等操作。

增值税电子专用发票属于电子会计原始凭证。《国家税务总局关于在新办纳税人中实行增值税专用发票电子化有关事项的公告》（国家税务总局公告2020年第22号）第二条规定："电子专票由各省税务局监制，采用电子签名代替发票专用章，属于增值税专用发票，其法律效力、基本用途、基本使用规定等与增值税纸质专用发票相同。"《财政部　国家档案局关于规范电子会计凭证报销入账归档的通知》（财会〔2020〕6号）规定："来源合法、真实的电子会计凭证与纸质会计凭证具有同等法律效力。"《中华人民共和国档案法》第三十七条规定："电子档案应当来源可靠、程序规范、要素合规"，"电子档案与传统载体档案具有同等效力，可以以电子形式作为凭证使用"。因此，来源合法、真实的电子专用发票作为电子会计凭证与纸质会计凭证具有同等的法律效力，且可作为电子档案进行保存归档。

六、存货结算

16日，根据销售出库单结算产品成本。

1. 打开存货核算模块

以财务人员"1103赵照"的身份登录企业应用平台，操作日期为2020年4月16日。

2. 打开未记账单据窗口

依次单击"业务核算""正常单据记账"，打开"查询条件选择"对话框。单击"确定”按钮，进入“未记账单据一览表”对话框，如图 2-3-8 所示。

查询 单据 刷新 记账 栏目 Σ 汇总 溢设

简易桌面 | 未记账单据一览表

正常单据记账列表

记录总数：1

选择	日期	单据号	存货编码	存货名称	规格型号	存货代码	单据类型	仓库名称	收发类别	数量	单
Y	2020-04-07	0000000002	0203	商务9850系列			专用发票	产品库	销售出库	3.00	
小计										3.00	

图 2-3-8　“未记账单据一览表”对话框

3. 单据记账

选择需要记账的单据，单击“记账”按钮，进入“数据联查”对话框，单击关闭。系统弹出“记账成功”信息提示框，如图 2-3-9 所示，单击“确定”按钮返回。

简易桌面 | 未记账单据一览表

正常单据记账列表

记录总数：1

选择	日期	单据号	存货编码	存货名称	规格型号	存货代码	单据类型	仓库名称	收发类别	数量	单
Y	2020-04-07	0000000002	0203	商务9850系列			专用发票	产品库	销售出库	3.00	
小计										3.00	

图 2-3-9　单据记账

4. 查找单据生成凭证

打开存货核算模块，依次单击“财务核算”和“生成凭证”，进入“生成凭证”对话框。单击“选择”按钮，打开“查询条件”对话框，选择“销售专用发票”，单击“确定”按钮，进入“选择单据”对话框。

5. 参照出库单，凭证生成

选择需要生成凭证专用发票，单击“确定”按钮，进入“生成凭证”对话框。

6. 核对并保存凭证

核对凭证项目内容（科目、日期等），确定无误后单击“生成”按钮，最后单击“保存”按钮，凭证左上角显示“已生成”字样，完成销售成本的结转，如图 2-3-10 所示。

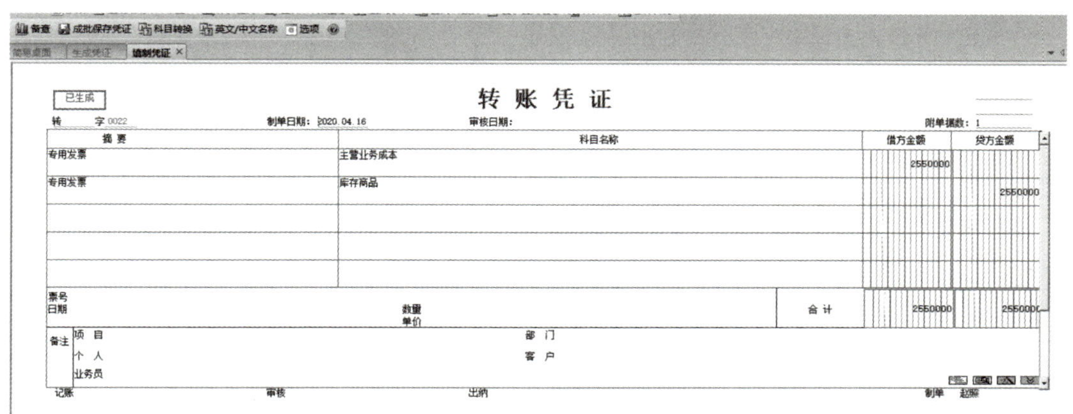

图 2-3-10　核对并保存凭证

知识链接

1. 存货核算模块必须在正常单据记账后，才能确认本期销售出库成本，生成销售成本结转凭证。

2. 正常单据记账后，如果发现有错误，必须先取消记账，恢复到未记账的状态，才可以修改相关单据。

3. 结转销售成本既可以在每次发生经济业务时生成结转凭证，也可以在期末一次完成所有业务结转凭证的操作。

4. 销售出库是销售完成后库存产品结转成本的过程，在实际工作中，销售出库单表示产品所有权转移，是存货核算时的原始凭证。

七、确认应收款项

16 日，收到对方转账支票（支票号为 ZZ090006）一张，用于支付货款，确认应收款项。

1. 打开应收模块

（1）打开“应收单据处理”选项卡

以财务人员“1103 赵照”的身份登录企业应用平台，操作日期为 2020 年 4 月 16 日。在企业应用平台的“业务工作”中，依次单击“财务会计”“应收款管理”，打开“应收单据处理”选项卡。

（2）选择未制单应收单

在“应收单据处理”选项卡中单击“应收单据审核”，系统弹出“应收单查询条件”对话框，选择“未审核”“未制单”。单击“确定”按钮，打开“制单处理”对话框，选择需要审核的销售专用发票，单击“审核”按钮，弹出“是否制单”对话框，选择“是”，如图 2-3-11 所示。

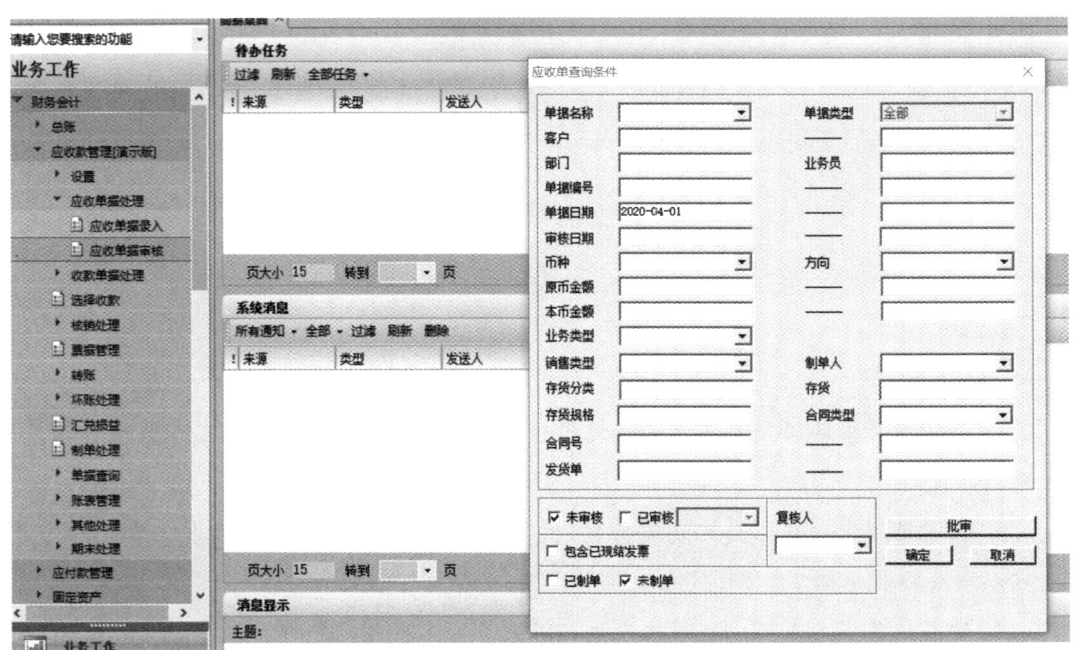

图 2-3-11　选择未制单应收单

2. 单据制单

（1）查询发票

选择“制单处理”，打开“制单查询”对话框。在复选框当中选择“发票制单”，单击“确定”按钮，进入“制单”对话框。

（2）选择发票

在应收“制单”对话框中，系统筛选出销售专用发票，选择发票所在行，修改凭证类别为“转账凭证”，制单日期为“2020-04-16”，如图 2-3-12 所示。

（3）制单生成与保存

单击“制单”和“保存”按钮，选择“发票制单”时，摘要栏为“销售专用发票”，用于区别生成的凭证。系统在生成的凭证左上角出现“已生成”标志，如图 2-3-13 所示。

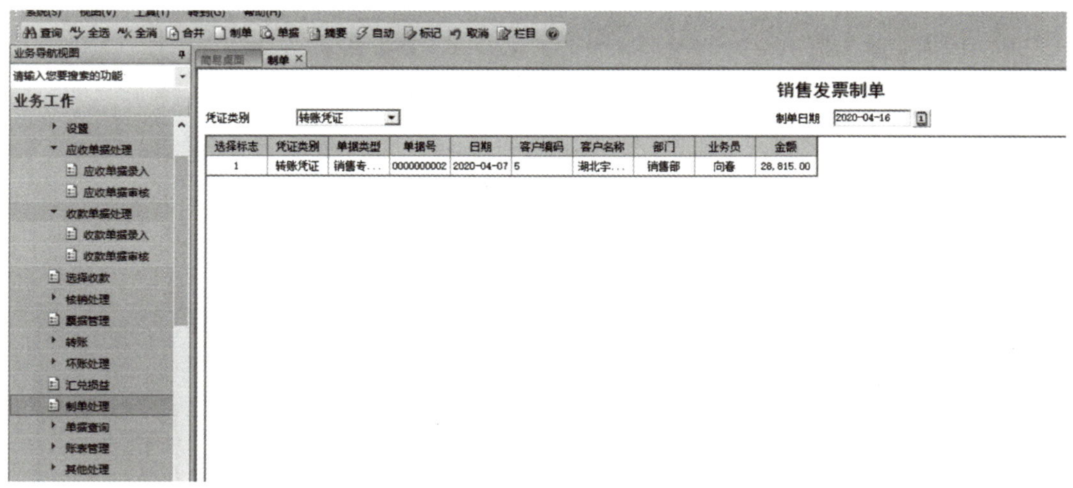

图 2-3-12　选择发票

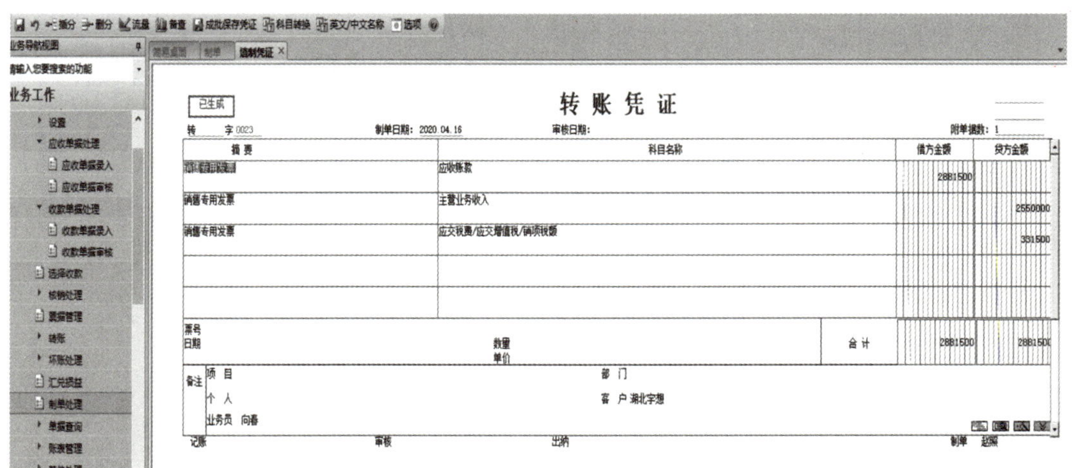

图 2-3-13　制单生成与保存

知识链接

1. 确认应收款项，可以选择相应已开具的销售专用发票进行联合制单，如果企业有代垫运杂费产生的其他应收款，也可以通过销售专用发票联查制单。

2. 应对联查发票制单生成的凭证进行审核，确保所有的相关数据无误，然后保存。一张销售专用发票可以多次收款，同时，多张销售专用发票也可以一次收款。

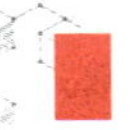

八、收款单制单

17 日，根据收款单生成记账凭证。

1. 增加收款单

在应收款管理系统中，依次单击“收款单据处理”和“收款单据录入”，打开“收付款单录入”对话框。单击“增加”按钮，录入收款信息，结算方式为“支票”，金额为“28 815”，单击“保存”按钮，如图 2-3-14 所示。

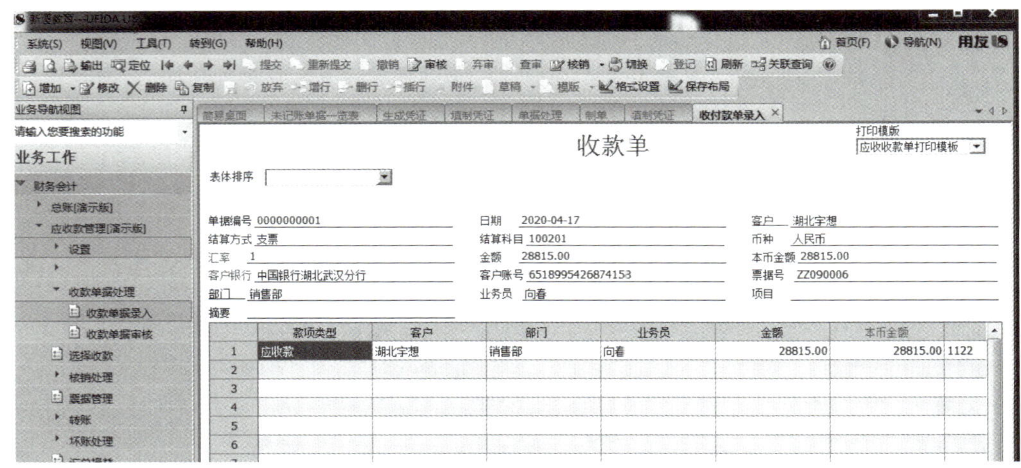

图 2-3-14　增加收款单

2. 审核收款单并生成凭证

以财务人员“1103 赵照”的身份登录企业应用平台，操作日期为 2020 年 4 月 17 日。单击“收款单据处理”选项卡，选择“收款单据审核”，单击“审核”按钮，系统提示审核完单据，单击“确定”按钮，如图 2-3-15 所示。

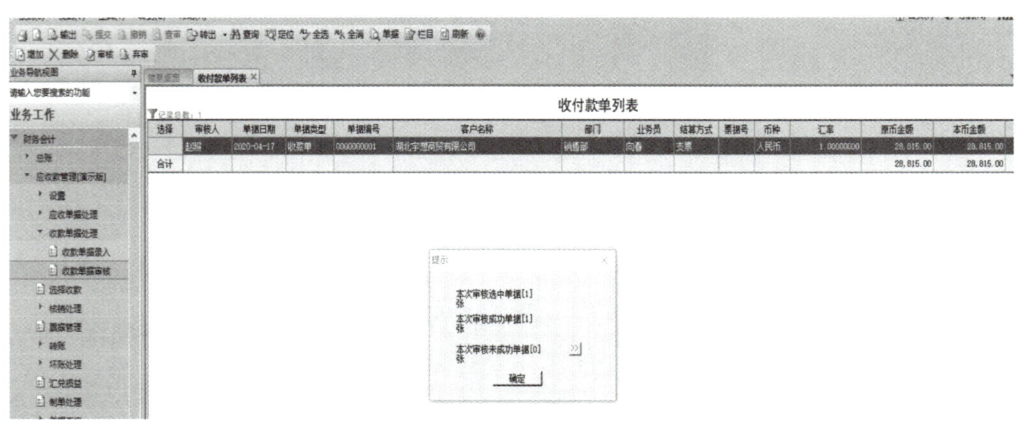

图 2-3-15　审核收款单据

单击“制单处理”选项卡，选择“收付款单制单”，单击“确定”按钮，进入“填制凭证”对话框，单击“保存”按钮，如图 2-3-16 和图 2-3-17 所示。

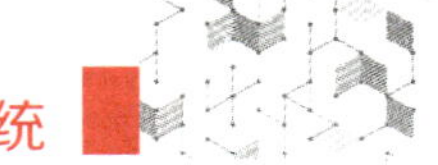

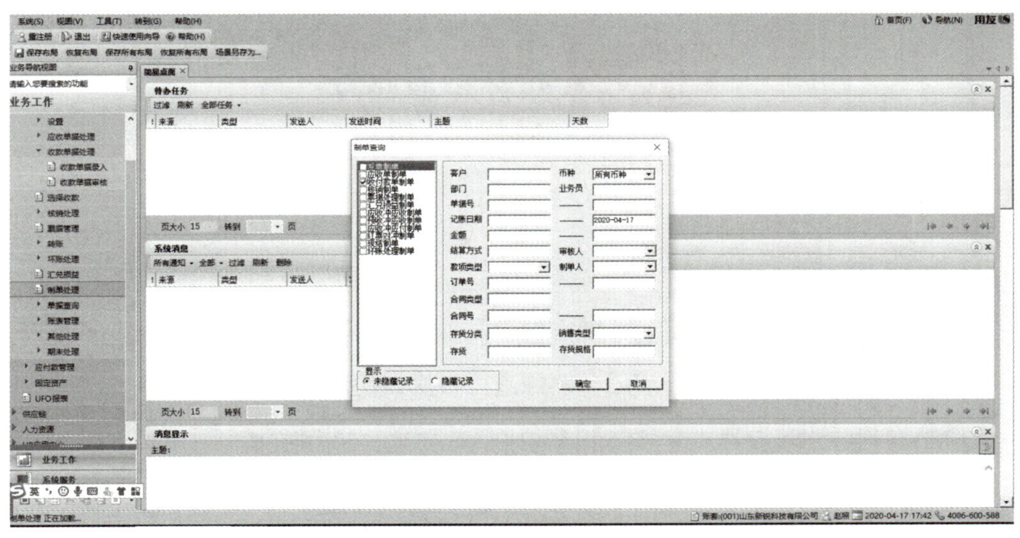

图 2-3-16　收付款单制单

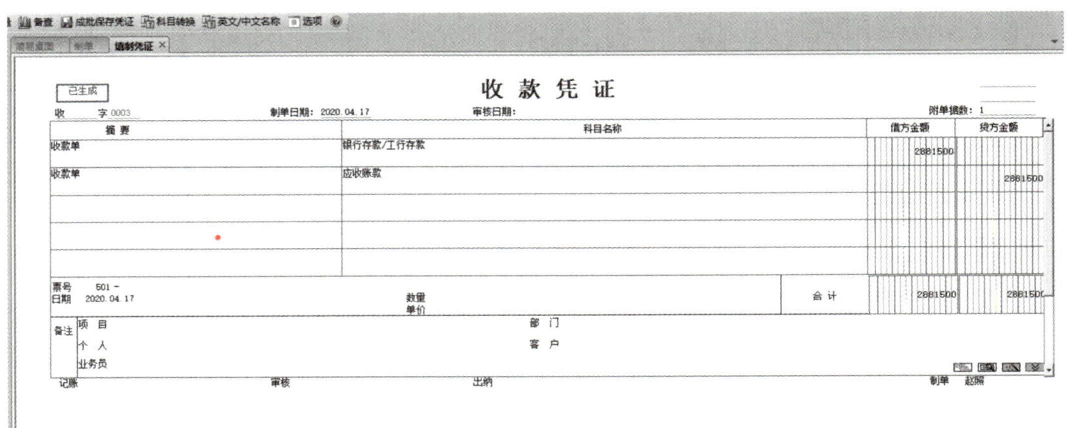

图 2-3-17　生成凭证

知识链接

1. 收款单生成凭证可以发生一笔生成一笔，也可以月底一次生成。

2. 收款单据如果有代垫运杂费时，需要核销其他应收单与应收单据，核算的金额需要在本次结算金额中予以体现。

3. 企业实际工作中，财务人员利用收到的支票存根联确认收入。在信息互联时代，银行的收款通知单会以电子凭证的形式传递到企业，作为原始凭证登记入账。

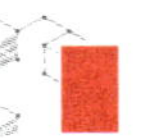

任务二 特殊销售业务

【学习目标】

1. 能掌握特殊销售操作流程，熟练进行现结业务处理。

2. 能掌握销售退货不同情况的处理流程，熟练进行货已发、票已开退货业务处理。

3. 能掌握分期收款业务处理流程，熟练进行收款核销处理。

4. 能掌握视同买断方式下委托代销业务的处理流程，熟练进行委托代销出库和结算处理。

【任务导入】

企业在日常经营活动中，除了正常的销售业务之外，还有一些特殊的销售业务，比如：客户购买了企业销售的产品出现质量问题，可是产品已经发送给客户，发票也一起发出了，那应该怎样在销售模块里实现账务操作确定销售收入？企业委托客户进行销售，销售的货款怎样核算？请根据新锐公司出现的具体事项，完成相关的业务操作。

【任务实施】

一、销售现结业务

17 日，向江西庐陵（开户银行为中国银行江西省分行，账号为 6228480789558753）销售商务 9550 系列计算机 30 台，无税单价为 6 500 元/台，价税款 220 350 元（转账支票支付，支票号为 098563），立即开具增值税专用发票一张，并确认销售成本。

1. 录入并审核报价单。

2. 增加销售订单并审核。

3. 填制并审核销售发货单。

4. 发票现结

（1）以销售人员“1104 向春”的身份登录销售管理系统，操作日期为 2020 年 4 月 17 日。在销售管理系统中，依次单击“销售开票”“销售专用发票”，打开“销售专用发票”对话框。

（2）单击“增加”按钮，修改开票日期为“2020 年 4 月 17 日”，录入客户简称“江西庐陵”、仓库名称“产品库”、存货编码“0202”，以及数量和金额，单击“保存”按钮，核对并保存发票信息。

（3）单击“现结”按钮，打开“现结”对话框。录入结算方式“支票”、支票号“098563”和结算金额“220 350 元”等信息。

（4）单击“确定”按钮，发票左上角显示“现结”，如图 2-3-18 所示。

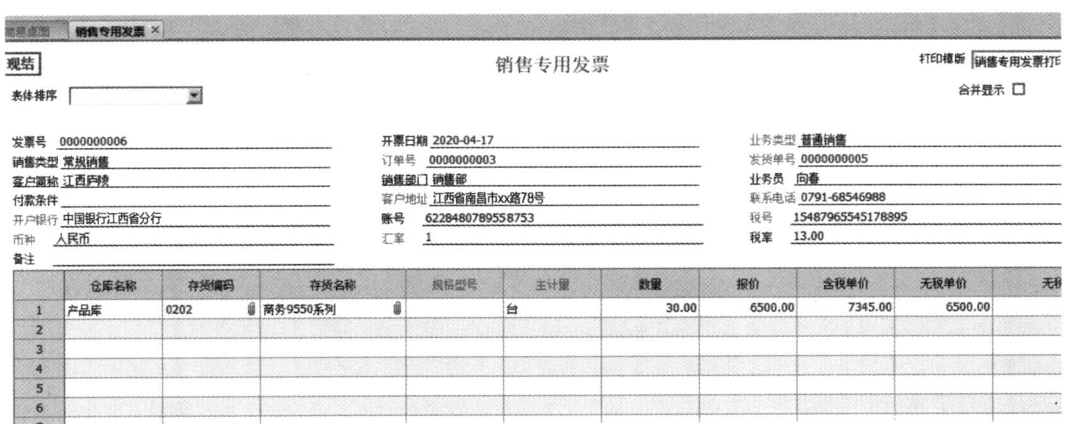

图 2-3-18　发票现结

（5）单击“复核”，复核销售专用发票。

5. 现结制单

（1）以财务人员“1103 赵照”的身份登录应收管理系统，操作日期为 2020 年 4 月 17 日。依次单击“应收单据处理”和“应收单据审核”，打开“应收单查询条件”对话框。

（2）在“应收单查询条件”对话框中，选择“包含已现结发票”复选项，单击“确定”按钮，打开“单据处理”对话框。

（3）双击“选择”栏，选择需要审核的单据，单击“审核”按钮，系统提示本次审核成功单据 1 张，单击“确定”按钮，如图 2-3-19 所示。

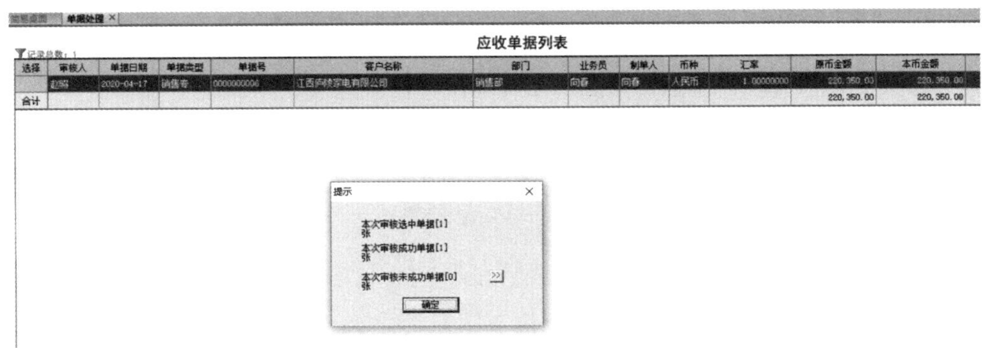

图 2-3-19　审核单据

（4）单击“制单处理”，打开“制单查询”对话框，选择“现结制单”，单击“确定”按钮，打开“制单”对话框。

（5）依次单击“全选”和“制单”，系统生成凭证，检查凭证信息正确后，单击“保存”按钮，凭证左上角显示“已生成”，如图 2-3-20 所示。

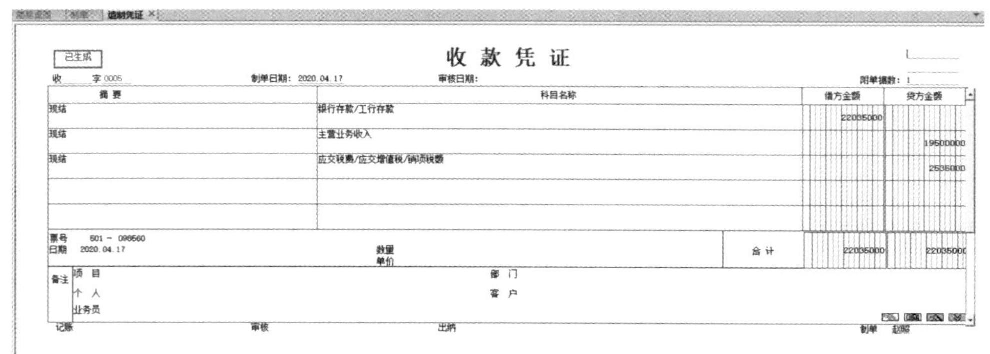

图 2-3-20　收款凭证

6. 销售成本结转生成

（1）打开存货系统

以财务人员“1103 赵照”的身份登录存货核算系统，操作日期为 2020 年 4 月 17 日。依次单击“业务核算”和“正常单据记账”，打开“查询条件选择”对话框。

（2）仓库名称选择“成品库”，单击“确定”按钮，打开“未记账单据一览表”对话框。

（3）选择需要记账的单据，依次单击“记账”和“确定”按钮，如图 2-3-21 所示。

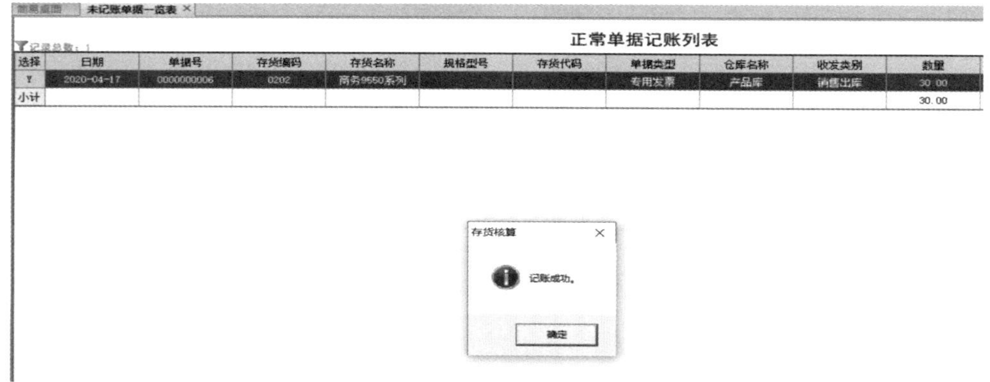

图 2-3-21　记账成功

（4）依次单击“财务核算”和“生成凭证”，打开“生成凭证”对话框。单击“选择”按钮，打开“查询条件”，选择“销售专用发票”，单击“确定”按钮，进入“选择单据”对话框，选择需要生成凭证的单据，单击“确定”按钮，返回“生成凭证”对话框，如图 2-3-22 所示。

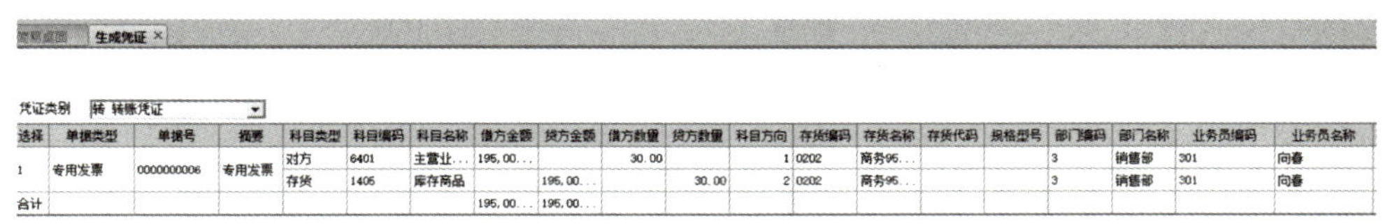

生成凭证

凭证类别 转 转账凭证

选择	单据类型	单据号	摘要	科目类型	科目编码	科目名称	借方金额	贷方金额	借方数量	贷方数量	科目方向	存货编码	存货名称	存货代码	规格型号	部门编码	部门名称	业务员编码	业务员名称
1	专用发票	0000000006	专用发票	对方	6401	主营业...	195,00...		30.00		1	0202	商务95...			3	销售部	301	向春
				存货	1405	库存商品		195,00...		30.00	2	0202	商务95...			3	销售部	301	向春
合计							195,00...	195,00...											

图 2-3-22　“生成凭证”对话框

（5）核对无误后，单击“生成”按钮，系统生成销售成本结转凭证，如图 2-3-23 所示，单击“保存”按钮保存。

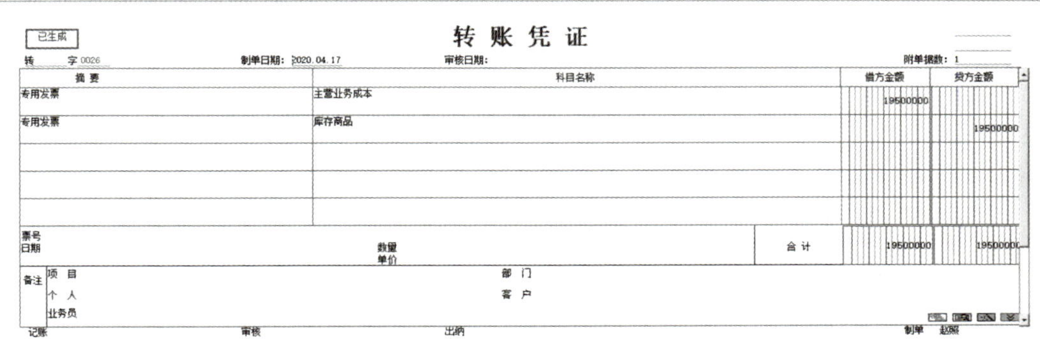

已生成

转账凭证

转　字 0026　制单日期：2020.04.17　审核日期：　附单据数：1

摘要	科目名称	借方金额	贷方金额
专用发票	主营业务成本	19500000	
专用发票	库存商品		19500000
票号 日期 　数量 单价	合计	19500000	19500000

备注　项目　部门

个人　客户

业务员

记账　审核　出纳　制单 赵丽

图 2-3-23　销售成本结转凭证

知识链接

1. 现结是在货款两讫的情况下，在销售结算的同时向客户收取货款。
2. 一张销售单据可以全额现收，也可以部分现收。
3. 本业务涉及的原始凭证有销售专用发票、销售出库单、银行收款单。

二、销售退货业务（货已发票已开退货）

17 日，湖北宇想因质量问题要求退回商务 9850 系列计算机 1 台，无税单价为 8 500 元/台，已开具增值税专用发票、收款并结转成本（单位成本 5 000 元）。新锐公司同意退货并开具红字增值税专用发票一张。当日，办理退款并收到退回的商务 9850 系列计算机 1 台，入产品库。

以销售人员“1104 向春”的身份登录销售管理系统，操作日期为 2020 年 4 月 17 日。

知识链接

销售退货业务指客户因货物质量、数量等不符合要求，而将已购货物退还企业的业务形式。销售退货与正常的销售业务流程基本相同，如果销售退货时点是在企业未开票、产品未出库之前，只需要修改或者作废发货单，其他操作与普通销售一致。

本业务是已完成销售发票开具和销售出库的退货业务，需要填写并审核退货单，填写或者生成红字专用销售发票，生成红字销售出库单。

1. 填写销售退货单

在销售管理系统中，依次单击“销售发货”和“退货单”，单击“增加”和“生单”按钮，参照订单填制销售退货单，客户简称为“湖北宇想”，仓库名称为“产品库”，存货名称为“商务9850系列”，数量为“-1”，无税单价为“8 500元”，单击“保存”和“审核”按钮完成退货单填写，如图2-3-24所示。

退货单

表体排序

退货单号 0000000004　退货日期 2020-04-17　业务类型 普通销售
销售类型 常规销售　订单号 0000000001　发票号
客户简称 湖北宇想　销售部门 销售部　业务员 向春
发运方式　币种 人民币　汇率 1
税率 13.00　备注

	仓库名称	货物编码	存货名称	规格型号	主计量	数量	报价	含税单价	无税单价
1	产品库	0203	商务9850系列		台	-1.00	8500.00	9605.00	8500.00
2									
3									
4									
5									
6									
7									
8									
9									
10									
11									
12									
13									
14									
15									
16									
17									
18									
合计						-1.00			

制单人 向春　审核人

图2-3-24　填写销售退货单

2. 退货单生成红字销售发票，现结并复核

（1）打开红字“销售专用发票”对话框

在销售管理系统中，依次单击“销售开票”和“红字专用销售发票”，打开红字“销售专用发票”对话框。

（2）参照红字发货单

单击“增加”按钮，在“查询条件选择—发票参照发货单”对话框中选择参照的发货单类型为“红字记录”。

（3）参照生成红字发票

单击“确定”按钮，选择要参照的红字退货单，单击“确定”按钮，系统根据退货单信息生成红字发票，单击“保存”按钮，完成退货单，生成红字发票。

（4）现结

单击“现结”按钮，打开“现结”对话框，选择结算方式为“支票”，原币金额为“-9 605”，票据号为“ZZ090006”如图 2-3-25 所示。单击“确定”按钮，红字发票左上角出现“现结”标志，如图 2-3-26 所示。

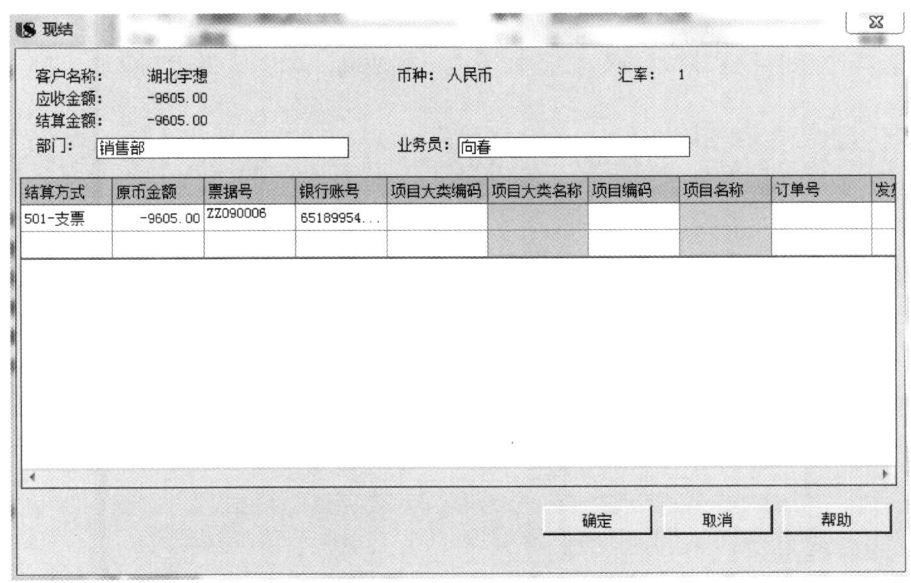

图 2-3-25　现结

（5）复核红字发票

单击“复核”按钮，完成复核，如图 2-3-26 所示。

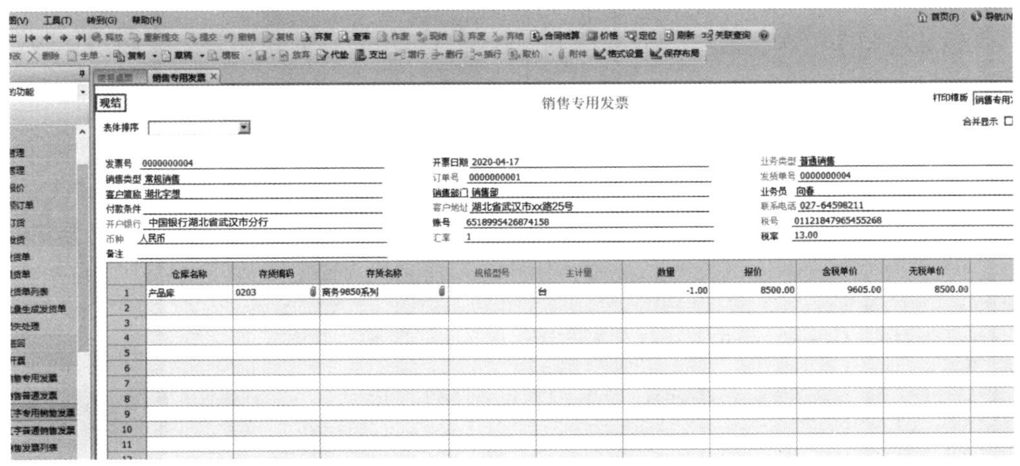

图 2-3-26　复核红字发票

3. 审核销售出库单

（1）打开“销售出库单”对话框

以仓管人员“1106 谢训”的身份登录企业应用平台，操作日期为 2020 年 4 月 17 日。在“业务工作”中，依次单击“供应链”“库存管理”“出库业务”和“销售出库单”，打开“销售出库单”对话框。

（2）审核销售出库单

依次单击“生单”和“销售生单”，打开“查询条件选择—销售发货单列表”对话框，选择发货单号，单击“确定”按钮，打开“销售生单”对话框，选中发货单，依次单击“确定”“保存”和“审核”按钮，检查审核成功，如图 2-3-27 所示。

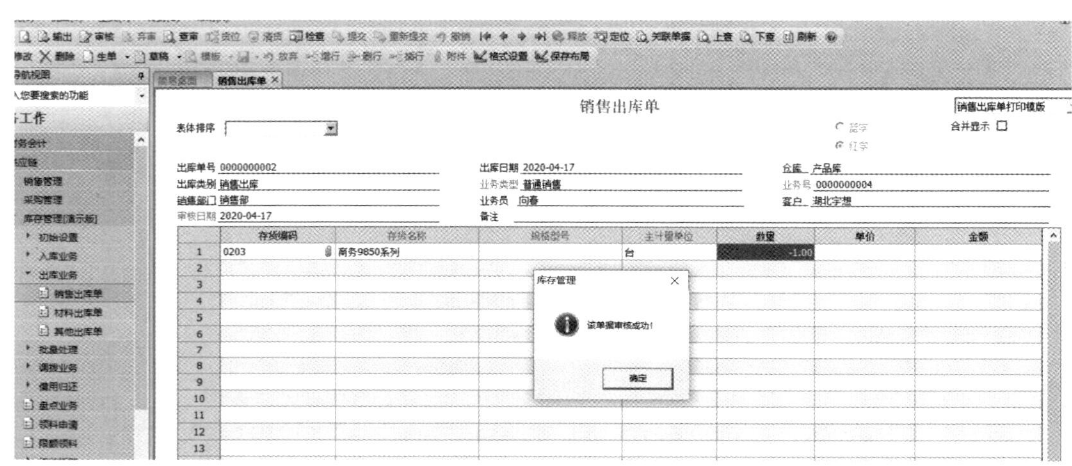

图 2-3-27　审核销售出库单

4. 依据审核现结红字发票制单

（1）打开应收“单据处理”对话框

以财务人员“1103 赵照”的身份登录企业应用平台，操作日期为 2020 年 4 月 17 日。在“业务工作”中依次单击“财务会计”“应收款管理”“应收单据处理”和“应收单据审核”，当系统弹出“应收单查询条件”时，单击“包含已现结发票”复选框，单击“确定”按钮，打开应收“单据处理”对话框。

（2）查找发票

在应收“单据处理”对话框中双击选择本业务的红字销售发票，打开“销售发票”对话框。

（3）审核制单并保存凭证

单击“审核”按钮，系统弹出“是否立即制单？”提示，如图 2-3-28 所示。

图 2-3-28　系统弹出“是否立即制单?”提示

选择“是”，系统打开“填制凭证”对话框，审核显示的凭证信息无误后，单击“保存”按钮，如图 2-3-29 所示。

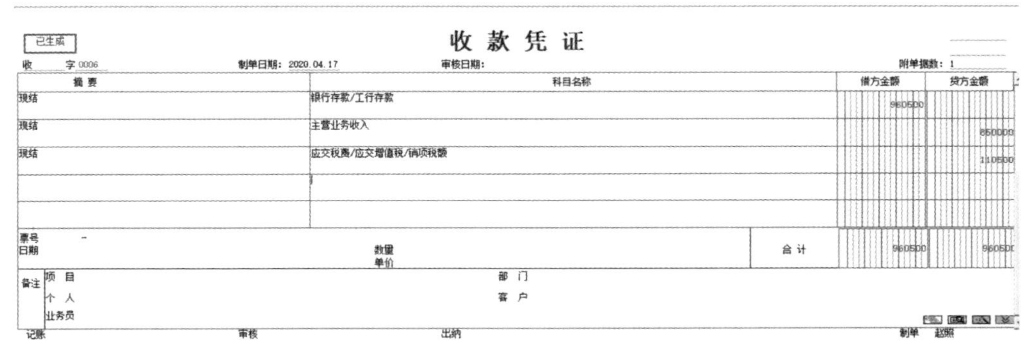

图 2-3-29　保存凭证

5. 记账生成结转销售成本凭证

（1）打开“未记账单据一览表”

以财务人员“1103 赵照”的身份登录企业应用平台，操作日期为 2020 年 4 月 17 日。在“业务工作”中依次单击“供应链”“存货核算”“业务核算”和“正常单据记账”，在弹出的“查询条件选择”对话框中，单击“确定”按钮，打开“未记账单据一览表”对话框。

（2）红字发票记账

在“未记账单据一览表”对话框中选择对本业务红字专用发票进行记账。要求手工录入单价“5 000”，单击“确定”按钮，系统弹出“记账成功”提示，单击“确定”按钮完成记账。

（3）生成结转销售成本凭证

在“存货核算”中依次单击“财务核算”和“生成凭证”，选择“销售专用发票”生成凭证，补充相关科目（6401），单击“生成”，检查生成凭证信息（借：主营业务成本 5 000　贷：库存商品 5 000）均为红字，确认凭证信息无误，单击“保存”按钮，如

图 2-3-30 所示。

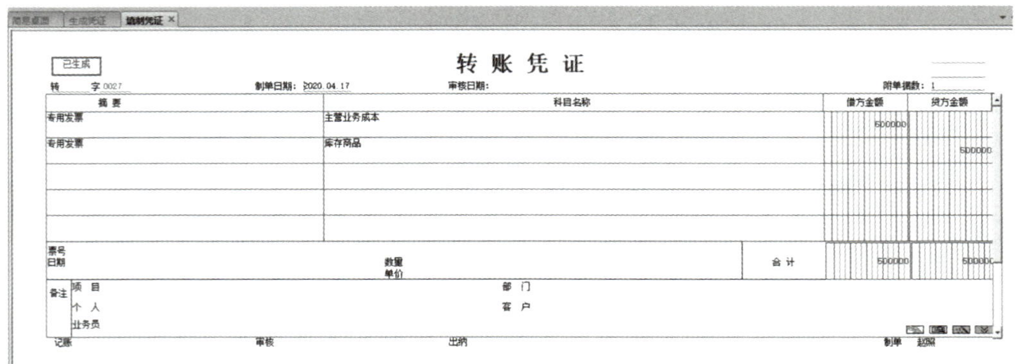

图 2-3-30　生成结转销售成本凭证

知识链接

1. 参照订单生成的退货单、直接填制的退货单、参照发货单生成时选择“已开票退货”的退货单可以生成发票。

2. 参照发货单生成发票：默认开票数量＝原发货单数量－未开票退货数量－已开票数量。

3. 参照退货单生成红字发票：默认红字开票数量＝原退货单数量－已开票数量。

4. 销售退货时未开票未出库：直接修改发货单，或者参照发货单填写退货单，并选择“未开票退货”。

5. 销售退货时已开票：先填写退货单，退货单生成红字销售出库单，到库房办理入库手续，根据退货单开具红字销售发票。

6. 销售退货业务涉及的原始凭证主要有红字销售专用发票、销售退货单、红字销售出库单。

三、分期收款业务

18 日，河南大华与新锐公司签订合同，订购商务 9850 系列计算机 10 台，无税单价为 8 500 元/台。因河南大华资金周转困难，新锐公司考虑到该公司信用良好，当即约定河南大华当日先付 50% 货款，剩余货款于 25 日全部付完。当日，新锐公司收到转账支票（支票号为 ZP7625）48 025 元，开具增值税专用发票一张，专用发票开具的数量为 10 台，仓库验收合格，安排当日从产品库发货。

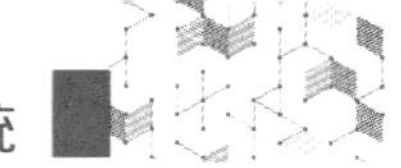

新锐公司于25日下午收到河南大华支票一张（ZP9086），支付剩余货款48 025元。

1. 签订合同，当日发货，收到一半货款（流程同现结业务一致）

（1）填制并审核销售订单

1）打开“销售订单”对话框。以销售人员“1104 向春”的身份登录企业应用平台，操作日期为2020年4月18日。依次单击“供应链”“销售管理”“销售订货”和“销售订单”，打开“销售订单”对话框。

2）增加销售订单。单击“增加”按钮，新增一张销售订单。业务类型为“分期收款”，销售类型为“常规销售”，客户简称为“河南大华”，销售部门为“销售部”，业务员为“向春”，存货名称为“商务9850系列”，数量为“10”，无税单价为“8 500”，预发货日期为“2020-04-18”。

3）保存审核订单。单击“保存”按钮，保存订单，单击“审核”按钮，审核完成销售订单。

（2）填制审核销售发货单

1）在“销售管理”中依次单击“销售发货”和“批量生成发货单”，打开“批量生单—销售订单列表”对话框。

2）选中订单，选择仓库名称为“产品库”，单击“生成”按钮。

3）单击“销售发货”和“发货单列表”，选中发货单号，单击“批审”按钮，出现“批量审核完毕”提示，单击“确定”按钮，如图2-3-31所示。

发货单列表

记录总数：1

选择	发货单号	发货日期	退货标识	业务类型	销售类型	客户简称	销售部门	业务员	币种	汇率	仓库	存货编码	存货代码	存货名称	规格型号	数量	报价	含税单价	无税单价
	0000000007	2020-04-18	否	分期收款	常规销售	河南大华	销售部	向春	人民币	1.00000000	产品库	0203		商务9850系列		10.00	8,500.00	9,605.00	8,500.00
小计																10.00			
合计																10.00			

图2-3-31 批量审核完毕

（3）填制、现结并复核销售专用发票

1）登录“销售管理”，依次单击“销售开票”和“批量生成发票”，打开“批量生单—销售订单列表”对话框。

2）单击“发货”，打开“查询条件选择”对话框，选择发货单号，单击“确定”，选中发货单，然后单击“专票”按钮，打开“销售发票列表”，双击选中发票，打开

“销售专用发票”对话框。

3）在“销售专用发票”对话框，单击“现结”，打开“销售现结”对话框。选择结算方式为“支票”，录入相应的原币金额为“48 025”，录入票据号为“ZP7625”，然后单击“确定”，返回“专用发票”对话框，此时窗口左上方出现“现结”字样。

4）复核销售专用发票。单击“复核”，完成复核工作，如图 2-3-32 所示。

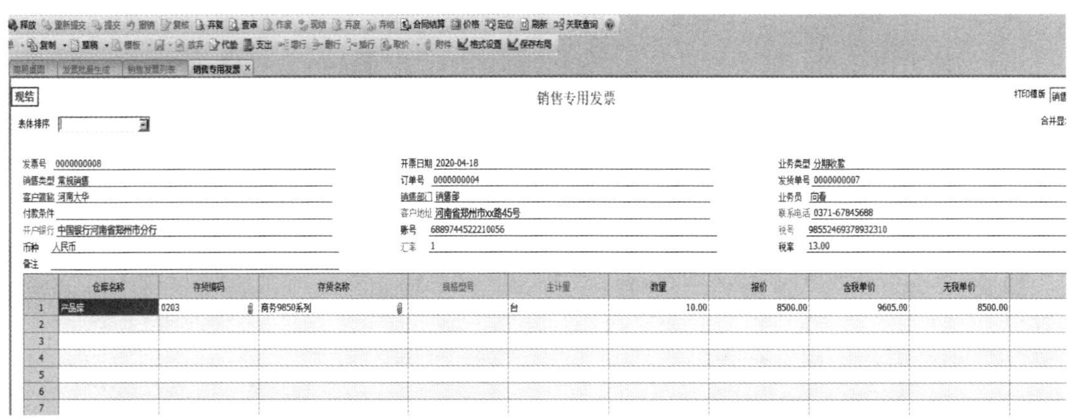

图 2-3-32 复核销售专用发票

（4）审核销售出库单

1）打开“销售出库单”对话框。以仓管人员“1106 谢训”的身份登录企业应用平台，操作日期为 2020 年 4 月 18 日。依次单击“供应链”“库存管理”“出库业务”和“销售出库单”，打开“销售出库单”对话框。

2）查阅并审核销售出库单。单击“生单”，生单参照发货单。双击分期付款的发货单，单击“确定”和“审核”按钮，系统提示审核成功，单击“确定”按钮完成审核工作，如图 2-3-33 所示。

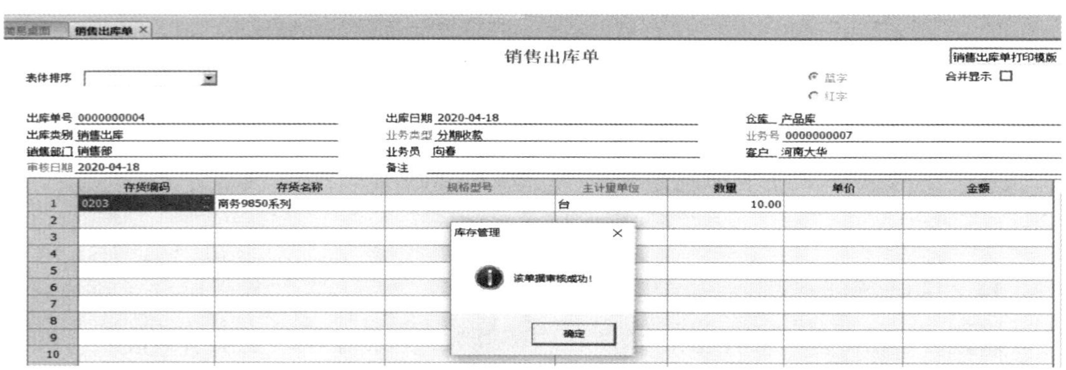

图 2-3-33 查阅并审核销售出库单

（5）审核现结发票制单

1）打开应收“单据处理”对话框。以财务人员“1103 赵照”的身份登录企业应用

平台，操作日期为2020年4月18日。依次单击“财务会计”“应收款管理”“应收单据处理”和“应收单据审核”，当弹出“应收单查询条件”对话框时，选中“包含已现结发票”复选框，然后单击“确定”，系统打开应收“单据处理”对话框。

2）查询发票。在应收“单据处理”对话框中，系统查找到本业务的销售专用发票，双击发票所在的行，系统打开“销售发票”，默认显示了已经生成的销售专用发票。

3）审核发票、现结制单并保存。单击“审核”按钮，制单处理选择“现结制单”，选择单据，单击“制单”按钮，系统退出并打开“填制凭证”，并默认显示凭证的信息（借记：银行存款，贷记：主营业务收入、应交税费/应交增值税/销项税额），录入项目核算内容。单击“保存”按钮，保存生成的凭证，如图2-3-34所示。

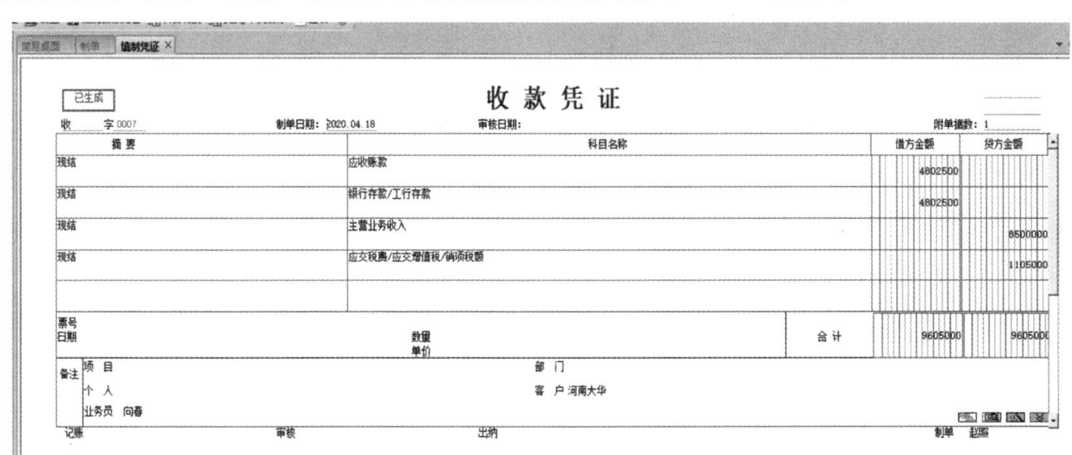

图2-3-34　审核发票、现结制单并保存

（6）记账

1）打开“未记账单据一览表”对话框。以财务人员“1103赵照”的身份登录企业应用平台，操作日期为2020年4月18日。依次单击“供应链”“存货核算”“业务核算”和“发出商品记账”，打开“查询条件选择”对话框，单击“确定”按钮，打开“未记账单据一览表”对话框。

2）销售发货单和销售专用发票记账。在“未记账单据一览表”对话框中，选中生成的销售发货单和销售发票，然后单击“记账”按钮，系统提示记账成功，单击“确定”按钮，完成记账工作，如图2-3-35所示。

（7）销售发货单和专用发票生成凭证

1）打开“生成凭证”对话框。以财务人员“1103赵照”的身份登录企业应用平台，操作日期为2020年4月18日。在“存货核算”中单击“财务核算”，打开“生成凭证”对话框。

2）打开“选择单据”。单击“选择”按钮，在弹出的“查询条件”对话框中单击

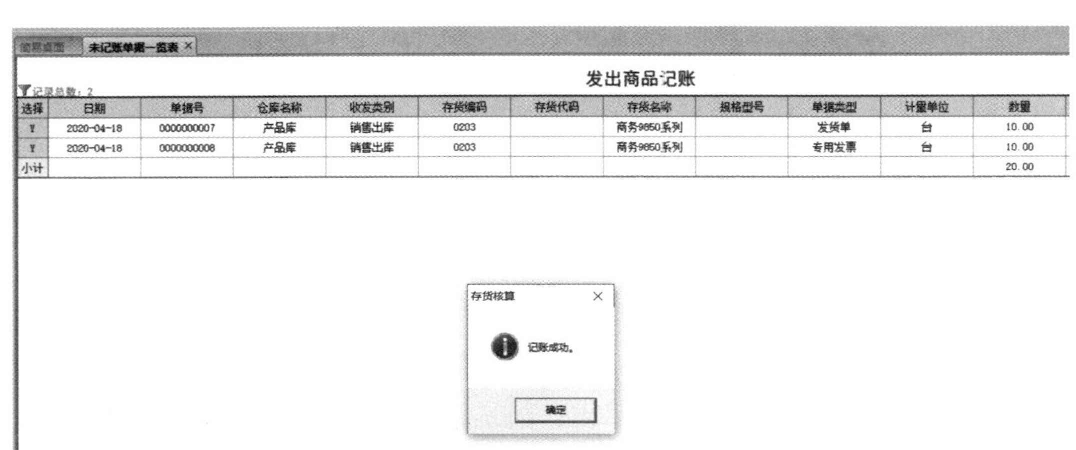

选择	日期	单据号	仓库名称	收发类别	存货编码	存货代码	存货名称	规格型号	单据类型	计量单位	数量
Y	2020-04-18	0000000007	产品库	销售出库	0203		商务9850系列		发货单	台	10.00
Y	2020-04-18	0000000008	产品库	销售出库	0203		商务9850系列		专用发票	台	10.00
小计											20.00

图 2-3-35　销售发货单和销售专用发票记账

“确定”按钮，打开“选择单据”对话框。

3）设置凭证信息。在“选择单据”对话框中选中已经生成的销售发货单和销售发票，然后单击“确定”按钮，系统退出“选择单据”对话框，返回“生成凭证”对话框。

4）生成存货凭证并保存。录入科目编码“1406 发出商品”，单击“生成”按钮，打开“填制凭证”对话框，检查生成凭证的信息无误后，单击“保存”按钮保存凭证，如图 2-3-36 所示。

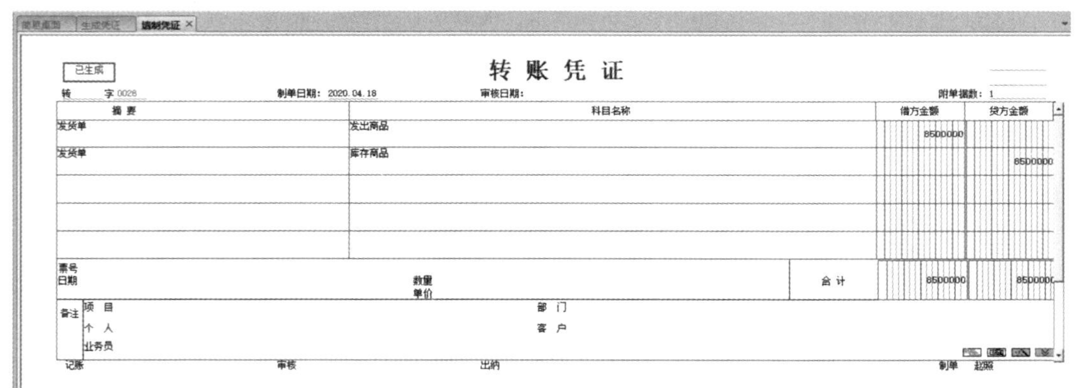

图 2-3-36　生成存货凭证并保存

5）生成销售发票凭证并保存。在“填制凭证”对话框中检查生成销售发票凭证的信息无误，单击“保存”按钮保存凭证，如图 2-3-37 所示。

2. 收到剩余款项填制收款单

（1）依次单击“应收款管理”和“收款单据录入”选项，打开“收付款单录入”对话框。

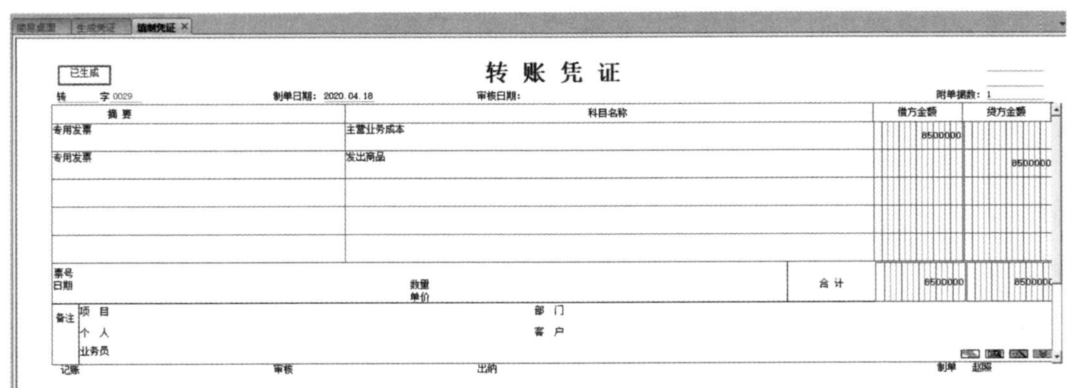

图 2-3-37 生成销售发票凭证并保存

（2）单击“增加”按钮，修改日期为“2020-04-25”，选择客户“河南大华”，选择结算方式“支票”，录入金额“48 025”，单击“保存”按钮，如图 2-3-38 所示。

收款单

打印模版：应收收款单打印模板

表体排序

单据编号 0000000009　日期 2020-04-25　客户 河南大华

结算方式 支票　结算科目 100201　币种 人民币

汇率 1　金额 48025.00　本币金额 48025.00

客户银行 中国银行河南省郑州市分行　客户账号 6889744522210056　票据号

部门 销售部　业务员 向春　项目

摘要

	款项类型	客户	部门	业务员	金额	本币金额	
1	应收款	河南大华	销售部	向春	48025.00	48025.00	1122
2							
3							
4							
5							
6							
7							

图 2-3-38 填制收款单

（3）单击“审核”按钮，系统审核完成并弹出“是否立即制单?”提示，单击“是”按钮，系统退出并打开“填制凭证”对话框，默认显示凭证的信息，单击“保存”按钮保存生成的凭证，如图 2-3-39 所示。

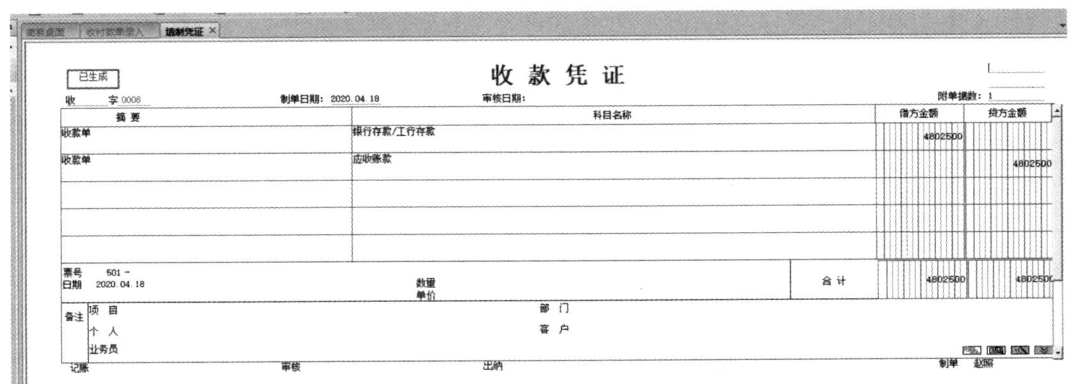

图 2-3-39 保存生成的凭证

知识链接

1. 分期收款业务只能先发货后开票，不能开票直接发货。

2. 分期发货单、分期发票审核后转存货核算记账。

四、委托代销业务

1. 委托代销发出商品

25 日，销售部以视同买断方式委托安徽飞鸽家电有限公司（简称“安徽飞鸽”，开户银行为中国银行安徽省分行，银行账号为 6228480123487652）代为销售商务 9250 系列计算机，每月 30 日结算。当日售出 50 台，无税单价为 6 200 元，货物从产品库发出。

2. 委托代销结算

30 日，收到安徽飞鸽委托代销清单一张，结算商务 9250 系列计算机 30 台，单价 6 200 元，立即开具销售专用发票给安徽飞鸽，确认应收款项。

知识链接

委托代销业务是企业将商品委托其他企业进行销售而商品所有权并未转移的一种销售方式。委托代销商品销售后，由受托方与委托方进行结算，开具销售专用发票，商品所有权转移。

3. 签订合同，发出商品

（1）填制并审核委托代销订单

1）打开“销售订单”对话框。以销售人员“1104 向春”的身份登录企业应用平台，操作日期为 2020 年 4 月 25 日。依次单击“供应链”“销售管理”“销售订货”和“销售订单”，打开“销售订单”对话框。

2）增加销售订单。单击“增加”按钮，新增一张销售订单。业务类型为“委托代销”，客户简称为“安徽飞鸽”，销售部门为“销售部”，业务员为“向春”，存货名称为“商务 9250 系列”，数量为“50”，无税单价为“6 200”。

3）保存审核订单。单击“保存”按钮保存订单，单击“审核”按钮审核完成销售订单。

（2）填制审核销售发货单

1）打开“委托代销发货单”对话框。在“销售管理”中依次单击“委托代销”和“委托代销发货单”，打开“委托代销发货单”对话框。

2）参照销售订单生成委托代销发货单。单击“增加”按钮，弹出“查询条件选择—参照订单”对话框，然后单击“确定”按钮，打开“参照生单”对话框。选择要参照的委托代销订单，单击“确定”按钮，返回“委托代销发货单”对话框。选择仓库名称为“产品库”，单击“保存”和“审核”按钮，如图 2-3-40 所示。

图 2-3-40 参照销售订单生成委托代销发货单

（3）委托代销出库

以仓管人员“1106 谢训”的身份登录库存管理系统，操作日期为 2020 年 4 月 25 日。依次单击“出库业务”和“销售出库单”，打开“销售出库单”对话框。找到需要根据委托代销发货单生成的销售出库单，单击“保存”和“审核”按钮，如图 2-3-41 所示。

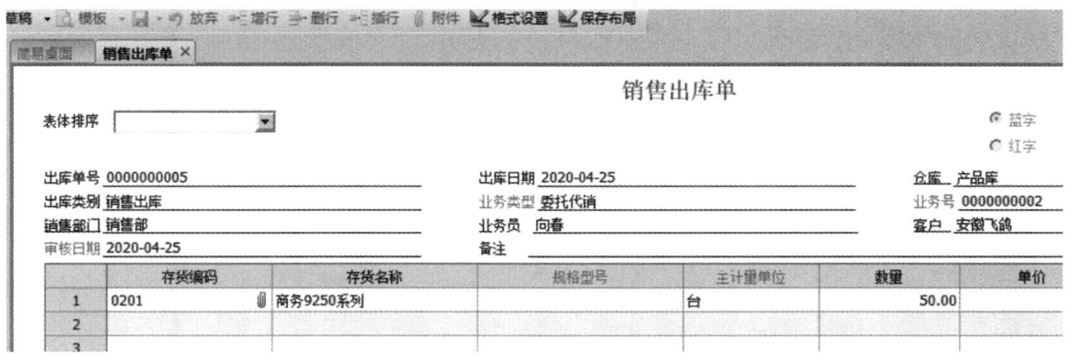

图 2-3-41 委托代销出库

（4）委托代销发货生单

1）查找单据记账。以财务人员“1103 赵照”的身份登录存货核算系统，操作日期为 2020 年 4 月 25 日。依次单击“业务核算”和“发出商品记账”，打开“查询条件选择”对话框，选择仓库为“产品库”，单击“确定”按钮，打开“未记账单据一览表”对话框，单击“记账”按钮，对委托代销发出商品记账。

2）生单。依次单击“财务核算”和“生成凭证”，单击“选择”按钮，对委托代销发货单生成凭证，检查无误后保存凭证，如图 2-3-42 所示。

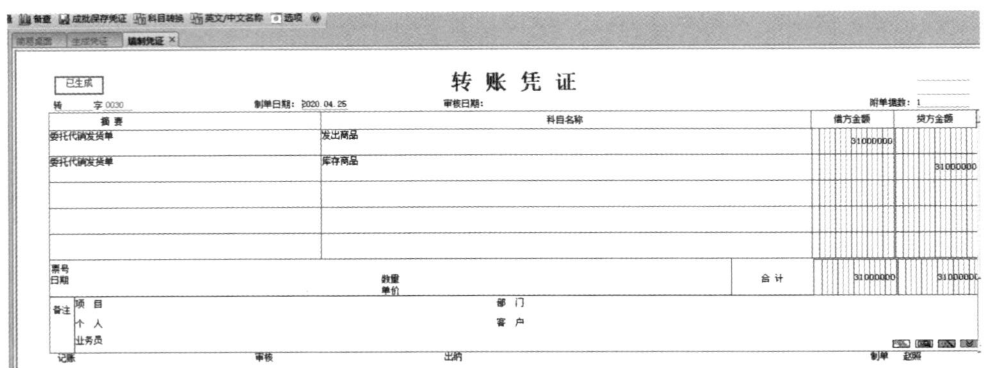
转账凭证

转 字 0030 制单日期：2020.04.25 审核日期： 附单据数：1

摘要	科目名称	借方金额	贷方金额
委托代销发货单	发出商品	31000000	
委托代销发货单	库存商品		31000000
票号 日期	数量 单价 合计	31000000	31000000

备注 项目 部门 个人 客户 业务员

记账 审核 出纳 制单 赵刚

图 2-3-42 生成并保存凭证

4. 委托代销结算

（1）委托代销结算

1）打开“委托代销结算单”对话框。以销售人员“1104 向春”的身份登录企业应用平台，操作日期为 2020 年 4 月 30 日。依次单击“委托代销”和“委托代销结算单”，打开“委托代销结算单”对话框。

2）参照发货单生成委托代销结算单。单击“增加”按钮，打开“查询条件选择”对话框。单击“确定”按钮，进入“参照生单”对话框。选择“安徽飞鸽”的委托代销发货单，单击“OK 确定”按钮，返回“委托代销结算单”对话框，修改数量为“30”，单击“保存”按钮，如图 2-3-43 所示。

委托代销结算单

表体排序

结算单号 0000000001　结算日期 2020-04-30　销售类型 委托代销

客户简称 安徽飞鸽　销售部门 销售部　业务员 向春

付款条件　币种 人民币　汇率 1

税率 13.00　备注

	仓库名称	货物编码	存货名称	规格型号	主计量	数量	报价	含税单价	无税单价
1	产品库	0201	商务9250系列		台	30.00	6200.00	7006.00	6200.00
2									
3									
4									
5									
6									

图 2-3-43 参照发货单生成委托代销结算单

3）生成专用发票。单击“审核”按钮，弹出“请选择发票类型”对话框，选择“专用发票”，单击“确定”按钮，如图 2-3-44 所示。

4）复核发票。依次单击“销售开票”和“销售专用发票”，找到需要复核的委托代

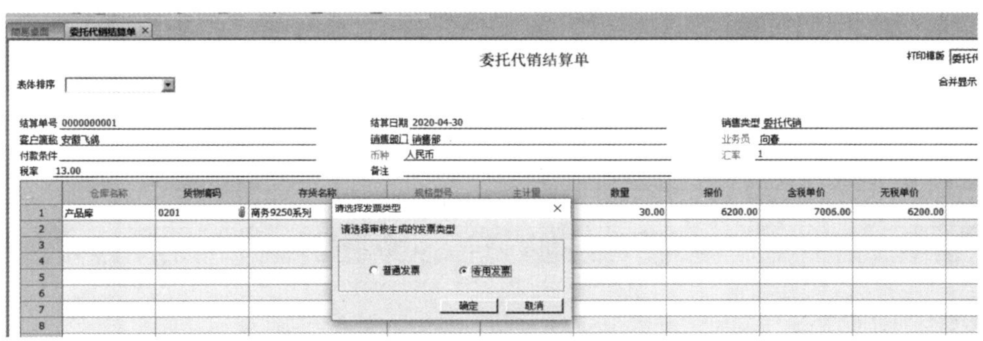

图 2-3-44　生成专用发票

销结算单生成的销售专用发票，单击“复核”按钮，如图 2-3-45 所示。

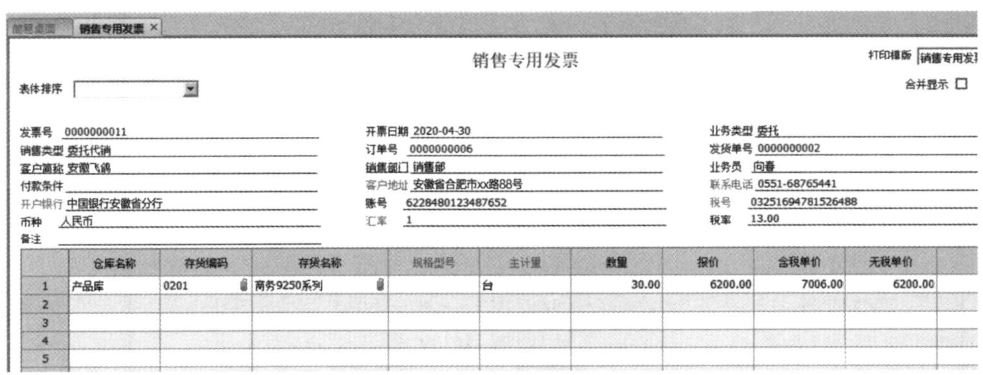

图 2-3-45　复核发票

（2）确认销售收入

1）打开并审核委托代销销售专业发票。以财务人员“1103 赵照”的身份登录应收款管理系统，操作日期为 2020 年 4 月 30 日。依次单击“应收单据处理”和“应收单据审核”，对委托代销销售专业发票进行审核。

2）制单。在应收款管理系统中单击“制单处理”，选择销售专用发票，单击“制单”和“保存”按钮，完成凭证的保存，如图 2-3-46 所示。

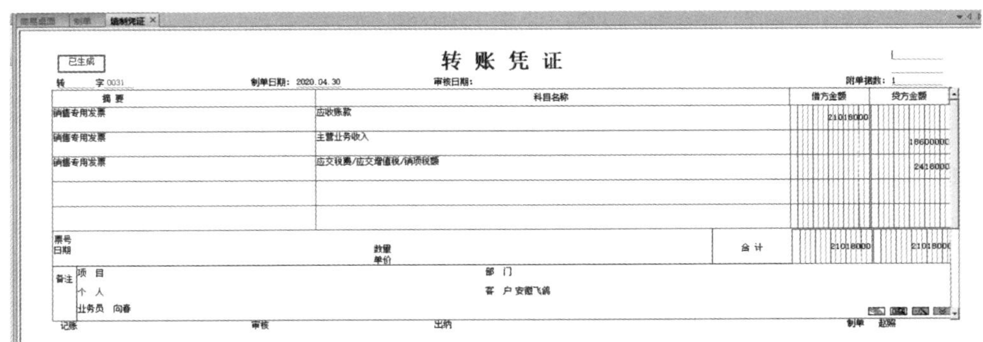

图 2-3-46　制单

（3）结转销售成本

以财务人员“1103 赵照”的身份登录存货核算系统，操作日期为 2020 年 4 月 30 日。依次单击“业务核算”和“发出商品记账”，对销售专用发票进行记账，如图 2-3-47 所示。

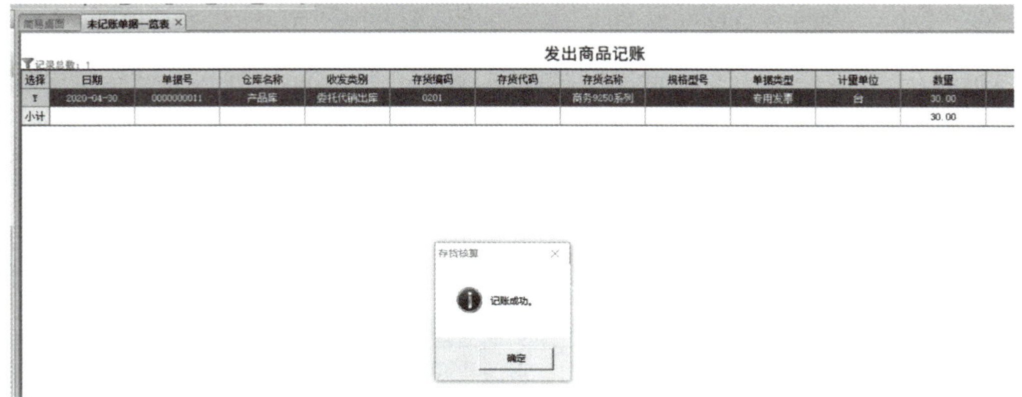

选择	日期	单据号	仓库名称	收发类别	存货编码	存货代码	存货名称	规格型号	单据类型	计量单位	数量
Y	2020-04-30	0000000011	产品库	委托代销出库	0201		商务9250系列		专用发票	台	30.00
小计											30.00

图 2-3-47　结转销售成本

单击“财务核算”和“生成凭证”，根据销售专用发票生成凭证，当生成成功，会在凭证左上角出现“已生成”，检查凭证无误后保存，如图 2-3-48 所示。

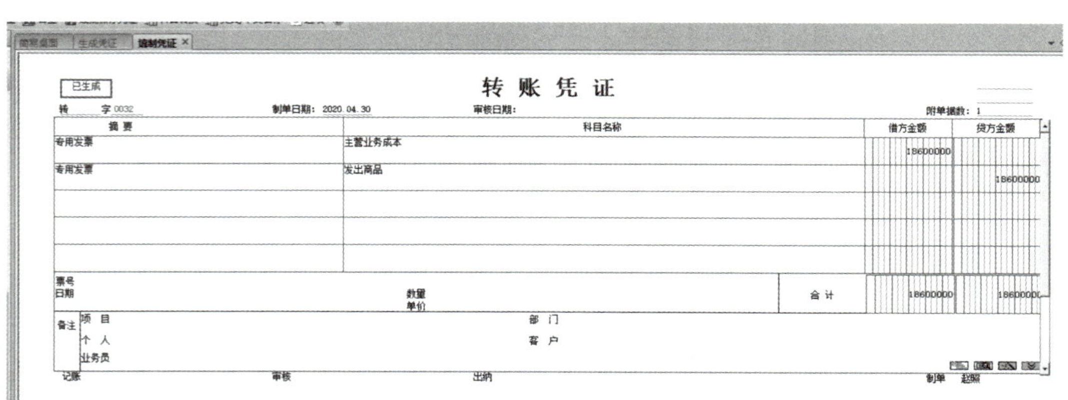

已生成

转 账 凭 证

转　字 0032　制单日期：2020.04.30　审核日期：　附单据数：1

摘要	科目名称	借方金额	贷方金额
专用发票	主营业务成本	18600000	
专用发票	发出商品		18600000
票号 日期	数量 单价 合计	18600000	18600000

备注　项目　部门　个人　客户　业务员

记账　审核　出纳　制单　赵照

图 2-3-48　根据销售专用发票生成凭证

知识链接

1. 只有“库存管理”与“销售管理”集成使用时，才能在“库存管理”中应用委托代销业务。

2. 委托代销业务只能先发货后开票，不能开票直接发货。

3. 委托代销业务只是销售类型中特殊的处理方式，原始凭证同普通销售。

项目实训

一、普通销售业务

2 日，江西盘龙与我公司签订了订购运动裤的销售合同。

2 日，给江西盘龙完成运动裤报价，按照每条 120 元，预计订购 800 条，开具销售报价单。

5 日，与江西盘龙约定 8 日发货，付款时间为发货之日后的 3 日之内。

8 日，收到货款，开具发票一张，发票号为 39645128。

8 日，按照与江西盘龙合同约定发货。

8 日，经仓管部检验合格，运动裤从产品库出库。

8 日，根据销售出库单结算出产品成本。

9 日，收到对方转账支票（支票号为 ZZ098566）一张，用于支付货款，确认应收款项。

10 日，根据收款单生成记账凭证。

二、销售现结业务

15 日，收到 2020 年 12 月 10 日江西盘龙购买连衣裙 1 000 件（单价 195 元/件）的价税款 114 075 元（转账支票支付，支票号为 0947589）。立即开具增值税专用发票一张，并确认销售成本。

三、销售退货业务（货已发票已开退货）

16 日，江西盘龙因质量问题要求退回运动裤 10 条，无税单价 120 元/条。已开具增值税专用发票、收款并结转成本，我公司同意退货并开具红字增值税专用发票一张。当日，办理退款并收到江西盘龙退回的运动裤 10 条，存入产品库。

四、分期收款业务

1. 16 日，上海跑酷与我公司签订合同，订购衬衣 500 件，无税单价为 287 元/件，连衣裙 200 条，无税单价为 195 元/条。因上海跑酷资金周转困难，申请当日先付 50%货款，剩余货款于 20 日全部付完。当日，我公司收到转账支票（支票号为 ZP8732），开具增值税专用发票一张，开具的数量为衬衣 500 件、连衣裙 200 条，仓库验收合格，安排当日从产品库发货。

2. 我公司于 17 日下午收到江西盘龙转账支票一张（支票号为 ZP67231），支付原定于 2021 年 3 月 15 日分期的货款，我公司开具增值税发票一张。

五、委托代销业务

1. 委托代销发出商品

20 日，销售部以视同买断方式试委托河南向前有限公司（简称河南向前）通过网络直播的方式代为销售连衣裙 100 条，每月 25 日结算。当日售出 50 条，无税单价为 195 元，货物从产品库发出。

2. 委托代销结算

21 日，我公司收到河南向前委托代销清单一张，结算连衣裙 100 条，单价 195 元，立即开具销售专用发票给河南向前，确认应收款项。

思考与练习

1. 先货后票模式和开票发货模式，在操作上有什么不同？
2. 什么是销售报价？

项目四 库存和存货管理

工作流程图

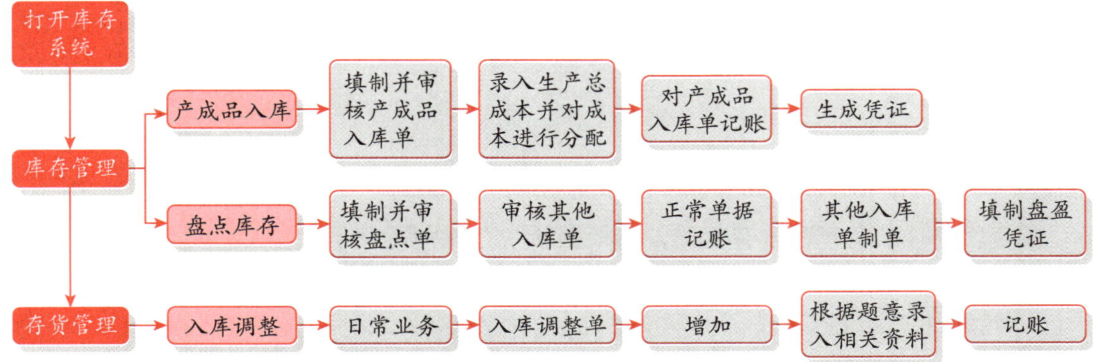

任务一 库存管理

【学习目标】

1. 能了解库存管理的操作流程，掌握商品调拨业务处理流程。
2. 能掌握商品盘点处理流程，学会填制盘点单、盘点单生成凭证。

【任务导入】

2020 年 4 月，新锐公司正式启用购销存模块，商品从一个产品库调拨到另一个产品库，清点库存时发现库存量有变化，请根据新锐公司业务情况，在 U8 系统中完成相关操作。

【任务实施】

一、产成品入库

25 日，产品库商务 9550 系列计算机到达零库存，紧急生产一批 20 台商务 9550 系列计算机入库，成本 3 500 元/台。

1. 填制产成品入库单并审核

（1）打开“产成品入库单”对话框

以仓管人员“1106 谢训”的身份登录库存管理系统，操作日期为 2020 年 4 月 25 日。依次单击“库存管理” “入库业务”和“产成品入库单”，打开“产成品入库单”对话框。

（2）增加产成品入库单

单击“增加”按钮，选择“增加产成品入库单”，选择存货名称为“商务 9550 系列”，数量为“20”。

（3）保存并审核

单击“保存”和“审核”按钮，如图 2-4-1 所示。

2. 录入生产总成本并对产成品成本进行分配

（1）以仓管人员“1106 谢训”的身份登录库存管理系统，操作日期为 2020 年 4 月 25 日。依次单击“供应链”“存货核算”“业务核算”和“产成品成本分配”，进入“产成品成本分配”对话框。

（2）单击“查询”，进入“产成品成本分配表查询”对话框，选择成品库，单击

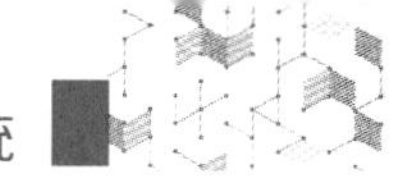

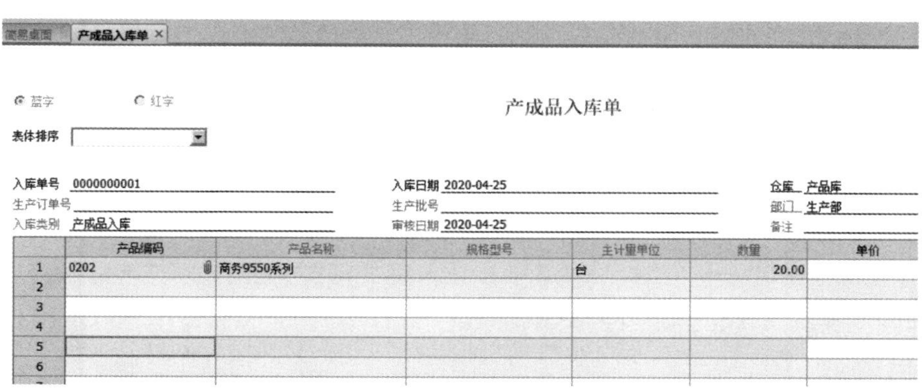

图 2-4-1　保存并审核

“确定”按钮，系统将符合条件的记录带回“产成品成本分配表”对话框，录入“商务9550 系列”，成本为“3 500”，如图 2-4-2 所示。

简易桌面　产成品成本分配表

产成品成本分配

存货/分类编码	存货/分类名称	存货代码	规格型号	计量单位	数量	金额	单价
	存货 合计				20.00	70,000.00	3500.00
02	产成品小计				20.00	70,000.00	3500.00
0202	商务9550系列			台	20.00	70,000.00	3500.00

图 2-4-2　查询产成品成本分配情况

（3）单击“分配”按钮，完成后提示分配操作完成。

（4）依次单击“存货核算”“日常业务”和“产成品入库单”，进入“产成品入库单”对话框，这时可以看出单价已经填入并计算了金额，如图 2-4-3 所示。

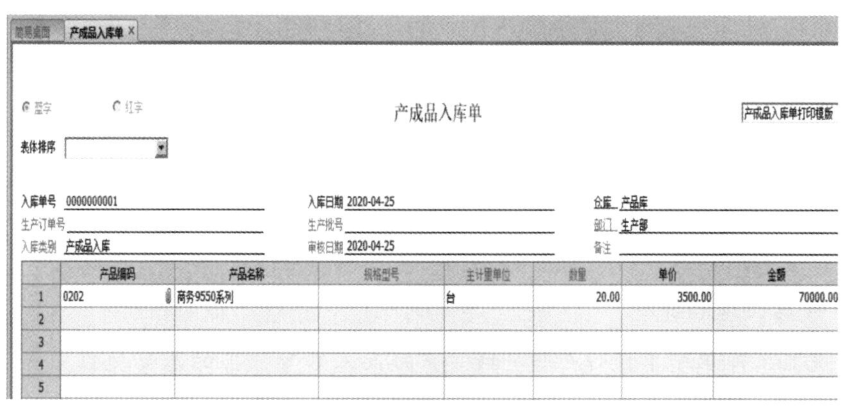

图 2-4-3　已填入单价并计算金额

3. 对产成品入库单记账并生成凭证

（1）依次单击“存货核算”“业务核算”和“正常单据记账”，进入“查询条件选择”对话框，仓库选择“成品库”，进入“正常单据记账列表”对话框。

（2）选择要记账的行，单击“记账”按钮，会显示记账成功提示信息。

（3）依次单击“存货核算”“财务核算”和“生成凭证”，进入“生成凭证”对话框后，单击工具栏的“选择”按钮进入“查询条件选择”对话框，选择“产品入库单”，单击“确定”按钮进入“选择单据”对话框。

（4）依次单击“全选”和“确定”按钮，将凭证类别修改为“转账凭证”，单击“生成”和“保存”按钮，如图 2-4-4 所示。

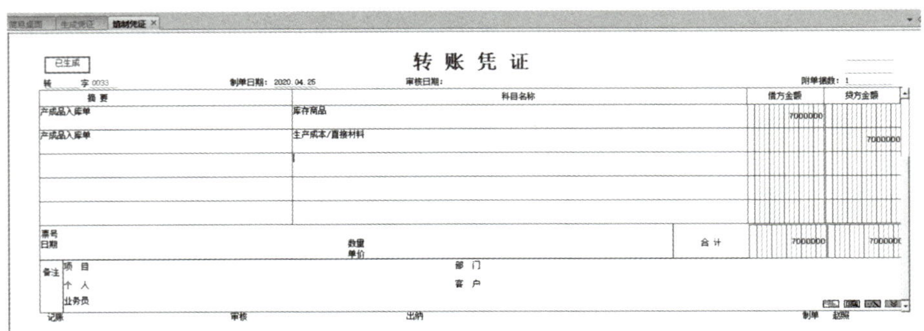

图 2-4-4　生成并保存记账凭证

知识链接

企业可以在销售出库时同时跟踪产品入库，录入相应的入库单号，可实现对存货的出入库跟踪，同时也是计算存货库龄的依据。

任务拓展

1. 材料入库发生毁损

填制红字材料入库单，冲减材料成本，并根据红字材料入库单生成凭证。

2. 产成品出库单制单

同产成品入库单制单操作步骤一致。产成品入库单业务的原始凭证是产成品入库单，材料入库单是填制材料入库的依据，产成品出库单是产成品出库的依据。

知识链接

为了保证库存资产安全完整，做到账实相符，企业必须对存货进行定期或不定期的清查，查明存货盘盈、盘亏、损毁的数量和原因，并据以编制存货盘点报告表，按规定程序报有关部门审批。

系统提供多种盘点方式，如按仓库盘点、按批次盘点、按类别盘点、对保质期临近的存货进行盘点等，还可以对各仓库或批次中的全部或部分存货进行盘点，盘盈、盘亏的结果自动生成其他出入库单。对于存货的盘盈、盘亏，应及时办理存货的账务手续，按照盘盈盘亏存货的计划成本或者估计成本调整存货账面数额，计入“待处理财产损溢”科目。

二、盘点库存

28 日，新锐公司对材料库所有存货进行盘点，盘点后发现账面键盘多了 16 个，经确认，键盘的成本为 20 元/个。

1. 填制并审核盘点单

（1）打开盘点单窗口

以仓管人员“1106 谢训”的身份登录库存管理系统，操作日期为 2020 年 4 月 28 日。依次单击“供应链”“库存管理”和“盘点业务”，打开“盘点单”对话框。

（2）增加盘点单

单击“增加”按钮，选择盘点仓库为“原料库”，入库类型为“盘盈入库”，部门为“仓管部”。

（3）盘库

单击“盘库”按钮，系统询问是否删除未保存的所有记录，单击“是”，系统弹出“盘点处理”对话框，确认“盘点方式”为“按仓库盘点”，单击“确认”按钮。编辑存货名称为“键盘”，盘点数量为账面数量加 16，单价为“20”。

（4）保存并审核盘点单

单击“保存”和“审核”按钮，完成盘点单的保存和审核，如图 2-4-5 所示。

图 2-4-5　保存并审核盘点单

2. 审核其他入库单

（1）打开其他入库单

依次单击“入库业务”和“其他入库单”，打开“其他入库单”对话框。

（2）查找并审核其他入库单

单击“末张”，查找相应的其他入库单，单击“审核”和“确定”按钮，完成审核操作，如图 2-4-6 所示。

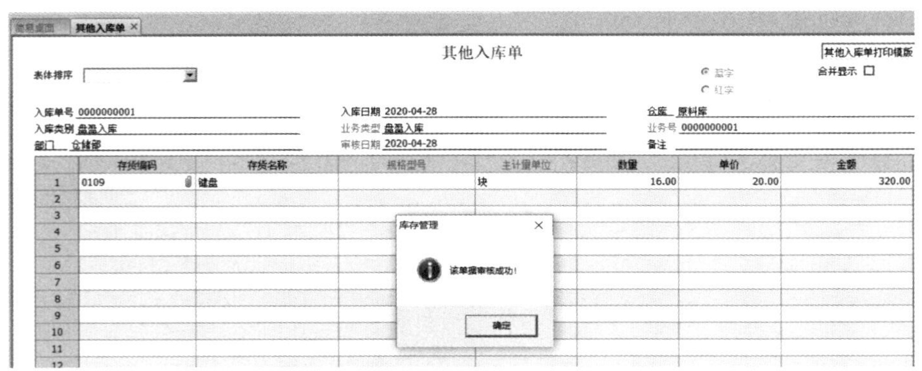

图 2-4-6　查找并审核其他入库单

3. 正常单据记账

（1）打开未记账单据一览表

以财务人员“1103 赵照”的身份登录存货核算系统，操作日期为 2020 年 4 月 28 日。依次单击“供应链”“存货核算”“业务核算”和“正常单据记账”，当弹出“查询条件选择”对话框时，单击“确定”按钮，打开“未记账单据一览表”对话框。

（2）盘点入库账

在“未记账单据一览表”对话框中，单击“全选”按钮，选中本业务的其他入库单，单击“记账”按钮，系统提示记账成功，单击“确定”按钮，如图 2-4-7 所示。

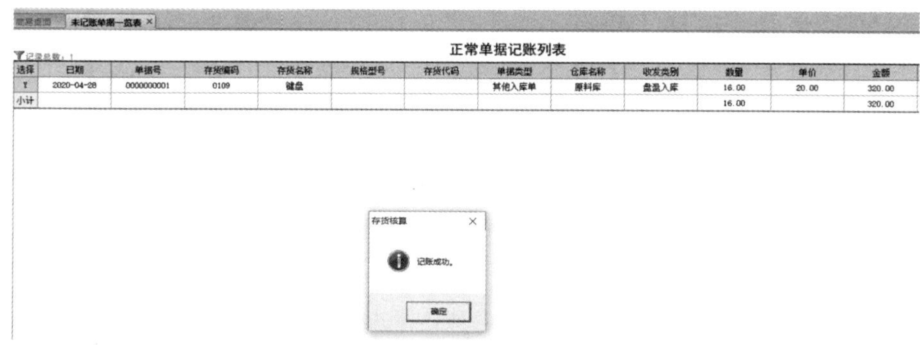

图 2-4-7　盘点入库账

4. 其他入库单制单

（1）打开“生成凭证”对话框

以财务人员“1103 赵照”的身份登录存货核算系统，操作日期为 2020 年 4 月 28 日。依次单击“财务核算”和“生成凭证”，打开“生成凭证”对话框。

（2）选择单据

单击“选择”按钮，弹出“查询条件”对话框，继续单击“确定”按钮，选中本业务的其他入库单，单击“确定”按钮。

（3）生成其他入库单凭证

单击“生成”按钮，系统默认显示凭证信息，检查无误后，单击“保存”按钮，如图 2-4-8 所示。

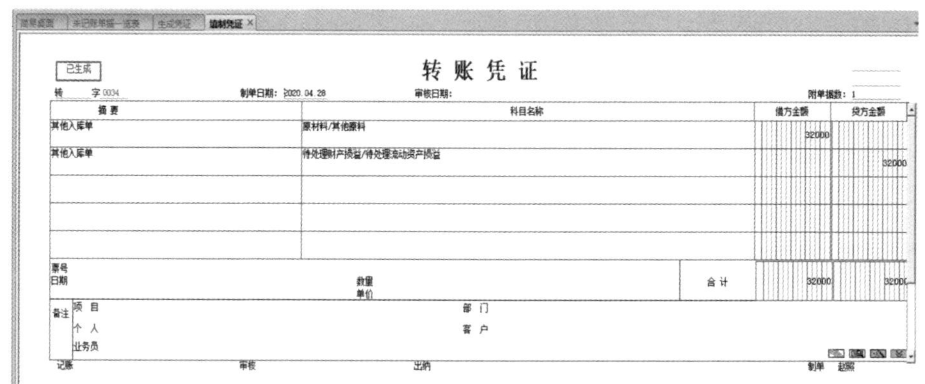

图 2-4-8　生成其他入库单凭证

5. 填制盘盈凭证

（1）打开“填制凭证”对话框

以财务人员“1103 赵照”的身份登录存货核算系统，操作日期为 2020 年 4 月 28 日。依次单击“财务会计”“总账”“凭证”和“填制凭证”，打开“填制凭证”

对话框。

（2）填制凭证

单击“增加”，摘要为“盘盈处理”，借方科目名称为“待处理财产损溢/待处理流动资产损溢”，借方金额为“320”，贷方科目名称为“管理费用/材料盘盈”。

（3）保存凭证

检查凭证信息无误，单击“保存”按钮，如图 2-4-9 所示。

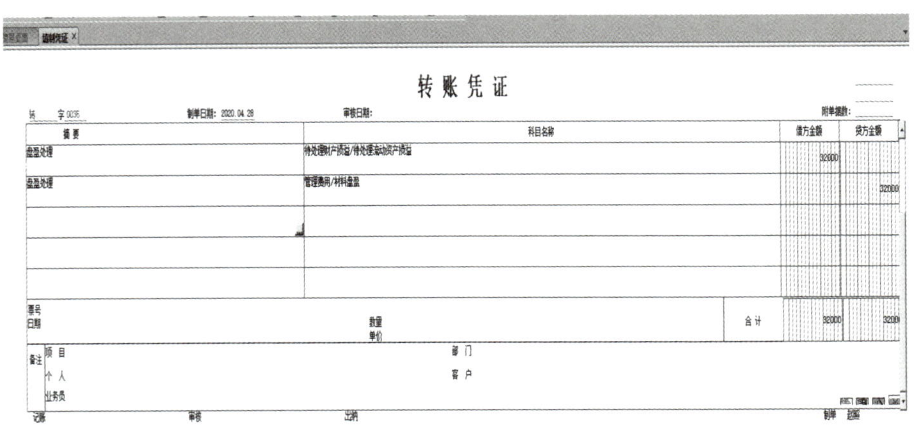

图 2-4-9　保存凭证

任务拓展

企业对于盘亏的存货，应做如下处理：

借：待处理财产损溢/待处理流动资产损溢

　　贷：存货（例如：库存商品或原材料等）

购进的存货发生非正常损失引起存货盘亏：

借：待处理财产损溢/待处理流动资产损溢

　　贷：存货（例如：库存商品或原材料等）

　　　　应交税费/应交增值税/进项税额转出

当查明盘亏过失人或者保险公司赔款和收入后，计入当期管理费用，属于非常损失的，计入营业外支出。

知识链接

1. 盘点单审核后，系统自动生成相应的其他入库单和出库单。如果盘点单弃审，同时删除生成的其他出入库单、材料出库单。

2. 盘点单中录入的盘点数量是实际库存盘点的数量。

3. 盘点单记账后，不能再取消记账。

4. 如果生成的其他出入库单、材料出库单已经审核，相应的盘点单不可以弃审。

5. 期末对产品或材料进行盘点时，如果盘盈，就依据盘点单、产品入库单、材料入库单进行入库；如果盘亏，需要根据具体情况分析原因之后再进行账务处理。

任务二　存货管理

【学习目标】

1. 能了解存货核算与库存管理的区别，熟练进行存货入库成本变动处理。
2. 能掌握存货核算期末未记账业务的处理方式。

【任务导入】

2020 年 4 月，新锐公司正式启用购销存模块，采购的商品出现低于成本价，需要计提跌价准备，采购产品的入库成本也有增加，请根据公司业务情况，在 U8 系统中完成相关操作。

28 日，将本月发生的采购（0107 硬盘）入库成本增加 100 元，存入原材料库。

知识链接

存货是指企业在生产经营过程中为销售或耗用而储存的各种资产，包括商品、产成品、半成品、在产品以及各种材料、燃料、包装物、低值易耗品等。存货是保证企业生产经营过程顺利进行的必要条件。

存货是企业的一项重要的流动资产，其价值在企业流动资产中占有很大的比重。存货的核算是企业会计核算的一项重要内容，进行存货核算，应正确计算存货购入成本，促使企业努力降低存货成本；反映和监督存货的收发、领退和保管情况；反映和监督存货资金的占用情况，促进企业提高资金的使用效果。在企业中，存货成本直接影响利润水平，尤其在市场经济条件下，存货品种日益更新，存货价格变化较快，企业领导层更为关心存货的资金占用及周转情况，因而使得存货会计人员的核算工作量越来越大。

【任务实施】

1. 录入调整单据

（1）以财务人员“1103 赵照”的身份登录存货核算系统，操作日期为 2020 年 4 月 28 日。依次单击“日常业务”和“入库调整单”，打开“入库调整单”对话框。

（2）单击“增加”按钮，选择仓库为“原料库”，存货编码为“0107”，金额为“100”。

（3）单击“记账”按钮，如图 2-4-10 所示。

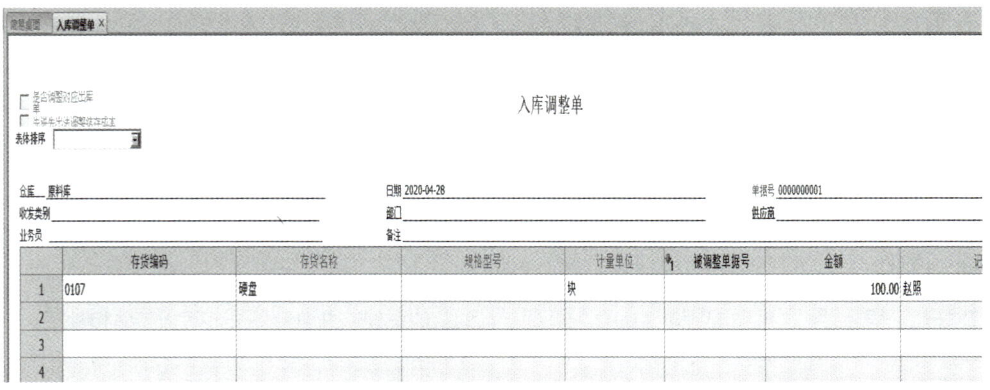

图 2-4-10　录入调整数据

2. 入库调整凭证

以财务人员“1103 赵照”的身份登录存货核算系统，操作日期为 2020 年 4 月 28 日。依次单击“财务核算”“生成凭证”和“选择”，选择“入库调整单”生成凭证，如图 2-4-11 所示。

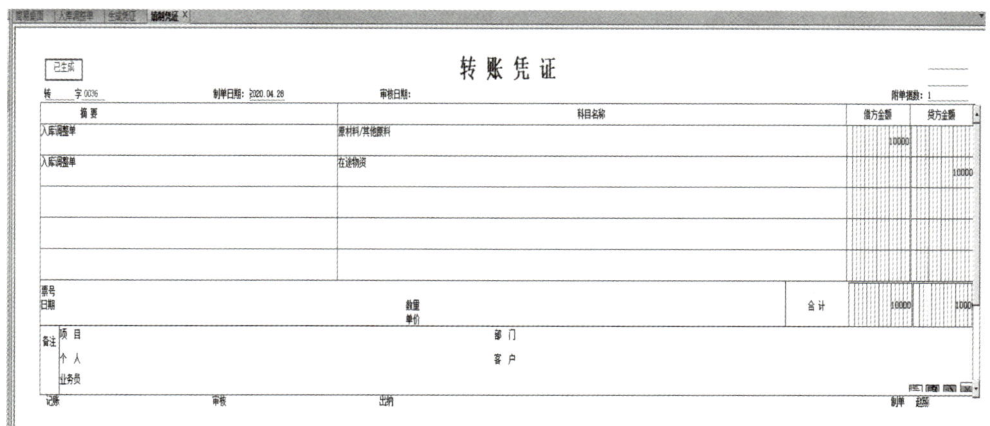

转账凭证

已生成

转　字 0036　　制单日期：2020.04.28　　审核日期：　　附单据数：1

摘要	科目名称	借方金额	贷方金额
入库调整单	原材料/其他原料	10000	
入库调整单	在途物资		10000
票号 日期	数量 单价 合计	10000	1000

备注　项目　　部门

个人　　客户

业务员

记账　　审核　　出纳　　制单　赵照

图 2-4-11　入库调整凭证

企业在实际操作库存材料变动时，库存的材料成本也会随之变动。入库单、出库单和入库调整单据都属于原始凭证，也是编制记账凭证的依据。

项目实训

一、库存业务

1. 材料出库

24 日，生产部领用麻布 2 匹、拉链 50 根用于生产连衣裙。

25 日，生产部领用棉布 3 匹用于生产运动裤。

2. 产成品入库

25 日，本月生产运动裤 50 条、连衣裙 50 条、衬衣 30 件，已入产品库。

3. 材料盘盈

28 日，材料盘点发现拉链多了 20 根。

4. 材料盘亏

28 日，材料盘点发现由于洪水导致材料库中的棉布有 2 匹长霉，无法正常使用，联系保险公司进行理赔，未收到本月的理赔款。

二、存货业务

1. 存货入库成本变动

由于洪水导致的毁损，仓管部调整棉布的入库成本，每匹增加 50 元。

2. 期末记账

思考与练习

1. 库存核算管理系统的主要功能体现在哪些方面？

2. 库存核算管理系统都与哪些核算系统密切相关联？

3. 如果出现了存货的盘盈盘亏，需要在哪些系统里进行相关操作？简要描述如何进行存货盘盈操作。

项目五　期末处理

任务一　供应链系统结账

【学习目标】

能熟悉供应链系统期末处理的流程，掌握供应链系统期末结账的顺序。

【任务导入】

2020 年 4 月 30 日，请对新锐公司供应链系统进行月末结账工作。

知识链接

供应链管理期末处理包括期末处理和月末结账。在采购管理、销售管理、库存管理、存货核算管理集成应用模式下，期末处理只涉及存货核算管理子系统，月末结账则涉及所有子系统。

月末结账表示本期业务处理的完结。在财务业务一体化下，供应链系统根据数据传递关系，结账先后顺序如下：首先结账采购管理、销售管理，其次结账应收管理、应付管理、库存管理，最后结账存货核算管理。

【任务实施】

一、采购管理系统月末结账

1. 以采购人员“1105 章曼”的身份登录采购管理系统，操作日期为 2020 年 4 月 30 日。依次单击“供应链”　“采购管理”和“月末结账”，打开“结账”对话框，如图 2-5-1 所示。

2. 在“结账”对话框中，选择会计月份“4”，单击“结账”，系统弹出“是否关闭订单?”提示，单击“否”按钮，完成结账，单击“退出”按钮，如图 2-5-2 所示。

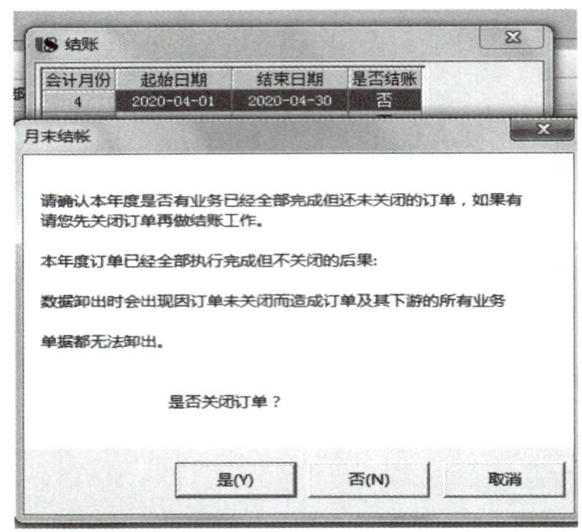

图 2-5-1　“结账”对话框

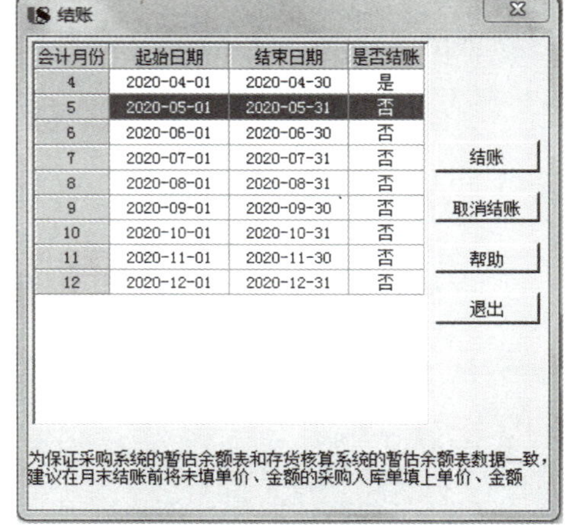

图 2-5-2　采购管理系统月末结账

若采购管理系统要取消月末结账，必须先取消库存管理、存货核算管理和应付款管理的月末结账，若其中任何一项没有取消，则采购管理系统也不能取消月末结账。

二、销售管理系统月末结账

1. 以销售人员“1104 向春”的身份登录销售管理系统，操作日期为 2020 年 4 月 30 日。依次单击“供应链”“销售管理”和“月末结账”，打开“结账”对话框。

2. 在“结账”对话框中，选择会计月份“4”，单击“结账”按钮，系统弹出“是否关闭订单?”提示，单击“否”按钮，完成结账，单击“退出”按钮，如图 2-5-3 所示。

图 2-5-3　销售管理系统月末结账

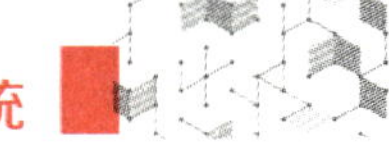

若销售管理系统要取消月末结账，必须先取消库存管理、存货核算管理和应收款管理的月末结账，若其中任何一项没有取消，则销售管理系统也不能取消月末结账。

三、库存管理系统月末结账

1. 以仓管人员“1106 谢训”的身份登录库存管理系统，操作日期为 2020 年 4 月 30 日。依次单击“供应链”“库存管理”和“月末结账”，打开“结账”对话框。

2. 在“结账”对话框中，选择会计月份“4”，单击“结账”，系统弹出“是否继续结账?”提示，单击“是”按钮，完成结账，单击“退出”按钮，如图 2-5-4 所示。

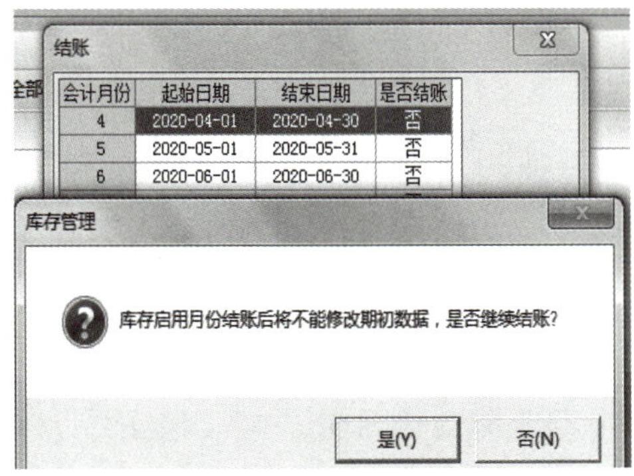

图 2-5-4　库存管理系统月末结账

只有存货核算管理系统取消月末结账时，才允许库存管理系统取消月末结账。

四、存货核算管理系统月末结账

1. 以财务人员“1103 赵照”的身份登录存货核算管理系统，操作日期为 2020 年 4 月 30 日。依次单击“供应链”“存货核算”“业务核算”和“期末处理”，打开“期末处理”对话框，如图 2-5-5 所示。

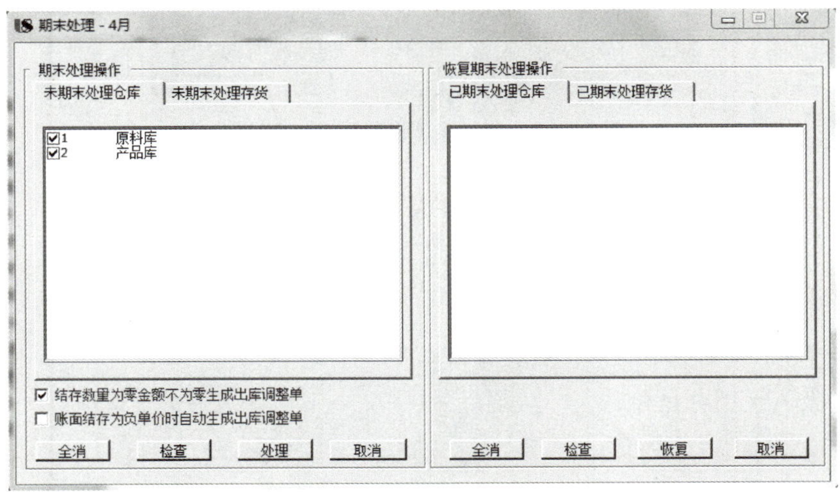

图 2-5-5　“期末处理”对话框

2. 选中“结存数量为零金额不为零生成出库调整单”复选框，单击“处理”按钮，系统弹出“期末处理完毕”对话框，单击“确定”按钮返回，如图 2-5-6 所示。

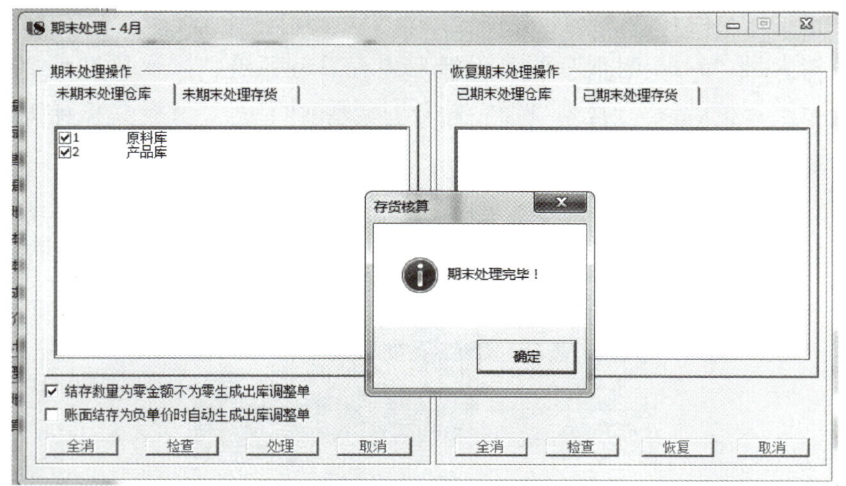

图 2-5-6 期末处理完毕

3. 在“结账”对话框中，选择会计月份“4”，单击“月结检查”按钮，系统弹出“检测成功”对话框，单击“结账”按钮，系统显示月末结账完成，单击“确定”按钮，如图 2-5-7 所示。

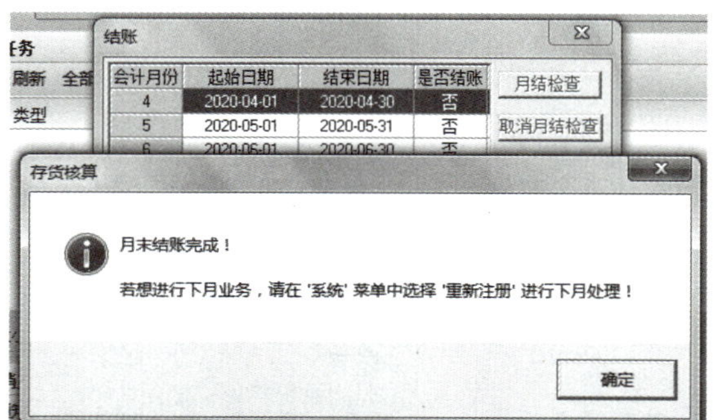

图 2-5-7 存货核算管理系统月末结账

知识链接

存货核算管理系统取消结账时，需要在下一个会计期间（2020 年 5 月 1 日至 5 月 31 日）登录系统进行操作。

五、应收款管理系统月末结账

1. 以财务人员“1103 赵照”的身份登录应收款管理系统，操作日期为 2020 年 4 月 30 日。依次单击“财务会计”“应收款管理”“期末处理”和“期末结账”，打开“月末处理”对话框。

2. 在“月末处理”对话框中，双击 4 月份“结账标志”，出现“Y”，单击“下一步”，弹出如图 2-5-8 所示对话框。单击“确定”按钮，系统提示“4 月份结账成功”，单击“确定”按钮，完成月末结账，如图 2-5-9 所示。

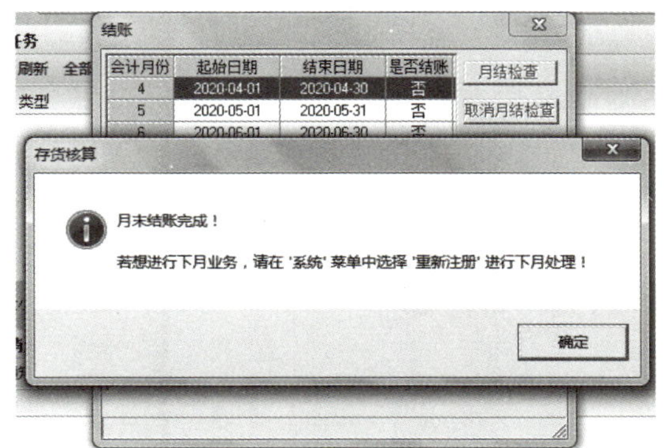

图 2-5-8　应收款管理系统月末结账

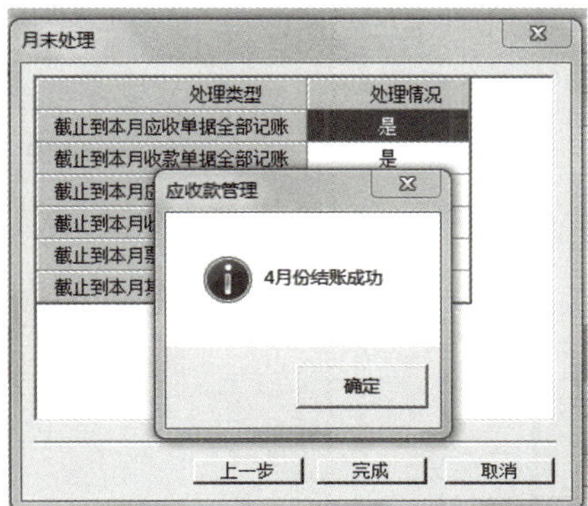

图 2-5-9　完成月末结账

知识链接

如果本月收款单有未审核的，不能结账。

六、应付款管理系统月末结账

1. 以财务人员“1103 赵照”的身份登录应付款管理系统，操作日期为 2020 年 4 月 30 日。依次单击“财务会计”“应付款管理”“期末处理”和“期末结账”，打开“月末处理”对话框。

2. 在“月末处理”对话框中，双击 4 月份“结账标志”，出现“Y”，单击“下一步”和“完成”按钮，系统提示“4 月份结账成功”，单击“确定”按钮，完成月末结账，如图 2-5-10 所示。如果本月付款单有未审核的，不能结账。

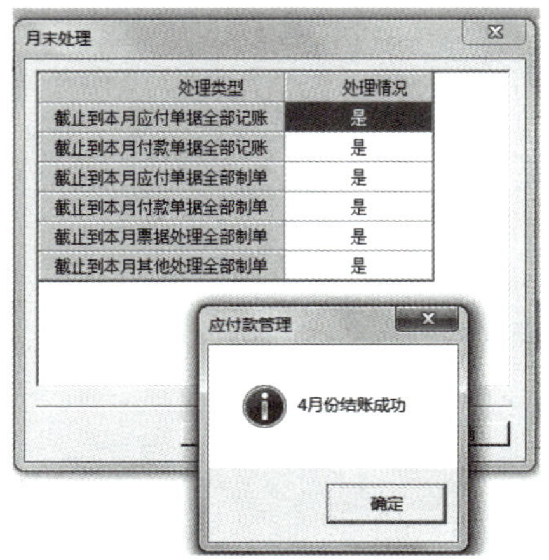

图 2-5-10　应付款管理系统月末结账

任务二　财务系统结账

【学习目标】

能掌握财务系统结账处理的方式，完成企业本月的经济业务结账。

【任务导入】

30 日，请对财务系统进行月末结账工作。

【任务实施】

一、期末处理

对存货核算系统进行期末处理，如图 2-5-11 所示。

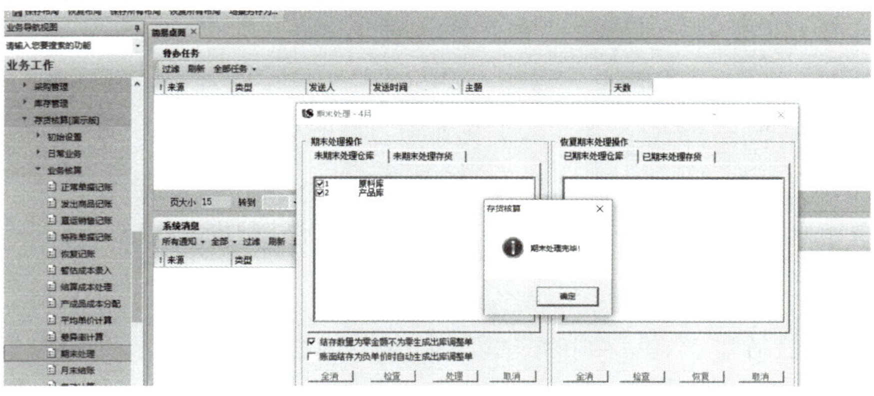

图 2-5-11　期末处理

二、期末结账

1. 对存货核算系统进行期末结账，如图 2-5-12 所示。

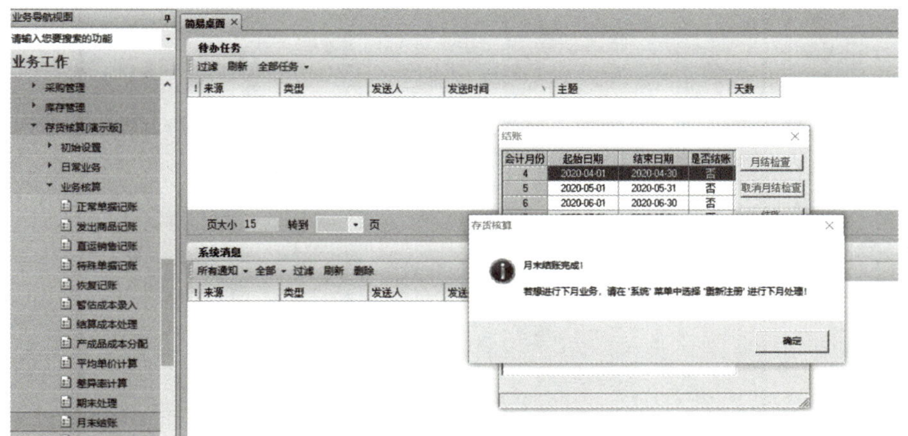

图 2-5-12　期末结账

2. 2020 年 4 月 30 日，以出纳“1102 周池”的身份登录系统，对所有未进行出纳签字的凭证进行出纳签字。

3. 以主管“1101 张想”的身份登录系统，对所有未进行主管签字的凭证进行主管签字，对所有未进行审核的凭证进行审核。

4. 以财务人员“1103 赵照”的身份登录系统进行总账记账。

5. 依次单击“总账”“期末”“结账”，选择要结账的月份，依次单击“下一步”“对账”和“下一步”按钮，若本月账面试算平衡，如图 2-5-13 所示，则依次单击“下一步”和“结账”按钮，如图 2-5-14 所示。否则，需返回系统进行检查，直到试算平衡。

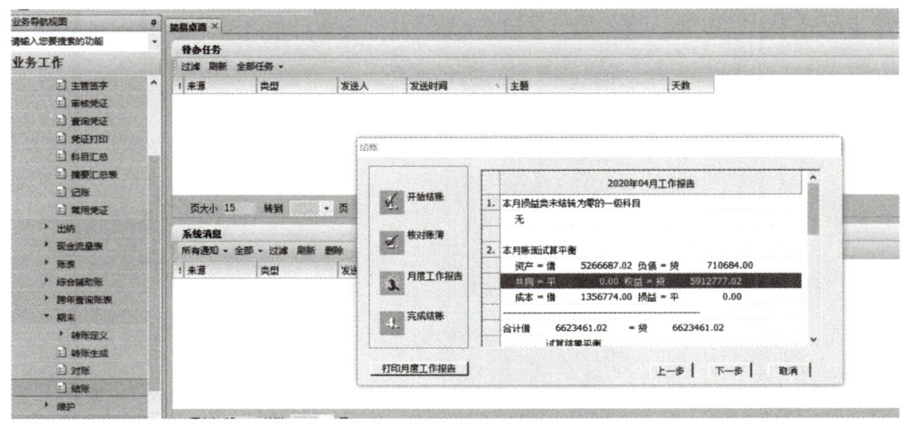

图 2-5-13　账面试算平衡

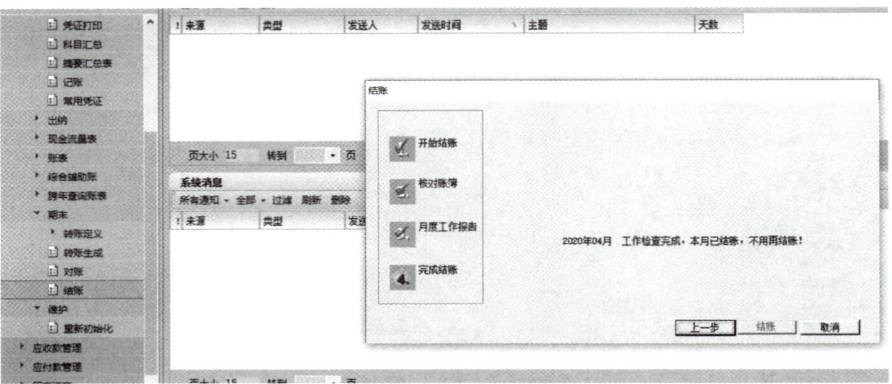

图 2-5-14　结账完成

思考与练习

1. 期末结转的顺序是怎样的？如果供应链系统无法结账，如何排查问题出现的可能原因？

2. 如果账面出现不平衡，应如何解决并最终顺利完成财务结账？

综合实训一　财务管理系统实训

上海复兴科技有限公司是一家新成立的科技企业，具有独立法人资格，按一般纳税人税务核算，具有进行会计独立核算的能力。为进一步完善会计核算系统，该公司于2021年3月1日引入用友U8系统，实现企业的信息化管理。

一、系统注册

以系统管理员（admin）身份完成系统的注册工作。

二、增加用户

用户情况见表1。

表1　用户情况

编号	姓名	口令	所属部门
201	戚薇	1	财务部
202	乔尔	2	财务部
203	秦瑞	3	财务部
204	秦天	4	销售部
205	李乾元	5	采购部
206	齐平	6	仓管部

三、建立企业账套

企业账套信息如下：

1. 账套信息

账套号为002，账套名称为上海复兴科技有限公司，采用默认账套路径，启用会计期为2021年3月。

2. 单位信息

单位名称为上海复兴科技有限公司，单位简称为复兴科技，单位地址为上海市长宁区××路124号，法人代表为齐秦，联系电话为021-69876541，税号为115987642512635。

3. 核算类型

本币代码为RMB，本币名称为人民币，企业类型为工业，使用2007年新会计制度科目，账套主管为戚薇。基础信息为对存货、客户和供应商进行分类，有外币核算。

4. 分类编码方案

该企业的分类编码方案如下：会计科目编码级次为4-2-2-2，客户编码级次为2-2，

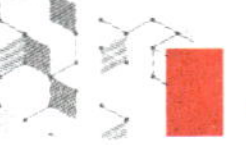

供应商分类编码级次为2-3-2，存货分类编码级次为2-2-3，其余均为默认。

5. 数据精度

存货数量小数位数、存货体积小数位数、重量小数位数、单价小数位数、开票单价小数位数、件数小数位数、换算率小数位数、税率小数位数均为2。

6. 系统启用

总账、出纳管理、销售管理、采购管理、存货核算管理、库存管理、应收款管理、应付款管理、固定资产、薪资管理（启动会计期间为2021-03）。

另外，需要注意的是：只有系统管理员可以建立企业账套，建账过程要在建账向导引导下完成。

四、操作员权限设置

操作员权限设置情况见表2。

表2　操作员权限设置情况

编号	姓名	岗位	权限
201	戚薇	账套主管	具有系统所有模块的全部权限
202	乔尔	出纳	具有“财务会计—总账—凭证—出纳签字”及“财务会计—总账—出纳”权限
203	秦瑞	会计	具有“基本信息、财务会计—总账、财务会计—UFO报表、财务会计—应收款管理、财务会计—应付款管理、财务会计—人力资源—薪资管理、固定资产”的全部权限
204	秦天	销售员	具有“基本信息、供应链—销售管理、供应链—库存管理、财务会计—应收款管理、供应链—存货核算管理”的全部权限
205	李乾元	采购员	具有“基本信息、供应链—采购管理、供应链—库存管理、财务会计—应付款管理、供应链—存货核算管理”的全部权限
206	齐平	仓管员	具有“基本信息、供应链—库存管理、供应链—存货核算管理”的操作权限

五、部门档案管理

按照要求完成部门档案的设置工作。复兴科技的部门档案见表3。

表3　复兴科技的部门档案

部门编码	部门名称
1	行政部
2	财务部
3	销售部
4	采购部

续表

部门编码	部门名称
5	生产部
6	仓管部

六、人员管理

1. 设置人员类别

新增人员类别见表4。

表4　新增人员类别

档案编码	档案名称
1	管理人员
2	销售人员
3	生产人员

2. 人员档案管理

人员档案信息见表5。

表5　人员档案信息

人员编码	人员姓名	性别	部门名称	雇佣状态	人员类别	银行及银行账号	是否业务员
A01	齐秦	男	行政部	在职	管理人员	中国银行 62284808814563778201	是
B01	戚薇	女	财务部	在职	管理人员	中国银行 62284808814563778202	否
B02	乔尔	男	财务部	在职	管理人员	中国银行 62284808814563778203	否
B03	秦瑞	男	财务部	在职	管理人员	中国银行 62284808814563778204	否
C01	秦天	男	销售部	在职	销售人员	中国银行 62284808814563778205	是
D01	李乾元	男	采购部	在职	管理人员	中国银行 62284808814563778206	是
E01	王帅	男	生产部	在职	生产人员	中国银行 62284808814563778207	否
E02	王丹	女	生产部	在职	生产人员	中国银行 62284808814563778208	否
F01	齐平	男	仓管部	在职	生产人员	中国银行 62284808814563778209	否

七、地区分类

按照复兴科技提供的信息完成地区分类，地区分类表见表6。

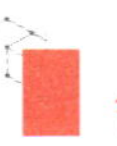

表 6　地区分类

分类编码	分类名称
01	华北地区
02	华东地区
03	华中地区

八、客户档案管理

按照复兴科技提供的信息完成客户分类及档案管理，客户分类及客户档案见表 7 和表 8。

表 7　客户分类

分类编码	分类名称
01	批发
02	代销

表 8　客户档案

客户编码	客户名称	所属地区	所属分类	税号	地址	电话	邮编	分管部门	专管业务员
1	山东惠科商贸有限公司（简称：山东惠科）	01	01	197564833357498621	山东省济南市××路 97 号	0531-69264521	250000	销售部	秦天
2	上海海宁商贸有限公司（简称：上海海宁）	02	01	987522546990015346	上海市浦东新区××路 91 号	021-67822546	202183	销售部	秦天
3	武汉科创商贸有限公司（简称：武汉科创）	03	02	936458870013264497	武汉市武昌区××路 87 号	027-69152478	430000	销售部	秦天

九、供应商档案管理

按照复兴科技提供的信息完成供应商分类及档案管理，供应商分类及供应商档案见表 9 和表 10。

表 9　供应商分类

分类编码	分类名称
01	原料供应商
02	成品供应商

表 10　供应商档案

供应商编号	供应商名称	所属地区	所属分类	税号	开户银行与账号	地址	电话	专管业务员	税率
1	石家庄新城科技有限公司（简称：新城科技）	01	01	951478632155446877	中国银行 63078546122587445562	河北省石家庄市××路 94 号	0311-69764512	李乾元	13%
2	南昌凯立有限公司（简称：南昌凯立）	02	02	965422115636589475	中国银行 65296322544687736220	江西省南昌市××路 31 号	0791-63574721	李乾元	13%

十、设置计量属性

计量属性见表 11。

表 11　计量属性

计量单位编码	计量单位名称	计量单位组编码
01	块	01
02	条	01
03	台	01
04	个	01
05	根	01
06	次	01

十一、设置存货档案管理

存货分类见表 12，存货档案见表 13。

表 12　存货分类

存货分类编码	存货分类名称
01	原材料
02	产成品
03	周转材料
04	应税劳务

表 13　存货档案

主计量单位组			01		
存货编码	存货名称	主计量单位	税率	存货分类	存货属性
0101	电池	块	13%	01	外购、生产耗用
0102	显示屏	块	13%	01	外购、生产耗用
0103	主板	块	13%	01	外购、生产耗用
0104	处理器（-7S）	个	13%	01	外购、生产耗用
0105	处理器（-8S）	个	13%	01	外购、生产耗用
0201	商务 7S 系列	台	13%	02	内销、外销、自制
0202	商务 8S 系列	台	13%	02	内销、外销、自制
0301	包装盒	个	13%	03	外购、生产耗用
0302	捆扎线	根	13%	03	外购、生产耗用
0401	运费	次	9%	04	外购、应税劳务

十二、结算方式设置

结算方式见表 14。

表 14　结算方式

编码	名称	是否票据管理
1	委托收款	否
2	商业汇票	否
3	网银转账	否
4	现金结算	否
5	票据结算	否
501	支票	否
502	银行汇票	否
6	汇兑	否
7	其他	否

十三、总账选项设置

总账选项设置要求如下：制单序时控制，不进行支票控制，不允许修改作废他人填制的凭证，可以使用应收、应付、存货受控科目，出纳凭证必须出纳签字。

外币设置如下：币符为 USD，币名为美元，记账汇率为 6.90 000。

十四、会计科目设置

会计科目设置见表 15。

1. 增加会计科目

增加表 15“备注”一列中标注为“新增”的会计科目。

表 15　会计科目

科目编码	科目名称	辅助核算	方向	币别计量	备注
1001	库存现金	日记账	借		
1002	银行存款		借		
100201	工行存款	日记账/银行账	借		新增
100202	中行存款	日记账/银行账 外币核算	借	美元	新增
1121	应收票据	客户往来	借		修改
1122	应收账款	客户往来	借		修改
1123	预付账款	供应商往来	借		修改
1221	其他应收款		借		
122101	应收单位款		借		
122102	应收个人款		借		
1403	原材料		借		
140301	电池	数量核算（块）	借		新增
140302	其他原料		借		新增
1405	库存商品	数量核算（台）	借		修改
1901	待处理财产损溢		借		
2201	应付票据	供应商往来	贷		修改
2202	应付账款	供应商往来	贷		修改
220201	货款	供应商往来	贷		新增
220202	暂估货款	供应商往来	贷		新增
2203	预收账款	客户往来	贷		修改
2211	应付职工薪酬		贷		
221101	应付职工工资		贷		新增
221102	应付职工福利费		贷		新增
221103	应付社会保险		贷		新增

续表

科目编码	科目名称	辅助核算	方向	币别计量	备注
221104	应付住房公积金		贷		新增
221105	应付工会经费		贷		新增
221106	应付教育经费		贷		新增
221107	非货币性福利		贷		新增
221108	其他应付职工薪酬		贷		新增
2221	应交税费		贷		
222101	应交增值税		贷		新增
22210101	进项税额		贷		新增
22210102	销项税额		贷		新增
22210103	转出未交增值税		贷		新增
22210104	进项税额转出		贷		新增
222102	未交增值税		贷		新增
222103	应交消费税		贷		新增
222104	应交资源税		贷		新增
222105	应交所得税		贷		新增
222106	应交土地增值税		贷		新增
222107	应交城市维护建设税		贷		新增
222108	应交房产税		贷		新增
222109	应交个人所得税		贷		新增
222110	教育费附加		贷		新增
4101	盈余公积		贷		
410101	法定盈余公积		贷		新增
410102	任意盈余公积		贷		新增
4104	利润分配		贷		
410401	提取法定盈余公积		贷		新增
410402	提取任意盈余公积		贷		新增
410403	应付利润		贷		新增
410404	未分配利润		贷		新增
5001	生产成本	项目核算	借		修改

续表

科目编码	科目名称	辅助核算	方向	币别计量	备注
500101	直接材料	项目核算	借		新增
500102	直接人工	项目核算	借		新增
500103	制造费用	项目核算	借		新增
5101	制造费用		借		
510101	职工薪酬		借		新增
510102	折旧费		借		新增
6403	税金及附加		借		修改
6601	销售费用		借		
660101	广告费		借		新增
660102	运输费		借		新增
660103	职工薪酬		借		新增
660104	折旧费		借		新增
6602	管理费用		借		
660201	职工薪酬		借		新增
660202	业务招待费		借		新增
660203	办公费		借		新增
660204	差旅费		借		新增
660205	水电费		借		新增
660206	折旧费		借		新增
6603	财务费用		借		
660301	利息费用		借		新增
660302	手续费用		借		新增
660303	现金折扣		借		新增
660304	贴现息		借		新增

2. 修改会计科目

修改表 15“备注”一列中标注为“修改”的会计科目。

3. 指定会计科目

将“库存现金 1001”科目指定为现金总账科目，将“银行存款 1002”科目指定为银行总账科目。

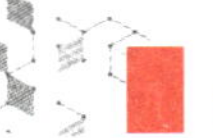

十五、凭证类别设置

按照表 16 完成凭证类别设置。

表 16　凭证类别设置

凭证类别	限制类型	限制科目
收款凭证	借方必有	1001、1002
付款凭证	贷方必有	1001、1002
转账凭证	凭证必无	1001、1002

十六、项目目录设置

按照表 17 要求，完成项目目录设置。

表 17　项目目录设置

项目大类	产品
定义项目级次	一级 1、二级 1、三级 1
核算科目	5001 生产成本、500101 直接材料、500102 直接人工、500103 制造费用
项目分类	1 智能手机、2 非智能手机
项目目录	101 商务 7S 系列、102 商务 8S 系列

十七、设置本单位开户银行

编码为 01，机构号为 01，联行号为 02，开户银行为中国银行上海市分行，账号为 987654265814，币种为人民币。

十八、设置付款条件

编码为 01；内容为 2/10，1/20，n/30。

十九、期初余额录入

按照表 18 至表 23 要求，完成各项期初余额录入工作。

表 18　科目余额设置

科目代码	科目名称	方向	累计借方	累计贷方	期初余额
1001	库存现金	借			8 600
1002	银行存款	借			1 339 800
100201	工行存款	借			994 800
100202	中行存款	借			345 000（美元：50 000）

续表

科目代码	科目名称	方向	累计借方	累计贷方	期初余额
1121	应收票据	借			226 000
1122	应收账款	借			565 000
1221	其他应收款	借			5 000
122102	应收个人款	借			5 000
1403	原材料	借			100 000
140301	电池	借			40 000（数量：2 000 块）
140302	其他材料	借			60 000
1405	库存商品	借			5 100 000（数量：1 100）
1601	固定资产	借			668 000
1602	累计折旧	贷			106 776
2001	短期借款	贷			450 000
2202	应付账款	贷			62 600
220201	货款	贷			22 600
220202	暂估货款	贷			40 000
4001	实收资本	贷			8 100 000
4104	利润分配	贷			13 024
410404	未利润分配	贷			13 024
5001	生产成本	借			720 000
500101	直接材料	借			500 000
500102	直接人工	借			140 000
500103	制造费用	借			80 000

表 19　应收票据辅助账明细设置

票据日期	凭证号	客户	业务员	摘要	方向	存货名称	数量	单价	金额	税额	价税合计
02 月 22 日	转-1	山东惠科	李乾元	销售商品	借	商务 7S 系列	50	4 000	200 000	26 000	226 000

表 20　其他应收款期初余额设置

日期	凭证号	部门	个人	摘要	方向	期初余额
02 月 24 日	付-1	行政部	齐秦	出差借款	借	5 000

表 21　生产成本期初余额设置

科目	项目名称		合计
	商务 7S 系列	商务 8S 系列	
500101 直接材料	200 000	300 000	500 000
500102 直接人工	60 000	80 000	140 000
500103 制造费用	30 000	50 000	80 000

表 22　应收账款期初余额设置

日期	凭证号	客户	摘要	方向	存货名称	数量	单价	金额	税额	期初余额
02 月 26 日	转-2	上海海宁	销售商品	借	商务 8S 系列	100	5 000	500 000	65 000	565 000

表 23　应付账款期初余额设置

日期	凭证号	供应商	业务员	摘要	方向	期初余额
02 月 26 日	转-3	新城科技	李乾元	货款	贷	22 600
02 月 28 日	转-4	南昌凯立	李乾元	应付暂估	贷	40 000

二十、常用摘要设置

按照表 24 提供的资料，完成常用摘要设置。

表 24　常用摘要设置

摘要编码	摘要内容	相关科目
1	购置办公用品	
2	职工出差借款	

二十一、常用凭证设置

按照表 25 提供的资料，完成常用凭证设置。

表 25　常用凭证设置

编码	摘要	科目名称
01	从工行提取现金	1001
	从工行提取现金	100201（结算方式：501 支票）

二十二、日常业务处理

根据以下业务内容，完成相应的记账凭证填制工作。

1. 3 月 4 日，财务部乔尔从工行提取现金 5 000 元作为备用金使用（现金支票号为

96452871)，附原始单据 1 张。

2. 3 月 7 日，收到美国哈利公司投资款 70 000 美元，汇率为 1∶6.9（转账支票号为 96453311)，附原始单据 2 张。

3. 3 月 16 日，行政部购买办公用品 1 000 元，以现金支付，附原始单据 1 张。

4. 3 月 20 日，行政部齐秦报销差旅费 5 000 元，其中火车票共计 1 090 元，计算可抵扣增值税为 1 090/(1+9%) * 9% = 90 元，附原始单据 1 张。

5. 3 月 22 日，支付销售商品运输费 3 000 元，增值税税率为 9%，以银行存款支付，支票号为 9874562，附原始单据 2 张。

二十三、出纳签字

按照复兴科技要求，由出纳乔尔对出纳凭证进行出纳签字。

二十四、审核凭证

根据复兴科技要求在 U8 系统中以账套主管的身份对所有凭证进行审核。

二十五、记账

以会计秦瑞身份记账。

二十六、启用工资管理系统

按照具体任务要求完成工资管理系统的启用工作。

二十七、基础信息设置

按照复兴科技要求，完成基础信息设置，设置要求如下：工资核算本位币为人民币，工资类别个数为单个，要求从工资中代扣个人所得税，扣零至元。

二十八、人员档案设置

按照表 26 完成人员档案设置。

表 26　人员档案设置

部门名称	人员编码	人员姓名	性别	人员类别	银行及银行账号
行政部	A01	齐秦	男	管理人员	中国银行 62284808814563778201
财务部	B01	戚薇	女	管理人员	中国银行 62284808814563778202
财务部	B02	乔尔	男	管理人员	中国银行 62284808814563778203
财务部	B03	秦瑞	男	管理人员	中国银行 62284808814563778204
销售部	C01	秦天	男	销售人员	中国银行 62284808814563778205
采购部	D01	李乾元	男	管理人员	中国银行 62284808814563778206
生产部	E01	王帅	男	生产人员	中国银行 62284808814563778207
生产部	E02	王丹	女	生产人员	中国银行 62284808814563778208
仓管部	F01	齐平	男	管理人员	中国银行 62284808814563778209

二十九、工资项目设置

按照表 27 要求，完成工资项目设置。注意：工资项目列表按照表格顺序排列。

表 27　工资项目设置

项目名称	类型	长度	小数位数	增减项
基本工资	数字	10	2	增项
岗位工资	数字	10	2	增项
事假扣款	数字	10	2	减项
事假天数	数字	10	2	其他
应付工资	数字	10	2	其他
社会保险	数字	10	2	减项
住房公积金	数字	10	2	减项
税前工资	数字	10	2	其他
病假扣款	数字	10	2	减项
病假天数	数字	10	2	其他

三十、公式设置

按照以下要求完成公式设置：

岗位工资=iff(人员类别="管理人员"，4000，iff(人员类别="销售人员"，3000，2000))

基本工资=行政部：1800；财务部：2500；其他：2200

应发合计=基本工资+岗位工资

病假扣款=病假天数＊30

事假扣款=事假天数＊50

应付工资=基本工资+岗位工资-病假扣款-事假扣款

社会保险=应付工资＊0. 1

住房公积金=应付工资＊0. 12

税前工资=应付工资-社会保险-住房公积金

扣款合计=病假扣款+事假扣款+社会保险+住房公积金+代扣税

实发合计=应发合计-扣款合计

三十一、设置个人所得税税率

设置新个人所得税免征额为 5 000 元，七级超额累进税率见表 28。

表 28 七级超额累进税率

级数	应纳税所得额	税率	速算扣除数
1	不超过 3 000 元的部分	3%	0
2	超过 3 000 元至 12 000 元的部分	10%	210
3	超过 12 000 元至 25 000 元的部分	20%	1 410
4	超过 25 000 元至 35 000 元的部分	25%	2 660
5	超过 35 000 元至 55 000 元的部分	30%	4 410
6	超过 55 000 元至 80 000 元的部分	35%	7 160
7	超过 80 000 元的部分	45%	15 160

三十二、期初工资数据录入

按照表 29 完成复兴科技人员期初工资数据录入工作。

表 29 期初工资数据

人员编码	人员姓名	基本工资
A01	齐秦	10 000
B01	戚薇	8 000
B02	乔尔	4 000
B03	秦瑞	5 000
C01	秦天	7 000
D01	李乾元	4 000
E01	王帅	5 000
E02	王丹	5 000
F01	齐平	4 000

三十三、设置工资分摊

设置工资费用分配模板（计提基数以表 30 中的“应付工资”为准），计提类别名称为“计提工资”。

表 30 工资分摊表

部门		应付工资（100%）	
		借方	贷方
行政部、财务部、采购部、仓管部	管理人员	660201 管理费用——员工工资	221101 应付职工薪酬——应付职工工资
销售部	销售人员	660103 销售费用——员工工资	221101 应付职工薪酬——应付职工工资
生产部	生产人员	500102 生产成本——直接人工（辅助项：商务 7S 系列）	221101 应付职工薪酬——应付职工工资

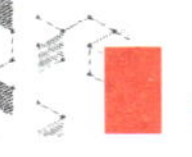

三十四、工资变动及计算

3 月 30 日，统计考勤并计算汇总工资，见表 31。

表 31　考勤表

部门名称	人员姓名	缺勤天数
行政部	齐秦	0
财务部	戚薇	0
	乔尔	1（病假）
	秦瑞	0
采购部	李乾元	0
销售部	秦天	2（病假）
仓管部	齐平	1（事假）
生产部	王帅	1（事假）
	王丹	2（病假）

三十五、进行工资费用分配并生成凭证

生产人员工资计入商务 7S 系列。

三十六、月末处理

按部门进行工资项目构成分析，查看部门工资项目构成情况，完成月末结账处理。

三十七、启用固定资产系统

固定资产账套参数设置：约定与说明为“我同意”，启用月份为“2021.03”，折旧信息为“本账套计提折旧”，折旧方法为“平均年限法（二）”，折旧汇总分配周期为“1 个月”。

当“月初已计提月份=可使用月份-1”时，将剩余折旧全部提足。

编码方式：资产类别编码方式为 2-1-1-2，固定资产编码方式为“类别编号+序号”，采用自动录入方法，序号长度为 5 位。

财务接口：与账务系统进行对账，固定资产对账科目为固定资产（1601），累计折旧对账科目为累计折旧（1602）。

在对账不平的情况下允许固定资产系统月末结账。固定资产缺省入账科目为“1601 固定资产”，累计折旧缺省入账科目为“1602 累计折旧”，减值准备缺省入账科目为“1603 固定资产减值准备”，增值税进项税额缺省入账科目为“22210101 进项税额”，固定资产清理缺省入账科目为“1606 固定资产清理”。

三十八、基础信息设置

根据表 32 至表 34 完成部门对应折旧科目设置、固定资产类别与折旧方法设置和固定

资产增减方式的对应入账科目设置。

表 32　部门对应折旧科目

部门名称	对应折旧科目
行政部	管理费用——折旧费（660206）
财务部	管理费用——折旧费（660206）
采购部	管理费用——折旧费（660206）
销售部	销售费用——折旧费（660104）
仓管部	管理费用——折旧费（660206）
生产部	制造费用——折旧费（510102）

表 33　固定资产类别与折旧方法

编码	类别名称	使用年限	净残值率	计提属性	折旧方法	卡片样式
01	房屋及建筑物	30	3%	正常计提	平均年限法（二）	含税卡片样式
02	办公设备	5	3%	正常计提	平均年限法（二）	含税卡片样式
03	运输工具	8	3%	正常计提	平均年限法（二）	含税卡片样式
04	生产设备	10	3%	正常计提	平均年限法（二）	含税卡片样式

表 34　固定资产增减方式的对应入账科目

增加方式	对应入账科目	减少方式	对应入账科目
直接购入	银行存款/工行存款（100201）	出售	固定资产清理（1606）
投资者投入	实收资本（4001）	投资转出	长期股权投资（1511）
捐赠	营业外收入（6301）	捐赠转出	固定资产清理（1606）
盘盈	以前年度损益调整（6901）	盘亏	待处理资产损溢/待处理固定资产损溢（190102）
在建工程转入	在建工程（1604）	报废	固定资产清理（1606）
融资租入	长期应付款（2701）	毁损	固定资产清理（1606）
		融资租出	长期应收款（1531）
		拆分减少	固定资产清理（1606）

三十九、录入原始卡片

按照复兴科技提供的固定资产卡片（见表 35），完成卡片录入工作。

表 35　固定资产卡片

卡片编号	00001	00002	00003	00004
固定资产编号	0100001	0200001	0300001	0400001
固定资产名称	厂房	打印复印一体机	轿车	生产线

续表

类别编号	01	02	03	04
类别名称	房屋及建筑物	办公设备	运输工具	生产设备
使用部门	生产部	财务部	销售部	生产部
增加方式	在建工程转入	直接购入	直接购入	直接购入
使用状况	在用	在用	在用	在用
使用年限（月）	360	60	96	120
折旧方法	平均年限法（二）	平均年限法（二）	平均年限法（二）	平均年限法（二）
开始使用日期	2017-12-01	2018-12-01	2018-12-01	2017-12-01
币种	人民币	人民币	人民币	人民币
原值（元）	450 000	12 000	180 000	26 000
净残值率	3%	3%	3%	3%
净残值（元）	13 500	360	5 400	780
累计折旧（元）	55 384	3 880	38 800	8 712
月折旧率	0. 002 7	0. 016 2	0. 010 1	0. 008 1
月折旧额（元）	1 144. 49	172. 44	1 676. 54	177. 51
净值（元）	394 616	8 120	141 200	17 288
对应折旧科目	制造费用——折旧费	管理费用——折旧费	销售费用——折旧费	制造费用——折旧费

四十、固定资产的增加

采购固定资产。2021 年 3 月 20 日，采购轿车一辆供行政部使用，价格为 300 000 元，增值税税率为 13%，税额为 90 000 元，通过工行转账支付。轿车使用年限为 8 年，净残值率 3%，附原始单据 2 张。

四十一、计提本月折旧

4 月 30 日，会计对各部门的固定资产计提折旧。

四十二、固定资产的减少

4 月 30 日，销售部轿车毁损，做资产减少处理。

四十三、与财务系统对账

将固定资产系统内所有资产的原值、累计折旧与总账系统中的固定资产科目和累计折旧科目的余额进行核对，看数值是否相等。

四十四、月末结账

在固定资产系统中完成月末结账处理。

综合实训二　供应链管理系统实训

一、设置仓库档案

仓库档案见表1。

表1　仓库档案

仓库编码	仓库名称	计价方式
1	原料库	移动平均法
2	产品库	移动平均法

二、设置收发类别

收发类别见表2。

表2　收发类别

收发类别编号	收发类别名称	收发标志	收发类别编号	收发类别名称	收发标志
1	入库	收	2	出库	发
11	采购入库	收	21	销售出库	发
12	产成品入库	收	22	材料领用出库	发
13	盘盈入库	收	23	委托代销出库	发
14	调拨入库	收	24	盘亏出库	发
15	采购退货	收	25	调拨出库	发
16	其他入库	收	26	销售退货	发
			27	其他出库	发

三、设置采购类型

采购类型见表3。

表3　采购类型

采购类型编码	采购类型名称	入库类别	是否默认值
01	普通采购	采购入库	是
02	采购退货	采购退货	否

四、设置销售类型

销售类型见表4。

表4　销售类型

销售类型编码	销售类型名称	出库类别	是否默认值
01	常规销售	销售出库	是
02	期初销售	销售出库	否
03	直运销售	销售出库	否
04	委托代销	委托代销出库	否
05	销售退货	销售退货	否

五、设置非合理损耗类型

非合理损耗类型见表5。

表5　非合理损耗类型

非合理损耗类型编码	非合理损耗类型名称	是否默认值
01	运输方责任	是

六、完成选项设置

功能要求如下：采购单据默认税率为13%，其他选项采用系统默认。

七、完成期初数据的录入

期初数据如下：

2021年2月26日，从新城科技采购电池1 000块，单价为20元/块，增值税税率为13%，货款尚未支付。

2月28日，从南昌凯立采购显示屏500块，材料已验收入库，至今尚未收到发票，暂估入库。显示屏的暂估单价为80元/块。

八、完成期初记账

完成采购管理系统期初记账。

九、完成选项设置

功能要求如下：

1. 有零售日报业务、有委托代销业务、有分期收款业务、有直运销售业务。
2. 报价不含税。
3. 普通销售、委托代销、分期收款必有订单。
4. 新增退货单参照发货、新增发票参照发货生成。
5. 订单自动关闭的条件为出库完成。

6. 其他设置采用系统默认值。

十、完成期初数据的设置

期初数据如下：

2021 年 2 月 26 日，上海海宁购买商务 8S 系列手机 100 台，单价为 5 000 元/台，增值税税率为 13%，货物已从产品库发出，货款未收。

2021 年 2 月 22 日，山东惠科订购商务 7S 系列手机 50 台，单价为 4 000 元/台，增值税税率为 13%，货物已从产品库发出，收到商业承兑汇票一张。

十一、完成选项设置

功能要求如下：

1. 有组装拆卸业务。
2. 由库存生成销售出库单。
3. 修改现存量的时点均设为审核时修改现存量。
4. 出入库检查预计可用量。
5. 其他设置均采用系统默认值。

十二、完成期初数据

期初数据见表 6。

表 6　期初数据

仓库名称	存货编码	存货名称	数量	单价	金额
原料库	0101	电池	2 000	20	40 000
	0102	显示屏	500	80	40 000
	0103	主板	1 000	50	50 000
	0104	处理器（-7S）	50	400	20 000
	0105	处理器（-8S）	50	600	30 000
产品库	0201	商务 7S 系列	400	4 000	1 600 000
	0202	商务 8S 系列	700	5 000	3 500 000

十三、选项设置

功能要求如下：

1. 暂估方式为单到回冲。
2. 委托代销成本核算方式为按发出商品核算。
3. 零成本出库按手工录入。
4. 结算单价与暂估单价不一致时需要调整出库成本。
5. 其他设置由系统默认。

十四、科目设置

存货相关科目设置见表7至表8。

表7 根据存货所属仓库设置存货科目

仓库名称	存货分类	存货科目	分期收款发出商品科目	委托代销发出商品科目
1 原料库	01 原材料	1403 原材料		
2 产品库	02 产成品	1405 库存商品	1406 发出商品	1406 发出商品

表8 根据收发类别设置对方科目

收发类别编码及名称	对方科目编码及名称	暂估科目编码及名称
11 采购入库	1402 在途物资	220202 暂估货款
12 产成品入库	500101 直接材料	
13 盘盈入库	190101 待处理流动资产损溢	
21 销售出库	6401 主营业务成本	
22 材料领用出库	500101 直接材料	
23 委托代销出库	6401 主营业务成本	
24 盘亏出库	190101 待处理流动资产损溢	

十五、设置期初数据

存货期初数据同库存管理系统，分期收款发出商品的期初数据同销售管理系统。

十六、选项设置

功能要求如下：单据审核日期依据为单据日期，不控制操作员权限；其他选项采用系统默认。

十七、完成初始设置

初始设置要求如下：

1. 应付款管理系统的基本科目：应付科目为“应付账款——货款”，预付科目为“预付账款”，采购科目为“在途物资”，税金科目为“应交税费——应交增值税（进项税额）”。

2. 应付款管理系统结算方式科目：现金结算的对应科目为“库存现金”，支票结算、银行汇票、网银转账的对应科目均为“银行存款——工行存款”。

十八、设置期初数据

期初数据见表9，应付账款以应付单形式录入。

表 9　期初数据

日期	供应商	科目	金额	业务员
2021 年 02 月 26 日	新城科技	2200201 应付账款——货款	22 600	李乾元
2021 年 02 月 28 日	南昌凯立	2200202 应付账款——应付暂估	40 000	李乾元

十九、选项设置

功能要求如下：

1. 单据审核日期依据为单据日期。

2. 坏账处理方式为应收账款余额百分比法。

3. 自动计算现金折扣。

4. 不控制操作员权限

5. 其他选项采用系统默认。

二十、完成初始设置

初始设置要求如下：

1. 应收款管理基本科目：应收科目为“应收账款”，预收科目为“预收账款”，销售收入科目为“主营业务收入”，税金科目为“应交税费——应交增值税（销项税额）”，商业承兑、银行承兑科目为“应收票据”。

2. 应收款管理结算方式科目：现金结算的对应科目为“库存现金”，支票结算、网银转账、银行汇票的对应科目均为“银行存款——工行存款”。

3. 坏账准备参数：提取比率为 5‰，坏账准备期初余额为 0，坏账准备科目为“坏账准备”，对方科目为“资产减值损失”。

4. 设置账期内账龄区间和逾期账龄区间，见表 10。

表 10　账期内账龄区间和逾期账龄区间

序号	起止天数	总天数
01	0～30	30
02	31～60	60
03	61～90	90
04	91 以上	

二十一、设置期初数据

期初数据要求如下：

2 月 26 日，向上海海宁销售商务 8S 系列手机 100 台，不含税单价为 5 000 元/台，税率为 13%，增值税专用发票已开具，尚未收到货款。

2 月 22 日，收到山东惠科签发的商业承兑汇票一张，票号为 SY9875，面值为 226 000 元，签发日期为 2021 年 2 月 22 日，到期日为 2021 年 5 月 22 日。

二十二、采购业务

1. 采购请购

3 月 1 日，生产部提出采购 200 个处理器（-7S）的申请，要求 2020 年 3 月 5 日前到货。采购员向多家供应商询价，其中，新城科技报价最为合理，不含税单价为 400 元/个。

根据业务需求，采购员李乾元应于 2020 年 3 月 1 日完成采购请购。

2. 采购订货

2 日，与新城科技签订采购合同，完成采购订货。

3. 采购到货

5 日，收到所订的 200 个处理器（-7S）。

4. 采购入库

5 日，采购的处理器（-7S）经仓管部仓管员齐平检验合格，入原料库。

5. 填制发票

6 日，收到新城科技开具的增值税专用发票。采购员李乾元负责采购发票的录入。

6. 采购结算

6 日，根据采购入库单和采购发票结算入库成本。

7. 审核发票并制单

6 日，财务人员秦瑞审核采购发票，根据采购发票生成转账凭证。

8. 入库单记账并生成凭证

6 日，登记存货明细账，生成入库凭证。

二十三、采购现付业务

9 日，采购部向南昌凯立订购 100 个处理器（-8S），无税单价为 600 元/个，同日收到货物及发票，仓管部验收入原料库，同时，财务部以转账支票（票号为 ZP511）支付货款。

二十四、采购运费业务

11 日，向新城科技订购 100 块显示屏，无税单价为 80 元/块。

12 日，收到新城科技发出的货物，随货收到增值税专用发票和运费发票，运费的无税金额为 100 元，税率为 9%，已由新城科技代垫。运费按照金额进行分摊。

二十五、暂估入库业务

13 日，收到南昌凯立开具的上月已验收入库的显示屏增值税专用发票，发票上显示屏的单价为 80 元/块。

二十六、入库损耗业务

13 日，向新城科技订购主板 500 个，无税单价为 50 元/个。

14 日，收到新城科技发来的主板增值税专用发票，发票上记载的数量为 500 个。仓管部验收时，发现仅有 495 个，经查，短缺的 5 个是运输过程中丢失的，属于非合理损耗。

二十七、采购退货业务

16 日，发现月初从新城科技采购的处理器（-7S）存在质量问题，退回 6 个，同时，收到红字专用发票一张。

二十八、普通销售业务

1. 销售报价

3 日，山东惠科与复兴科技协商，准备订购商务 7S 系列手机 30 台，报价为 4 000 元/台。以销售人员秦天的身份进入销售模块，完成销售报价单的录入和审核工作。

2. 销售订单

4 日，双方约定本月 7 日发货，山东惠科付款时间为签订合同后两日内，付款方式为转账支票。

3. 销售发货

7 日，按照与山东惠科合同约定发货。

4. 销售出库

7 日，经仓管部检验合格，商务 7S 系列手机 30 台从产品库出库。

5. 销售发票

7 日，为山东惠科开具增值税专用发票，开户行为中国银行山东省分行，账号为 6887210054332155。

6. 存货结算

16 日，根据销售出库单结算产品成本。

7. 确认应收款项

16 日，收到对方转账支票（支票号为 ZZ0902）一张，用于支付货款，确认应收款项。

8. 收款单制单

17 日，根据收款单生成记账凭证。

二十九、销售现结业务

17 日，收到上海海宁（开户银行为中国银行上海市分行，银行账号为 6789954411625340）销售商务 8S 系列手机 150 台（无税单价为 5 000 元/台）的价税款

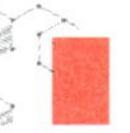

84 7500 元（转账支票，支票号为 869754），立即开具增值税专用发票一张，并确认销售成本。

三十、销售退货业务（货已发票已开退货）

17 日，山东惠科因质量问题要求退回商务 7S 系列手机 5 台，无税单价为 4 000 元/台，已开具增值税专用发票、收款并结转成本（单位成本为 3 000 元/台），复兴科技同意退货并开具红字增值税专用发票一张。当日，办理退款并收到山东惠科退回的手机 5 台，入产品库。

用销售人员身份，选择日期为 2020 年 4 月 17 日登录销售管理系统。

三十一、分期收款业务

1. 18 日，武汉科创与复兴科技签订订购商务 8S 系列手机 50 台的合同，无税单价为 5 000 元/台。因武汉科创资金周转困难，复兴科技考虑到该公司信用良好，当即约定武汉科创当日先付 50% 货款，剩余货款于 25 日全部付完。当日收到转账支票（支票号为 ZP7412）125 000 元，开具增值税专用发票一张，专用发票开具的数量为 50 台，当日从产品库发货。

2. 武汉科创筹措到资金后，于 25 日下午发来转账支票一张（发票号为 ZP9625），支付剩余货款 157 500 元。

三十二、委托代销业务

1. 委托代销发出商品

25 日，销售部以视同买断方式委托武汉科创（开户银行为中国银行湖北省分行，银行账号为 6258774553002156）代为销售商务 7S 系列手机，每月 30 日结算。当日售出 50 台，无税单价为 4 000 元/台，货物从产品库发出。

2. 委托代销结算

30 日，收到武汉科创委托代销清单一张，结算商务 7S 系列手机 50 台，单价 4 000 元/台，立即开具销售专用发票给武汉科创，确认应收款项。

三十三、产成品入库

25 日，生产商务 7S 系列手机 100 台入库，成本为 3 000 元/台。

三十四、盘点库存

28 日，复兴科技对材料库所有存货进行盘点，发现账面电池少了 10 块，经确认，电池的成本为 20 元/块。

三十五、月末结账

30 日，分别对企业供应链系统和财务系统进行月末结账工作。